广东省自然科学基金项目（9451064101003425）
教育部人文社会科学研究规划基金项目（10YJA630129）
广东省哲学社会科学规划项目（090-15）
华南理工大学出版基金（2011年）

公司资本投资决策方法与应用

GONGSI ZIBEN TOUZI JUECE FANGFA YU YINGYONG

邵希娟　等编著

华南理工大学出版社

·广州·

内 容 简 介

本书吸收了行为决策理论的最新成果，完善了相关的理性决策方法；以现实决策过程为编写线路，介绍了公司资本投资决策的逻辑步骤和主要环节，以及每一环节所包含的方法和具体技术，包括估测现金流、资本成本、决策指标和准则、实物期权、项目风险、融资效应以及决策中非理性行为等主要内容，涉及的范围从决策的思维框架、理财概念到实际中常犯的错误、利用软件计算指标的技术，并通过案例进行分析说明。无论是企业高层决策者还是基层分析人员都可以在书中找到自己需要的知识，对公司资本投资决策的组织以及商业计划书、可行性分析报告、投资决策分析报告等文件的撰写或审阅都具有很好的参考作用。

本书可以作为工商管理或经济金融类专业的"财务决策"、"项目投资评价"课程的教材以及"公司理财"、"财务管理"课程的补充读物；也可以作为企业管理培训的"项目投资决策"、"投融资决策"、"行为投资决策"等课程的教材。

本书可供企业管理者、在咨询公司或金融机构工作人员以及对项目评价、资本运营、投融资决策有浓厚兴趣的人士参考。

图书在版编目（CIP）数据

公司资本投资决策方法与应用/邵希娟等编著. —广州：华南理工大学出版社，2012.9（2023.1重印）

ISBN 978-7-5623-3783-6

Ⅰ.①公… Ⅱ.①邵… Ⅲ.①公司 - 投资决策 - 研究 Ⅳ.①F276.6

中国版本图书馆 CIP 数据核字（2012）第 226893 号

公司资本投资决策方法与应用

邵希娟 等编著

出 版 人：	柯 宁
出版发行：	华南理工大学出版社
	（广州五山华南理工大学 17 号楼，邮编 510640）
	http：//hg.cb.scut.edu.cn　　E-mail：scutc13@scut.edu.cn
	营销部电话：020 - 87113487　87111048（传真）
责任编辑：	朱彩翩
印 刷 者：	广州小明数码快印有限公司
开 本：	787mm×1092mm　1/16　印张：19.75　字数：481 千
版 次：	2012 年 9 月第 1 版　2023 年 1 月第 4 次印刷
印 数：	3 501 ～ 4 000 册
定 价：	49.00 元

版权所有　盗版必究　印装差错　负责调换

前　言

资本投资决策是居于首位的财务决策，是公司最重要的管理决策之一。人们在决策中的困惑以及与资本投资决策相关文件（如：商业计划书、可行性研究报告、投资项目评价报告、投资决策报告、投资计划书等）中大量的不足和错误均表明：资本投资决策者或决策分析者非常需要这方面的知识。然而，公司资本投资决策的知识点却零散分布于《财务管理》（或《公司理财》）、《投资项目评价》、《管理会计》、《管理决策方法》等相关教材中，目前在我国还没有发现全面深入介绍该类决策方法的专门教材；而且，目前相关教材中的绝大多数理论以"理性人"和"市场有效"为假设前提，在决策过程中并没有考虑管理者非理性行为的影响等问题；同时在具体的技法中，也没有考虑证券投资者非理性行为导致的资本市场并非有效的影响等问题。本书则同时介绍了行为决策和理性决策两方面的理论和方法，着重于方法的应用，突出本书的特色。

与相关教材相比，本书具有以下三个显著的特点：

1. 相关的传统教材并没有考虑现实中人们由于认知偏差或心理因素可能出现的非理性行为；而本书针对"公司管理者可能出现非理性行为"和证券投资者非理性行为导致的"资本市场并非有效"的现实，吸收了行为决策理论的最新成果，优选和完善了理性决策方法，有机地融合了行为决策与理性决策理论来解决公司资本投资决策过程中的问题。这样更符合人们在决策时同时运用大脑的左右两部分进行逻辑思维和形象思维的事实，得到的方法也更切合现实条件。本书能做到这一点，主要得益于2004年丹尼尔·卡尼曼（Daniel Kahneman）在行为决策方面的突出贡献，以及行为经济学、行为金融、行为公司财务等理论研究的迅速发展。

2. 公司资本投资决策是用管理决策方法解决财务领域的问题，需要同时具备决策方法和投融资方面的相关知识。目前，《投资项目评价》侧重于项目评价，而在融资方案的价值评估方面明显不足，因此不能为决策提供直接依据；《财务管理》深入介绍了投融资方面的原理性知识，但方法技术方面比较弱，尤其是方法应用中的非财务问题，如盈亏平衡分析或敏感性分析中可能出现的技术性错误，利用EXCEL软件计算决策指标过程中的问题等。还有一些内容在《管理决策方法》、《管理会计》等教材中有所介绍，但其主要侧重于单个方法而没有特别结合资本投资的决策过程。本书以解决实际问题为导向，围绕"公司资本投资决策"整合决策方法和财务决策两大知识领域的主要思想、原理和方法，也就是说，打破知识点在各门课程之间的划分，无论该知识点原本是在"财务管理"还是在"管理决策方法"或"管理会计"中介绍，只要能解决公司资本投资决策的实际问题，就整合进来，并按照所要解决的具体问题，归整概念和方法。涉及的范围从决策的思维框架、财务原理到实操中常犯错误、利用软件的技术，因此，无论是企业高层决策者还是基层分析人员都可以根据自己在资本投资决策过程中面临的具体问题，在这本书中找到所需要的知识。

3. 目前大多数《财务管理》教材按知识性质编排顺序，如在介绍资金时间价值概念后，马上介绍融资决策中与时间价值计算有关的内容（债券估值，股票估值），紧接着是投资决策中与时间价值相关的内容（净现值等决策指标）；然后再介绍风险概念，接着是资本投资中的风险问题和长期融资中的风险问题。这样，有利于学生掌握资金时间价值与风险方面的知识点，但不利于应用知识解决问题，因为决策中同一个环节的知识可能零散分布于教材的不同章节，造成知识和应用脱节，读者不容易明白所学知识应该用在现实决策中哪个环节，也不明白整个决策流程以及每个环节应该用哪些知识。本书以现实决策过程作为编写的线路，将零散分布于相关教材中的知识点，从方法论的高度进行集成，提出了公司资本投资决策的逻辑步骤和主要环节，按照决策步骤的先后顺序深入细致地介绍每一个环节所包含的方法和具体技术，并通过案例进行分析说明。这样不仅提高了知识的应用性，而且方便读者查询。

近9年来，本人专注于公司资本投资决策研究，主持的研究课题中有6项是直接针对公司资本投资决策，本人的教学、企业培训以及指导的研究生论文选题等工作也侧重于公司资本投资决策。本书主要是根据本人的讲义、讲课录音、发表的论文和专著以及我们研究团队在完成研究课题过程中的研究报告和论文整理而成的，其中黄嫦月整理第1～3、5、8章以及第9.1、9.4～9.6节，李雅馨整理第4章，朱天霖整理第6章，程蕾整理第7章，王非整理第9.2、9.3、9.7节，黄嫦月、朱天霖、程蕾、李雅馨和王非参与了5个案例及其分析要点的整理。本人对整理的文稿反复斟酌并进行了多次修改，在交给出版社之前，黄嫦月、朱天霖、程蕾、李雅馨、王非、王丽欣、蒋艳、王芬、肖媛媛进行阅读并提出了宝贵的意见。因此，这本书凝结了我们研究团队成员大量的心血和劳动。

在完成本书的过程中，得到多位专家和教授的支持，特别是杨建梅教授在关键问题上给予了非常重要的指导，崔毅教授和刘小清教授给予了很大的帮助和鼓励；广东省自然科学基金、教育部人文社会科学研究规划基金、广东省哲学社会科学基金、华南理工大学出版基金给予了资助；华南理工大学出版社社长韩伟先生以及他的团队的大力支持；钟建军等企业管理者为案例编写提供了实际素材；华南理工大学工商管理学院领导、同事、学生以及我的亲朋好友、家人都给予了鼓励和支持。在此，我深表谢意！

本书虽经多次认真推敲和仔细修改，但很可能还会存在不当或错误。本人热切期望读者能够对本书提出中肯批评和建设性意见，邮件请发至：xjshao@scut.edu.cn，谢谢！

邵希娟
华南理工大学工商管理学院
新型工业化发展研究所管理决策与复杂性研究中心
2012年8月

CONTENTS 目 录

第1章 公司资本投资决策导论 … 1
1.1 公司资本投资决策概述 … 2
1.2 公司资本投资决策的目标:公司价值最大化 … 3
1.2.1 利润最大化 … 3
1.2.2 股东财富最大化(股票价格最大化) … 4
1.2.3 公司价值最大化 … 4
1.3 公司资本投资决策中面临的非理性行为 … 5
1.4 公司资本投资决策的基本程序及其关键性步骤 … 6
1.4.1 公司资本投资决策的基本程序 … 6
1.4.2 公司资本投资决策中的关键性步骤 … 8
1.5 本书的结构安排 … 8
思考题 … 10

第2章 公司资本投资决策中的现金流及其估测方法 … 11
2.1 现金流量与增量现金流量 … 12
2.1.1 现金流量和现金流量图 … 12
2.1.2 相关现金流量 … 12
2.1.3 项目现金流量的构成 … 13
2.2 估测增量现金流量应遵循的基本原则 … 14
2.2.1 不考虑沉没成本 … 14
2.2.2 不能忘记机会成本 … 15
2.2.3 要考虑新项目的附带效应 … 15
2.2.4 考虑净营运资本的需求 … 16
2.2.5 不考虑利息和融资现金流量 … 16
2.3 利用直接法估测项目现金流量 … 17
2.3.1 直接法的操作步骤 … 17

2.3.2　直接法的优点 ··· 19
2.4　项目现金流量的调整 ·· 21
　　2.4.1　确定当量法 ··· 21
　　2.4.2　概率法 ·· 22
2.5　项目现金流量估测中的非理性行为 ·· 23
　　2.5.1　计算基准 NPV 时将利息作为增量现金流 ························· 24
　　2.5.2　没有考虑营运资本 ··· 24
　　2.5.3　没有考虑机会成本 ··· 24
　　2.5.4　忽略竞争对现金流的具体影响 ·· 24
　　2.5.5　高估收入低估成本 ··· 25
　　2.5.6　沉没成本效应 ··· 25
2.6　拓展阅读:间接法——预计财务报表与项目现金流量 ············· 26
　　2.6.1　起步:预计财务报表 ··· 26
　　2.6.2　项目现金流量 ··· 27
　　2.6.3　预计总现金流量 ·· 28
思考题 ·· 29

第3章　公司资本投资决策中的资本成本 ······································ 30
3.1　投资决策中的资本成本的性质与作用 ···································· 31
　　3.1.1　资本成本的性质 ·· 31
　　3.1.2　资本成本的作用 ·· 31
3.2　风险与报酬:资本资产定价模型 ··· 32
　　3.2.1　风险及其度量 ··· 32
　　3.2.2　系统风险及其度量 ·· 33
　　3.2.3　资本资产定价模型 ·· 37
3.3　资本成本使用过程中的非理性行为 ·· 38
　　3.3.1　根据项目的全部风险确定要求的报酬率 ·························· 38
　　3.3.2　一个折现率通用 ·· 39
　　3.3.3　认为项目资本成本取决于融资而不是投资项目 ··············· 40
3.4　拓展阅读1:投资与融资体系下的资本成本的比较 ················· 41
　　3.4.1　资本成本的分类 ·· 41
　　3.4.2　不同体系下的资本成本之间的比较 ································· 42
3.5　拓展阅读2:证券投资者非理性行为对 CAPM 应用条件的影响 ·· 45
　　3.5.1　资本资产定价模型的应用及其假设条件 ·························· 45
　　3.5.2　基于行为金融理论对 CAPM 应用条件现实性的分析 ······· 47
思考题 ·· 49

目录

第4章 估测项目资本成本的方法 ... 50
4.1 估测项目资本成本的原理和步骤 ... 51
4.2 无风险报酬率的确定 ... 52
4.2.1 金融工具的选择 ... 52
4.2.2 我国市场无风险报酬率的估测 ... 54
4.3 基于市场信息估测项目贝塔 ... 56
4.3.1 系统风险的传导机制 ... 56
4.3.2 各类贝塔的概念及相互间的关系 ... 59
4.3.3 估测经营贝塔的方法 ... 61
4.3.4 基于市场信息估测项目贝塔的逻辑步骤 ... 63
4.4 市场风险溢价的确定 ... 64
4.4.1 确定市场风险溢价常用的方法 ... 65
4.4.2 利用历史性方法估测我国的市场风险溢价 ... 67
4.5 拓展阅读1:证券投资者非理性行为对CAPM应用结果的影响 ... 71
4.5.1 关于噪声交易者界定的分析 ... 71
4.5.2 噪声交易者非理性行为对证券市场的影响 ... 74
4.5.3 噪声交易者风险对证券报酬的影响 ... 76
4.6 拓展阅读2:应用BAPM的理论依据与难点分析 ... 77
4.6.1 BAPM与资本机会成本之间的关系 ... 77
4.6.2 应用BAPM的难点分析 ... 79
4.7 拓展阅读3:动量指数的修正与比较 ... 80
4.7.1 用交易量作为构建组合依据的分析 ... 80
4.7.2 DVI构建思想及修正 ... 81
4.7.3 DVI替代指数的比较 ... 83
4.8 拓展阅读4:查询上证综指报酬率的方法 ... 85
思考题 ... 88

第5章 公司资本投资决策的指标与准则 ... 90
5.1 净现值及其决策准则 ... 91
5.1.1 净现值的定义及计算公式 ... 91
5.1.2 净现值的经济含义 ... 92
5.1.3 净现值的决策准则 ... 94
5.1.4 净现值的特点 ... 94
5.2 获利指数及其决策准则 ... 95
5.2.1 获利指数的定义及计算公式 ... 95
5.2.2 获利指数的经济含义 ... 96

  5.2.3 获利指数的决策准则 ………………………………………………… 96
5.3 内部报酬率及其决策准则 ……………………………………………………… 97
  5.3.1 内部报酬率的定义及计算公式 …………………………………… 97
  5.3.2 内部报酬率的经济含义 …………………………………………… 97
  5.3.3 内部报酬率的决策准则 …………………………………………… 99
  5.3.4 内部报酬率的问题 ………………………………………………… 100
  5.3.5 修正内部报酬率 …………………………………………………… 102
5.4 非常规现金流下的内部报酬率 ……………………………………………… 103
  5.4.1 贴现法 ……………………………………………………………… 103
  5.4.2 再投资法 …………………………………………………………… 104
  5.4.3 混合法 ……………………………………………………………… 104
  5.4.4 三种方法的比较 …………………………………………………… 105
5.5 回收期及其决策准则 ………………………………………………………… 106
  5.5.1 贴现回收期 ………………………………………………………… 106
  5.5.2 脱险回收期 ………………………………………………………… 107
  5.5.3 最佳回收期 ………………………………………………………… 108
  5.5.4 回收期的决策准则 ………………………………………………… 110
  5.5.5 回收期的优缺点 …………………………………………………… 110
5.6 等效年金与等价年成本 ……………………………………………………… 111
  5.6.1 等效年金 …………………………………………………………… 111
  5.6.2 等价年成本 ………………………………………………………… 112
5.7 特殊情况下的资本投资决策 ………………………………………………… 113
  5.7.1 只有一个备选方案的采纳与否决策 ……………………………… 114
  5.7.2 投资规模不同的多项目择优决策 ………………………………… 114
  5.7.3 现金流结构不同的多项目择优决策 ……………………………… 115
  5.7.4 寿命期限不等的多项目择优决策 ………………………………… 117
5.8 公司资本投资决策指标的实际应用情况 …………………………………… 119
  5.8.1 各种决策指标在实践中的运用状况 ……………………………… 119
  5.8.2 回收期在现实中的使用 …………………………………………… 120
5.9 利用 EXCEL 计算各种投资决策指标 ……………………………………… 121
  5.9.1 利用 EXCEL 计算净现值(NPV) ………………………………… 122
  5.9.2 利用 EXCEL 计算获利指数(PI) ………………………………… 123
  5.9.3 利用 EXCEL 计算内部报酬率(IRR) …………………………… 125
  5.9.4 利用 EXCEL 计算修正内部报酬率(MIRR) …………………… 126
  5.9.5 利用 EXCEL 计算等效年金与等价年成本 ……………………… 130
思考题 ………………………………………………………………………………… 133

第6章 公司资本投资决策中的风险分析方法 ································· 134
6.1 净现值盈亏平衡分析 ·· 135
6.1.1 净现值盈亏平衡分析的原理 ······························· 135
6.1.2 净现值盈亏平衡分析的应用 ······························· 137
6.2 敏感性分析 ·· 139
6.2.1 单因素敏感性分析 ·· 139
6.2.2 多因素敏感性分析 ·· 142
6.2.3 敏感性分析中的常见问题 ··································· 144
6.3 场景分析 ··· 147
6.4 扩展阅读:会计利润盈亏平衡分析 ································· 148
6.4.1 盈亏平衡分析的概念 ·· 149
6.4.2 盈亏平衡分析的基本原理 ··································· 149
6.4.3 盈亏平衡分析的局限性 ······································· 150
思考题 ··· 151

第7章 实物期权及其价值评估 ··· 152
7.1 实物期权及其分类 ·· 153
7.1.1 实物期权的概念 ··· 153
7.1.2 实物期权的分类 ··· 154
7.2 实物期权价值的评估方法 ··· 155
7.3 考虑实物期权的项目投资决策方法 ······························· 158
7.3.1 决策树方法 ··· 158
7.3.2 实物期权技术 ·· 163
7.3.3 考虑实物期权的项目投资决策的逻辑步骤 ················ 163
7.3.4 应用示例 ··· 166
7.4 应用实物期权技术易出现的非理性行为 ························· 168
7.4.1 模糊厌恶的影响 ··· 169
7.4.2 过度自信的影响 ··· 169
7.4.3 过度乐观的影响 ··· 174
7.5 拓展阅读:金融期权及其价值评估 ································ 177
7.5.1 金融期权及其分类 ·· 177
7.5.2 金融期权价值的评估方法 ··································· 178
思考题 ··· 183

第8章 融资效应及其计算方法 ··· 184
8.1 调整净现值法及其思想 ·· 185

8.2 利息税盾的融资效应 ……………………………………………………… 187
　8.2.1 利息税盾 ………………………………………………………… 187
　8.2.2 利息税盾融资效应的计算 ……………………………………… 187
8.3 发行成本的融资效应 ……………………………………………………… 188
　8.3.1 发行成本 ………………………………………………………… 188
　8.3.2 发行成本融资效应的计算 ……………………………………… 188
8.4 政府优惠贷款的融资效应 ……………………………………………… 190
8.5 财务困境和代理行为引起的融资效应 ………………………………… 191
　8.5.1 财务困境成本的融资效应 ……………………………………… 191
　8.5.2 代理成本的融资效应 …………………………………………… 192
8.6 股票错误定价产生的融资效应 ………………………………………… 192
　8.6.1 股票错误定价 …………………………………………………… 192
　8.6.2 股价被高估时的融资效应及其计算 …………………………… 193
　8.6.3 股价被低估时的融资效应及其计算 …………………………… 193
8.7 拓展阅读：运用 WPV 法计算利息税盾效应 …………………………… 194
　8.7.1 WPV 法及其思想 ………………………………………………… 194
　8.7.2 WPV 法与 APV 法的比较 ……………………………………… 195
思考题 …………………………………………………………………………… 195

第9章 公司资本投资决策中的非理性行为及其防范 ……………………… 197

9.1 理性决策及行为决策 …………………………………………………… 198
　9.1.1 理性决策 ………………………………………………………… 198
　9.1.2 行为决策 ………………………………………………………… 198
　9.1.3 行为决策与理性决策之间的比较 ……………………………… 199
9.2 启发式认知偏差和前景理论 …………………………………………… 200
　9.2.1 启发式认知偏差 ………………………………………………… 200
　9.2.2 前景理论 ………………………………………………………… 203
9.3 现实中常见的非理性行为 ……………………………………………… 207
　9.3.1 衡量能力假说 …………………………………………………… 207
　9.3.2 心理账户 ………………………………………………………… 208
　9.3.3 框架效应 ………………………………………………………… 209
　9.3.4 沉没成本效应 …………………………………………………… 211
　9.3.5 证实偏差 ………………………………………………………… 212
　9.3.6 赋予效应 ………………………………………………………… 212
　9.3.7 模糊厌恶 ………………………………………………………… 213
　9.3.8 自利性归因 ……………………………………………………… 214

9.3.9　过度自信 ………………………………………………………………… 214
 9.4　公司资本投资决策中的非理性行为 …………………………………………… 215
   9.4.1　项目现金流估测中的非理性行为 ……………………………………… 215
   9.4.2　项目折现率确定过程中的非理性行为 ………………………………… 217
   9.4.3　决策指标选择过程中的非理性行为 …………………………………… 218
 9.5　公司资本投资决策中非理性行为的防范方法 ………………………………… 220
   9.5.1　现金流估测中非理性行为的防范方法 ………………………………… 220
   9.5.2　项目折现率确定过程中非理性行为的防范方法 ……………………… 223
   9.5.3　决策指标选择过程中非理性行为的防范方法 ………………………… 226
 9.6　拓展阅读1：行为决策及其理论发展阶段 ……………………………………… 227
   9.6.1　行为决策与理性决策的比较 …………………………………………… 228
   9.6.2　行为决策理论的发展阶段 ……………………………………………… 230
 9.7　拓展阅读2：管理者非理性行为导致的行为成本分析 ………………………… 231
   9.7.1　行为成本的含义 ………………………………………………………… 231
   9.7.2　行为成本与代理成本的比较 …………………………………………… 232
   9.7.3　行为成本与机会成本的比较 …………………………………………… 233
 思考题 …………………………………………………………………………………… 234

第10章　案例及其分析要点 …………………………………………………………… 235
 10.1　案例材料 ………………………………………………………………………… 235
   10.1.1　案例1：HMA公司资本结构决策 ……………………………………… 235
   10.1.2　案例2：百事可乐公司资本成本的估测 ……………………………… 240
   10.1.3　案例3：好顶塑料集团公司 …………………………………………… 244
   10.1.4　案例4：SLG公司环保材料技术项目投资决策 ……………………… 247
   10.1.5　案例5：DH公司MES项目投资决策 ………………………………… 250
 10.2　案例分析要点 …………………………………………………………………… 260
   10.2.1　案例1："HMA公司资本结构决策"案例分析要点 …………………… 260
   10.2.2　案例2："百事可乐公司资本成本的估测"案例分析要点 …………… 265
   10.2.3　案例3："好顶塑料集团公司"案例分析要点 ………………………… 265
   10.2.4　案例4："SLG公司环保材料技术项目投资决策"案例分析要点 …… 266
   10.2.5　案例5："DH公司MES项目投资决策"案例分析要点 ……………… 270

附件1　投资项目可行性分析与决策程序图 …………………………………………… 289
附件2　公司资本投资决策的环节及其主要内容 ……………………………………… 290
附件3　资金时间价值计算中的常用表 ………………………………………………… 291
参考文献 ………………………………………………………………………………… 299

第1章 公司资本投资决策导论

你的一位好朋友是广东一家民营企业的管理者,他现在发现了一个自认为很好的投资项目,但又不知道如何向三位大股东阐明自己的想法,说明该项目是个好项目。

你能告诉他应该从哪些方面去做吗?有哪些关键性步骤?

到底什么样的项目才算是一个好项目?你可能会说:"利润最大的项目就是最好的项目。"但实际操作中你会发现这只是可说而不可用的一句话,即这句话不具有可操作性。你也可能听说过"使公司价值最大化的项目是最好的项目",为什么?现实操作中如何知道哪个项目能使公司价值最大化?

目前绝大多数相关的经典教材中,在公司资本投资决策的理论和方法中没有系统纳入行为因素,但现实中确实存在非理性行为,这将使原有方法的使用受到限制。本书介绍的方法吸收了行为公司金融的最新研究成果,更贴近现实。

■ 本章概览

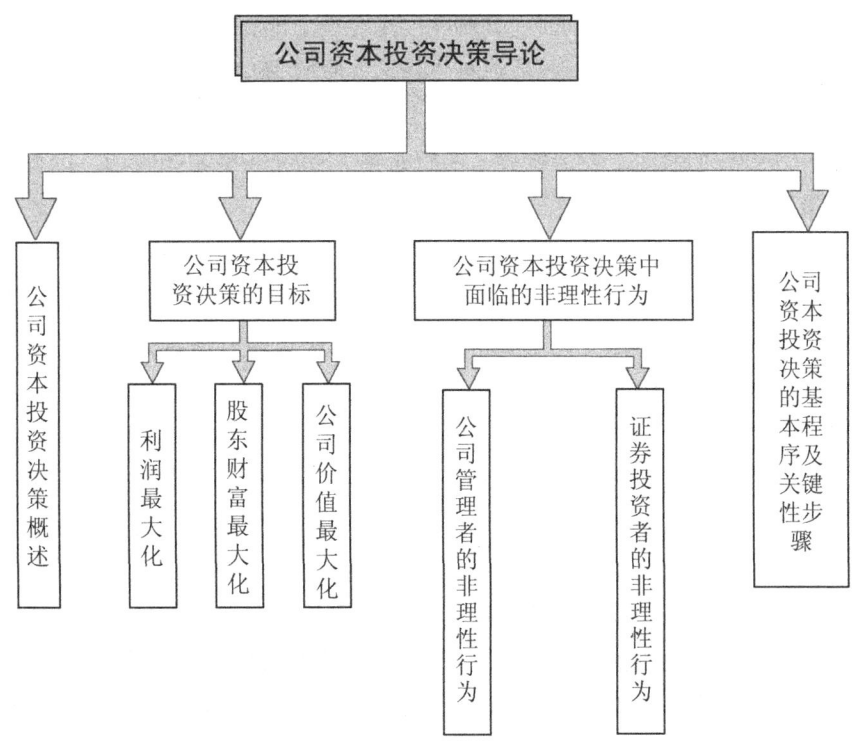

1.1 公司资本投资决策概述

投资是企业可持续增长的源泉和动力。但是，只有正确的投资决策才能维护和推动企业的成长，错误的投资决策可能使企业面临破产的灾难。因此，公司资本投资决策是管理者面临的最重要的财务决策。企业的财务决策体系如图1-1所示。

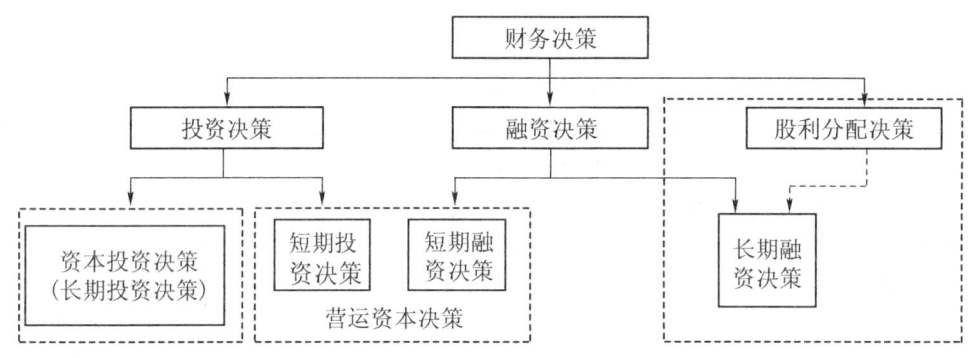

图1-1　企业财务决策体系

财务决策一般包括资本投资决策、长期融资决策和营运资本决策。其中，资本投资决策是最主要的居于首位的财务决策，它统领着其他两个决策。

资本投资决策（Capital Investment Decision），是指关于固定资产投资所涉及现金流量及其风险程度分析的预算（汪平，2008）；投资于土地、厂房及其他机器设备的行为均属于这一范畴（爱默瑞，1999）；是判断"什么实物投资值得企业投资"的过程（布雷利，2007）；也是按照某种准则决定某个项目计划是接受还是拒绝的过程。

（1）从投资的时间上看，所投入的资金通常超过一年才能收回，因此又称为"长期投资决策"。

（2）从投资的内容上看，主要是针对企业固定资产方面进行，或者说，投资后一般会形成固定资产（如厂房及机器设备等），因此又称为"固定资产投资决策"。

（3）从评价的对象上看，在做出投资与否的决策时，通常是对某一个项目的财务效益进行评价从而决定是否投资该项目，因此又称为"项目投资决策"。

（4）从投入资金的属性看，由于投下去的资金很长时间才能收回，因此需要使用长期资金，即资本（债务资本或权益资本），而不能使用短期资金，并且需要对资本投入量以及产生的现金流量及其风险程度进行预测，对决策指标进行估算，因此也称为"资本预算"或"资本预算决策"，其结果将被纳入企业全面预算中的资金预算。

因此，可以发现"资本投资决策"、"长期投资决策"、"固定资产投资决策"、"项目投资决策"以及"资本预算（决策）"等词在经典的教科书中经常交替使用。

资本投资决策（长期投资决策）不同于短期投资决策，两者之间的比较如表1-1所示。

表1-1 长期投资决策与短期投资决策的比较

	长期投资决策	短期投资决策
时间（回收期和影响期）	长	短
一次耗资	多	少
资产的变现能力	弱	强
风险	大	小

与公司所进行的短期投资决策相比，资本投资决策具有以下特点：

（1）资本投资决策的投资回收期比较长，通常在一年以上。

（2）资本投资决策的效用是长期的，即投资后形成的优势或劣势将在较长时间内发生作用，对公司的影响是长期的、深远的。

（3）资本投资占用资金庞大。

（4）资本投资决策一旦实施，企业的资金就会从流动性较强的现金等形式转化为专用性很强的固定资产，固定资产的变现能力比较弱。

1.2 公司资本投资决策的目标：公司价值最大化

决策是一种有目标的活动，只有明确决策目标，才能有针对性地做好各个阶段的决策分析工作。为此，应首先明确资本投资决策的目标。

目前，较常提到的财务决策目标有"利润最大化"、"股东财富最大化（股票价格最大化）"与"公司价值最大化"。因此，本书就这三个具有代表性的财务决策目标进行评价。

1.2.1 利润最大化

以"利润最大化"作为企业财务决策的目标，操作性不强。这是因为：

1. 概念含糊不清

"利润最大化"里的利润是短期利润还是长期利润，是税前经营利润还是税后净利润，是总利润还是投入每1元获得的利润，这些都不明确；而且这些利润往往不一致。例如，广告费、人员培训等支出对短期利润和长期利润的影响是不一致的；在公司经营水平高的情况下，当总筹资额一定时，利用债务融资而不用权益融资，则使公司税前利润相对较小，但税后每1元利润（净资产收益率）相对较大。因此，由于"利润"的概念不明确，诸如上述的人员培训、资本结构等决策无法按照"利润最大化"进行操作。

2. 没有考虑利润发生的时间和资金的时间价值

如10年后获得利润10 000元，与前5年内每年获得1 500元利润，哪个更为理想？对此，以利润最大化为财务决策目标不能进行决策，因为有利润不一定有现金流，利润并无时间价值可言，所以并不知道"前5年内每年获得的1 500元利润"相当于10年后的多少资金。

3. 没有考虑风险问题

没有考虑风险问题，可能导致企业财务决策一味追求最大利润而不顾风险的大小。一般而言，报酬越高，风险越大。追求最大利润，必定会增加企业的风险。利润最大化的目标没有考虑企业所承担的风险。

4. 利润最大化忽略了股东应得的报酬

按照利润表计算会计利润时，要依次扣除原材料成本、人工成本、折旧、利息费用等，却没有把股东提供资本应得的报酬扣除，忽略了股东的利益。如果一个公司可以在一项新的投资中预计获得8%的报酬率，这当然会提高公司的利润。然而，如果股东用同样的钱在另一项风险相同的投资上可以获得12%的报酬率，那么，只要公司管理者从股东的利益出发，他们就不会投资于报酬率为8%的项目。

1.2.2 股东财富最大化（股票价格最大化）

股东财富最大化是指通过合理经营，为股东带来最多的财富。股东财富由其所拥有的股票数量和股票价格两方面决定，在股票数量一定的前提下，当股票价格达到最高时，股东财富也达到最大。因此，教科书中所提到的"股东财富最大化"目标，实际上是指"股票价格最大化"。

以"股票价格最大化"替代"股东财富最大化"作为财务决策目标，必须满足两个前提假设：第一，证券市场是有效的；第二，企业是上市公司。然而，现实中不能以"股票价格最大化"作为企业财务决策目标，因为：

（1）证券市场并非有效，股票价格并不能准确地反映股票的价值。公司的财务决策对公司价值的影响也未必能够体现在股票价格上。显然，以有效市场假说为前提的这一目标并不适用于现实中的财务决策。

（2）股票价格最大化也许可以作为上市公司财务决策的目标，但却不适用于非上市公司。因为企业并未上市，不能获得自己股票的价格，无法衡量股东财富。

还需指出的一点是，将股票价格最大化作为公司财务决策的目标，事实上是将企业经营绩效单纯地与市场联结在一起。股票价格基本上是市场定价机制的结果，受到多种因素特别是市场噪声交易者的影响，而这些因素并非都是公司所能控制的，把不可控因素引入财务决策目标是不合理的。

1.2.3 公司价值最大化

公司价值最大化是指通过企业合理经营，采用最优的财务决策，充分考虑货币的时间价值、风险与报酬的关系，在保证企业长期稳定发展的基础上使公司价值达到最大。

公司价值是指公司的内在价值，也就是公司未来现金流的总现值，因此它能够解决短期和长期的冲突，同时既考虑了风险也考虑了报酬。公司价值等于债权价值与股权价值之和，而债权人从公司得到的现金流（还本付息）与财务决策产生的超额现金流是没有关系的。这就意味着，债权价值与财务决策新增的公司价值无关，新增的价值仅属于股东。因此，当公司价值达到最大时，股东财富就达到最大。可见，"公司价值最大化"和"股东财富最大化"都能体现财务决策的目标，两者是一致的。

要满足"公司价值最大化"，只要每次财务决策产生的新增价值最大，也就是选择新增价值最大的决策方案即可。这样,不仅不需要借助股票价格,也不会受到市场是否有效或公司是否上市的限制。由此可见,"公司价值最大化"的财务决策目标不仅能够更好地体现"股东财富最大化",也具有很好的操作性。

资本投资决策作为财务决策体系中的首位决策,其目标也同样是"公司价值最大化"。现实决策中,只要选择调整净现值("项目的价值(基准NPV)"与"融资效应"之和)大于零的项目中最大的投资项目,就能保证"公司价值最大化"这一目标的实现。

1.3 公司资本投资决策中面临的非理性行为

目前,财务管理教科书中介绍的公司资本投资决策理论和方法是建立在"管理者理性"和"证券市场有效"的基础上的,其主要提供了如何判断备选方案优劣的方法、模型和步骤,很少考虑公司管理者的认知偏差或心理因素,也忽略了证券投资者的非理性行为及其导致的证券市场的并非有效性。

行为公司金融(Behavioral Corporate Finance)研究表明:

①公司管理者由于非理性行为所造成的"行为成本"比"代理成本"更大、更隐蔽、更不容易控制(Shefrin,2007);

②完全有效的资本市场在现实中是不存在的,其原因是证券投资者的非理性行为以及套利有限性(Shleifer,2000)。

这表明,现实中公司的资本投资决策面临着两种不可忽视的行为障碍——公司管理者的非理性行为和证券投资者的非理性行为,使得原来的公司资本投资决策方法的前提假设与现实不符,相应的决策方法不能直接使用。因此,必须考虑人的非理性行为对资本投资决策的影响并将该影响反映在决策方法中。非理性行为对公司资本投资决策的影响如图1-2所示。

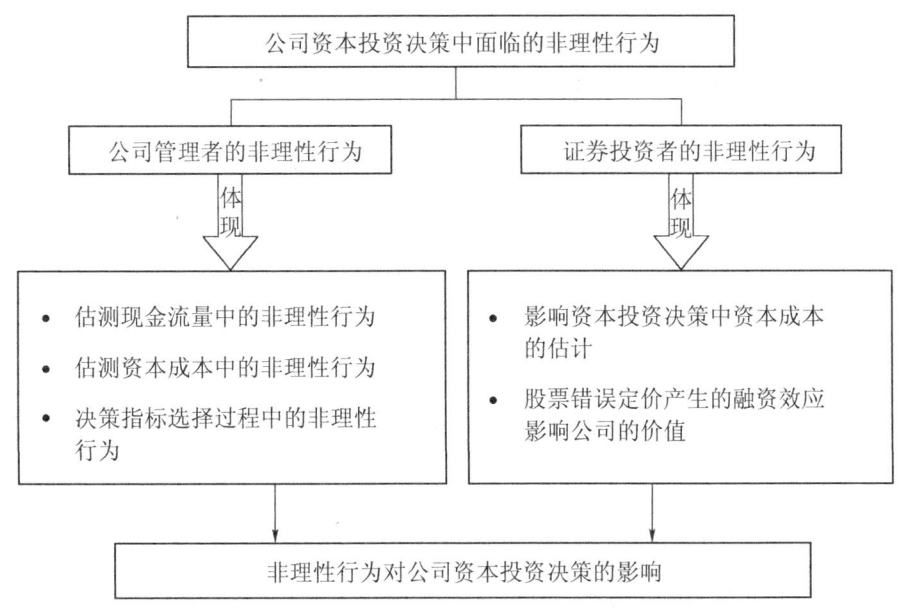

图1-2 非理性行为对公司资本投资决策的影响

（1）公司管理者非理性行为对公司资本投资决策的影响主要体现在三个方面：

①估测现金流量中的非理性行为；

②估测资本成本中的非理性行为；

③决策指标选择过程中的非理性行为。一些行为因素（如过度自信、证实偏差、锚定效应等）正是通过现金流量的估测、资本成本的估测、决策指标的选择等步骤来影响投资决策结果。

（2）证券投资者的非理性行为及其导致的证券市场并非有效对公司资本投资决策的影响主要体现在两个方面：

①证券市场并非有效导致资本资产定价模型的应用条件不足，影响资本投资决策中资本成本的估计；

②股票错误定价产生的融资效应影响公司的价值，从而影响公司的资本投资决策。

1.4 公司资本投资决策的基本程序及其关键性步骤

从表1-1关于长期投资决策（资本投资决策）与短期投资决策的比较中可以发现，资本投资具有以下特征：所需投资额大，投资回收期和影响期长；能够对企业现金流量产生重大的影响；形成的资产的变现能力差。正是由于这些特点，使得公司资本投资决策面临的风险很大。因此，资本投资决策在现实中应该具有严格的决策程序，理论上也形成了专门的决策方法。

1.4.1 公司资本投资决策的基本程序

资本投资决策的基本程序大致为：寻找资本投资机会，识别投资项目；预测投资项目效益，计算决策指标；根据决策目标和准则，选择投资项目；实施并控制、反馈、修正投资项目，保障资本投资项目效益的顺利实现。

1. 寻找资本投资机会，识别投资项目

严格而论，在这个环节起决定性作用的并不是企业的财务分析人员，而是企业的高层管理人员，如董事长。在寻找资本投资决策机会的过程中，管理人员应当站在企业战略以及可持续发展的高度来考虑问题，结合企业生产经营的现实以及宏观经济条件，设计出领先一步的资本投资项目。企业家的能力和水平往往体现在对这种投资机会的精确把握上。

按照决策中评估决策变量的难易程度的不同，资本投资项目大致可以分为以下四类：

（1）必要投资。

企业为了适应生存、发展和环境规定所需的投资。企业应知道为适应这些规定所需支出现金的现值是否会高于公司倒闭所应支付的成本。估计这类支出的大小不应该是非常复杂的，因为在大多数情况下，它们已由制定各项规章制度的权力当局限定了，如化工厂对环保设施或污水处理系统的投资就属于必要投资。

（2）替代性投资。

这类投资是最主要的成本节约型投资项目，它们基本上不会产生额外的现金流入。它们未来的现金收益（基本上是现金节约）来源于预期成本的削减，管理者相对较容易地确定预期成本。

（3）扩张性投资。

这类投资决策比较富于挑战性，因为这类投资决策要求企业估计其扩张预期可产生的额外的销售收入、毛利和营运资金。

（4）多角化投资。

这类投资项目预期可产生的现金流量是最难预测的，因为企业对其将要进入的行业的了解并不一定同其正在从事的行业一样多。

2. 预测投资项目效益，计算决策指标

对资本投资项目而言，决定其效益的主要因素有二：一是投资项目所创造现金流量的多少；二是蕴含在这些现金流量中的风险程度有多大。通过预测现金流和风险，估测并确定决策变量（增量现金流和项目的资本成本），并由此计算出一些能够定量地反映项目效益的决策指标，包括绝对性指标（如净现值等）和相对性指标（如内部报酬率等）。

资本投资项目→生产管理→经营管理→营销活动→销售额→现金流量的创造，根据公司内外部环境对这些活动之间的相关性进行分析是预测投资项目效益的主要途径。另外，在预测以及选择决策指标过程中，由于经常面临不确定性问题和条件的限制，分析者在逻辑思维的同时也不得不直觉决策，这时往往出现非理性行为。因此，在这个过程中，不仅要注重调研以及收集与现金流量有关的信息，还要分析、评价每一年的现金流，在此基础上判别风险的表现和性质，并按照是否可分散来调整现金流或项目资本成本（必要报酬率、折现率），这最终将反映在决策指标中。

3. 根据决策目标和准则，选择投资项目

公司价值最大化既是资本投资决策的目标，也是制定决策准则的依据。采纳的投资方案一定是有助于企业价值最大化的方案；相反，被放弃的投资方案一定是不利于企业价值最大化的方案。

在选择投资项目的工作中，全面地考察投资项目与资本投资目标实现之间的相关性是一个极为紧要的环节。错误的投资决策往往就是忽略了投资项目对企业价值的影响，而斤斤计较于项目本身的有关特征因素，比如单纯技术方面的高水平等。在我国企业中，许多投资决策往往是基于所谓的技术层面的考虑做出的。

因此，要利用科学的决策指标，根据相应的决策准则选择项目。这是实现决策目标过程中最基本的步骤。

4. 实施并控制、反馈、修正投资项目，保障资本投资项目效益的顺利实现

鉴于资本投资项目对企业价值的重大影响，当项目正式投入运营之后，投资决策人员一定要密切监控项目的所有重要指标，比如现金流量的发生时间和数量等。根据投资项目的实施情况，投资决策人员需对项目进行重新评估，以决定继续该项目还是放弃该项目。如果决定放弃原已实施的资本投资项目或对其进行重大调整时，还需要重新编制资本投资预算。

正是由于资本投资项目在其运行过程中仍然存在着"放弃"还是"继续"的选择，因此，实物期权定价的理论与技术属于资本投资决策理论的一部分内容。事实上，对原已实施的项目进行事后评估，是企业资本投资控制的重要内容之一。

1.4.2 公司资本投资决策中的关键性步骤

在资本投资决策过程中,各个步骤所起的作用是不一样的。从对企业可持续发展的根本性影响上来看,寻找新的资本投资机会,可能具有更加重要的意义。在这个步骤上,对机会的把握能力,对企业未来发展战略的考虑,对企业经营的内、外部环境的敏锐观察,可能比系统的学识更重要,企业家的创新精神主要体现在这些方面。但是,一旦发现了新的并且可以考虑的资本投资项目,紧随其后的"预测投资项目效益"和"选择投资项目"便是非常重要的。不经过严密的现金流量、资本成本(必要报酬率、折现率)等因素的估测,不经过科学的决策指标的计算与比较,就不能深入了解投资项目,不能相对准确地掌握项目增加公司价值的根本原因、各年现金流量、面临的风险等情况,如此决定资本投资项目的取舍不仅是盲目的,而且在项目实施过程中也无法进行有效监督和控制。

换言之,资本投资项目的提出,可以是企业中所有人建议的结果,不需要具备严格的程序和准确的依据,有时候仅仅是一个所谓的"点子"而已,但投资项目的取舍,一定要建立在科学评估的基础之上,需要明确的方法和技术。可见,资本投资决策的核心工作是"预测投资项目效益"和"选择投资项目",其关键性步骤如图 1-3 所示。

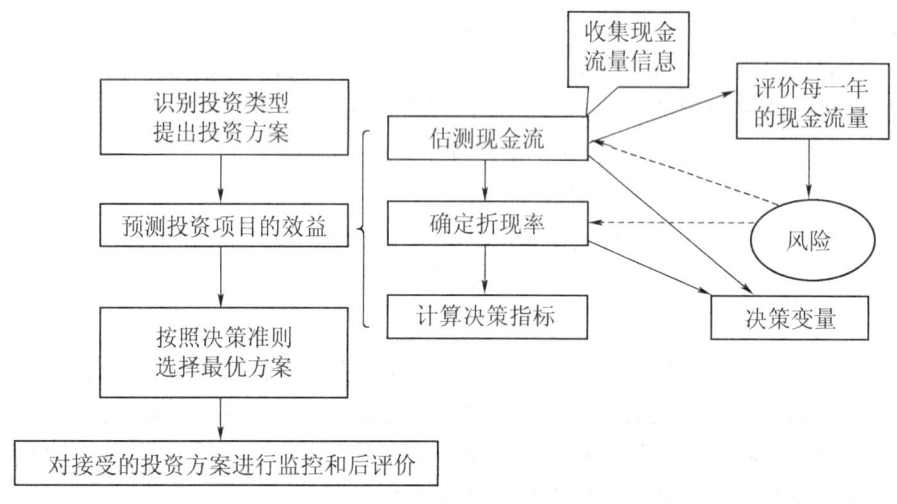

图 1-3 资本投资决策的关键性步骤

资本投资决策的关键性步骤是"估测决策变量"、"计算决策指标"和"根据决策准则选择最优方案"。其中估测决策变量包括估测现金流和确定折现率(必要报酬率),其结果是计算决策指标的基础。

1.5 本书的结构安排

图 1-3 说明了资本投资决策的关键步骤,在实际执行过程中,还要考虑项目可能蕴含的实物期权,它将影响项目的价值;同时还必须考虑为投资项目所进行的融资,因为在现实世界中,资本市场既不完善也并非有效,融资将会影响公司的价值。另外,本书不能像传统的教科书中所介绍的资本投资决策方法那样仅仅考察投资项目和融资方案,还要将

决策分析者本身纳入决策系统，考察决策分析者在决策过程中由于认知偏差和心理因素而产生的非理性行为。因此，根据所要解决的具体问题，将图1-3中的关键性步骤分解为若干个具体环节，如图1-4所示。

公司资本投资决策的具体环节包括：①估测项目现金流；②估测项目资本成本；③计算决策指标；④评估实物期权的价值；⑤计算项目增值；⑥项目风险分析；⑦计算融资效应；⑧计算调整净现值，选择最优方案；⑨检查整个决策过程是否出现非理性行为。每一个环节都包含具体的方法技术，这些方法技术需要进行专门的学习才能掌握，并且实际操作中经常被错用，这也许是使用者不了解或了解不深入造成的。这些重要的环节以及所包含的方法技术，构成了公司资本投资决策理论的实质性内容。因此，本书将沿着实际操作过程，详细介绍每一环节所用到的方法，并通过案例进行分析说明。

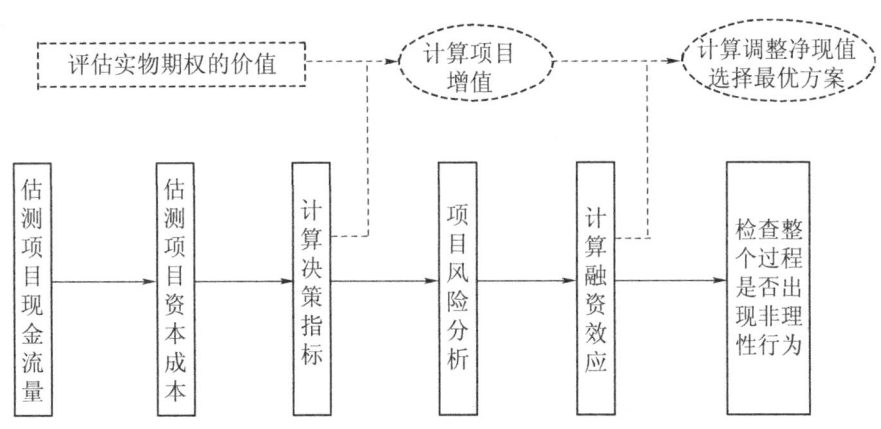

图1-4 公司资本投资决策的具体环节

本书可概括为以下八个部分：

第一部分：导论。这一部分主要介绍资本投资决策及其特征、资本投资决策的目标、公司资本投资决策中面临的非理性行为、公司资本投资决策的基本程序及其关键性步骤。

第二部分：估测项目现金流。这一部分主要介绍现金流量与增量现金流、估测增量现金流的原则、如何运用直接法估测项目现金流、调整项目现金流的方法、在估测项目现金流过程中常见的非理性行为。同时，也通过拓展阅读材料介绍如何运用间接法估测项目现金流，供读者比较两者的差异。

第三部分：确定项目资本成本。这一部分包括"资本投资决策中的资本成本"（第3章）以及"估测项目资本成本的方法"（第4章），主要介绍资本投资决策中资本成本的内涵、资本资产定价模型及其关键参数（项目β、无风险报酬率、市场风险溢价）的确定方法及逻辑步骤、估测项目资本成本的步骤。其中，第3章着重于介绍资本成本的理论，而第4章着重于估测资本成本的操作技术。

第四部分：计算决策指标与应用决策准则。这一部分主要介绍资本投资的各种决策指标（净现值、获利指数、内部报酬率、修正内部报酬率、回收期、等效年金及等价年成本）的内涵及其计算，如何根据各种决策指标与相应的准则进行决策，如何利用EXCEL计算各种决策指标。

第五部分：评估实物期权的价值。这一部分主要介绍实物期权价值的评估方法、考虑实物期权的项目投资决策方法以及应用实物期权技术时容易出现的非理性行为等。

第六部分：项目风险分析。这一部分主要介绍项目风险分析的常用方法，包括净现值盈亏平衡分析、敏感性分析、场景分析等。

第七部分：计算融资效应。这一部分主要介绍调整净现值法的基本思想、六种融资效应（利息税盾的融资效应、发行成本的融资效应、优惠贷款的融资效应、财务困境成本的融资效应、代理成本的融资效应、股票错误定价产生的融资效应）及其计算方法。

第八部分：资本投资决策中的非理性行为及其防范。这一部分主要介绍行为决策理论、现实中常见的非理性行为、在资本投资决策的关键步骤（估测现金流量、确定资本成本与选择决策指标）中经常出现的非理性行为以及减少这些非理性行为的方法。

本书所介绍的内容可应用于投资计划书、商业计划书、可行性分析报告、投资决策分析报告等一些公司文件中。比如说，在项目可行性分析的第三、四阶段主要应用这部分知识，有关投资项目可行性分析与决策程序的内容，请参见本书附件1。为了给实际操作者提供参照，我们在内容上对图1-4进行了细化，请见附件2（公司资本投资决策的环节及其主要内容）。

思考题

1. 为什么"利润最大化"不能作为财务决策的目标？

2. 在很多教科书中，以"股票价格最大化"代替"股东财富最大化"作为财务决策的目标，它的前提条件是什么？

3. 如何理解"企业价值最大化"？在公司资本投资决策过程中，应该如何做才能保证这一目标的实现？

4. "市场并非有效"这一事实将从哪两方面影响公司的投资决策？

5. 应该从哪些方面着手评价一个长期投资项目？一个项目的可行性分析应该包括哪些部分？

第 2 章　公司资本投资决策中的现金流及其估测方法

公司投资一个项目，是为了将来获得更多的现金流。那如何估计或说明一个项目到底在什么时候能给公司增加多少现金流呢？如何才能比较准确地估计这些数值呢？哪些因素应该考虑？哪些因素不应该考虑？

我们知道，项目的现金流与销售产品或提供服务带来的现金流入、采购原材料与支付人员工资等现金流出息息相关。而估计这些现金流入流出的行家里手却分布在公司不同的部门，如销售人员在估计产品销售价格走势和产品销量方面更有把握，采购人员对原材料的价格估计得更准，人力资源部比较熟悉各类人员工资水平及增长幅度，等等。那么，如何才能充分利用不同部门工作人员的经验和智慧得到并整理这些信息以准确地估测现金流呢？

在对未来现金流估测的过程中，往往会不同程度地凭着经验进行直觉决策，而在直觉决策时容易出现一些连自己也意识不到的行为偏差。那在估测现金流的过程中可能会出现哪些具体的非理性行为呢？

■ **本章概览**

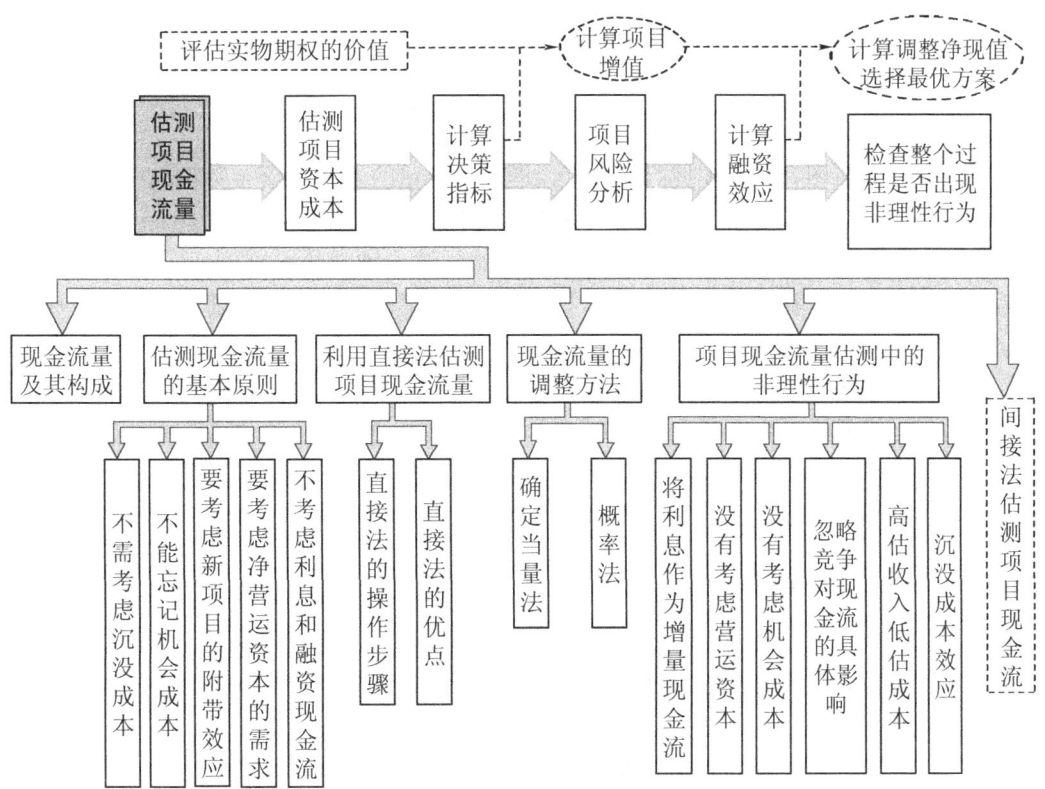

2.1 现金流量与增量现金流量

我们先来了解一下与现金流量相关的概念及其表达。

2.1.1 现金流量和现金流量图

现金流量（Cash Flow）即投资项目在一定时期内实际发生的资金流入和流出。它以收付实现制为基础，包括现金流入量、现金流出量和净现金流量三个方面：

（1）现金流入量（Cash Inflow，CI），是指项目实施所引起的一定时期内所发生的现金收入增加量。

（2）现金流出量（Cash Outflow，CO），是指项目实施所引起的一定时期内所发生的现金支出增加量。

（3）净现金流量（Net Cash Flow，NCF），是指一定时期内的现金流入量和现金流出量的差额。它可以是正值、负值和零。

投资项目在其整个寿命内的现金流入和现金流出，通常可以采用现金流量图的形式来勾画。现金流量图是把项目寿命期内各时期的净现金流量，用时间坐标表示出来的一种示意图，如图2-1所示。

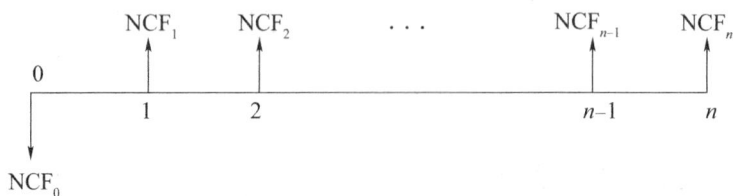

图 2-1 现金流量图

绘制现金流量图，必须把握好三要素，即现金流量的大小（资金数额）、方向（资金流入或流出）和作用点（资金的发生时间点），其方法和规则如下：

（1）以横轴为时间轴，向右延伸表示时间的延续，轴上每一刻度表示一个时间单位（或称为"期"），可取年、半年、季或月等，一般为年；零表示时间轴的起点，也叫第0年、基准点或基准年。

（2）向上箭头线表示正的净现金流量，向下箭头线表示负的净现金流量，这种正负表达与数学坐标系中纵坐标一致。

（3）箭头线与时间轴的交点即为现金流量发生的时点。一般情况下，一个时期内的现金流量均看做是发生在期末。

2.1.2 相关现金流量

1. 现金流量与会计利润

在投资决策中，只有现金流量——尤其是经营活动所创造的现金流量才是与决策相关的。这是因为：

（1）投资者最初给项目投入的是现金流，那么将来得到的也应该是现金流而不是会计利润,因为有利润不一定有现金流。此外,资本投资决策都是跨时期的,不同时点的资金需要通过贴现进行加减,而贴现的必须是现金流量而不能是会计利润。

(2) 现金流量不受会计政策的影响,只要基于现金流量计算决策指标,不同人计算得到的结果都是一样的。然而,会计利润的衡量受会计政策选择等人为因素的影响,不同的会计政策将会导致不同的会计利润,如采用的折旧方法不同,其计算结果就会不同。

2. 增量现金流量

什么才是与项目投资决策相关的现金流量?基本原则非常简单:只有增量现金流量才是与项目投资决策相关的现金流量。

所谓增量现金流量(Incremental Cash Flow),就是由于决定接受该项目,直接导致公司未来现金流量的改变量。增量现金流量的概念是我们分析的重点,因此我们以一个一般性的定义来表述,并在必要时回头来参考这个定义:

> 项目投资决策的增量现金流量包括所有因为接受该项目而直接导致的公司未来现金流的改变量。

增量现金流量的定义隐含着一个显见而重要的推论:任何现金流量,如果不管项目是否被接受它都存在,那么它就不是增量现金流。可以通过构建"投资该项目"和"不投资该项目"两种情形来识别增量现金流量,如图2-2所示。

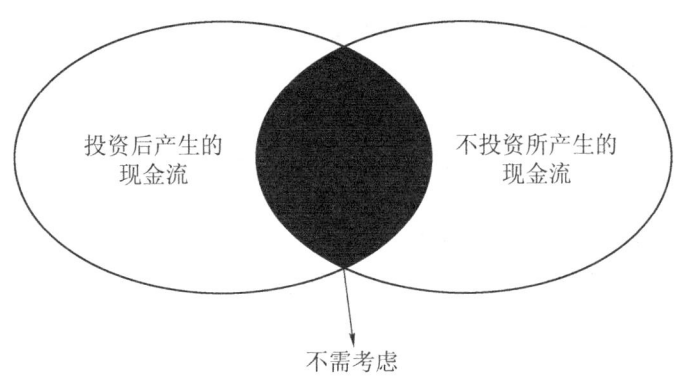

图2-2 增量现金流识别图

可见,增量现金流量是"投资该项目"和"不投资该项目"两种不同情形下的差异现金流,这就意味着两种情形中都发生的现金流不是增量现金流,是无关现金流。因此这样的现金流在投资决策中不用考虑,也不用估计,如沉没成本是在两种情形中都存在的现金流量,故不是增量现金流量。

2.1.3 项目现金流量的构成

对一个投资项目而言,现金流量贯穿于项目整个寿命期间。一般来说,项目的现金流可分为三部分:①项目期初现金流;②项目运行期间的现金流;③项目期末现金流。

1. 项目期初现金流

项目期初现金流主要涉及购买资产和使项目正常运行所必需的直接现金流出,通常由下列因素构成:

(1) 资产购置费用，包括运输及安装费；
(2) 追加的非费用性支出，如营运资本投资；
(3) 增加的其他相关费用，如培训费；
(4) 相关的机会成本；
(5) 在更新决策中，与旧设备出售有关的税后现金流入。

2. 项目运行期间的现金流

项目运行期间的现金流是指在初始投资之后、最后一期净现金流量之前发生的净现金流量，通常由下列因素构成：
(1) 销售收入的增加；
(2) 直接费用的增加；
(3) 人工及原材料费用的节省；
(4) 与项目运行相关间接费用的增加额；
(5) 项目实施后增加的折旧费用所带来的节税额。

3. 项目期末现金流

项目期末现金流是指最后一期净现金流量，这一期的现金流量被单独列出来是因为一些特殊的现金流量经常发生在投资项目结束之时。通常由下列因素构成：
(1) 项目终止时的资产残值；
(2) 与项目终止有关的现金流出，如固定资产清理费用；
(3) 期初所投入的非费用性支出的回收，如营运资本回收。

2.2 估测增量现金流量应遵循的基本原则

估测现金流量的首要步骤（也是最重要的一步）就是判定哪些现金流量是相关的，哪些是不相关的，它是估测项目现金流量的重要基础。回顾2.1.2节中增量现金流的定义，人们可能会觉得很容易确定一笔现金流量是不是增量现金流量。然而，在实际确定增量现金流量时往往会出现许多错误，为了正确估测投资项目的增量现金流量，我们应明确并坚持以下的原则。

2.2.1 不考虑沉没成本

沉没成本是指过去发生或承诺将要发生的成本，即无论接受或拒绝项目，该成本都已支付或将要支付，不随项目的决策发生变化。因此，它不是项目决策的增量现金流，是无关现金流。

例如，某牛奶公司正在考虑是否建设一条脱脂牛奶生产线，为此该公司请了一家咨询公司帮助做该生产线投资的资本预算，结论将作为该项目决策的主要参考，该公司为此承诺的咨询费为10万元，目前这项支出尚未发生，咨询公司正在替该公司做增量现金流分析，请问该公司将支出的10万元对于这次投资决策而言，是否是相关现金流？

答案是否定的，因为这10万元是公司已经承诺必须支付的费用，无论公司管理层决定接受还是放弃建设生产线，都必须支付这10万元的咨询费，因此它应当属于沉没成本，对于投资生产线决策而言，它是无关现金流。我们应该记住，一旦企业的某项费用发生了或者承诺要支出，这项成本就与将来的任何一个决策无关，即，

> 过去发生或承诺支付的费用是沉没成本，在资本投资决策中不属于增量现金流量。

2.2.2 不能忘记机会成本

机会成本不是通常会计学意义上的"成本"，它是指企业现有的某一项资产如果不用于当前考虑的投资项目时所产生的现金流量。当某项资产用于拟投资项目时，就必须放弃其他使用方式所能带来的潜在收入，这些潜在收入中所能获得的最高收益就是这个投资项目占用该资产的机会成本。需要注意的是，机会成本不是实际发生的会计成本，而是失去的潜在收益。

例如，某企业有一块一年前以10万元购买的空地，如果现在出售可得15万元，现在该企业计划投资建设一条新的生产线，建设车间需要使用这块空地，那么这块土地的潜在收益是否应该包括在这个投资项目的增量现金流中呢？如果包括，那应该计多少呢？

答案是肯定的，土地成本应该计入投资项目的增量现金流。土地的机会成本相当于假如取消建设车间计划，并把土地用于他处（比如在市场上出售），企业能够获得现金。因此这里的机会成本应计15万元。注意这里不是10万元，因为决策时放弃的潜在收益是土地的现行市价15万元，而不管它之前以何种价格购得。因此：

> 失去的潜在收益是机会成本，属于增量现金流量。

2.2.3 要考虑新项目的附带效应

请记住，一个项目的增量现金流量包括由此带来的公司未来现金流量的改变量。一个项目可能会有一些附带效应（Side Effect），包括正面的和负面的。附带效应是指一个项目建成后对企业的其他部门和现有产品产生的附带现金流入或现金流出。

假如某企业正在考虑一种新产品，这种产品也许会和企业现有产品构成竞争，并可能减少现有产品的销售收入。在确定与该新产品投资相关联的现金流时，应考虑新产品推出后，使企业现有产品销售减少的后果。显然这是关联效应对企业产生的负面影响。

例如某公司计划生产一种新式运动轿车，一些将购买这种轿车的顾客是该企业的另一种轻型轿车的潜在购买者，那么这种新式运动轿车的销售额增加是否引起现金流量的增量？因为这些现金流量中的一部分是从该企业的其他产品线上转移过来的，因此，在确定增量现金流量时必须将其考虑进去。假如不考虑，该企业可能会做出错误的决策，比如说，新式运动轿车的净现金流量是1亿元，如果能辨认出一半的顾客是从轻型轿车那儿转移过来的，并且因此而损失的轻型轿车净现金流量是 -1.5 亿元，则实际的净现金流量为 -0.5 亿元。显然，这里如果不考虑附带效应则可能会做出错误的决策。

尽管在许多情况下，新投资项目会挤占企业现有产品的市场，但在有些情况下，新投资项目也可能会促进企业现有产品的销售，而这则是附带效应对企业产生的正面影响。

例如某航空公司正在计划开通到A城市的航线。新航线连入了该航空公司已有的航线系统后，不仅直接创造了收入，而且还因将旅客送至与之相连的该公司其他航线，增加

了相关航线的收入。这部分相关航线增加的收入就是关联效应对企业产生的正影响,如果没有开通到 A 城市的这条航线是不可能发生这些现金流的,因此它属于增量现金流量,决策时必须考虑这部分现金流。因此:

> 项目实施产生的附带效应所引起的相关现金流量属于增量现金流。

2.2.4 考虑净营运资本的需求

通常一个项目除了需要投入长期资产之外,还需要公司投入净营运资本(Net Working Capital)。例如,一般项目需要在手头上保留一些现金,以便支付因为该项目发生的费用。此外,项目还需要在存货和应收账款(以弥补信用销售)上做一些前期投资。这些投资中的一部分是以欠供应商的形式(应付账款)取得的,而其他部分则必须由公司提供。这项余额代表在净营运资本上的投资。

对营运资本的投资代表现金流出,尽管它们没有离开公司,也没有被消耗掉,只是资产形式由现金变成存货、应收账款等,但它确实发生了现金流出,因此,由于该项目实施造成的营运资本变化而引起的现金流量变化应该看做是增量现金流。营运资本的需求通常在项目的寿命期内持续,当项目终止时,与投资项目有关的存货将售清,应收账款将变成现金,投入的营运资本可以收回,即可作为现金流入。因此:

> 新项目实施后由营运资本变化引起的现金流量属于增量现金流。

2.2.5 不考虑利息和融资现金流量

【例 2-1】 一个公司计划投资一个项目,初始投资额为 1 000 万元。目前公司只有 400 万元,需要从银行借款 600 万元,借款利率为 8%,在这次债务融资中除利息外没有其他额外的支出。那么,(1)该项目的第 0 期的现金流是 1 000 万元、600 万元、400 万元、1 400 万元还是 1 600 万元?(2)每年支付的 48 万元利息属于增量现金流吗?为什么?

解答:(1)该项目的第 0 期的现金流是 1 000 万元。这是因为,融资现金流量不是该项目的增量现金流量。更进一步的解释是,融资现金流量(例中的 600 万元或 400 万元)是 "公司—外部投资者(股东或银行)" 系统而不是 "项目—公司" 系统内的现金流量,如图 2-3 所示。项目的基准价值取决于公司的投资额以及该项目为公司带来的净现金流入,因而估测项目增量现金流时,只需考虑 "项目—公司" 系统内的现金流量,而不必考虑 "项目—公司" 系统外的现金流量。

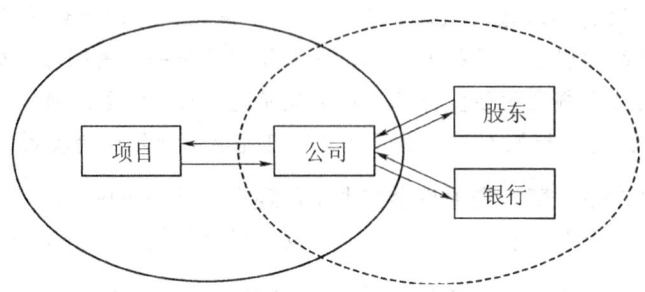

图 2-3 "项目—公司" 系统与 "公司-外部投资者" 系统

(2) 每年支付的 48 万元利息不属于增量现金流。可以从以下两个方面理解：①利息费用不属于"项目—公司"系统内的现金流量；②当使用公司对项目要求的报酬率作为折现率来贴现项目的预期现金流量时，已经考虑了对利息的补偿，因为公司对项目要求的报酬率就是用于支付出资人（银行或股东）应得的回报。假如在估计现金流时，再将利息支付从项目预期现金流中减去，那么就把利息计算了两次。

因此，在估计项目的相关现金流时，应该忽略与融资有关的现金流。再说，我们现在估计现金流是用于对项目价值或净现值的评价，而一个项目价值的大小与为其所进行的融资是没有关系的。如果为项目所进行的融资影响了公司的价值，也不应该计入项目本身的价值，而应该计入融资效应。详见本书第 8 章"融资效应及其计算方法"。

> 利息支付和融资现金流不属于增量现金流量。

2.3 利用直接法估测项目现金流量

直接法，是指根据现实中发生的经济活动直接估测出项目的现金流量的一种方法。本节将着重介绍如何利用直接法估测项目现金流量。估测项目现金流量还有另一种方法——间接法。有关间接法估测项目现金流的操作步骤，参见本章 2.6 节拓展阅读。

2.3.1 直接法的操作步骤

在进行资本投资决策时，首先选择参与决策的人员，对市场、政策及本企业的内部管理等内外部环境进行调研和了解，然后便可以按下面的步骤估计第 i 年的现金流，其中 $i = 0,1,2,3,\cdots,n$，n 为项目的寿命期。

第一步：财务人员列出第 i 年的估测现金流的基本表格，如表 2-1 所示。该表由三列组成：第 1 列填实施该项目后在第 i 年将要发生的经济活动或财务指标，第 2 列填每一项经济活动对企业利润的影响，第 3 列填每一项经济活动对现金流的影响。资本投资决策是依据税后净现金流进行，而纳税发生的现金流与利润增量有关，因此为了估计投资项目引起的纳税现金流，必须先估计利润增量——这就是第 2 列的作用。

第二步：参与决策的管理人员（包括非财务管理人员、财务决策分析人员或专家）集体填第 i 年的现金流估测表。首先填第 1 列，即罗列如果实施该项目，在第 i 年可能做或发生哪些事；然后进一步估计做这些事情可能增加或减少多少现金流，由财务人员根据大家的估计按照实际发生制原则填在第 3 列。若引起现金流增加 10 个单位，记作"+10"；若引起现金流减少 10 个单位，记作"-10"；不会引起现金流变化，记作"0"或"—"。这一步可以充分发挥各部门管理者和各方面有实际经验专家的作用，比如：技术工程人员更清楚工程的进度和用料多少，采购人员能更好地估计原材料的价格及其走势，销售经理能更好地预测出销售量和货款的回笼，仓储管理者更了解存货随业务量的变化量。因此，该步骤需要以圆桌会议进行头脑风暴的方式充分交流，可能发生什么就填什么，估计会引起多大的现金流就填多少。这一步骤中的集体讨论可以有效减少"看不到就想不到"的易得性偏差。

第三步：财务人员根据第一列的内容按照会计制度和权责发生制的原则填第 2 列。第一列中的经济活动若引起利润增加 10 个单位，记作"+10"；若引起利润减少 10 个单位，记作"-10"；不会引起利润变化，记作"0"或"—"。

至此，应对前三步工作进行检查，确保第 1 列的经济活动考虑周全、第 2 列和第 3 列填得正确，特别是要遵循确定相关现金流的原则：

（1）只考虑增量现金流；

（2）不考虑沉没成本；

（3）不能忘记机会成本；

（4）要考虑该项目引起的附带效应或关联效应；

（5）不能忽略营运资本需求的变化，尽管它与该期利润无关；

（6）不考虑利息支出和融资引起的现金流变化。另外，还要特别注意，即使折旧是非付现成本，本身与现金流无关，但由于折旧影响利润，从而通过纳税额对现金流产生影响，因此填第 1 列时不能忘记由于该项目的实施而引起折旧的变化。

第四步：估计项目实施后第 i 年产生的经营利润增量。将第 2 列中的所有数字相加即可，记作 ΔR，填在表 2-1 中倒数第 3 行第 2 列。

表 2-1 "直接法"中现金流估测表

有关经济活动或财务指标	对经营利润的影响	对现金流的影响
＊＊＊	＊＊＊	＊＊＊
＊＊＊	＊＊＊	＊＊＊
经营利润增量（ΔR）	（以上各行第 2 列中数字之和）	—
所得税增量（ΔT）	—	－（ΔR×所得税税率）
净现金流增量 （税后现金流增量）	—	（以上各行第 3 列中数字之和）

第五步：估计项目实施后第 i 年由于经营利润变化而引起的所得税增量 ΔT。我国企业所得税实行的是比例税率，则 $\Delta T = (\Delta R \times$ 所得税税率$)$，缴税意味着现金流出，因此对现金流影响是 $-\Delta T$，填在表 2-1 中倒数第 2 行第 3 列。需要注意的是：该步骤得到的 ΔT 不受该项目债务融资而发生的利息节税作用的影响，因为利息的节税作用将在计算融资效应时考虑。

第六步：将第 3 列所有数字相加，得到实施该项目后第 i 年的税后现金流增量。

【例 2-2】某公司现在正面临一个资本投资决策——是否用新机器来代替目前正在使用的旧机器。从各个部门得到的信息汇总为：①新机器购买价为 30 万元，运输费、安装费分别为 2 万元、3 万元，预计使用寿命为 5 年；②旧机器 10 年前以 30 万元的价格购买，按计划还有 5 年的使用寿命，当前出售的市价为 15 万元；③新机器、旧机器均采用直线折旧法，寿命期末残值为 0；④若要购买新机器，需从银行借款 10 万元，年利率为 7%，

3年分期等额还款；⑤新机器比旧机器效率高，因此相应要增加半成品库存5万元；⑥新机器自动化程度高，使用的人员少，因此今后每年可减少10万元的薪金和1万元的福利费支出，残次品费用也将从每年8万元降到3万元，但维护费需要增加4万元；⑦公司适用的所得税税率为25%。

利用直接法估测该项目的现金流。首先，我们确定第0年的增量现金流，如表2-2所示。

表2-2 第0年的增量现金流　　　　　　　　　　　　单位：万元

有关经济活动或财务指标	对经营利润的影响	对现金流的影响
购买新机	—	-30
运输	—	-2
安装	—	-3
出售旧机	5	15
增加库存	—	-5
经营利润增量	5	—
所得税增量	—	-(5×25%)
净现金流增量（税后现金流增量）	—	-26.25

通过同样的步骤可以估测出第i年的增量现金流，如表2-3所示。

表2-3 第i年的增量现金流　　　　　　　　　　　　单位：万元

有关经济活动或财务指标	对经营利润的影响	对现金流的影响
薪金减少	10	10
福利费减少	1	1
残次品减少	5	5
维护费增加	-4	-4
折旧费增加	-5	—
经营利润增量	7	—
所得税增量	—	-(7×0.25)
净现金流增量（税后现金流增量）	—	10.25

2.3.2　直接法的优点

对于那些具有会计和财务背景的人来说，间接法的思想还是比较容易理解，因此大多数财务管理教科书介绍间接法也是正常的，但间接法忽略了现实操作中一个基础环节——以权责发生制为基础估计利润表。我们知道，估计利润表需要各方面的人才（如生产人员、销售人员等），这些人一般都没有会计或财务背景，运用间接法容易受到折旧、成本、利润等一系列概念的困扰，而直接法估测现金流只需要估计相关经济活动及其产生的现金流即可。可见，间接法表面看起来简单但运用起来相当复杂，相比而言，直接法在企业实践中更具有可操作性。

1. 直接法估测项目现金流量的工作量较少

（1）直接法是根据每年的经济活动得出相关现金流，表2-1第2列不仅计算了增量现金流，而且对第2列稍作调整（如加上利息）就可以得到预计的增量利润表。也就是说，直接法在估计项目现金流量的同时，也可以顺便得到利润表。

（2）间接法估测项目现金流的工作思路是源于公司现金流量表的编制，而公司利润表本来就是源于日常记账，利用间接法编制现金流量表可大大减少工作量，但项目投资决策本来就没有现成的利润表和资产负债表可用，与其估计项目利润表再作调整，不如直接估测项目现金流量，这样更加简洁。

2. 直接法估测项目现金流量相对不易出错

（1）哪些活动考虑了、哪些活动没有考虑以及针对每一项活动所估计的现金流等都可以通过直接法中的表格简洁明了地表现出来，没有财务会计知识的人也能够看明白，同时也便于事后检查和决策评估。

（2）投资决策依据的基本变量是增量现金流，运用间接法时所用的预计"利润表"应该是"增量利润表"，这很容易与一般意义上的"利润表"混淆，错误地将债务融资的利息和沉没成本考虑进去了，或者是忽略了本该考虑的机会成本，导致估计出来的现金流偏差很大。

3. 直接法充分调动了非财务人员的积极性，估计的现金流量的准确性更高

（1）利用直接法估测项目现金流时，通常以圆桌会议进行头脑风暴式的讨论，这样能够有效地减少决策中的"模糊"因素，避免"模糊厌恶"的影响，并充分利用"熟悉偏好"激发决策者的参与和交流，还有助于纠正现金流估测中的三类偏差——代表性偏差、易得性偏差、锚定效应，提高决策质量。[1]

（2）间接法估测项目现金流中所使用的预计利润表通常由财务工作人员编制，但是表中各项内容不是来自日常记账而是基于预测，而这种预测只有具体参与技术、采购、生产、销售工作的管理者才能估计得更准确，但这些非财务人员对财务报表及会计术语不熟悉，无法或不愿意直接参与对预计报表的估计与检查，一方面造成人力资源的极大浪费，另一方面降低现金流估测的准确性。

4. 直接法充分反映了决策者的决策思维

因为目前在我国的企业中，一个项目的决策者大多数是董事长或总经理，他们往往精于技术而并不十分熟悉财会知识，对会计报表有拒绝心理，因而很难利用间接法估测项目现金流；相反，根据相关的经济活动得出项目的现金流更容易让决策者接受，也能够充分反映决策者的思维。

5. 直接法表格将形成公司宝贵的财富

当遇到类似的项目时，可以借鉴公司以往类似项目的历史资料（直接法形成的现金流估测表），或以这些资料为基准结合当前情况进行调整。而这种调整工作由了解项目具

---

[1] 邵希娟，杨建梅. 基于行为的公司资本投资决策方法研究 [M]. 北京：科学出版社，2009：99-102.

体情况的非财务管理人员去做最合适,他们更容易接受直接法形成的报表从而提高项目现金流量估测的准确性。

2.4 项目现金流量的调整

现金流量预测的复杂性决定了预测结果总会出现一些偏差,这些偏差也许会很大,以至于管理层据此做出的决策是完全错误的。可以想象,在复杂的竞争环境下,项目现金流量的预测面临着极大的变数,各种状况也难以准确预见。这种情况下,一般通过确定当量法和概率法对预测的现金流量进行调整,使其变得相对保守。

2.4.1 确定当量法

所谓确定当量法,又称为约当量法或等价现金流法,就是把不确定的各年现金流量,按照一定的系数(即约当系数)折算为大约相当于确定的现金流量的数量,然后利用一定的折现率来评价投资项目的决策分析方法。

约当系数是调整现金流量的关键因素,它通常用 d 表示,表达公式如下:

$$d = \frac{\text{第 } t \text{ 年的确定等值现金流量}}{\text{第 } t \text{ 年预计的风险现金流量}}$$

显然,约当系数取值范围在 0 到 1 之间,当 d 无限趋于 0 时,表示风险无穷大;当 d 等于 1 时,表示无风险。因此在评价时,可根据风险大小,选取不同的约当系数。当现金流为确定时,可取 $d=1.00$;当现金流的风险较小时,可取 $0.80 \leq d < 1.00$;当现金流量的风险一般时,可取 $0.40 \leq d < 0.80$;当现金流的风险较大时,可取 $0 < d < 0.40$。

由于投资项目风险的大小可以根据标准离差率来确定,因此也可以根据标准离差率的大小确定约当系数。项目标准离差率越小,说明该项目的风险越小,则相对应的约当系数越大;反之,其相对应的约当系数就越小。标准离差率与约当系数的经验对照关系如表 2-4 所示。当然,表中数据及关系仅供参考,因为约当系数因时、因人、因项目而变。

表 2-4 标准离差率与约当系数的经验对照表

标准离差率	约当系数 d
0.00 ~ 0.07	1
0.08 ~ 0.15	0.9
0.16 ~ 0.23	0.8
0.24 ~ 0.32	0.7
0.33 ~ 0.42	0.6
0.43 ~ 0.54	0.5
0.55 ~ 0.70	0.4

实践中,以下三点对确定约当系数有一定的启发和帮助:

(1)约当系数 d 与把握程度有关。把握程度较高,选取的 d 就较大;反之,选取的 d 值较小。运用直接法对每一项经济活动的增量现金流估测时,其把握程度是可以感知到的,因此利用直接法估测现金流的过程,可以让决策分析者明晰自己对所估测的现金流的把握程度,据此较好地确定约当系数的取值。

(2) 约当系数 d 因人而异。偏好风险者,往往选用较大的约当系数;而不愿冒险者往往选取的 d 较小。

(3) 约当系数 d 与时间有关。一般对近期各年现金流量估计较准,风险较小,选取的 d 就较大;对远期现金流,则选取的 d 值较小。

【例 2-4】某公司准备进行一项投资,各年的现金流量和约当系数如表 2-5 所示,折现率为 10%,试判断此项目是否可行。

表 2-5 现金流量与约当系数

年份 项目	第 0 年	第 1 年	第 2 年	第 3 年	第 4 年
估测的现金流量(万元)	-20 000	8 000	8 000	8 000	8 000
约当系数	1.0	0.95	0.90	0.80	0.80

对估测的现金流量进行调整,得到约当现金流,如表 2-6 所示。

表 2-6 项目的约当现金流

年份 项目	第 0 年	第 1 年	第 2 年	第 3 年	第 4 年
估测的现金流量(万元)	-20 000	8 000	8 000	8 000	8 000
约当系数	1.0	0.95	0.90	0.80	0.80
约当现金流	-20 000	7 600	7 200	6 400	6 400

利用 EXCEL 对该项目的约当现金流进行贴现(详见第 5 章),计算得到该项目的净现值为 2039.2。

显然,通过约当系数调整后的现金流(如表 2-6 所示)比原来的现金流(如表 2-5 所示)变小了,也就是说,调整后的现金流更加保守了,根据此现金流计算得到的净现值为正,由此得到"项目可行"的结论也许更能令人信服。

2.4.2 概率法

概率法是指通过计算投资项目的年期望现金流量和期望净现值来评价风险投资的一种方法,适用于每年现金流量相互独立的投资项目。所谓现金流量独立,是指前后两年的现金流量互不相关。

具体步骤如下:

(1) 计算各年的期望现金流量,计算公式为:

$$\overline{NCF_t} = \sum_{i=1}^{m_t} NCF_{ti} P_{ti}$$

式中：$\overline{NCF_t}$表示第t年期望净现金流量；NCF_{ti}表示第t年的第i种情况下的净现金流量；P_{ti}表示第t年与第i种情况发生的概率；m_t表示第t年可能出现情况的数量。

（2）将$\overline{NCF_t}$按一定的折现率贴现并求和，再减去初始投资NCF_0，得到期望净现值$\overline{NPV}$。

$$\overline{NPV} = \sum_{t=1}^{n} \overline{NCF_t} PVIF_{r,t} - NCF_0$$

式中：$PVIF_{r,t}$表示贴现率为r，期限为t的复利现值系数。

也可以直接利用 EXCEL，根据$\overline{NCF_t}$得到期望净现值$\overline{NPV}$（详见本书第5章第5.9.1节）。

（3）根据$\overline{NPV}$进行决策：若$\overline{NPV} \geq 0$，则采纳该项目；否则，拒绝该项目。以下举例说明。

【例 2－5】某企业的一个投资项目各年的现金流量与其概率分布情况如表 2－7 所示。项目的资本成本为 15%，试判断此项目是否可行？

表 2－7　投资项目的现金流量与概率分布表

第 0 年净现金流量		净现金流量					
		第 1 年		第 2 年		第 3 年	
概率	NCF₀（万元）	概率	NCF₁（万元）	概率	NCF₂（万元）	概率	NCF₃（万元）
1.00	－40 000	0.40	25 000	0.20	30 000	0.30	35 000
		0.60	15 000	0.60	20 000	0.40	25 000
				0.20	10 000	0.30	15 000

根据表 2－7 计算的期望净现金流量如表 2－8 所示。

表 2－8　投资项目各年的期望净现金流量

时间 项目	第 0 年	第 1 年	第 2 年	第 3 年
期望净现金流量（万元）	－40 000	19 000	20 000	25 000

利用 EXCEL 对该项目的期望净现金流量进行贴现（详见本书第5章第5.9.1节），计算得到该项目的净现值为 8 082.5。由于净现值为正，因此该投资项目可行。

2.5　项目现金流量估测中的非理性行为

人们在估测现金流量的过程中容易出现一些非理性行为，非理性行为的基本知识以及产生这些非理性行为的原因及减少这些非理性行为的方法等相关内容，参见本书第9章。

本节将重点介绍这些非理性行为的具体表现。

2.5.1 计算基准 NPV 时将利息作为增量现金流

根据现代财务决策理论,从公司的角度对项目的基准价值进行评估时,估测现金流量必须遵循的一个原则是:"利息支付和融资现金流不属于增量现金流。"因此,作为理性人,在计算基准 NPV 时,应该将借款利息剔除,不应将其作为一项增量现金流。

现实中人们计算增量现金流时,往往将利息支付考虑进来,使现金流的估计值偏小,低估了项目的内在价值。因此,"计算基准 NPV 时将利息作为增量现金流"是一种非理性行为。

2.5.2 没有考虑营运资本

营运资本是公司流动资产与流动负债的差额,是公司为了维持经营活动持续运转而必需的长期资金。大多数项目需要额外的营运资本投入,在营运管理效率不变但业务增加时,营运资本的投入也一定增加。因此,关于资本投资决策中现金流估计,现代财务管理理论强调"不可忘记营运资本需求"。

但是,在现实决策过程中,很多人往往没有考虑营运资本占用资金而产生的现金需求,特别是在业务量急剧增大的时候。这将导致现金流和项目的内在价值被高估,不符合理性人的行为——"精于计算的,其认知也完全准确,不会发生任何偏差"。因此,"在现金流估计中,没有考虑营运资本"是一种非理性行为。

2.5.3 没有考虑机会成本

在资本投资决策时,如果公司计划将现有的某些实物资产投入到该项目中,那么公司将失去该资产的机会成本。如果不投资这个项目,那公司就可以将这些实物资产另作他用而得到收益,由此可见,机会成本是"接受该项目"和"拒绝该项目"的差异现金流,即属于增量现金流。因此,以理性决策理论为基准的现代财务理论强调:增量现金流量必须包括机会成本。

但现实中在估计增量现金流量时,管理者往往没有考虑机会成本。这种行为与"没有考虑营运成本"的结果是类似的,可能会高估现金流,从而高估项目的内在价值。这不符合理性人的行为——"精于计算的,其认知也完全准确,不会发生任何偏差"。因此,"在估计现金流量时,没有考虑机会成本"也是一种非理性行为。

2.5.4 忽略竞争对现金流的具体影响

管理者在进行现金流量预测时,只关注行业本身的发展前景,往往看到行业发展前景好、市场需求大、成长性好,就认为在此行业投资的项目一定可取得好收入,将来一定会发展成大企业。

但事实并非如此,"20 世纪初期,汽车业、航空业等行业改变了整个世界。在汽车这个难以置信的影响着人类生活的行业,美国曾经至少出现过 2 000 多个制造商"(布雷利,2007)。这充分说明,当时人们看好汽车制造方面的项目并进行投资。Buffett 也这么预测人们的行为,"如果你能在汽车刚刚出现不久的岁月里就已预测到这一行业的发展前景,当时也许会断言，'这是一条生财致富之路'。然而，到了20世纪90年代，美国最终只有三家汽车公司幸存，它们在投资者眼中也不再是杰出的代表。除了汽车业，20世纪上半叶还有一项真正的革命性的商业创新——航空业，这又是一个有着毋庸置疑的辉煌前景的行业，曾经吸引了大量投资者为之垂涎三尺。1913—1939年间，美国曾经有300家公司涉及航空业，但今天还在经营的却只有屈指可数的几家。诸如收音机、电视机制造等魅力四射的行业，同样也极大地改变了我们的生活，但并未给美国投资者带来客观的收益"（布雷利，2007）。

事实上，投资的关键既不是要把握一个行业将对世界产生怎样的影响，也不是要了解其成长性，而是要搞清楚净现值的来源，明确自己的竞争优势，且要清楚这种优势的持久性。只有拥有宽广产品和服务的、难以逾越的隔离带才会最终给投资者带来回报，否则就会在现金流的估计过程中无意引入大量误差，如果这样，投资的美好前景则只是错误估计所得的结果。

因此，"在项目投资决策分析过程中预测现金流时，由于管理者看到行业发展前景很好，市场需求大，成长性好，估计的现金流也就出现逐年上升，其增长速度根据行业成长速度确定，并没有将竞争对手的增加所导致的销售价格、销售量、成本等方面的变化反映到现金流的估计中"，这种行为极有可能导致高估项目实施后的现金流，因此是一种非理性行为。

2.5.5　高估收入低估成本

"高估收入、低估成本、低估项目完成时间"往往是决策者无意识的行为，大量的私人企业在项目完成时间和成本方面，常常超过原来的预测。有关调查发现：私人企业投资的软件项目中，有84%的项目成本超支；仅29%的项目在三个方面（①预算；②进度；③功能和表现）都合格；私人企业投资的项目中，能按时完成的仅仅占37%，有42%的项目至少推迟1年（Shefrin，2007）。

因此，"高估收入、低估成本"往往是管理者在公司资本投资决策过程中的一种无意识行为，这种行为显然违背了理性人的行为假设——"拥有与决策情境有关的完整信息；能确定所有相关的标准；能列出所有可行的方案；能意识到每一方案的所有可能的结果"。也就是说，"高估收入、低估成本"是管理者在资本投资决策过程中的一种非理性行为。

2.5.6　沉没成本效应

沉没成本是指决策时已经发生或将来肯定发生的成本，它涉及的是已经流出或将肯定流出的现金流，并不因决策后所选取方案的不同而变化，因此，沉没成本不是增量现金流。由现代财务管理理论的规范性分析可知，只有增量现金流才与投资决策相关，即沉没成本不应该影响决策。但在实际中，当人们在做是否接受一个项目的决策时，由于表现出的行为与理论所指引的完全不同，人们的决策严重地受到沉没成本的影响，这种现象被称为沉没成本效应。沉没成本效应使决策者不断地对失败的项目进行投资，在"沉没成本陷阱"中越陷越深，造成了极为严重的决策失误。

国外大量实证研究表明，现实中确实存在沉没成本效应。

(1) 芝加哥大学奚恺元教授对美国和中国的 EMBA 学员做了类似下列的测试,绝大多数被测试的企业高层管理者的回答是"坚持继续投资"。

示例:假设你是一家医药公司的总裁,正在进行一个止痛药的开发项目,项目启动了很久,已经投入了 500 万元,如果再投资 50 万元产品就可以正式上市了。但你忽然获悉,另外一家医药公司刚刚开发并生产出了性质功能与你的计划产品几乎完全一样的新止痛药,现正在做市场宣传。因此,不考虑已有的投入,如果继续进行这个项目,公司有很大的可能性(如约为 90%)会再损失 500 万元,有很小的可能性(如约为 10%)会盈利 2 500 万元。你会继续投资该项目还是现在放弃?

(2) Arkes 和 Blumer 通过 10 个不同实验证明了沉没成本确实影响人们的决策。其中一个实验中,一组被试人员要求回答类似上例的问题,结果显示,85% 的被试者倾向于完成该项目;给予另外一组被试人员另一个版本的问题,其中并没有提到先前的投资,结果只有 17% 的人支持在该项目上投资。这就意味着先前投资所产生的沉没成本造成了两者的差异。

"在资本投资决策过程中,考虑沉没成本并受沉没成本的影响",这种认知不准确,选择错误方案的行为是非理性行为。

2.6 拓展阅读:间接法——预计财务报表与项目现金流量

估测项目现金流量还有另一种方法,这种方法首先需要编制项目预计财务报表再调整净利润、折旧、净营运资本的需求和资本性支出等计算项目的总现金流量,本书将这种方法称为"间接法"。这里借用罗斯(2011)的一个例子说明如何利用间接法估测项目现金流。

2.6.1 起步:预计财务报表

预计财务报表(Pro Forma Financial Statement)以方便、易于理解的方式归集了一个项目的许多相关信息。为了编制这些报表,我们必须估计一些数字,例如销售数量、单位销售价格、单位变动成本和固定成本总额等。我们还必须知道所需的总投资,包括任何在净营运资本上的投资。

假定我们认为每年可以以每罐 4 美元的价格销售 50 000 罐鲨饵,每一罐的制造成本是 2.5 美元,而这类新产品通常只有 3 年寿命。我们对新产品要求的报酬率是 20%。

这个项目的固定成本,包括生产设备的租金等,每年将是 12 000 美元。此外,我们需要在制造设备上总共投资 90 000 美元。为了简单起见,假定这 90 000 美元将在 3 年内 100% 地折旧完毕。3 年后,搬走这项设备的成本大约等于当时的实际价值,因此,从市价的角度来看,届时它实际上也没有任何价值。最后,这个项目最初必须投资 20 000 美元在净营运资本上,而税率为 34%。

首先,将初步的预计组织起来,编制成表 2-9 所示的预计利润表。再次提醒大家注意,此表并没有扣除任何利息费用。这一点是必须永远坚持的。就像前面所讲述过的那样,付出的利息是一种融资费用,而不是经营现金流量的一部分。

表 2-9　预计利润表：鲨饵项目　　　　　　　　　　　　单位：美元

项　　目	金　　额
销售收入（50 000 单位，每单位 4 美元）	200 000
变动成本（每单位 2.5 美元）	125 000
贡献毛益	75 000
固定成本	12 000
折旧（90 000 美元/3）	30 000
息税前利润（EBIT）	33 000
税（34%）	11 220
净利润	21 780

也可以编制一套简易的资产负债表来反映项目的资金需求，如表 2-10 所示。在这里，每年的净营运资本是 20 000 美元；项目开始时（第 0 年）的固定资产是 90 000 美元，每年以 30 000 美元的折旧递减，到项目结束时正好是 0。注意，未来的总投资是账面价值，而不是市场价值。

表 2-10　预计资本需求：鲨饵项目　　　　　　　　　　　单位：美元

	年　　份			
	0	1	2	3
净营运资本	20 000	20 000	20 000	20 000
固定资产净值	90 000	60 000	30 000	0
总投资	110 000	80 000	50 000	20 000

此时，需要把这些会计信息转换成现金流量。接下来看看怎么做。

2.6.2　项目现金流量

来自资产的现金流量包括三个部分：经营现金流量、净资本性支出和净营运资本变动。要评估一个项目或一个微型公司，需要得到这三部分的每一个估计值。

有了这三部分现金流量的估计数据，就可以利用下面的等式计算项目的现金流量：

项目现金流量 = 项目经营现金流量 − 项目净营运资本变动 − 项目净资本性支出

下面，分别考虑现金流量的这三个部分。

1. 项目经营现金流量

要确定一个项目的经营现金流量，首先要了解经营现金流量的定义：

$$经营现金流量 = 息税前利润(EBIT) + 折旧 − 税$$

为了说明经营现金流量的计算，我们将使用鲨饵项目的预计资料。为了便于参考，表 2-11 用一个更为简略的形式重述了利润表。

表 2-11　鲨饵项目预计利润表　　　　　　　　　　单位：美元

项　　目	金　　额
销售收入	200 000
变动成本	125 000
固定成本	12 000
折旧	30 000
息税前利润（EBIT）	33 000
税（34%）	11 220
净利润	21 780

有了表 2-11 所示的利润表后，计算经营现金流量就非常直接了。如表 2-12 所示，鲨饵项目的预计经营现金流量是 51 780 美元。

表 2-12　鲨饵项目预计经营现金流量　　　　　　单位：美元

项　　目	金　　额
息税前利润（EBIT）	33 000
折旧	+30 000
税（34%）	-11 220
经营现金流量	51 780

2. 项目净营运资本变动和净资本性支出

接着需要求出固定资产需求和净营运资本需求。根据表 2-10 所示的资产负债表，公司马上支出 90 000 美元用于购买固定资产，并另外投资 20 000 美元在净营运资本上，因此，流出现金为 110 000 美元。在项目年限结束时，固定资产没有价值了，但是 20 000 美元的营运资本可以收回①。因此，最后一年有 20 000 美元的现金流入。

在一个纯机械的程度上，请注意不管我们在什么时候投入净营运资本，都必须回收同样的投资。换句话说，在未来的某个时点上，必将产生数量相同、符号相反的金额。

2.6.3　预计总现金流量

总现金流量的计算公式为：总现金流量 = 经营现金流量 - 净营运资本变动 - 净资本性支出。

有了这些资料，我们就能够预计项目总现金流量，如表 2-13 所示。

---

①在现实中，公司由于坏账、存货损失以及其他原因，不能百分百地收回这个金额，从那里只能收回和补偿 90%。

表2-13 预计项目总现金流量　　　　　　　　　　　单位：美元

	年　份			
	0	1	2	3
经营现金流量		51 780	51 780	51 780
净营运资本变动	-20 000			+20 000
资本性支出	-90 000			
项目总现金流量	-110 000	51 780	51 780	71 780

可知，鲨饵项目第0年的总现金流量为-110 000美元，第1—3年的总现金流量分别为51 780美元、51 780美元、71 780美元。

思考题

1. 如何估计项目每年的现金流？哪些因素应该考虑？哪些因素不应该考虑？如何充分沟通并有效地集中大家的智慧？

2. 估计项目带来的现金流时应注意什么？常犯的错误有哪些？

3. 某公司准备增添一台设备用于生产产品，预计设备的购置、运输及安装调试等各项费用共需500万元。开始投产时需相应投入50万元的流动资金，该设备预计在5年的使用年限中年产量分别为25 000个、40 000个、60 000个、50 000个和30 000个，第1年产品的价格为200元/个。由于产品市场的竞争激烈，预计其价格每年最多增长2%。然而用于制造产品的成本将会变得昂贵，第1年的单位成本为100元/个，预计其价格每年增长10%。公司采用直线法计提折旧，5年后的净残值为25万元，所得税率为25%。试估测该项目各年的现金净流量。

第3章 公司资本投资决策中的资本成本

当你进行一项投资时,你至少要求多高的报酬率?也就是说,当报酬率低于一个什么水平时,你就不进行此项投资了呢?

也许你会说"这就要看项目的风险,风险越大,要求的报酬当然就越高啦"。那么,你如何度量你承担的风险?是根据项目的全部风险决定你的报酬率,还是项目的某些风险是不应该要求回报呢?如果投资者要求的报酬率仅仅与某种风险有关,那如何度量这种风险?你冒了风险应该得到的风险报酬与这种风险之间存在怎样的定量关系?

在投资决策的时候,你所提到的"最低报酬率"有什么具体的用途?在现实中,它与哪些常用的财务概念的本质是相同的?

在实际操作中,很多公司用融资成本或参考银行借款利率确定"最低报酬率",你觉得这样的做法对吗?如果不对,会给公司造成什么样的严重后果?

■ **本章概览**

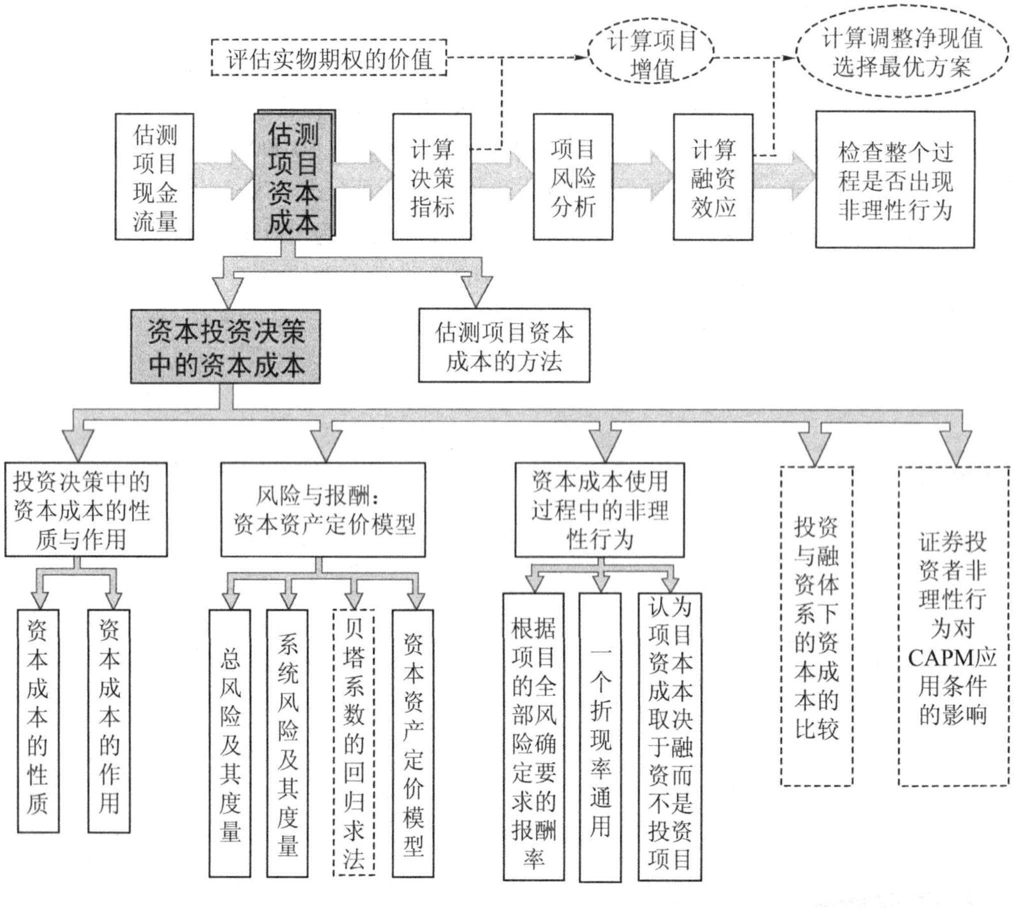

3.1 投资决策中的资本成本的性质与作用

3.1.1 资本成本的性质

首先来看一个例子,帮助大家理解资本成本的性质。

【例3-1】某公司计划投资一个项目E,投资额为1 000万元,准备从银行借款1 000万元为该项目融资,借款利率为8%,在这次债务融资中除利息外没有其他额外的支出;如果从银行借来的1 000万元不用于投资该项目,该公司也可以将这1 000万元投向项目A、项目B或项目C,这三个项目的报酬率依次为10%、12%和15%,公司所得税率为25%。假设这三个项目的系统风险与公司将要投资项目E的系统风险水平相同。那么投资该项目E要求的报酬率应该是8%、6%还是15%?

针对这个问题的调查结果是,所有人的回答都是15%。也就是说,当企业投资该项目的预期报酬率大于或等于15%时才值得投资。这里提到的15%就是投资决策中的资本成本,显然,在投资决策中,人们将资本的机会成本作为资本成本,而并没有将银行的借款利率或资本的融资成本作为资本成本。也就是说,在投资决策中,资本成本是指资本的机会成本而不是资本的融资成本,它们的本质属性是完全不同的。相关的内容,参见3.4节。

投资决策中的资本成本,即资本的机会成本,是指如果不将资本投放于某方案,而投放到其他风险相同的方案中所能获得的回报中最大的那一个,它并不是实实在在付出的费用或会计意义上的成本,而是一种潜在报酬的损失。资本成本一般用年百分比表示。

在投资决策中,资本成本、要求的报酬率(必要报酬率,门槛利率)、折现率是相等的,因此这些词可以相互交叉使用。

(1)进行某项投资得到的预计报酬应该弥补为此投资所失去的潜在报酬,因此,投资决策中的资本成本实际上就是投资者要求的报酬率。投资者要求的报酬率是项目投资者投资这个项目时要求必须达到的报酬率,若预计的报酬率低于这个报酬率就不应该进行投资,因此又称为"必要报酬率",或更形象地称为"门槛利率"。

(2)投资决策中的资本成本也是计算投资项目净现值(NPV)时所用的折现率。

3.1.2 资本成本的作用

投资决策中的资本成本是公司将要进行的投资所必须达到的最低报酬率,在公司兼并收购、证券投资、项目投资决策、企业绩效评价中扮演着十分重要的角色,如图3-1所示。

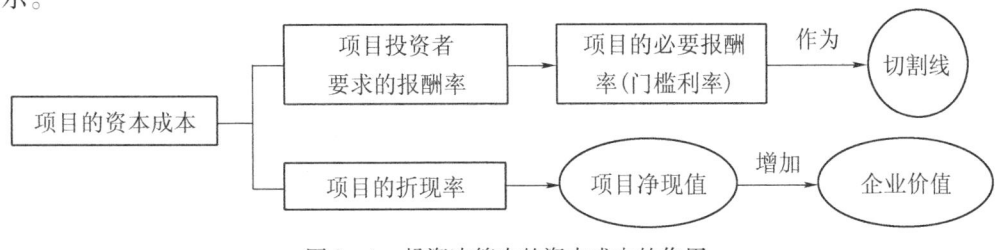

图3-1 投资决策中的资本成本的作用

(1) 投资决策中的资本成本可以作为投资选择的切割线，只有当该项投资预计的报酬率高于投资的资本成本时，公司才应该进行该项投资。

(2) 资本成本在价值评估（企业价值、项目价值、证券价值等评估）中是以折现率的形式出现的，是风险影响价值的重要载体。就单一的投资项目而言，项目的系统风险越大，其资本成本就越大，折现率就越大，项目的净现值就越小，给公司新增的价值就越小。

3.2 风险与报酬：资本资产定价模型

资本投资决策中的资本成本实质上是机会成本，这在财务决策中是极为关键的思想。从理论上讲，应该是按照机会成本的定义所提示的方法来确定投资的资本成本。然而，这种方法不具有现实操作性，因为：

(1) 机会成本是指如果不将资本投放于某方案，而投放到其他风险相同的方案中所能获得的回报中最大的那一个。现实中，寻找具有相同风险的项目的难度很大。

(2) 这些项目报酬率的估测值比较难求（针对每一个项目，首先要估测该项目寿命期内每年的现金流，然后才能计算其报酬率），且不同人对同一个项目报酬率的估测值可能不一样，往往难以统一或令他人信服。

这时，我们需要使用客观、容易获取且被广泛认可的数据，而这样的数据可以从证券市场上获得。也就是说，我们可以到证券市场上找一个与项目具有相同风险的资产，求得这一资产的期望报酬率作为投资项目所占用资本的机会成本，就可作为该项目的必要报酬率（即项目的资本成本）。那么，应当采用什么方法求得该项资产的期望报酬率呢？目前最权威的方法是资本资产定价模型（Capital Asset Pricing Model，CAPM）。

我们都知道，投资于某项资产的期望报酬率应该等于无风险报酬加风险报酬，而风险报酬如何求？资本资产定价模型回答了这一问题。因此，要想了解和运用资本资产定价模型，必须首先明白什么是风险、风险如何度量以及风险报酬的大小到底取决于哪些因素等一系列问题。下面将介绍风险及其报酬和资本资产定价模型的相关知识。

3.2.1 风险及其度量

风险指的是预期报酬（率）可能的波动性。不同报酬（率）的波动性体现为不同的风险，如净经营资产收益率或对经营活动投入资本的报酬率（ROIC）的波动性称为"经营风险"、权益资本报酬率（ROE）的波动性称为"权益风险"、股票收益率的波动性称为"股票风险"。

在现代财务理论中，通常采用方差（σ_R^2）或标准差（σ_R）度量风险的大小。它们的计算公式分别如下：

$$\sigma_R^2 = \sum_{i=1}^{n} [R_i - E(R_i)]^2 \times P_i \qquad (3-1)$$

$$\sigma_R = \sqrt{\sigma_R^2} = \sqrt{\sum_{i=1}^{n} [R_i - E(R_i)]^2 \times P_i} \qquad (3-2)$$

其中，$E(R_i)$ 表示预期报酬（率）；R_i 表示第 i 种情况下可能获得的报酬；P_i 表示第 i 种情况出现的概率；n 表示所有可能结果的数目。

可见，风险的大小与变动幅度、变动频率有关。这意味着：①低于期望报酬的可能性越小，风险越小；②结果越接近期望值，风险越小。

无论是对单项资产还是投资组合，其风险的大小都可以用方差或标准差来度量。我们知道，投资组合的期望报酬率是单项资产期望报酬率的加权平均值，然而投资组合的标准差并不是构成该投资组合内各项资产的标准差的加权平均。

若投资组合的风险充分分散，其方差等于组合内任意两项资产协方差的加权平均。其计算公式为①：

$$\sigma_p^2 = \sum_{i=1}^{n} \sum_{j=1}^{n} \omega_i \omega_j \text{Cov}(R_i, R_j) \quad (3-3)$$

式中：σ_p^2 表示投资组合的方差；n 表示投资组合中的资产个数；R_i、R_j 分别表示投资组合中任意资产 i、j 的预期报酬率；$\text{Cov}(R_i, R_j)$ 表示投资组合中任意资产 i 与资产 j 预期报酬率的协方差；ω_i、ω_j 投资组合中任意资产 i、资产 j 各自占投资组合的比重。

相应地，投资组合的标准差计算公式为：

$$\sigma_p = \sqrt{\sum_{i=1}^{n} \sum_{j=1}^{n} \omega_i \omega_j \text{Cov}(R_i, R_j)} \quad (3-4)$$

需要说明的是，在不同的领域中，"风险"的度量表达式可能不一样，风险概念的内涵也是不一样的。现代财务理论中，是用方差或标准差来度量风险，不仅关注了风险型事件中的"损失"，而且关注了"报酬"。也就是说，现代财务理论中的"风险"可能带来达不到期望的损失，也可能带来超出期望的报酬。而在某些领域，如衍生产品的实践和规则中用 VaR（Value at Risk）度量"风险"，此时的"风险"仅仅指不利结果的不确定性，即它仅仅关注风险型事件中的"损失"。

3.2.2 系统风险及其度量

我们在前面已经看到，投资组合的标准差并不是构成该投资组合内各项资产的标准差的加权平均，原因在于分散投资可以消除一部分风险，如图 3-2 所示。

图 3-2 显示投资组合规模与投资组合报酬率的标准差之间的关系，这表明：①通过

---

① 假设我们正在经营一个由 n 项资产组成的投资组合，每一项资产的投资份额为 $\frac{1}{n}$，因此，

$$\sigma_p^2 = \sum_{i=1}^{n} \sum_{j=1}^{n} \omega_i \omega_j \text{Cov}(R_i, R_j) = n\left(\frac{1}{n}\right)^2 \times 平均方差 + (n^2 - n)\left(\frac{1}{n}\right)^2 \times 平均协方差$$

$$= \frac{1}{n} \times 平均方差 + \left(1 - \frac{1}{n}\right) \times 平均协方差 \xrightarrow{n \to \infty} 平均协方差$$

这表明，随着 n 的增大，投资组合的方差逐步逼近平均协方差，即经过充分的分散投资，投资组合的风险就是平均协方差。

构建投资组合，确实可以分散掉一部分风险，这部分风险称为可分散风险，又称非系统风险；②并非所有的风险都可以分散掉，确实存在一部分不能通过分散投资而消除的风险，这部分风险称为不可分散风险，又称为系统风险；③投资组合报酬率的标准差随着资产数量的增加而减小，并且它的递减速度逐步放缓。

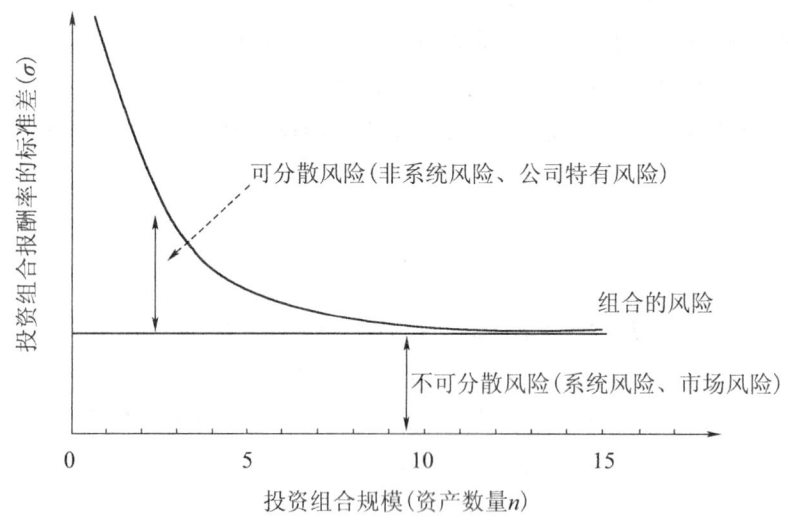

图3-2 投资组合规模与其报酬率的标准差之间的关系

这就意味着，投资一项资产所承担的总风险包括非系统风险和系统风险两个部分：

（1）非系统风险（Nonsystematic Risk），又称可分散风险，是指影响个别或部分资产的、可以通过投资组合加以分散的风险。它是由个别特殊因素引起的，是某一企业或行业特有的风险，因此又称之为公司特有风险或公司的特别风险，即该风险并非对市场系统内所有的资产有影响。

例如，一家IT公司公布的其主要决策者的健康状况可能仅仅影响这一家公司或其他几家公司。可以肯定的是，它不可能对市场上所有的公司产生影响。

（2）系统风险（Systematic Risk）①，又称不可分散风险，是指影响市场系统内所有资产的、不可以通过资产组合进行分散的风险。它是由共同的外部因素引起的，是整个市场的风险，因此又称之为市场风险。例如，通货膨胀将会影响工资、原材料成本、公司拥有的资产的价值和公司产品的销售价格，这些状况在某种程度上几乎影响着所有的公司及其股票的收益。

系统风险的大小可以用贝塔系数（简称为贝塔，β）来衡量，它反映了单个风险资产的收益变动对市场报酬变动的敏感程度，即市场组合报酬每变动1%，该风险资产收益的

---

① 这里提到的系统风险（Systematic Risk）不同于系统性风险（Systemic Risk）。系统风险对应于非系统风险，系统性风险对应于局部性风险。所谓系统性风险是指与系统的整体健康或结构相联系的风险，往往是由于系统中积聚了大量的风险因素以致无法处理而造成的。系统风险的载体是特定的资产或资产组合，而系统性风险针对的是整个系统或结构。

变动程度。

β 的计算公式可以表述为：

$$\beta_i = \frac{\text{Cov}(R_i, \overline{R_M})}{\sigma^2(\overline{R_M})} \quad (3-5)$$

式中：R_i 是某一风险资产 i 的报酬率；$\overline{R_M}$ 是市场组合 M 的期望报酬率；$\text{Cov}(R_i, \overline{R_M})$ 是风险资产 i 的报酬率与市场组合报酬率的协方差；$\sigma^2(\overline{R_M})$ 是市场组合报酬率的方差。

以上说明了单项资产 β 值的计算方法。投资组合的 β 值是单项资产 β 值的加权平均，权数为各项资产在投资组合中所占的比重。其计算公式为：

$$\beta_P = \sum_{i=1}^{n} \omega_i \beta_i \quad (3-6)$$

式中：β_P 表示投资组合的 β 值；ω_i 表示投资组合中对第 i 项资产投资所占的比重；β_i 表示 i 项资产的 β 值；n 表示投资组合中资产的数量。

式（3-5）是 β 值的理论计算方法，在实际操作中，通常利用回归线法求 β 值。下面借用（美）Keown（1997）的一个例子来说明具体的操作。

【例 3-2】百事可乐公司 β 值的计算。

让我们来看一下百事可乐公司的普通股收益和 S&P500 指数收益之间的关系。表 3-1 给出了从 1992 年 1 月到 1993 年 12 月止的 24 个月内的百事可乐公司和 S&P500 指数的月收益率。

表 3-1 百事可乐公司股票与 S&P500 指数的月持有期收益率

（1992 年 1 月—1993 年 12 月）

时间	百事可乐		S&P500 指数	
	股价（美元）	收益率（%）	股价（美元）	收益率（%）
1991 年 12 月	33.88		417.09	
1992 年 1 月	33.75	-0.38	408.79	-1.99
1992 年 2 月	32.25	-4.44	41.70	0.96
1992 年 3 月	34.25	6.20	403.69	-2.18
1992 年 4 月	36.50	6.57	414.95	2.79
1992 年 5 月	36.38	-0.33	415.35	0.10
1992 年 6 月	34.63	-4.81	408.14	-1.74
1992 年 7 月	37.38	7.94	424.21	3.94
1992 年 8 月	37.50	0.32	414.03	-2.40
1992 年 9 月	37.88	1.01	417.08	0.74
1992 年 10 月	39.88	5.28	418.68	0.38
1992 年 11 月	40.75	2.18	431.35	3.03

续上表

时间	百事可乐		S&P500 指数	
	股价（美元）	收益率（%）	股价（美元）	收益率（%）
1992 年 12 月	41.38	1.55	435.71	1.01
1993 年 1 月	41.88	-4.78	438.78	0.70
1993 年 2 月	39.88	1.21	443.38	1.05
1993 年 3 月	42.88	7.52	451.67	1.87
1993 年 4 月	37.63	-12.24	440.19	-2.54
1993 年 5 月	36.25	-3.67	450.19	2.27
1993 年 6 月	36.88	1.74	450.53	0.08
1993 年 7 月	37.50	1.68	448.13	-0.53
1993 年 8 月	39.38	5.01	463.56	3.44
1993 年 9 月	39.13	-0.64	458.93	-1.00
1993 年 10 月	39.50	0.95	467.83	1.94
1993 年 11 月	40.25	1.90	461.79	-1.29
1993 年 12 月	40.88	1.57	466.45	1.01

表 3-1 中的月收益率，通常又称为月持有期收益率，可按下式计算：

$$R_t = \frac{P_t - P_{t-1}}{P_{t-1}} \tag{3-7}$$

式中：R_t 表示第 t 个月的持有期收益率；P_t 表示第 t 个月末某股票的价格。例如，1993 年 12 月，百事可乐公司和 S&P500 指数对持有期收益率计算如下：

$$百事可乐公司股票的月收益率 = \frac{1993 \text{ 年 } 12 \text{ 月底的股价}}{1993 \text{ 年 } 11 \text{ 月底的股价}} - 1$$

$$= \frac{40.88}{40.25} - 1 = 1.57\%$$

$$S\&P500 \text{ 指数的月收益率} = \frac{1993 \text{ 年 } 12 \text{ 月底的指数价值}}{1993 \text{ 年 } 11 \text{ 月底的指数价值}} - 1$$

$$= \frac{466.45}{461.79} - 1 = 1.01\%$$

根据表 3-1，可以画出百事可乐公司股票和 S&P500 指数收益的分布图，在这些散列点中拟合出最佳图线，斜率为 1.12，如图 3-3 所示。

图 3-3 中的拟合线称为特征线，其斜率表示百事可乐公司股票价格的变动幅度相对大于市场（以 S&P500 指数表示）的平均变化。特征线的斜率则为 β 值，是单个资产系

风险的度量。

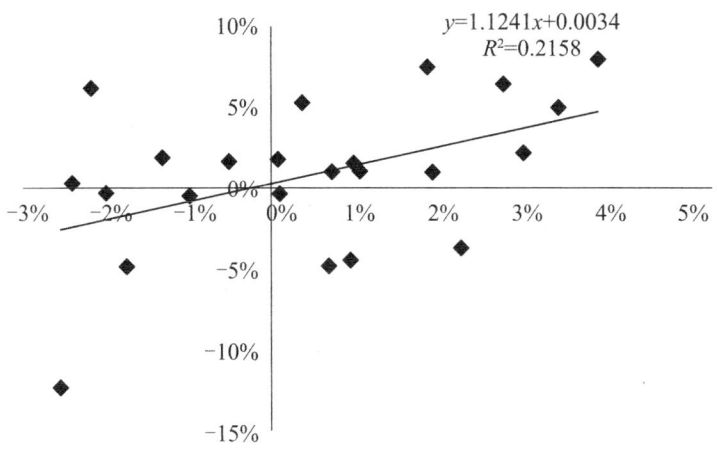

图 3-3　月持有期收益率：百事可乐公司股票与 S&P500 指数
（1992 年 1 月—1993 年 12 月）

3.2.3　资本资产定价模型

任何一项投资，无论是投资于证券还是项目，投资者总是在风险和报酬中权衡。投资者承担较大的风险，就会期望获得较高的报酬；如果投资者对风险采取谨慎的态度，宁愿冒较小的风险，那么期望获得的报酬也会比较低。由此可见，承担风险可以获得额外报酬，这个额外的报酬称为"风险报酬"。

所谓风险报酬，是指投资者由于承担风险而获得的超过无风险报酬的额外报酬。

风险报酬是对投资者承担风险的一种补偿，也就是说，一项投资的必要报酬包括两个组成部分：一部分是无风险报酬，另一部分是风险报酬。即，

$$必要报酬 = 无风险报酬 + 风险报酬$$

也许会存在一些疑问：①是不是承担的所有风险都应该得到补偿？②如果不是，究竟承担什么风险才应该得到额外的报酬？③如何度量风险报酬？风险与报酬之间到底存在什么样的关系？资本资产定价模型（CAPM）回答了这一系列的问题。

资本资产定价模型的表达式为：

$$R_i = R_f + \beta_i \times (\overline{R_M} - R_f) \tag{3-8}$$

式中：R_i 表示某证券（组合）的期望报酬率；R_f 表示无风险报酬率；β_i 表示某证券（组合）的系统风险；$\overline{R_M}$ 表示市场组合的期望报酬率。在相同时间和相同市场中，无风险报酬率与市场风险溢价（$\overline{R_M} - R_f$）均为常数。

那么，风险报酬便是 β 与市场风险溢价（$\overline{R_M} - R_f$）的乘积，即风险报酬 $= \beta_i \times (\overline{R_M} - R_f)$。由此可知，风险报酬仅仅与系统风险有关，因为非系统风险可以通过分散投资来消除，所以资本市场不会为此风险给予额外补偿。

式（3-8）可由证券市场线（Security Market Line，SML）描述，如图 3-4 所示。

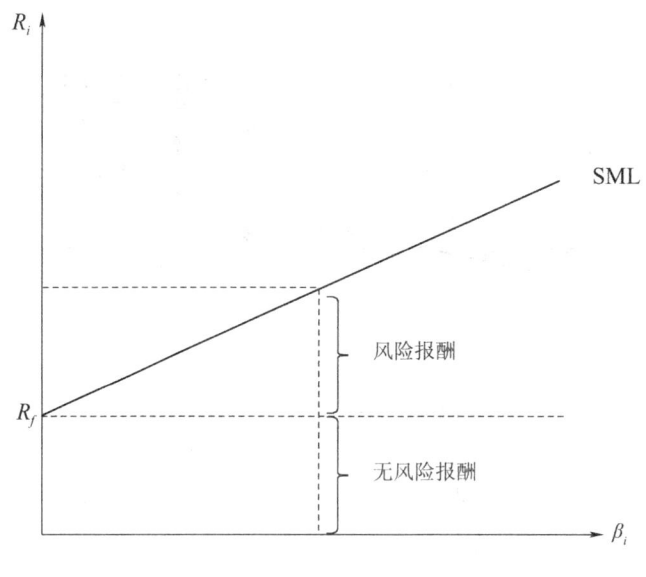

图 3-4　证券市场线

在均衡状态下，证券（组合）的期望报酬率等于证券投资者要求的报酬率，等于无风险报酬与风险报酬之和。可见，同一时期、同一市场上，证券投资者要求的报酬率仅仅与该证券（组合）的系统风险大小（β）有关。因此，CAPM 常被用来计算资本的机会成本——投资于具有同等风险的资产所能获得的报酬。这里的风险仅仅是系统风险，而不包含非系统风险。

就项目投资而言，在市场中找一个与该项目的系统风险相同的资产，则有 $\beta_{项目} = \beta_{证券}$，那么投资该证券所能获得的报酬率就是投资该项目所要求的报酬率，即项目的必要报酬率。按照 CAPM 的思想，项目的必要报酬率为：

$$R_{项目} = R_f + \beta_{项目} \times (\overline{R_M} - R_f) \quad (3-9)$$

不同的项目、不同的部门、不同的业务，由于风险程度的差异，其资本成本将不同。现实中，只需要根据投资对象的系统风险确定 β，就可以得到所投资项目、部门或业务的资本成本。由于 CAPM（资本资产定价模型）应用的前提条件（市场有效）与现实存在较大的差距（相关内容参见 3.5 节），人们已经在对 CAPM 的应用进行修正，利用行为资本资产定价模型（Behavioral Asset Pricing Model，BAPM）估测项目 β 进而估测项目的资本成本，具体的估测方法参见本书第 4 章。

3.3　资本成本使用过程中的非理性行为

在估测投资决策中的资本成本时，人们容易出现一些非理性行为，非理性行为的基本知识、产生这些非理性行为的原因及减少这些非理性行为的方法等相关内容，见本书第 9 章。本节将重点介绍这些非理性行为的具体表现。

3.3.1　根据项目的全部风险确定要求的报酬率

投资者要求的报酬率，也就是资本的机会成本或折现率。根据 CAPM，投资者要求的报酬率的大小取决于项目的系统风险，因为项目的非系统风险可以通过投资组合分散掉，故不予定价。所以，在进行资本投资决策时，应该用反映项目系统风险的折现率去贴现项目的现金流。

但在实际操作中，决策分析者往往根据自己对项目全部风险的感知来确定要求的风险报酬率。例如：

（1）寻找石油的地质工作者担心打出无油枯井的风险。

（2）开发一种新药的制药厂商担心食品或药品管理局不予核准的风险。

（3）在政局动荡的国家，经营旅馆的老板担心其财产被没收的政治风险。

（4）开发金矿，需要大量的投资，如果不成功，损失非常惨重（另一方面，如果成功，那利润也相当丰厚）。

（5）海外投资，由于情况不熟悉，预测不准确。

面对以上风险，管理者往往会提高折现率，这样在折现率中增加了一些臆造因素。这种做法不正确，原因在于：

①上述的风险都是非系统风险，在完全竞争的市场中，非系统风险并不影响投资者要求的报酬率；

②之所以需要调整折现率，是因为管理者无法在现金流预测中对不良后果予以正确定位，而试图通过在折现率中加入臆造因素来弥补这一过失。

因此，"在公司资本投资决策过程中，根据项目的全部风险确定要求的报酬率或折现率"，这种行为是非理性行为。

3.3.2 一个折现率通用

根据现代财务理论，管理者应该以一个反映项目系统风险的折现率来贴现项目预期的现金流。当项目的融资结构与公司当前的融资结构相同时，如果项目与公司当前业务具有相同的系统风险，那么项目的折现率等于公司的资本成本；但如果项目系统风险高于整个公司的系统风险，应当以较高的折现率贴现项目现金流。反过来，对于那些系统风险低于整个公司的系统风险的项目，就要使用较低的折现率。

然而在现实中，"一个折现率通用"是十分普遍的。例如：一项调查发现：当进行资本预算时，大约59%的财务主管"一个折现率通用"（即"one size fits all"），对于系统风险不同的项目，管理者并不调整折现率以反映投资者要求的收益率不同；使用折现率求取NPV值时，大部分的美国公司更倾向于使用唯一的折现率来评估所有项目，其使用的可能是58.79%。[①]

另外，现实中，决策分析者经常以加权平均资本成本（Weighted Average Cost of Capital，WACC）作为通用折现率，这种做法会导致以下两种结果：

①抛弃了风险低但报酬相对较高的项目，如图3-5中的错误区域a所示；

②接受了风险高但报酬相对较低的项目，如图3-5中的错误区域b所示。

---

① Shefrin H. M., Statman M. Behavioral Capital Asset Pricing Theory [J]. The Journal of Financial and Quantitative Analysis. 1994, 29: 323-349.

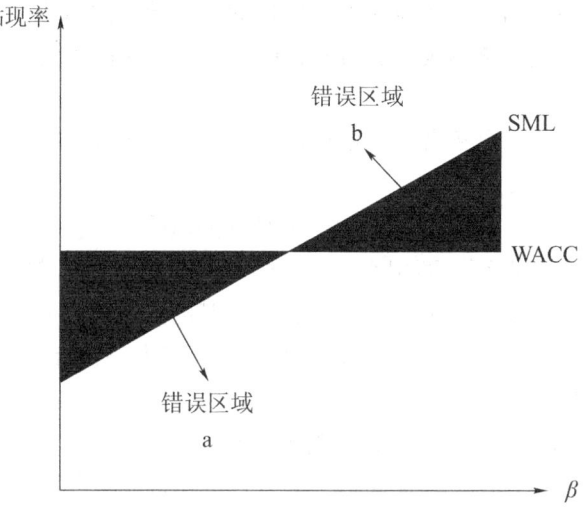

图 3-5 一个折现率通用及其错误区域

显然,"一个折现率通用而不去计算具体项目的折现率"是一种错误的做法,与理性人"精于计算的,其认知也完全准确,不会发生任何偏差"的假设相悖,因此是非理性行为。

3.3.3 认为项目资本成本取决于融资而不是投资项目

根据现代财务理论,资本成本是资本的机会成本,因此,资本成本取决于投资项目的系统风险,与为项目投资所进行的融资方式和融资费用无关。但现实中,许多人认为资本成本取决于融资,觉得借款利率是资本成本的典型代表,这显然是不正确的。

下面举例说明"当项目的投资资金全部来源于贷款时,则将贷款利率作为项目的资本成本(或折现率)"的做法是不正确的。

【例 3-3】某项目预期的报酬率是 10%,若利用外部权益融资解决该项目的投入资本,则股东要求的收益率是 15%(即权益资本成本为 15%)。这时,银行提出可以为该公司解决资金问题:"你们公司经营好、债务少,企业很安全。我们银行愿意为此项目以 8% 的利率提供全部的投入资本。"那么,是否意味着项目的资本成本为 8%,该项目可以投资了?

这并不意味着项目的资本成本是 8%,原因在于:①贷款利率与项目风险关系不大,它更多与整个企业的风险或健康状况有关。②之所以能得到大量的低利率贷款,是因为公司其他项目好,致使银行觉得公司财务状况好,因此,这样的优惠里面已经包含了其他项目的贡献。也就是说,将 8% 作为资本成本(即折现率)计算出来的 NPV 大于项目实际的 NPV,高估了项目的增值,因为它包含了其他项目的贡献。③无论是否接受贷款,都将面对两种选择,即期望报酬率仅有 10% 的项目和同等风险下却能获得报酬率为 15% 的投资机会。如果说可以用利率为 8% 的借款投资报酬率为 15% 的资产,而公司却以利率为 8% 的借款投资于同样风险但报酬率仅为 10% 的项目,这显然不是明智之举。因此,8% 不是项目的资本机会成本。

由此可见,"认为资本成本取决于融资而不是投资项目"的做法不仅没有理论依据,而且容易导致错误结果,因此"根据融资确定资本成本"是非理性行为。

3.4 拓展阅读1：投资与融资体系下的资本成本的比较

3.4.1 资本成本的分类

现实中资本成本的计量形式非常多,如资本的机会成本、资本的融资成本、债务资本成本、权益资本成本、项目资本成本、部门资本成本、业务资本成本、综合资本成本、加权平均资本成本。事实上,这是由于决策体系和分类标准不同而造成的。在不同的决策过程中,所用到的资本成本的内涵是不同的,因此形成了投资与融资两种体系的资本成本——投资的资本成本与融资的资本成本,每种体系下的资本成本按照不同的标准又可划分出不同种类的资本成本,如图3-6所示。

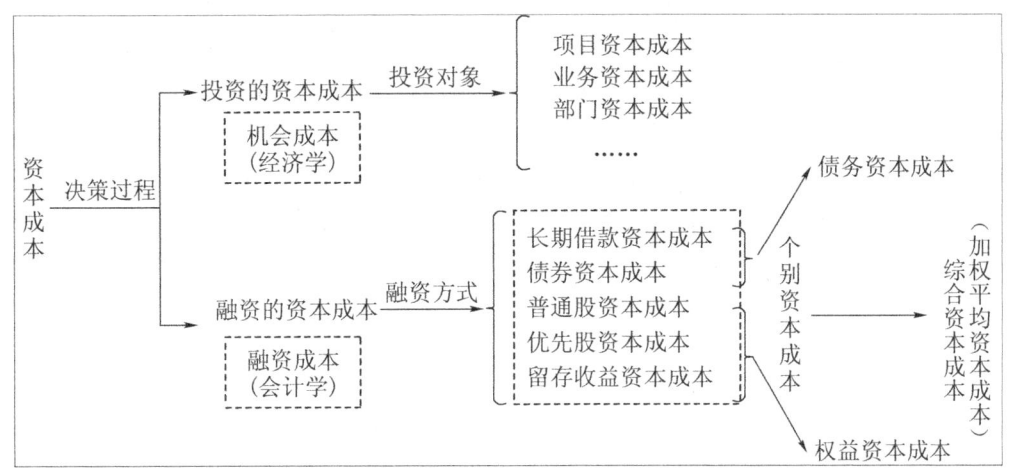

图3-6 资本成本的分类

1. 投资的资本成本

投资的资本成本属于经济学中机会成本的范畴,即资本的机会成本,是指如果不将资本投放于某方案,而投放到其他风险相同的方案中所能获得的回报中最大的那一个。按照投资对象的不同,投资的资本成本可划分为项目资本成本、部门资本成本、业务资本成本,等等。

2. 融资的资本成本

融资的资本成本属于会计成本的范畴,是真正付出的费用,是指企业为了获得资金使用权而必须支付的费用,如发行费用、利息、股利等。

（1）按照融资方式的不同,融资的资本成本划分为长期借款资本成本、债券资本成本、普通股资本成本、优先股资本成本、留存收益资本成本,因为它们都是根据单个的融资方式命名的,计量的是使用这一方式得到的资本的成本,因此又都属于个别资本成本或单个资本成本。当公司同时采用多种融资方式筹集资本时,公司全部资本的平均成本称为综合资本成本。它是以个别资本在融资中所占的比例为权重,对个别资本进行加权平均而得出的,因此也称为加权平均资本成本(WACC),它是以计算方式命名的。

(2)根据资本是否需要归还本金,融资的资本成本又可划分为债务资本成本和权益资本成本。采用长期借款、债券这些方式获取的资本都需要归还本金,因此长期借款资本成本和债券资本成本属于债务资本成本;而采用普通股、优先股和留存收益这些方式获取的资本不需要归还本金,因此普通股资本成本、优先股资本成本和留存收益资本成本都属于权益资本成本。

3.4.2 不同体系下的资本成本之间的比较

从资本成本的分类可以看出,处于不同体系下的资本成本的内涵与外延是不同的。了解它们之间的区别对于正确理解和使用资本成本是十分必要的,因此本节将从成本属性与内涵、计算依据与决定因素、与公司资本结构的关系、在投融资决策中的作用和对公司价值的影响方式五方面比较投资与融资体系下的资本成本。

1. 成本属性与内涵不同

(1)投资的资本成本属于经济学中机会成本的范畴,即资本的机会成本,它并不是实实在在付出的费用,而是一种潜在收益的损失,进行某项投资得到的预期报酬应该大于或等于为此投资所失去的潜在收益。因此,投资决策中提到的资本成本,实际上就是投资者要求的报酬率,也就是必要报酬率,形象地称之为"门槛利率",如果预计报酬率低于此就不应该进行该项投资;投资的资本成本也是计算投资项目净现值(NPV)时的折现率。

(2)融资的资本成本属于会计学中融资成本的范畴,即资本的融资成本,包括筹资费用(如向银行借款时支付的手续费、因发行股票债券等而支付的发行费用)与资金使用费(向股东支付的股利、向银行或债券持有者支付的利息),它是企业融资过程中真正发生的支出。

2. 计算依据与决定因素不同

(1)确定公司投资的资本成本时,直接求机会成本不容易,因为寻找具有相同风险的项目的难度很大且投资这些项目预计得到的回报率往往不统一;而证券市场信息不仅客观而且容易获取,因此一般采用资本资产定价模型(CAPM)来估测投资的资本成本。由于CAPM应用的前提条件(市场有效)与现实存在较大的差距,人们已经对CAPM的应用进行修正,利用行为资本资产定价模型(BAPM)估测投资的资本成本。

(2)计算公司融资的资本成本时,所需考虑的因素是公司采用不同融资方式时所支付的筹资费用和资金使用费。比如说,公司计算长期借款资本成本(K_d)时,应当考虑公司融资过程中实际负担的费用,包括支付的利息和借款筹资费用,其计算公式为:

$$长期借款额 \times (1-借款筹资费率) = \sum_{t=1}^{n} \frac{I_t \times (1-T)}{(1+K_d)^t} + \frac{本金}{(1+K_d)^t} \quad (3-10)$$

式中:I_t 表示各期利息;K_d 表示长期借款资本成本;t 表示借款期限。这里可以看出,企业债券融资的资本成本并不等于长期借款利率,还应当考虑利息的节税作用。

同样地,债券资本成本(K_d)、优先股资本成本(K_{ps})、普通股资本成本(K_e)的计算公式分别如下:

$$发行价 \times (1-债券发行费用率) = \sum_{t=1}^{n} \frac{I_t \times (1-T)}{(1+K_d)^t} + \frac{债券面值}{(1+K_d)^t} \quad (3-11)$$

$$K_{ps} = \frac{D_{ps}}{P_0 \times (1 - 发行费用率)} \quad (3-12)$$

$$K_e = \frac{D_1}{P_0 \times (1 - 发行费用率)} + g \quad (3-13)$$

其中，式（3-11）中 I_t 表示各期债券利息；K_d 表示债券资本成本；t 表示债券的期限。式（3-12）中 K_{ps} 表示优先股资本成本；D_{ps} 表示优先股股利；P_0 表示公司优先股发行价。式（3-13）中 K_e 表示普通股资本成本；D_1 表示普通股预期第 1 年股利额；P_0 表示普通股发行价；g 表示普通股股利增长率。

由此可以看出，公司融资的资本成本的大小取决于筹资费用（发行费用）和资金使用费（利息、股利）。一些教科书（布雷利等，2007）还介绍运用资本资产定价模型（CAPM）计算普通股资本成本，这种方法实际上是假设"普通股资本成本"与"普通股股东要求报酬率"相等。而这种假设只有在证券市场完善而且有效的情况下才成立，但现实中市场并不完善，发行股票需要支付可观的发行费用，因此普通股资本成本不仅包含普通股股东要求的报酬率，而且还要考虑发行费用。此外，现实中的资本市场并非有效，股票往往被错误定价，特别是当股票价格被严重低估时，这时普通股融资的资本成本将会更大，而这一点并没有包含在运用资本资产定价模型计算出的数值中。

3. 与公司资本结构的关系不同

根据资本成本的计算和决定因素可以知道，投资的资本成本取决于投资对象的系统风险的大小，与融资没有关系，因此也就与公司的资本结构无关；而融资的资本成本与公司的资本结构有关，如图 3-7 所示。

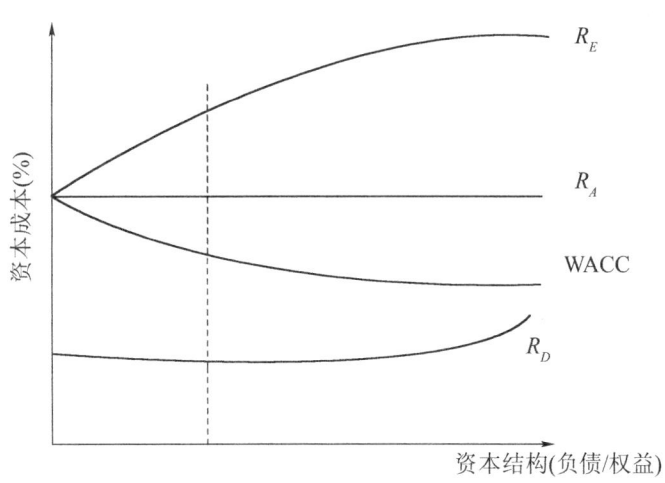

图 3-7 资本成本与资本结构

更详细的解释是：①当公司负债很少时，债权人基本没有风险，因此债务资本成本（R_D）与资本结构无关；随着公司负债的增加，债权人承担的风险增大，借款利率也会相应提高，公司被迫支付更多的利息，由公式（3-11）可知债务资本成本也会增加。②股权资本成本（R_E）会随负债权益比的增加而增加，这是因为股东承担的风险随着负债权益比的增加而增大，股东要求的报酬率也随之增加，而普通股股东要求的报酬率是影响普通股资本成本的一个重要因素。③WACC 是融资体系下的资本成本，它随着负债权益比的增加而下降。④公司投资的资本成本（如投资到公司资产的资本成本 R_A）属于投资体系下的资本成本，与公司资本结构无关，它的大小取决于投资整个公司经营性系统风险，与公司的融资行为无关；同样，投资体系下的其他资本成本如项目资本成本、部门资本成本，也与资本结构等融资因素无关。

4. 在投融资决策中的作用不同

提到资本成本的作用，马忠（2011）提出资本成本是企业投资与融资决策时所使用的折现率，邵希娟等（2000）认为资本成本是把公司投资决策与融资决策连接起来的纽带。实际上，公司投资的资本成本与融资决策无关，"公司投资于一个项目的资本成本等于公司融资的资本成本"只有在同时满足以下两个条件时才成立：第一，投资项目的风险与公司的整体风险一样，而且投资项目的融资结构与整个公司的资本结构相同；第二，市场有效并且完善。现实中，资本成本并不是公司投融资决策的连接点。在投资和融资体系下的"资本成本"不是一个概念，也不一定相等，所扮演的角色也是不同的。

（1）投资的资本成本是公司将要进行的投资所必须达到的最低回报率，它是企业价值、项目价值、证券价值评估中的重要参数（折现率）取值的依据。此外，投资的资本成本还能作为投资选择的切割线，只有当该项投资预计的回报率高于投资的资本成本时，公司才应该进行该项投资。

（2）融资的资本成本是公司融资方案选择的重要标准。公司融资的方式是多种多样的，如债券融资、普通股融资、优先股融资等，但不管采用哪种融资方式，公司的主要考虑因素是融资的资本成本。公司在融资决策中，在风险一定或可以承受的情况下，应当选择融资的资本成本最小的方案。

5. 对公司价值的影响方式不同

在有效并且完善的市场中，公司的价值由经营活动产生的价值决定，融资决策对公司价值不产生任何影响。然而，现实中市场并不完善，融资决策也能产生价值，即融资效应。公司的价值等于经营活动产生的价值与融资效应之和（布雷利，2007；罗斯，2010）。其中，投资的资本成本与融资的资本成本对公司价值的影响方式是不同的，如图 3-8 所示。

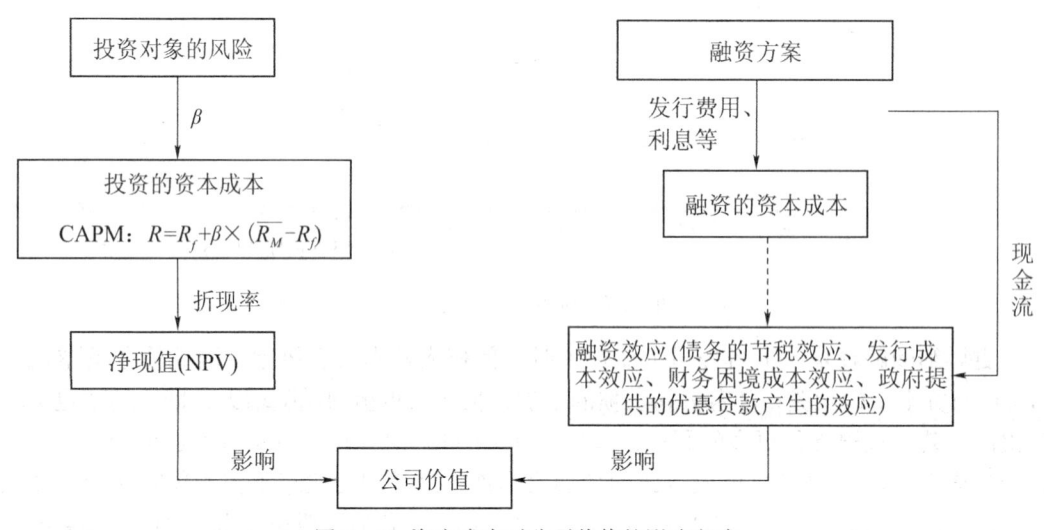

图 3-8 资本成本对公司价值的影响方式

（1）投资的资本成本在价值评估中是以折现率的形式出现的，是风险影响公司价值的重要载体。就单一的投资项目而言，项目的风险越大，其资本成本就越大，折现率就越大，项目的净现值就越小，给公司新增的价值就越少。也就是说，投资的资本成本是以折现率的方式影响公司价值的。

（2）公司融资过程中真正付出的费用（发行成本）或得到的好处（如利息节税、政府优惠贷款），以现金流的形式出现并最终体现为融资效应从而影响公司价值。融资效应一般包括：债务的节税效应、发行成本效应、财务困境成本效应、政府提供的优惠贷款产生的效应。对于这四种融资效应的计算和市场并非有效带来的融资效应及其计算，有学者也做了相应的研究（邵希娟、杨建梅，2009）。

综合来说，不同体系的资本成本的内涵是不同的，实践中应该按所需解决的问题选用适当的资本成本，融资的资本成本与投资的资本成本之间的对比如表3－2所示。

表3－2　融资的资本成本与投资的资本成本的对比分析

	融资的资本成本	投资的资本成本
成本属性	融资成本（会计学的成本范畴）	机会成本（经济学的成本范畴）
成本内涵	实实在在付出的费用	潜在收益的损失
决定因素	融资时所支付的筹资费用和资金使用费	投资对象的系统风险
与公司资本结构的关系	有关	无关
在投融资决策中的作用	融资方案比较与选择的依据	作为价值评估中的折现率，或作为投资报酬率的比较标准
对企业价值的影响方式	以现金流的方式影响企业价值	以折现率的方式影响企业价值

3.5　拓展阅读2：证券投资者非理性行为对CAPM应用条件的影响

3.5.1　资本资产定价模型的应用及其假设条件

根据现代财务理论，项目的资本成本就是与该项目具有同等系统风险的证券的期望报酬率。而基于风险计算证券期望报酬率的广为接受的方法就是资本资产定价模型（CAPM）。

$$\text{CAPM}: R_i = R_f + \beta_i \times (\overline{R_M} - R_f) \tag{3-14}$$

式中：R_i表示证券或证券组合i的期望报酬率；R_f表示无风险报酬率；β_i表示证券或证券组合i系统风险的大小；$\overline{R_M}$表示市场组合的期望报酬率。

1. CAPM的应用

实践中，CAPM主要应用于以下两个方面：

（1）利用CAPM和市场数据测定证券系统风险的大小，即求证券的β值。因为对于β_i来说，$R_i = R_f + \beta_i(\overline{R_M} - R_f)$与$(R_i - R_f) = \beta_i(\overline{R_M} - R_f)$同解；利用市场上历史数据回

归求 β_i 时，$(R_i - R_f) = \beta_i(\overline{R_M} - R_f)$ 与 $R_i = \beta_i \overline{R_M}$ 同解。因此，可以通过证券 i 和市场组合的历史价格计算出不同时期的收益，然后按 $R_i = \beta_i \overline{R_M}$ 回归得到证券 i 的 β 值。

（2）利用 CAPM 和市场上具有同等风险的证券的 β 值估计投资者对该证券要求的报酬率。根据证券的 β 值和参数 R_f、$\overline{R_M}$，代入：

$$R_i = R_f + \beta_i(\overline{R_M} - R_f)$$

可以计算出投资者对该证券的期望报酬率。

结合上面两方面，可以得出利用 CAPM 估计投资项目的资本成本的步骤：

第一，按第（1）个方面的描述求出股票 i 的 β，也就是股票 i 所在公司的"权益 β"，记作 β_e；然后利用公式：

$$\beta_a = \frac{1}{1 + \frac{D}{E}} \beta_e$$

得到股票 i 所在公司的"资产 β"，记作 β_a。

第二，将若干个参照公司 β_a 的算术平均值作为该投资项目系统风险的估计值，代入资本资产定价模型，得到该投资项目资本成本的估计值。

2. CAPM 的核心假设

CAPM 内含有一系列的假设：

（1）所有投资者均追求单期财富的期望效用最大化，并以各备选组合的期望报酬和标准差为基础进行组合选择。

（2）所有投资者拥有相同预期，即对所有资产报酬的均值、方差和协方差等，投资者均有完全相同的主观估计。

（3）所有投资者能够以无风险利率、无数额限制地借入或贷出，并且在任何资产上都没有卖空限制。

（4）所有的资产均可被完全细分，具有充分的流动性且没有交易成本。

（5）没有税金。

以上所述可以归结为两个核心的假设，即投资者同质并且完全理性和资本市场有效且是完善的。

（1）假设所有投资者都是同质并且完全理性的。这体现在以下三个方面：①投资者拥有同样的信息及信息渠道；②投资者有相同的预期，对资产报酬分布期望值、标准差和资产间的协方差有相同的理解，所有投资者对资产报酬分布的期望值、标准差和协方差都有完全相同的估计；③投资者都是理性交易者，以某段时期内的期望收益率和标准差来评价某资产组合，追求投资组合的标准差最小化，并且可以对未来做出准确的预测。这就意味着均值和标准差包含着现存的与该种证券相关的所有信息。

（2）假设资本市场是有效的，即资本市场上金融资产的市场价格反映了所有可以获得的信息，而且面对"新"信息能完全迅速地做出调整，证券的价格反映了其内在价值。

市场有效性理论认为现实的资本市场是有效的，它建立于三个逐渐放松的假定之上：①投资者个体是理性的，所以他们能对证券做出合理的价值评估；②即使投资者都是并非理性的，但由于他们之间的证券交易是随机进行的，所以他们的非理性行为会互相抵消而不会使证券的市场价格偏离其价值，即证券价格并不会受到影响；③即使在某些情况下，非理性投资者会犯同样的错误,使其交易行为出现"从众行为"以致不能相互抵消,但非理性投资者的这些影响也会被积极的套利者所消除,因此,市场仍然是有效的。

3.5.2 基于行为金融理论对 CAPM 应用条件现实性的分析

行为金融研究的着眼点是证券投资者行为和金融市场的表现,本节基于行为金融理论,分析证券投资者的非理性行为对 CAPM 应用条件的影响。

1. 证券投资者的非理性行为

证券投资者的行为在绝大多数情况下并非符合理性人的假设。Kahneman 和 Riepe (1998) 给出了一个归纳性的结论,在基本面(风险态度、预期的形成、决策问题的构想与表达)的假设方面,人们的行为与标准的决策模型所要求的不一致,主要表现为:

(1) 个人对风险的评价,并不一定遵循 VonNeumann – Morgenstern 理性决策理论(期望效用值理论)。即在判断风险时,人们并不看重他们最终获得的财富的绝对水平,而更关注相对于某一参照标准的得失情况,而这一参照标准又会因时因地发生变化(通常以购买价作为参照标准);同时人们厌恶风险(损失函数的斜率比获利函数的斜率大)。因此,在股票套牢时会继续持有(Odean,1998),造成市场"反应不足"。

(2) 在对不确定性后果进行预期时,个人的行事原则常常会违反贝叶斯原则。例如,人们经常会用短期的历史数据来预测不确定的未来,过度重视最近信息。

(3) 在决策问题架构方面,人们经常运用启发式思维方式。这有利于迅速决策,但常常严重误导投资者。例如,投资者可能会把公司近期盈利快速增长的短暂历史扩展到将来,从而过度高估这些公司的股票。因此,投资者的偏好和理念符合的是心理学的规律而不是理性决策模型。

受认知局限和心理因素的影响,证券投资者经常表现出这样的非理性行为:①过度重视最近信息;②错置概率分布图;③启发式偏差(如现实中小规模公司经常效益差,因此就认为小规模公司效益一定差,这就造成小规模公司的股价被低估);④从众行为。

这些非理性行为在市场上的具体表现为:

(1) 过度自信与市场上的频繁交易。根据理性投资者模型进行预测,市场上的交易量应该很少;但事实与这种预测相反,股票市场的交易量很大。研究表明,个人和机构进行的交易都多于根据理性理论所预测的数量。出现这一行为的主要原因是他们相信自己能够选择收益高的股票,这是过度自信的表现。Barber 和 Odean (1998) 认为,过度自信则交易更频繁,但由于存在交易成本,导致获得的收益较低。Bondt (1998) 调查发现,投资者过度自信。

(2) 买入股票时的注意效应(Attention Effect)与市场的反应过度。Odean (1998) 发现,当买入股票时,人们并不是系统地对股票进行筛选,他们一般买入的是引人注意的股票。这容易造成引人注意的股票价格进一步攀升,导致"反应过度"。

(3) 股票卖出时的意向效应与市场的反应不足。Odean (1998) 发现,样本中的个人投资者更有可能卖出那些与购买价格相比已经上升的股票,而不是下降的股票。这反映了人们厌恶损失、倾向于保持盈亏平衡的心理,Shefrin 和 Statman (1985) 将这种现象称之为"意向效应"。这种效应将导致人们持有输家时间太长,造成市场对利差消息反应不足。在市场价格相对于买入价格表现为亏损时，投资者会选择继续持有该股票。

2. 证券投资者并非同质

行为金融研究表明，证券投资者并非同质，而是分为信息交易者（Information Traders）和噪声交易者（Noise Traders），而噪声交易者也是异质的。这主要是由于：

（1）"投资者拥有同样的信息及信息渠道"的假设不成立；

（2）"投资者有相同的预期"的假设不成立；

（3）投资者经常出现非理性行为。

现实中的投资者往往会因代表性偏差、易得性偏差和锚定效应这三种典型的启发性认知偏差和框架依赖而形成有偏差的认知，因此背景不同的投资者其认知不同。

3. 资本市场并非有效的理论分析

市场并非有效，可以从以下两个方面理解：①市场上的并非所有股票的价格都反映其内在价值。即有的股票的价格反映了其内在价值，但有的股票的价格没有反映其内在价值；②市场并非一直有效，即在某些时间内市场是有效的，而在有些时间内并不是有效的，这时有些股票的价格没有反映其内在价值。

从理论上进行分析，依次推翻市场有效理论的三层防线，说明现实中保证资本市场有效的前提条件是不充分的。

（1）投资者经常表现出非理性行为。

（2）投资者的非理性行为并不是随机的，因此不会相互抵消。人们并不只是偶然偏离理性，而是经常以同样的方式偏离。多数情况下投资者股票买卖的行为之间有很大的相关性，他们之间的交易并非随机进行，而是在大致相同的时间，大家都试图去买进或卖出同样的股票；非理性行为具有一定的社会性，大家会犯同样的错误。投资者情绪（Investor Sentiment）理论讨论了大量投资者犯同样的判断失误且他们的错误又具有相关性的现象，证明了非理性交易的系统性。

即使是机构投资者，也往往出现非理性行为。他们会选择其他经理人买进的组合，以免落在别人后面，给人留下无能的印象；他们会人为地在投资组合中增加近期表现不错的股票，抛出表现欠佳者，以便在年终提供组合报告时给投资者留一个能干的印象。现实中确实存在着一些养老基金管理者装饰门面的例证。总的来看，养老基金与共同基金的管理者比采用被动投资策略的投资者业绩更差，在某些时候，他们其实也是标准的噪声交易者。

（3）现实中的套利不仅充满风险，而且作用有限，并不能消除价格偏离。

资本市场中套利机制由于以下原因，发挥很有限。

原因一：在大多数情况下，证券并没有明显合适的替代品，所以套利者不能从总体上对股票和债券设定一个价格水平。大量的证券没有完全的替代品，所以一旦它们由于某种原因出现"定价偏差"，套利者将无法进行无风险的对冲交易，套利活动也就充满了风险。考虑到套利者整体承受风险能力有限，他们将很难把大量股票的价格维持在内在价值的水平上。

原因二：即使能够找到完全的替代品，套利者也还面临着噪声交易者风险，这种风险来自未来再次出让时价格的不可预知性，即价格偏差在消失前继续存在。即使是两种基本价值完全相同的证券，价格高者可能会继续走高，而价格低者也可能会继续走低。这两种证券的价格最终会走向一致，套利者在这种交易中将不得不遭受暂时的损失。如果套利者能承受这种亏损，他最终会转亏为盈。但有时他们无法熬过亏损期，因为套利的时间和资金常常是有限的。因为：①大部分套利者都是券商，投资者经常根据他们的业绩缴纳管理费。而套利者持续损失时间越长,人们越倾向于认为该套利者处于市场劣势;②在短期操作时,许多套利者从券商那里借入证券或资金,由于套利者有偿还资金的义务,在价格下跌时还要追加保证金,所以,他们要面对清算风险,如果借入证券的所有者决定卖出证券,那么套利者还有偿还证券的风险。

正是由于套利有限,投资者非理性行为所产生的价格偏离的现象不能很快消除,市场违背有效性很有可能是大规模、长时间的,投资者将在承受噪声交易者风险的同时也获得异常收益。

综上可知,证券投资者常常表现出非理性行为,因此他们并非同质;现实中套利是有限的,不能在短时间内完全消除证券投资者非理性行为带来的价格偏离,因此,市场并非有效。即证券投资者非理性行为导致现实条件与 CAPM 的应用条件不一致。

思考题

1. 什么是投资决策中的资本成本?它与"折现率"、"投资者要求的报酬率"、"资本的机会成本"、"必要报酬率"、"门槛利率"之间有什么关系?

2. 投资于一个项目的资本成本取决于什么?它与融资有没有关系?

3. 一天,王教授收到一封 E-mail,它来自一位在广东一家大型企业工作的中层管理者。其中一部分内容是:我在公司讨论融资决策的会议上,听到"资本成本"这一词,在公司讨论投资方案选择的决策会议上,也听到"资本成本"这一词。请问:"资本成本"到底是什么含义?我在有关投资决策、融资决策的会议或报告中都听到或看到它,它有什么作用?它与项目投资决策中的折现率是什么关系?如何确定它的大小?投资于一个项目的资本成本到底取决于融资还是投资项目?请你帮助王教授回答这个问题。

4. 如何度量风险的大小?当我们说一项投资比另一项投资更具有风险时,它指的是什么?

5. 承担了风险所应该得到的风险报酬与什么因素有关?如果现在要对一个投资项目进行评价,如何确定折现率或要求的报酬率?

6. 资本资产定价模型解决了什么问题?它是给投资资产直接定价的吗?

7. 利用 CAPM 确定折现率需要具备怎样的前提条件?

8. 某公司持有一个由 n 项资产(A_1,A_2,$\cdots$,A_n)构成的投资组合,各项资产的期望报酬依次记为 R_1,R_2,$\cdots$,R_n;各项资产报酬的标准差依次记为 σ_1,σ_2,$\cdots$,σ_n;各项资产的系统风险依次记为 β_1,β_2,$\cdots$,β_n;投资到各项资产的资金占这个投资组合总投资的百分比(权数)依次记为 ω_1,ω_2,$\cdots$,ω_n。请判断以下说法是否成立:

(1) 该投资组合的期望报酬: $R_p = \sum_{i=1}^{n} \omega_i R_i$。

(2) 该投资组合的标准差: $\sigma_p = \sum_{i=1}^{n} \omega_i \sigma_i$。

(3) 该投资组合的 β 值: $\beta_p = \sum_{i=1}^{n} \omega_i \beta_i$。

第4章 估测项目资本成本的方法

在资本投资决策中,估测项目资本成本是为了计算决策指标(净现值、获利指数、动态回收期等)和执行决策准则。作为项目的折现率,它直接影响着决策指标的大小;作为内部报酬率的比较标准,它直接关系着投资方案的取舍。

可见,资本成本在资本投资决策中扮演着十分重要的角色,那现实中如何估测项目的资本成本呢?也许你会回答:"采用最权威的方法——资本资产定价模型。"

没错!但如何确定资本资产定价模型的三大参数(无风险报酬率、项目贝塔、市场风险溢价)呢?你知道我国市场的无风险报酬率大约是多少吗?我国的市场风险溢价又是多少?实际操作中,如何基于证券市场上的客观数据估测项目的贝塔呢?其中,现实世界与资本资产定价模型严格的前提假设不一致,而行为资本资产定价模型为我们提供了跨越障碍的理论依据!

本章较多地采用了行为金融领域的学术论文或学术专著发表的研究成果,旨在与读者分享更符合现实条件的方法。希望你学习完这一章,不仅知道如何估测项目的资本成本,还能将其中的方法原理应用于部门资本成本和业务资本成本的估测。

■ **本章概览**

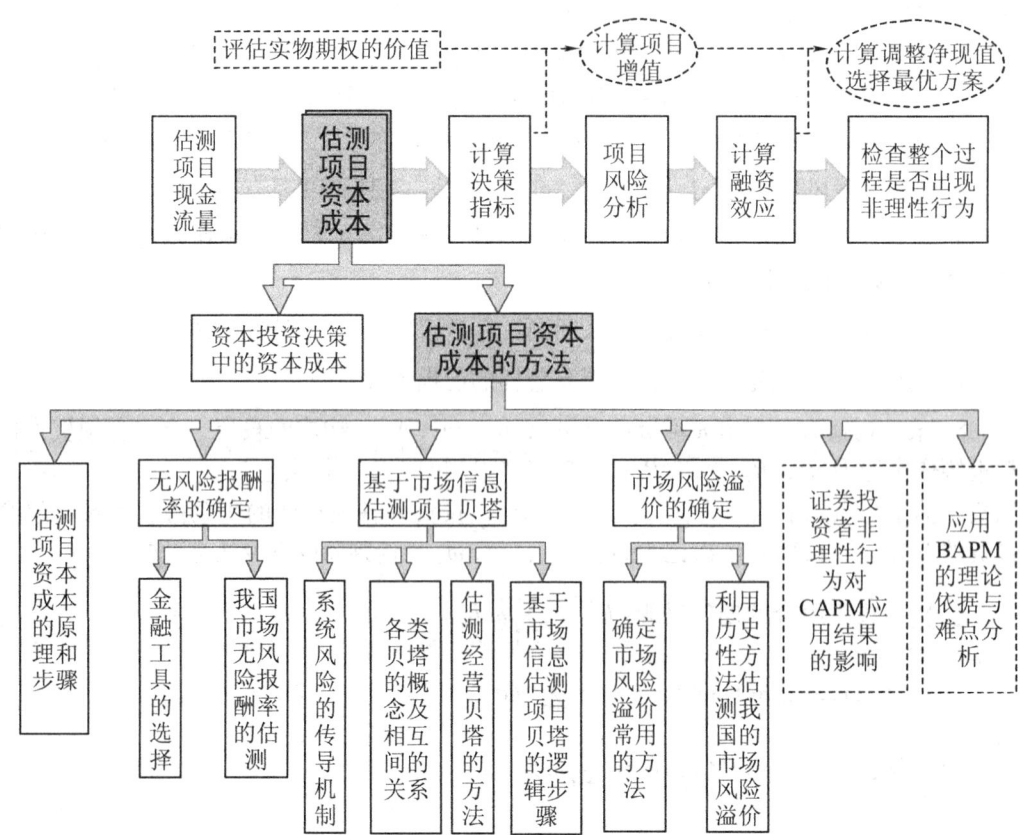

4.1 估测项目资本成本的原理和步骤

本章着重介绍利用资本资产定价模型（CAPM）估测项目资本成本的原理和步骤以及该模型中各参数的估测方法。该方法的原理也同样适用于估测部门资本成本和业务资本成本。

由3.2节可知，只要在证券市场中找到一个系统风险相同的资产，该资产的期望报酬率就可以作为投资项目的资本成本。我们已经发现，在计算资产的期望报酬率时，与其他方法相比，资本资产定价模型是最权威而且广为接受的方法，因此，可以基于资本资产定价模型估测项目的资本成本。

就项目投资而言，项目系统风险大小记为 $\beta_{项目}$，则根据资本资产定价模型（CAPM）可得：

$$R_{项目} = R_f + \beta_{项目} \times (\overline{R_M} - R_f)$$

式中：$R_{项目}$ 表示项目的资本成本；R_f 表示无风险报酬率；$\overline{R_M}$ 表示市场组合 M 的期望报酬率；$\overline{R_M} - R_f$ 表示市场风险溢价（Market Risk Premium，MRP）。

基于资本资产定价模型（CAPM）估测项目资本成本的具体步骤如图4-1所示。

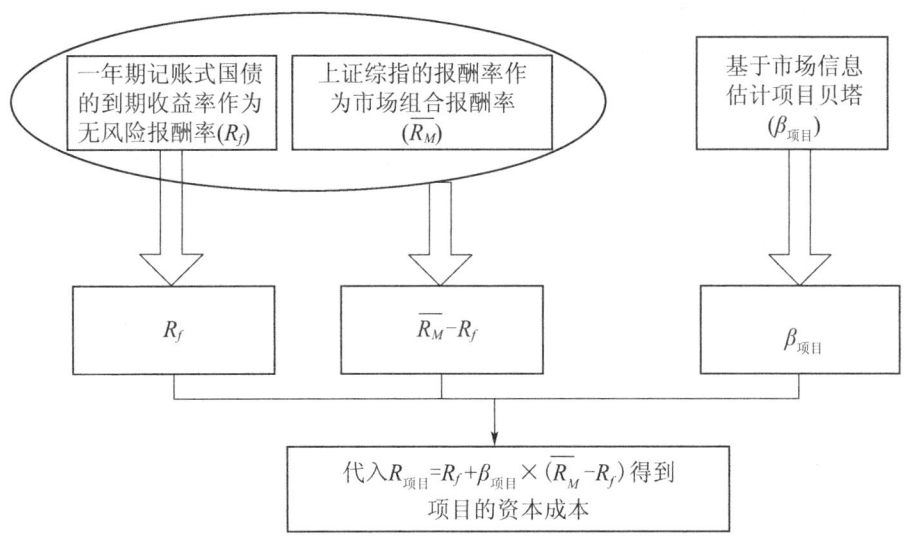

图4-1 基于CAPM估测投资项目资本成本的逻辑步骤

步骤一：以一年期记账式国债的到期收益率作为无风险报酬率的代表，由于我国一年期的记账式国债从1994年开始发行，因此通过计算我国1994—2011年的数据得到我国无风险报酬率为3.69%，具体确定方法见4.2.2节。

步骤二：基于市场信息估测项目 β，具体估测方法见4.3.4节。

步骤三：以上证综指的报酬率作为我国市场组合报酬率的替代，通过查询1991—2011年上证综指的报酬率，考虑到市场指数是日报酬率，因此将日报酬率年化并剔除异常年份的数据后得到我国市场组合报酬率为13.76%，然后减去无风险报酬率得到我国市场风险溢价为10.07%，具体确定方法见4.4.2节。

步骤四：将无风险报酬率、项目的贝塔和市场风险溢价的值代入公式 $R_{项目} = R_f + \beta_{项目} \times (\overline{R_M} - R_f)$ 得到项目的资本成本。

在上面步骤中，所用到的参数值都是根据目前能获得的信息估测出来的，随着市场环境的变化或许多年以后这些参数值也发生变化。因此，有必要介绍这些参数的估测方法和过程，以便使用者更加了解这些参数值的来源并根据具体情况选择使用或自己估测。接下来，4.2节至4.4节将分别介绍无风险报酬率、项目的贝塔和市场风险溢价的估测方法。

4.2 无风险报酬率的确定

资本资产定价模型的第一个元素——无风险报酬率，代表了投资者投资于无风险的资产中得到的报酬。它通常包含两个区别明显的元素：

（1）基础报酬，代表的是投资者由于让渡资本的使用权而获得的报酬。

（2）预期的通货膨胀，代表的是在资本让渡期间，对因通货膨胀而造成的购买力下降的补偿。

包含这两种元素的无风险报酬率通常被称为名义无风险报酬率，只包括第一种元素的无风险报酬率被称为实际无风险报酬率。

两者之间的关系通过费雪等式表达为：

$$(1 + R_{f名义}) = (1 + R_{f实际}) \times (1 + p) \tag{4-1}$$

整理式（4-1）得到：
$$R_{f名义} = R_{f实际} + p + R_{f实际} \cdot p \tag{4-2}$$

其中，$R_{f名义}$表示名义无风险报酬率；$R_{f实际}$表示实际无风险报酬率；p表示预期的通货膨胀率。

式（4-2）表明名义无风险报酬率包括三个部分：第一部分是投资于无风险资产所得到的实际报酬；第二部分是对原本投资额由于通货膨胀（p）所导致价值损失的补偿；第三部分是对所得到的实际报酬由于通货膨胀（p）所导致价值损失的补偿。

由于第三部分是两个百分比相乘，其值通常非常小，因而实际应用中经常被省略。即名义无风险报酬率约等于实际无风险报酬率加上通货膨胀率，因此，现实中也经常出现：$R_{f名义} \approx R_{f实际} + p$，需要注意的是，这个式子仅仅是一个约等式，准确的公式应该是式（4-2）。

值得注意的是，预测项目未来现金流量时，一般都考虑了预期通货膨胀的影响，如果这样，为了和项目现金流匹配，资本资产定价模型中的无风险报酬率也应采用名义无风险报酬率。

在实际操作中，求无风险报酬率具体数值的通常做法是：在证券市场选择一种比较符合无风险资产特点的金融工具作为无风险资产的代表，以该金融工具的报酬率作为无风险报酬率。那么选择什么样的金融工具作为无风险资产的代表呢？如何确定该金融工具的期望报酬率呢？下面的4.2.1节和4.2.2节将介绍这方面的做法。

4.2.1 金融工具的选择

为了选取合适的金融工具作为无风险资产的代表，我们首先需要了解无风险资产应具备的特点,然后基于这些特点描述出选择路径。本节也根据该路径选择我国无风险资产的代表。

1. 无风险资产应具备的特点

(1) 安全性:它是指资产持有人在可按期收回本金前提下所取得的收益相对固定,不随发行者经营收益的变动而变动。即发行者违约的风险越小,越接近无风险资产。只有符合安全性,才能进入无风险资产的选择范围中。

(2) 流动性:它是指投资者可按自己的需要和市场的实际状况,灵活地转让投资,提前收回现金而不至于亏损的能力。无风险资产应该能够以确定的价格迅速、大量变现,而且不会蒙受损失,无交易费用或费用低廉。

(3) 收益性:是指投资者能获得一定的收益。作为无风险证券对收益性的要求,应该在满足无风险证券其他特性要求前提下的收益最大化。

(4) 市场性:由于市场利率是由可贷资金供给和可贷资金需求共同决定的均衡利率,因此选取的无风险报酬率要能代表市场上真实的无风险报酬率,是完全竞争的结果,不能遭受人为的扭曲。

(5) 期限结构合理性:期限结构合理性是指某种证券期限结构可以合理满足各种期限偏好不同的投资者进行选择。只有合理的证券期限结构才会形成合理的利率期限结构。

2. 无风险资产的最佳代表

无风险资产的最佳代表应当具有无风险资产的所有特点,因此可以按照第一部分无风险资产特点选择无风险资产的最佳代表,其路径如图4-2所示。

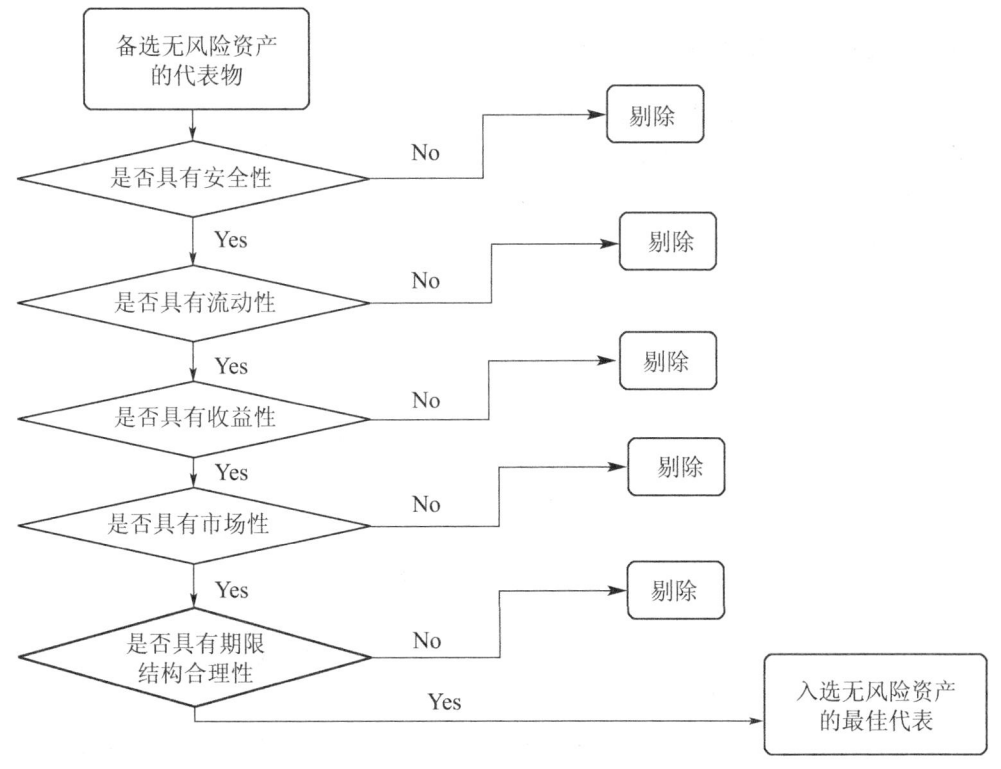

图4-2 选择无风险资产最佳代表的路径

在我国，国债安全性高、收益性相对好，并且选择国债的报酬率作为无风险报酬率也符合国际上通行的做法，具体原因如下：

（1）国债符合无风险资产要求的第一个特点——安全性，国债是所有的无风险资产备选物中安全级别最高的。

（2）虽然凭证式国债和储蓄国债在商业银行柜台发行，不能上市流通，但记账式国债可以上市流通，因此具备流动性，且中国国债回购市场大大增加了国债的流动性，增强了国债作为无风险资产替代物的理由。

（3）国债的收益性相对比较好。

（4）虽然债券市场被划分为两个市场，存在市场分割现象，但不同市场间利差和国债回购利率的市场分割利差比起来并不是很大。并且中国市场分割是处于动态的变化之中，国债市场从2002到2008年市场的分割性在逐渐减弱，两市场出现了一定的融合趋势，这主要源于市场规则不断完善，市场之间信息传导渠道逐步畅通。

（5）多种偿还期限类型的国债具备期限结构合理性。

因此，本书认为我国应该选择记账式国债作为无风险资产的最佳代表。需要说明的是：国内大量的研究采用商业银行的存款利率作为无风险报酬率，如一般采用三个月的银行存款利率或一年定期存款利率。这一考虑主要基于我国的银行体系以国有商业银行为主，因此违约风险较小。虽然如此，银行存款的安全性仍不及国债，而且在流动性方面，银行存款不存在二级市场，不能自由转让，不能有效反映交易者对通货膨胀的预期。因此，银行存款利率不能作为无风险报酬率的最佳代表。

4.2.2 我国市场无风险报酬率的估测

通过4.2.1节的分析，我国选择记账式国债作为无风险资产的最佳代表，但是我国国债的期限有很多种，那么应该选取哪一种期限的国债到期收益率作为无风险报酬率呢？

我国国债的种类按偿还期限分为短期国债、中期国债、长期国债。由于国债的期限长短对其报酬率大小有显著的影响，因此需要确定采用多长的期限。

在美国，一般选择以下两类证券的报酬率作为无风险报酬率：

（1）短期国库券。最常用的是一个月期或者三个月期的国库券。

（2）长期国债。通常使用10年期或者20年期，特别是在计算股权风险溢价时使用20年期的国债。

本书认为我国采用短期的记账式国债更符合无风险报酬率的定义，即采用短期国库券（三个月或一年）更为适宜。因为：长期国债的期限比较长，利率风险、再投资风险、购买力风险、流动性风险都较大，安全性不佳。另外，短期国债的流动性优于长期国债，短期国债的二级市场比较发达，较长期国债，更容易变现。

我国发行的短期记账式国债有三个月、半年、九个月、一年四种类型。由于三个月、半年、九个月国债发行量小，存在数据量严重不足的问题，因此采用一年期记账式国债的到期收益率作为无风险报酬率的代表。

一年期记账式国债从1994年开始发行第一期，并且有些年份不发行一年期的记账式国债，如表4-1所示。

表 4-1 中国 1994—2011 年发行的一年期记账式国债

国债名称	发行日期	期限（年）	付息方式	到期收益率（%）
1994 国库券（1 年）	1994-01-31	1	年付	11.98
1995 国债（1）	1995-08-16	1	年付	11.98
1995 国债（2）	1995-08-16	1	年付	11.98
1996 国债 01	1996-01-08	1	贴现	12.07
1996 国债 05	1996-04-02	1	贴现	12.04
2000 国债 11	2000-11-24	1	年付	2.35
2002 国债 08	2002-07-11	1	贴现	1.91
2003 国债 12	2003-12-10	1	贴现	2.54
2004 国债 01	2004-03-11	1	贴现	2.35
2005 国债 02	2005-03-14	1	贴现	2.11
2005 国债 10	2005-09-13	1	贴现	1.14
2005 国债 06	2005-06-13	1	贴现	1.40
2006 国债 15	2006-09-13	1	年付	1.96
2006 国债 08	2006-06-14	1	年付	1.93
2007 国债 02	2007-03-15	1	年付	2.10
2007 国债 20	2007-12-12	1	年付	3.66
2007 国债 16	2007-09-12	1	年付	2.95
2007 国债 09	2007-06-13	1	年付	2.61
2008 国债 09	2008-06-06	1	年付	3.42
2008 国债 16	2008-09-05	1	年付	3.34
2008 国债 24	2008-12-05	1	年付	1.28
2009 国债 28	2009-11-11	1	年付	1.44
2009 国债 21	2009-09-02	1	年付	1.46
2009 国债 08	2009-05-13	1	年付	0.89
2009 国债 14	2009-07-08	1	年付	1.06
2010 附息国债 11	2010-04-28	1	年付	1.49
2010 附息国债 04	2010-03-03	1	年付	1.44
2010 附息国债 21	2010-07-14	1	年付	1.87
2010 附息国债 30	2010-09-08	1	年付	1.87
2010 附息国债 36	2010-11-10	1	年付	2.15

资料来源：万得数据库（www.wind.com）和讯债券网（http://bond.hexun.com/）.

说明：表 4-1 中没有 1997、1998、1999、2001 及 2011 年的数据是因为这几年没有发行一年期记账式国债。

采用算术平均法计算 1994—2011 年一年期记账式国债的平均到期收益率为 3.69%，即可以用 3.69% 作为我国市场无风险报酬率。

4.3 基于市场信息估测项目贝塔

资本资产定价模型的第二个元素——系统风险，针对项目投资，更准确地说，是项目的系统风险，其大小用项目的贝塔系数（简称为贝塔，β）表示，记作："项目β"或"$\beta_{项目}$"。然而，投资项目没有充分的交易市场，而且项目投资决策发生在项目运营以前，因此难以通过项目本身直接估测项目β。

由于证券市场信息的数据易得且具客观性，所以目前估测项目β最常用的方法是基于市场信息估测项目β。

在学习如何基于市场信息来估测项目β之前，有必要先了解系统风险的传导机制、各类β之间的关系及其换算方法。

4.3.1 系统风险的传导机制

4.3.1.1 公司风险与杠杆效应

从财务管理的角度来看，公司风险可分为经营风险和财务风险。

1. 经营风险与经营杠杆

在本书 3.2.1 中，介绍了有关风险的概念。经营风险是指公司预期的经营利润（又称为息税前利润，EBIT）或资产经营利润率（更准确地说是"净经营性资产利润率"）的波动性。公司经营风险的大小取决于销售收入（S）的波动程度与经营杠杆的大小。经营杠杆大小一般用经营杠杆度（DOL）表示，它是 EBIT 的变动率与销售收入变动率之间的比值，计算公式为：

$$DOL = \frac{\Delta EBIT/EBIT}{\Delta S/S} = \frac{S-bS}{S-bS-F}$$

式中：b 表示变动成本率；F 表示固定成本。

下面通过一个例子说明经营杠杆效应。

【例 4-1】广东某地有两家规模相同的公司 A 与 B，生产完全相同的产品，所用的原材料也都相同，其销售价格均为 10 个单位（每单位为 10 元）。A 公司是劳动密集型单位，人工实行计件工资制；而 B 公司是自动化型单位，使用昂贵的机器设备和很少的人工，因此每年折旧就比较大。由此可知，这两个公司的成本结构不同，A 公司的变动成本大但 B 公司的固定成本大，为简化分析（并不影响分析结果），删除两个公司等量的共同性质成本后得到：A 公司每生产一件产品的成本（全部为变动成本）为 4 个单位，B 公司没有变动成本，固定成本为 400 个单位。

请计算：（1）当销售量为 100 时，两个公司的经营利润各是多少？

(2) 当销售量翻倍时,两个公司经营利润各是多少?

(3) 当销售量减半时,两个公司经营利润各是多少?

因为经营利润=销售量×(销售价-变动成本-单位固定成本),很容易计算出来,当销售量为 100 时,两个公司的经营利润都为 6 000 元。当销售量翻倍(200)或减半(50)时,两个公司的经营利润如表 4-2 所示。

表 4-2 A 公司与 B 公司的经营利润　　　　　　　　　　　　　　　单位：元

	销售量减半	销售量 100	销售量翻倍
A 公司的经营利润	3 000	6 000	12 000
B 公司的经营利润	1 000	6 000	16 000

由表 4-2 可以看出：当销售收入发生变化时,A 公司经营利润的变化率等于销售收入变化率,表明没有经营杠杆；而 B 公司经营利润的变化率大于销售收入变化率,表明经营杠杆在发挥作用。

像 B 公司这样,由于成本结构中存在固定成本,公司销售收入变动会引起经营利润产生更大程度的变动,这一现象就称为经营杠杆效应。经营杠杆的大小与成本结构有关。

2. 权益风险与财务杠杆

权益风险是指公司权益资本报酬率(ROE)或每股收益(EPS)的波动性。公司权益风险的大小取决于经营风险与财务杠杆的大小。公司负债经营时,不论经营利润多少,债务利息是不变的。当经营利润增大时,每一元经营利润所负担的利息就会相对减少,从而使权益报酬有更大幅度的提高。这种债务对权益报酬的影响称作财务杠杆,财务杠杆的大小通常用财务杠杆度(DFL)表示,它是 ROE 或 EPS 的变动率与 EBIT 的变动率之间的比率,计算公式为：

$$\text{DFL} = \frac{\Delta \text{EPS}/\text{EPS}}{\Delta \text{EBIT}/\text{EBIT}} = \frac{\text{EBIT}}{\text{EBIT} - I - \dfrac{D}{1 - T_c}}$$

式中：I 表示支付给债权人的利息；D 表示支付给优先股股东的股息；T_c 表示所得税税率。

下面通过一个例子说明财务杠杆效应。

【例 4-2】A 公司和 B 公司的资本总额相同,经营利润也相等,但是两家公司的资产结构不同,当两家公司的经营利润发生同样的变化(同时下降 20% 或增长 20%)时,相关数据如表 4-3 所示。

表 4-3 A 公司与 B 公司的相关数据　　　　　　　　　　　　　　　单位：元

	A 公司	B 公司
普通股本（面值 100 元）	250 000	150 000
债务（利率为 10%）	0	100 000
资本总额	250 000	250 000

续上表

	A 公司			B 公司		
经营利润	20 000（下降20%）	25 000	30 000（增长20%）	20 000（下降20%）	25 000	30 000（增长20%）
债务利息	0	0	0	10 000	10 000	10 000
税前利润	20 000	25 000	30 000	10 000	15 000	20 000
所得税（假设税率30%）	6 000	7 500	9 000	3 000	4 500	6 000
税后利润	14 000	17 500	21 000	7 000	10 500	14 000
普通股每股收益	5.6	7	8.4	4.7	7	9.3

计算结果表明，当经营利润增长20%时，A 公司每股收益也增长20%；而 B 公司每股收益增长33.3%。当经营利润下降20%时，A 公司每股收益也下降20%；而 B 公司每股收益却下降了33.3%。

像 B 公司这样，由于资本结构中存在支付固定融资费用的债务（或优先股），经营利润的变动会引起每股收益产生更大程度的变动，这一现象就称为财务杠杆效应。

3. 杠杆的放大效应

从以上例子中，已经看到了公司经营杠杆与财务杠杆的放大效应。为了更直观表现杠杆效应，我们沿公司的收益流画示意图，如图 4-3 所示。

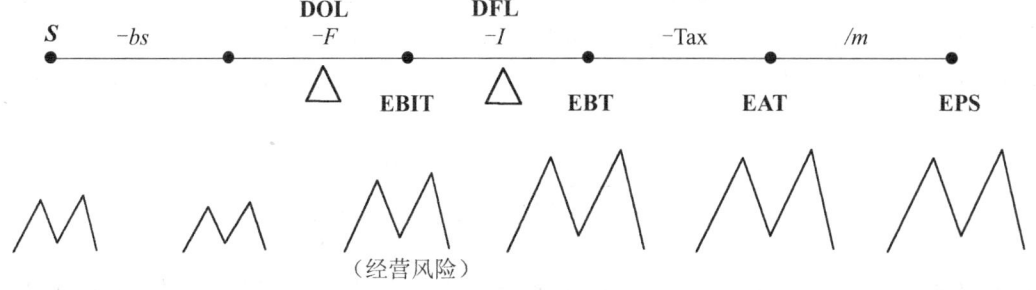

图 4-3　公司杠杆放大效应原理①

注：S 表示销售收入；b 表示变动成本率；F 表示固定成本；I 表示支付的利息；Tax 表示所得税；m 表示发行在外的股数；EBT 表示税前利润；EAT 表示税后利润。

图 4-3 表示：由于经营杠杆和财务杠杆的存在，销售收入的波动会导致经营利润和每股收益发生更大的波动，增加公司面临的风险。公司的全部风险来自销售收入的波动及杠杆的大小。

4.3.1.2　公司系统风险的传导机制

由于风险是预期报酬或报酬率的波动，报酬率是报酬与投入资金的比值，而公司投入到经营活动中的资金和股东投入到公司或购买股票上的资金是在报酬产生前就发生的，即

---

①此图为没有优先股的情况，图 4-4、图 4-5 同。

在风险传导机制的讨论中每种投入资金是固定的数值,不随对应报酬的波动而变化。因此,公司收益流上各个节点(息税前利润 EBIT、税前利润 EBT、净利润 EAT)的波动程度与其对应的报酬率波动程度相似,那么我们就可以根据图 4-3 中公司收益流上各个节点的波动,观察公司销售收入的波动是如何一步一步传导至我们所观测到的股票价格的波动,根据第 3 章中公式(3-7)可知股票价格的波动导致投资股票的报酬率的波动,即投资股票承担的风险。

理论上,股票价格是人们根据 ROE 或 EPS 的预期形成的,因此股票价格的波动受市场预期的影响;而现实中,由于噪声交易者的存在,股票价格的波动还会受到噪声交易者风险(Noise Trader Risk,NTR)的影响①,使得 ROE 或 EPS 的波动在噪声的影响下进一步放大得到股票价格的波动,最终反映在观测到的股票市场上就是公司股票的风险。由 3.2.1 节可知,按照引起风险的因素是否为影响整个市场系统内的所有资产,任何一项投资所承担的风险分为系统风险和非系统风险两部分或两类。因此,系统风险也遵循总风险的传导机制,如图 4-4 所示。

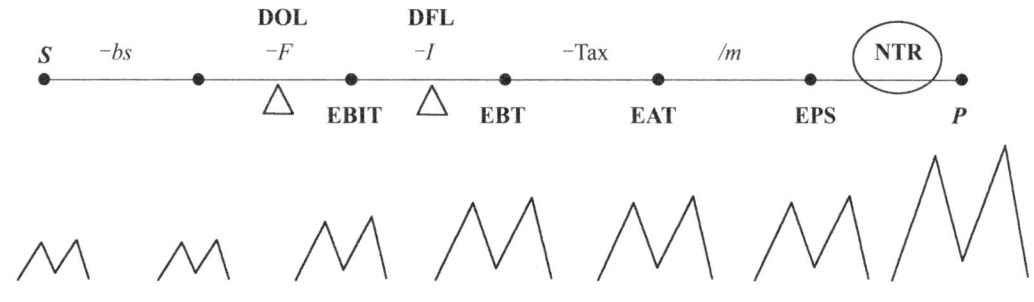

图 4-4 系统风险的传导

注:P 表示股票的价格,其余字母与图 4-3 中的相同。

图 4-4 表示:当某一系统因素(将对整个市场系统内的所有资产的报酬都产生影响)引起公司销售收入变化时,由于经营杠杆的存在,导致经营利润(资产经营利润率)发生较大的波动,表现为"经营的系统风险";由于财务杠杆的存在,税后利润(权益资本报酬率或每股收益)发生更大的波动,表现为"权益系统风险";加之证券市场上的噪声交易者风险,股票价格波动导致股票收益严重偏离股票投资者的期望值,表现为"股票的系统风险"。

接下来,将根据系统风险的传导机制进一步介绍各类系统风险以及相互之间的关系。

4.3.2 各类贝塔的概念及相互间的关系

系统风险传导机制中,系统因素使收入发生波动(其大小由 $\beta_{收入}$ 表示),从而带来一系列系统风险:经营的系统风险、权益的系统风险和股票的系统风险,因为系统风险的大小用 β 表示,所以,它们的大小可以依次用 $\beta_{经营}$、$\beta_{权益}$ 和 $\beta_{股票}$ 表示。根据第 3 章式(3-5)可以给出这些贝塔的定义与表达式。

---

①关于噪声交易者的影响详见本章 4.5 节拓展阅读 1:证券投资者非理性行为对 CAPM 应用结果的影响。

4.3.2.1 各类贝塔 (β) 的定义

1. $\beta_{股票}$

$\beta_{股票}$用于衡量股票系统风险的大小,反映了股票报酬率变动对市场报酬率变动的敏感程度,其定义式为:

$$\beta_{股票} = \frac{\text{Cov}(R_{股票}, R_M)}{\sigma^2(R_M)}$$

$\beta_{股票}$就是通常意义上由市场上的数据和 CAPM 直接估测的 β,即按照 CAPM,利用证券市场上价格信息进行回归得到的 β 值,如第 3 章例 3-2 所示。它不仅包含了公司基本风险中的系统风险(即权益系统风险,或有效市场假设下按照 CAPM 得到的 $\beta_{股票}$),而且包含了噪声交易者风险。

2. $\beta_{权益}$

$\beta_{权益}$用于衡量权益系统风险的大小,反映了 ROE 的变动对市场报酬率变动的敏感程度,其定义式为:

$$\beta_{权益} = \frac{\text{Cov}(\text{ROE}, R_M)}{\sigma^2(R_M)}$$

$\beta_{权益}$是整个公司系统风险的最终体现。

3. $\beta_{经营}$

$\beta_{经营}$用于衡量经营系统风险的大小,不受融资决策带来的财务杠杆的影响;反映了公司经营资产的盈利水平的变动对市场报酬率变动的敏感程度。公司经营资产的盈利水平用对经营活动投入资本的报酬率(ROIC)表示,其定义式为:

$$\beta_{经营} = \frac{\text{Cov}(\text{ROIC}, R_M)}{\sigma^2(R_M)}$$

经营的系统风险,也就是经营风险中的系统风险部分,或由于系统因素引起的经营风险。由于它是给经营活动投资所承担的系统风险,而给经营活动投资形成的是经营资产,也常常简称为"资产",因此,有时也将"经营的系统风险"称为"经营资产的系统风险"或"资产的系统风险"。故 $\beta_{经营}$ 与 $\beta_{资产}$ 表达的是同样的意思,也常交替使用。

4. $\beta_{收入}$

$\beta_{收入}$表示公司收入的变动对市场报酬率变动的敏感程度,其定义式为:

$$\beta_{收入} = \frac{\text{Cov}\left(\dfrac{\Delta S}{A}, R_M\right)}{\sigma^2(R_M)}$$

式中:A 表示净经营性资产,也就是对经营活动投入的资本。用资产去除收入的变动值,是为了消除规模对计算值和比较的影响。

说明:"$\beta_{股票}$"在语言描述中,又常称为"股票β"或"股票贝塔",这就是说,三者可以交替使用。"$\beta_{权益}$"、"$\beta_{经营}$或$\beta_{资产}$"和"$\beta_{收入}$"也同理。

4.3.2.2 各类贝塔之间的关系

各类 β 之间的关系如图 4-5 所示。

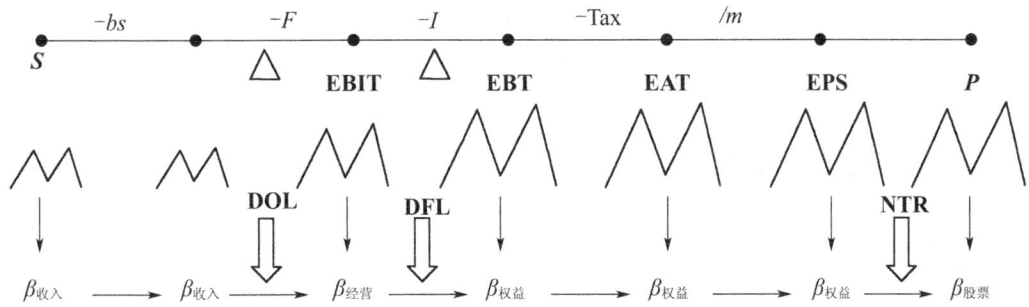

图 4-5 各类贝塔之间的关系

（1）收入 β 与经营 β：收入 β 与经营 β 之间存在差别是因为经营杠杆的影响，即收入 β 通过加载经营杠杆得到经营 β。

（2）经营 β 与权益 β：经营 β 与权益 β 之间存在差别是因为财务杠杆的影响，即权益 β 通过卸载财务杠杆可以得到经营 β。

（3）权益 β 与股票 β：权益 β 与股票 β 之间有区别是因为噪声交易者引起的噪声交易者风险的影响，即股票 β 剔除噪声交易者风险后就等于权益 β。如果资本市场有效，$\beta_{权益}$ 和 $\beta_{股票}$ 在数值上就相等。在绝大多数的教科书中，假设资本市场是有效的，因此在这样的书中一般只出现"$\beta_{股票}$"而几乎看不到"$\beta_{权益}$"，因为可以直接用"$\beta_{股票}$"代替"$\beta_{权益}$"。

接下来，将介绍如何根据市场信息和贝塔之间的关系得到上市公司的经营 β。

4.3.3 估测经营贝塔的方法

由 4.3.2 节介绍的各类 β 之间的关系可知，从股票贝塔到经营贝塔需要经过以下步骤：

（1）剔除股票 β 中的噪声交易者风险得到权益 β；

（2）权益 β 通过卸载财务杠杆得到经营 β。

下面介绍这两个步骤涉及的具体方法。

4.3.3.1 剔除噪声交易者风险估测权益贝塔的方法

在噪声交易者和信息交易者共存的并非有效市场中，股票 β 和权益 β 之间的差别在于噪声交易者风险。因此估测权益 β 的重点在于如何剔除噪声交易者风险。

本节根据行为资本资产定价模型（Behavioral Asset Princing Model，BAPM）的思想，通过构建修正的动量指数（MDVI）来估测权益 β。

应用 BAPM 的理论依据以及动量指数的修正等相关内容参见 4.6 节拓展阅读 2 和 4.7 节拓展阅读 3。这里不再赘述，而是直接介绍构建 MDVI 组合估测权益贝塔的方法。

构建 MDVI 组合估测权益贝塔的步骤如下：

（1）从金融服务网站查阅每只股票的换手率及日平均换手率。

（2）将股票的日换手率与交易市场的日平均换手率比较，在日平均换手率之上的股票为活跃股票，若某只股票的活跃天数高于整个交易市场的实际交易天数的一半，则该股票入选 MDVI 的组合。

（3）计算每一期（"期"可以是"天"或"周"）的指数，第 t 期的 MDVI 计算公式为：

$$MDVI_t = \frac{\sum(S_{it} \times P_{it})}{\sum(S_{i0} \times P_{i0})} \times I_0$$

式中：S_{it} 表示 t 时期按交易量标准选入构建 MDVI 组合的第 i 只证券在 t 时期流通在外的股数；S_{i0} 表示 0 时期（基期）按交易量标准选入构建 MDVI 组合的第 i 只证券在 0 时期流通在外的股数；P_{it} 和 P_{i0} 分别表示 t 时期和 0 时期选入的第 i 只证券在该时期的价格，一般以该时期的收盘价为准；I_0 代表一个调整因子。

以上（1）～（3）是构建动量组合并求 MDVI 的过程，如图 4-6 所示。

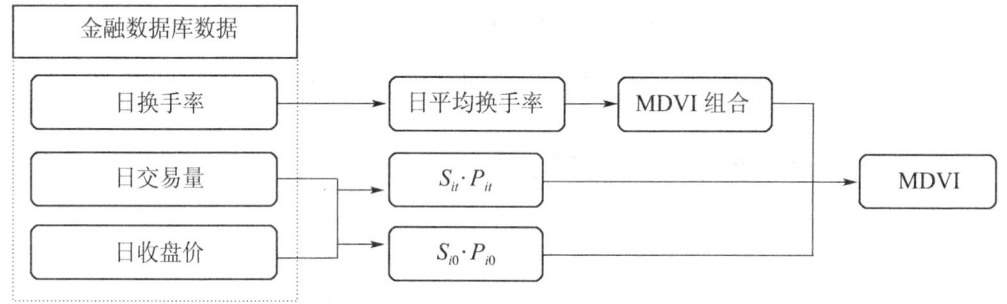

图 4-6　修正动量指数（MDVI）计算流程图

（4）计算每一期 MDVI 的报酬率，第 t 期的 MDVI 报酬率计算公式为：

$$R_t(MDVI) = \frac{MDVI_t - MDVI_{t-1}}{MDVI_{t-1}}$$

（5）针对第 i 个可比公司 Z 的股票，计算投资报酬率，第 t 期的计算公式为：

$$R_t(Z) = \frac{P_t - P_{t-1}}{P_{t-1}}$$

（6）按此方程回归：$R_t(Z) = \beta \cdot R_t(MDVI) + \varepsilon_t$，其中，$\varepsilon_t$ 为残差项。

按照上述步骤得到的 β 就剔除了噪声交易者风险，仅仅反映了公司 Z 股票的系统风险中的基本风险，是 Z 公司的权益 β，记作 $\beta_{权益}$。

4.3.3.2　权益贝塔转换为经营贝塔的方法

因为公司资产的贝塔是公司所有债务和公司权益所构成的投资组合的贝塔，如果投资者购买了这样的一个投资组合，那就独立地明确拥有了公司资产，而且承担着公司的经营风险。因此，公司的资产贝塔与公司的负债权益投资组合的贝塔相等。即公司的资产 β 应该等于负债 β 与权益 β 的加权平均，如式（4-3）所示。

$$\beta_{资产} = \frac{D}{A}\beta_{负债} + \frac{E}{A}\beta_{权益} \tag{4-3}$$

其中：$\beta_{资产}$ 就是 $\beta_{经营}$，D 表示公司的负债价值，E 表示公司的权益价值，A 表示公司的资产价值。

债权人对公司的索取权通常是固定的，不随公司的经营状况发生变化。也就是说，当资产和资本结构一定的情况下，公司不会因为经营状况好给银行多支付利息或本金，也不会因为经营状况差而少支付利息或本金。在公司不发生破产的情况下，公司对债权人的支付与经营状况是独立的，不受系统风险因素的影响。因此，现实中，负债贝塔几乎为0，故设$\beta_{负债}=0$。同时，考虑到利息的节税作用，因此式（4-3）就可以转换为式（4-4）。

$$\beta_{经营} = \frac{\beta_{权益}}{1+(1-T_c)D/E} \quad (4-4)$$

式（4-4）即为权益β通过卸载财务杠杆转换为经营β的计算公式。

需要注意的是：D仅仅为金融性负债，为产生财务杠杆效应的负债。D/E是所在公司的债务权益比，以报表调整后的账面值为计算依据，原因在于：①因为不用D、E的市场价值，有利于剔除噪声的影响；②权益风险是财务杠杆对经营风险作用的结果，而财务杠杆作用的大小是通过会计体系计算反映的，权益风险也是以ROE这样的会计比率为计算基础的，因此用账面值更准确。而在传统的教科书中，债务和权益是以市场价值为计算依据，这是因为传统的教科书是基于市场有效假设，这样的话，下面两点是成立的：①股票价格反映了其内在价值；②股票贝塔与权益贝塔相等。因此，用股票贝塔代替了权益贝塔。可是，现实的证券市场并非有效，因此，不能再用市场价值。

4.3.4 基于市场信息估测项目贝塔的逻辑步骤

综合3.2节与4.3.1～4.3.3节的内容，可以得出基于市场信息估测项目贝塔的逻辑步骤，如图4-7所示。

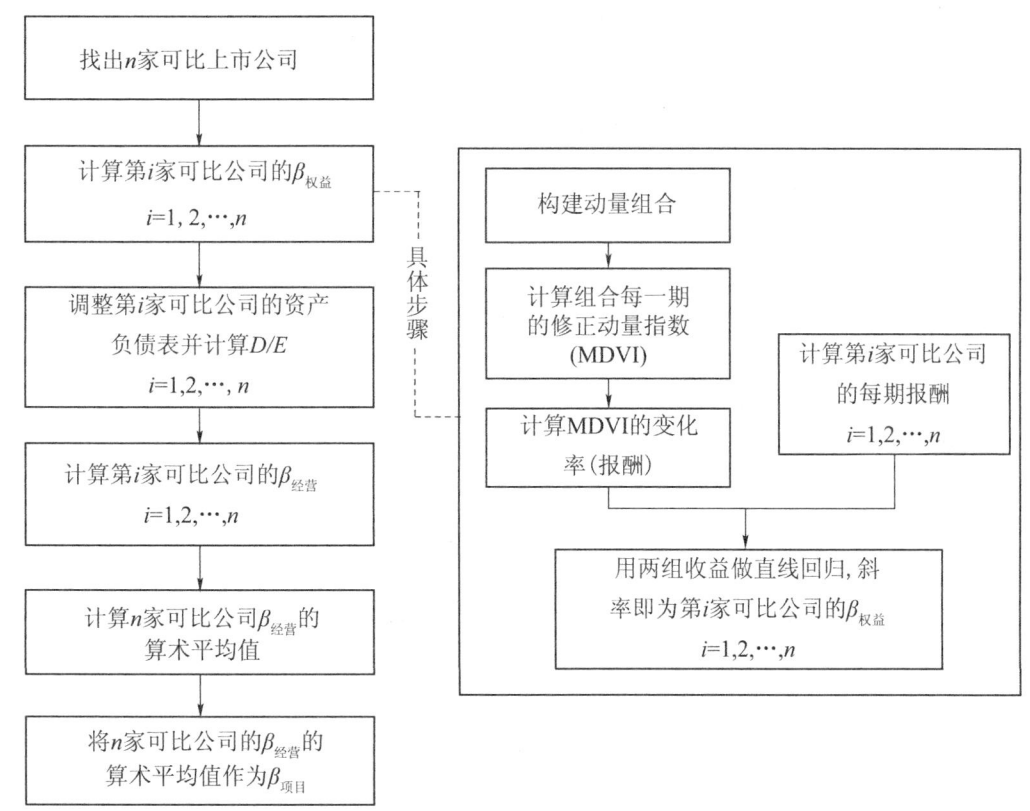

图4-7 基于市场信息估测项目贝塔的步骤

步骤一：选取 n 家经营业务与正在考虑的投资项目相似的可比上市公司。因为如果经营业务相似，那么：①其资产结构、成本结构也将相似，这样，经营杠杆就相近；②市场也是相似的，系统因素对产生收入的影响就相近。这样，就可以用可比公司的经营贝塔作为投资项目贝塔的估测值。

由于某些原因（如新产品或新技术）而找不到可比上市公司时，考虑到可比公司的风险源是其销售收入的波动，因此可根据产业链上下游的关系，找本项目潜在的客户作为可比公司，通过资产结构推测成本结构，进而推测经营杠杆的相似度。如果经营杠杆相似，则直接用客户的经营贝塔作为投资项目的贝塔；如果经营杠杆差别比较大，则需要用客户的收入贝塔加载项目的经营杠杆估测投资项目贝塔。

步骤二：利用市场信息计算每个可比上市公司的权益贝塔，具体操作如下：

（1）从金融服务网站查阅每只股票的换手率及日平均换手率。
（2）构建 MDVI 的组合。
（3）计算每一期的指数，第 t 期的 MDVI 计算公式为：

$$\mathrm{MDVI}_t = \frac{\sum (S_{it} \times P_{it})}{\sum (S_{i0} \times P_{i0})} \times I_0$$

（4）计算每一期 MDVI 的报酬率，第 t 期的 MDVI 报酬率计算公式为：

$$R_t(\mathrm{MDVI}) = \frac{\mathrm{MDVI}_t - \mathrm{MDVI}_{t-1}}{\mathrm{MDVI}_{t-1}}$$

（5）针对第 i 个可比公司 Z 的股票，计算投资报酬率，其中 $i = 1, 2, \cdots, n$。第 t 期的计算公式为：

$$R_t(Z) = \frac{P_t - P_{t-1}}{P_{t-1}}$$

（6）按此方程回归：$R_t(Z) = \beta \times R_t(\mathrm{MDVI}) + \varepsilon_t$，其中，$\varepsilon_t$ 为残差项。

按照上述（1）～（6）步得到的 β 剔除了噪声交易者风险，是第 i 个可比公司 Z 的 $\beta_{权益}$。

步骤三：计算可比公司的经营贝塔，具体操作如下：

调整第 i 个可比公司 Z 的财务报表，分离经营性负债与金融性负债。计算出第 i 个可比公司的负债权益比 D/E，其中 $i = 1, 2, \cdots, n$。D 仅仅为金融性负债，为产生财务杠杆效应的负债。

计算第 i 个可比公司 Z 的 $\beta_{经营}$，计算公式为

$$\beta_{经营} = \frac{\beta_{权益}}{1 + (1 - T_c)D/E}$$

步骤四：计算 n 家可比公司的经营贝塔的算术平均值。

步骤五：将 n 家可比公司的经营贝塔的算术平均值作为投资项目的贝塔值。

本书案例篇中，将通过实例具体说明以上步骤的应用过程。

4.4 市场风险溢价的确定

资本资产定价模型的第三个元素——市场风险溢价（Market Risk Premium，MRP），

是市场投资组合的报酬率与无风险报酬率的差额（$\overline{R_M} - R_f$），其实也就是投资者承担一个单位的系统风险而获得的报酬。然而，市场风险溢价的估计值高度依赖于所采用的计量方法。因此，市场风险溢价估计值的确定是金融领域最具争议的话题之一。

本节首先介绍估测市场风险溢价常用的方法，然后以我国资本市场为例估测市场风险溢价。

4.4.1 确定市场风险溢价常用的方法

关于确定市场风险溢价的方法目前主要有：历史性方法、前瞻性方法、直接查询法和问卷调查法。

在四种确定市场风险溢价的方法中，前瞻性方法是基于未来数据的预测值来估测市场风险溢价。也就是说，利用这种方法估测市场风险溢价所用的基础数据都是预测出来的。但未来的数据受很多种因素的影响，准确地预测其值是很困难的。所以该方法仅适用于成熟股票市场，而中国股市发展至今才20多年，因此该方法不适用。

直接查询法是从相关领域比较权威的书籍、文献以及数据库中直接查询市场风险溢价的数值。Pablo Fernandez（2010）研究人们如何确定市场风险溢价时发现，在实际操作中最为常用的方法是查询 Aswath Damodaran 的《价值评估》和 Ibbotson 协会编制出版的《股票、债券、国库券和通货膨胀年鉴》得到市场风险溢价的值，然而我国到目前为止还没发现能直接查询到市场风险溢价的地方。

问卷调查法是通过问卷调查相关领域的学者和研究人员得到市场风险溢价。例如 Pablo Fernandez（2010）通过问卷调查统计了33个国家的市场风险溢价，如表4-4所示。这种方法存在很大的主观性，没有理论依据，而且得到的也只是一个范围。

表4-4 2010年学者们使用的33个国家的市场风险溢价

市场风险溢价\项目\国家	平均值（%）	标准差（%）	最大值（%）	中位数（%）	最小值（%）	人数（人）
阿根廷	12.4	8.9	25.0	7.1	4.3	5
澳大利亚	6.1	1.9	10.0	6.0	4.0	21
比利时	4.0	1.3	5.5	4.0	2.0	10
巴西	6.8	1.1	9.0	6.0	6.0	9
加拿大	5.9	1.1	8.0	6.0	3.5	23
智利	4.8	1.9	6.5	5.5	1.5	5
中国	8.7	3.1	15.0	8.0	5.0	7
哥伦比亚	8.7	4.7	15.0	7.3	3.4	5
丹麦	3.6	1.0	5.0	3.5	2.3	5
埃及	7.1	2.0	9.0	7.0	4.1	7
芬兰	5.0	0.9	6.0	4.5	4.0	5
法国	5.1	1.8	10.0	5.0	2.0	19

续上表

市场风险溢价 国家 \ 项目	平均值（%）	标准差（%）	最大值（%）	中位数（%）	最小值（%）	人数（人）
德国	4.9	1.9	11.0	5.0	2.0	19
希腊	7.5	3.3	12.0	6.3	3.5	5
印度	10.3	6.6	30.0	8.5	4.4	13
以色列	6.0	2.3	10.0	6.0	0.7	14
意大利	5.7	1.7	10.5	5.5	3.0	38
马来西亚	7.8	2.6	10.0	8.2	5.0	5
墨西哥	10.9	7.3	25.0	9.1	5.5	6
荷兰	5.6	1.6	8.0	5.8	3.0	16
新西兰	6.4	1.0	8.0	6.5	5.0	8
挪威	5.3	1.1	8.0	5.0	3.5	12
波兰	6.3	1.2	8.0	6.5	4.4	6
葡萄牙	5.6	0.4	6.0	5.8	5.0	6
新加坡	8.4	2.5	12.0	7.2	6.0	5
南非	5.5	1.3	7.0	6.0	4.0	8
西班牙	5.0	1.3	9.0	4.8	3.0	33
瑞典	5.3	1.3	7.0	5.4	3.0	6
瑞士	5.8	2.3	8.0	6.3	2.0	8
台湾	8.5	2.3	12.0	8.0	5.5	7
土耳其	8.0	4.7	16.0	6.0	4.5	5
英国	5.0	1.6	10.3	5.0	2.5	49
美国	6.0	1.7	12.0	6.0	2.0	462

资料来源：http：//ssrn.com/abstract=1606563

由表4-4可以看出，关于我国的市场风险溢价，调查了7位学者，得到的结果是：有的人认为比较高，如15.0%；而有的人认为比较低，如5.0%；被调查者给出的市场风险溢价的值介于5.0%～15.0%之间，中位数为8%，平均值为8.7%，标准差为3.1%。显然，不同的人看法差异较大，7个人中有3个人认为在8%以上，有3个人认为在8%以下。

历史性方法是基于历史数据估测未来的市场风险溢价。历史的记录是对未来最好的预期，由于历史数据容易获得而且客观，所以历史性的方法最为常用。例如Dimson、Marsh和Staunton（2002）的《机会主义者的胜利》以及相关后续的研究中用历史性的方法给出了22个国家的市场风险溢价，如图4-8所示。

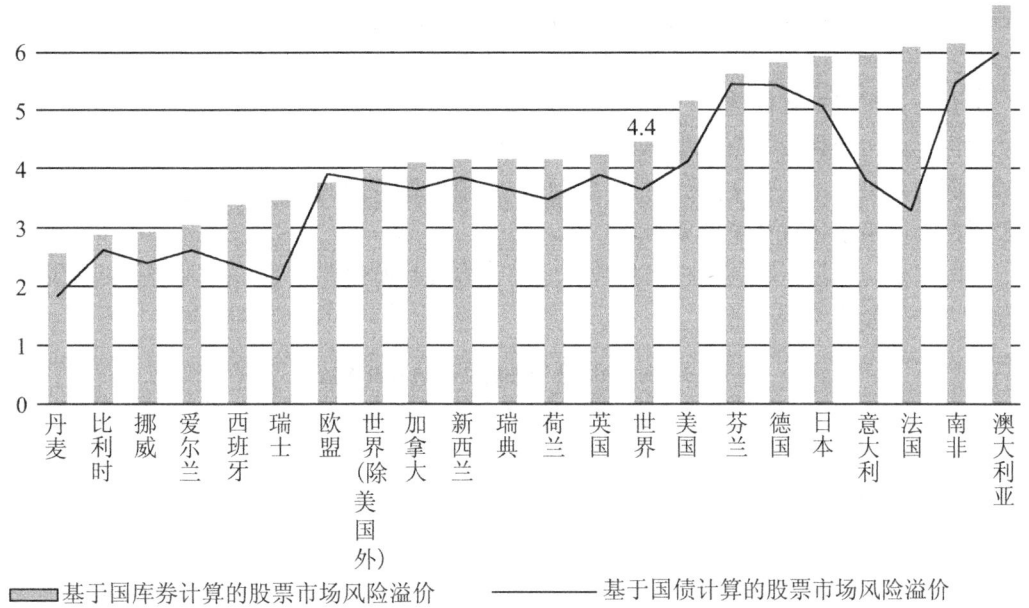

图 4-8 1900—2010 年不同地区的市场风险溢价的历史数据
资料来源：http://ssrn.com/abstract=1940165

还有一些比较经典的教材（布雷利等，2007；罗斯等，2011）市场风险溢价的估测方法也采用历史性方法。

为了让读者更好地理解利用历史性的方法估测市场风险溢价，接下来以我国资本市场为例介绍历史性方法，并估测出我国的市场风险溢价数值。

4.4.2 利用历史性方法估测我国的市场风险溢价

历史性的方法是以"未来与过去的市场风险溢价是相似的"为前提条件，并且在使用过去的数据估测风险溢价时，内含假设：数据是稳定的。然而短期的数据并不稳定，因此短期数据的平均值可以说毫无意义，常用的方法是将观察的时间段选择足够长，获得的数据量就足够大，就可以抵消这种变化，从而提高估计的准确性。

利用历史性的方法估测市场风险溢价的步骤如图 4-9 所示，包括：选择市场指数、选取估测时段、确定市场指数的平均报酬率和确定无风险报酬率四个方面的内容。

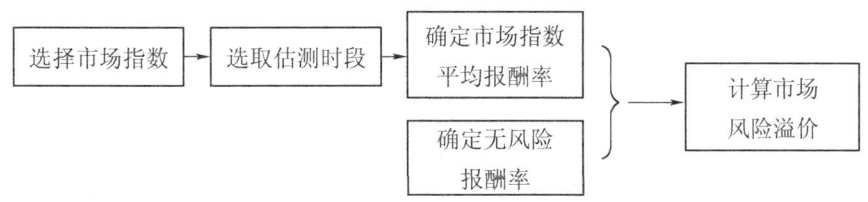

图 4-9 利用历史性方法估测市场风险溢价的逻辑步骤

以我国市场为例，选取 1991 年 1 月 1 日至 2011 年 12 月 31 日，跨越 21 年的时间段，将上证综指的报酬率作为市场组合的报酬率，一年期记账式国债的到期收益率作为无风险报酬率,根据图4-9所示的步骤,计算出我国市场风险溢价的值为10.07%,其详细过程如下。

步骤一:市场指数的选择

理论上讲,计算股票市场的风险溢价就应当把所有的股票表现都包括在计算范围之内,然而这是一个不切合实际的方法。因此,一般根据本国的实际情况选择最具有代表性的股票指数,用于代替整个股票市场。

我国主要的市场指数包括中证指数、上海证券交易所股票指数、深圳证券交易所股票指数三大类,如表4-5所示。

表4-5 中国证券市场主要的股票指数

中证指数		沪深300指数
	中证规模指数	中证100指数、中证200指数、中证500指数、中证700指数、中证800指数
	沪深300行业指数	沪深300能源指数、沪深300原材料指数等10个行业指数
	沪深300风格指数	沪深300成长指数、沪深300价值指数、沪深300相对成长指数、沪深300相对价值指数
上海证券交易所的股票指数	样本指数类	上证成份股指数
		上证50指数
		上证红利指数
	综合指数类	上证综合指数
		新上证综合指数
	分类指数类	上证A股指数、上证B股指数、工业类指数、商业类指数、地产类指数、公用事业类指数、综合类指数
深圳证券交易所的股票指数	样本指数类	深证成分股
		深证A股指数
		深证B股指数
		深证100指数
	综合指数类	深证综合指数
		深证A股指数
		深证B股指数
		中小企业板指数
	分类指数类	农林牧渔指数、采掘业指数、制造业指数、水电煤气指数等13类

能够替代市场组合的股票指数必须具备以下特征:①综合性:股票指数必须包含足够多的个股,包含绝大部分市值;②足量性:为了能更好地反映市场风险溢价情况,股指的

数据包含的时间段越长越好,这样数据量就越多;③具有代表性和典型性,影响力大。对于我国股票指数的选择分析过程如图4-10所示。

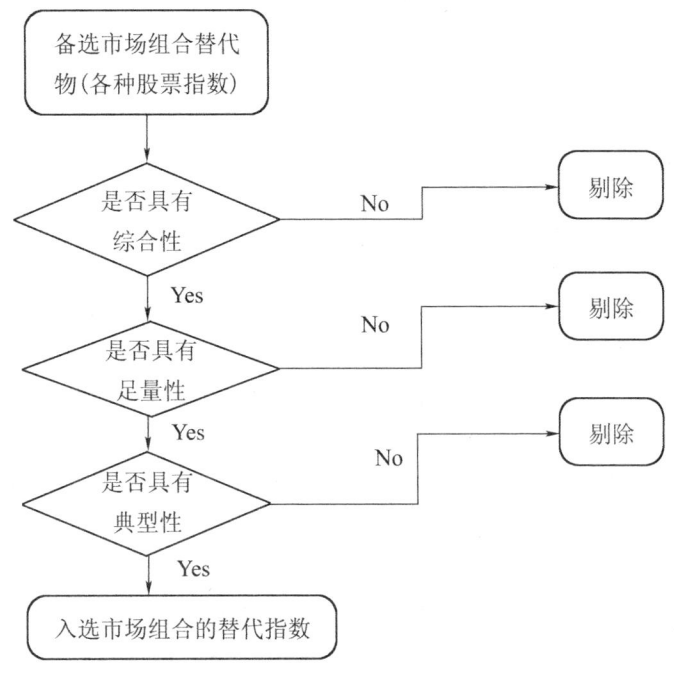

图4-10 市场组合的替代指数的选择过程

(1) 对于所有的行业指数、风格指数、规模指数、样本类指数和分类指数,由于仅表示某一部分股票的特征,不具有代表性,因此不予考虑。

(2) 沪深300指数比较权威地统计了在沪深两个交易所上市的股票表现。它是以流通市值为权重计算,符合投资者实际收益率情况。但是该指数编制时间较短,从2002年初才开始,而且它只选择上海和深圳交易上市的300只股票进行指数编制。所以这个指数的缺陷在于时间太短,覆盖的样本较少。

(3) 新上证综合指数是对上证综合指数的修正,选择已经完成股权分置改革的沪市上市公司组成样本,并且以股票的总市值为权数进行加权计算。但是,由于新上证综合指数从2006年1月4日开始发布,数据量较小,因此不适宜选择作为市场组合的替代。

(4) 上证综指和深圳综指都属于综合类指数,综合类指数包含的范围比较大,具有综合性。相对于深圳综指而言,上证综指的时间更长,数据量比较大,具有足量性;并且对于中国股票市场而言,沪市相对于深市更具典型性,更能代表中国证券市场的特点。因此,选择上证综指作为我国的市场组合的替代。

步骤二:选取估测时段

由于股票报酬率会随着时间的变化而变化,因此选择不同的时段估测得到的市场风险溢价也有所不同。而短期的股票报酬波动非常大,所以一般估测时段选择需尽可能长,使其通过长期的历史数据消除非正常因素,从而得出相对公正的市场风险溢价。因此,选取的估测时段从1991年1月1日至2011年12月31日,时段跨越21年。

步骤三：计算市场指数的平均报酬率

在计算市场指数平均报酬率之前，我们需要确定是用算术平均法还是几何平均法。

1. 算术平均报酬率和几何平均报酬率

算术平均报酬率公式为：

$$\overline{R} = \frac{R_1 + R_2 + \cdots + R_n}{n}$$

几何平均报酬率公式为：

$$\overline{R} = [(1 + R_1) \times (1 + R_2) \times \cdots \times (1 + R_n)]^{1/n} - 1$$

式中，R_n 为第 n 年的报酬率。

算术平均法和几何平均法最大的区别在于：算术平均法处理的是独立事件，而几何平均法处理的是联系的事件。我们使用历史性方法就是以过去数据作为样本推断将来，即将过去每个数据（也就是报酬率）都看做是独立的样本，因此应该选择算术平均法。另外，与几何平均法相比，算术平均法的值较大一些。

为了更好地理解算术平均法与几何平均法的区别，我们借用布雷利（2007）的一个例子来说明。

【例 4-3】假定比高石油公司（Big Oil）普通股的当前股价为 100 美元，年末股价可能为 90 美元，也可能是 110 美元或 130 美元，三种取值的可能性相同，于是其报酬率相应地为 -10%、+10% 或 +30%（这里假定比高石油不支付红利），而期望报酬率就为 $\frac{1}{3}(-10\% + 10\% + 30\%) = +10\%$。

如果我们将此过程逆转过来，并将预期现金流用期望报酬率贴现，我们就得到比高石油公司股票的当前价值：

$$PV = \frac{110}{1.10} = 100(美元)$$

于是 10% 的期望报酬率就是比高石油公司股票产生的预期现金流的正确折现率，也是与比高石油公司同等风险的投资的资本机会成本。

现在假设我们对比高石油公司股票报酬率进行长期跟踪。假设报酬的可能性不变，这些年的报酬率始终有 $\frac{1}{3}$ 的可能为 -10%，$\frac{1}{3}$ 的可能为 +10%，还有 $\frac{1}{3}$ 的可能为 +30%。那么，这些年的算术平均报酬率应为：

$$算术平均报酬率 = \frac{-10\% + 10\% + 30\%}{3} = +10\%$$

于是算术平均报酬率就正确描述了与比高石油公司风险类似的投资的资本机会成本。比高石油公司股票的几何平均报酬率为：

$$(0.9 \times 1.1 \times 1.3)^{1/3} - 1 = 0.088 = 8.8\%$$

该值小于资本机会成本。如果投资者能够在资本市场得到 10% 的期望报酬，他们将不会投资期望报酬只有 8.8% 的项目。这样一个项目的净现值为：

$$NPV = -100 + \frac{108.8}{1.1} = -1.1$$

因此，如果从历史报酬中估测市场风险溢价用于资本成本的计算，就应该用算术平均法而不用几何平均法。

2. 上证综指平均报酬率的确定

上证综指报酬率的历史数据，主要是通过查询金融研究数据库中上证综指的报酬率得到的，具体操作见本章4.8节拓展阅读4。由于查询到的报酬率是日报酬率，因此将每日报酬率相加就可得到年报酬率。

通过测算，结果如表4-6所示，剔除股市异常年份的报酬率后，采用算术平均法计算1991—2011年的21年年均报酬率为13.76%。

表4-6 1991—2011年年均报酬率数据（日报酬率年化）

年份	1991	1992	1993	1994	1995	1996	1997
年报酬率	（84.31%）	（152.34%）	24.80%	1.03%	-4.10%	62.36%	32.31%
年份	1998	1999	2000	2001	2002	2003	2004
年报酬率	-1.90%	21.27%	43.97%	-20.79%	-16.43%	11.33%	-14.63%
年份	2005	2006	2007	2008	2009	2010	2011
年报酬率	-6.43%	（85.81%）	73.71%	（-95.92%）	63.25%	-13.10%	-22.79%

注：括号内为剔除的异常数值。

步骤四：计算市场风险溢价

将上一步骤的结果作为市场期望报酬率，结合4.2.2节确定的我国市场无风险报酬率，代入公式（$\overline{R_M} - R_f$）得到（13.76% - 3.69%）= 10.07%，即我国市场风险溢价的估测值为10.07%。

4.5 拓展阅读1：证券投资者非理性行为对CAPM应用结果的影响

在套利有限的情况下，投资者非理性行为造成市场并非有效，即资产价格偏离价值，这样就产生了噪声交易者风险和异常报酬。本节由此切入，讨论这一系列现象对应用CAPM估计资本成本所得到数值产生的影响。

4.5.1 关于噪声交易者界定的分析

在检索到的文献中，关于噪声交易者的定义不一致，根据不同的定义得到的噪声交易者集合是不同的。国内文献对于噪声交易者的定义和描述基本可以归类到国外文献的不同界定中，因此本书对能检索到的国外对噪声交易者的不同界定进行比较分析，一方面进一步理解研究者对市场上非理性行为根源的思考，另一方面可以根据研究的目的选择本书中的界定。

下面按时间顺序比较关于噪声交易者的几种界定，它们的具体区别如表4-7所示。

表4-7 关于噪声交易者界定的比较

提出者	主要观点	侧重点
Kyle（1985）	没有获得信息但随机进行交易的投资者	侧重于信息的不对称性以及信息对决策结果（交易结果）的影响；按决策时依据的信息质量对投资者进行划分
Black（1986）	把噪声当成信息进行交易的投资者	
Shefrin 和 Statman（1994）	不能理性处理信息的交易者，会犯各种认知错误	侧重于交易者的认知能力及其对决策结果（交易结果）的影响；按决策结果划分
Ramiah 和 Davidson（2002）	通常不根据基本价值交易，犯错误的投资者	
Ramiah 和 Davidson（2005）	没有利用信息去形成他们的期望，且会因为任何原因进行交易	侧重于期望形成的基础，这样有利于信息公布时的测量；不是按决策结果划分

（1）相对于传统金融学描述的理性交易者，Kyle（1985）首次提出了"噪声交易者（Noise Trader）"概念。他认为噪声交易者就是没有获得信息但随机进行交易的投资者。显然，Kyle 所定义的噪声交易者，在交易前并没有基于信息进行理性的决策分析，即他们没有根据信息推断结果，然后按结果选择是否交易，而可能是在诸如"从众心理"等因素影响下通过直觉判断进行决策。

（2）Black（1986）将噪声交易者定义为把"噪声"当做有效信息进行交易的人。这里的"噪声"主要是指与实际价值无关的虚假或失真信号，它可能是市场参与者主动制造的虚假信息，也可能是被市场参与者误判的信息。显然 Black（1986）定义的噪声交易者的决策过程是理性的，追求的仍然是收益最大化，但他们由于认知偏差等原因使得交易依据的信息与实际价值无关。

（3）Shefrin 和 Statman（1994）在行为资产定价理论中把交易者分为信息交易者和噪声交易者，信息交易者就是理性交易者，也就是资本资产定价模型框架下的交易者，他们能得到和识别所有的信息，而且主观概率和客观概率一致，不会犯认知错误，从决策过程到决策结果都是理性的。噪声交易者就是除信息交易者以外的所有其他交易者，他们会犯各种认知错误，比如高估近期事件的影响、忽视远期事件的影响等；用主观概率分布去描述未来事件发生的概率分布，不同噪声交易者之间有显著的异质性。信息交易者使市场价格回归基本价值，而噪声交易者由于犯错而使市场价格偏离基本价值。

（4）Ramiah 和 Davidson（2002）认为噪声交易者根据虚假信息和启发式思维等导致的错误感知进行资产价值评估，从而引起错误的基本价值估计。如果有较多的噪声交易者，市场价格将接近噪声交易者的估计。这类投资者在做决策时，相信自己拥有正确的信息，由于错误的感知，扭曲了市场价格。这里的界定与 Shefrin 和 Statman（1994）一致。

从以上四种界定来看，对信息交易者和噪声交易者的界定方法可以分为两类。第一类，按决策中所使用的信息（或是决策依据）是否有效来划分，Kyle（1985）和 Black（1986）的界定就属于这类。只要在决策时不是依据有效信息进行，就称为噪声交易者。

显然，早期的这种界定仅仅从信息的视角出发，不考虑人在理解信息时可能犯的错误。第二种，按决策结果是否正确①来划分，如 Ramiah 和 Davidson（2002）的界定。这种后期的界定不但考虑了由于使用虚假信息造成的价格偏离价值的交易，而且包含了使用信息但在理解信息时犯错误而造成的价格偏离价值的交易，如图 4－11 所示。

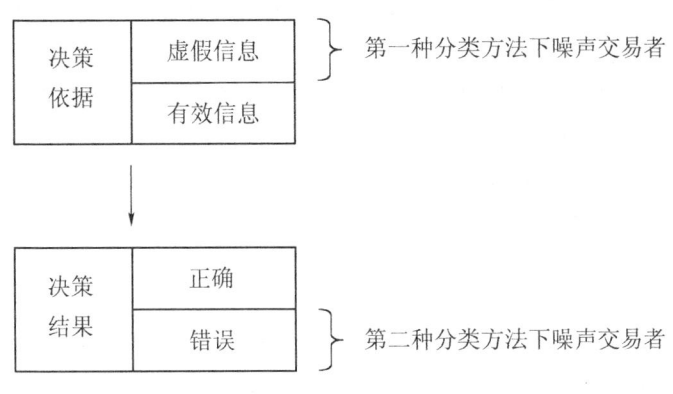

图 4－11　关于噪声交易者界定的分类

（5）Ramiah 和 Davidson（2005）将信息交易者定义为根据信息形成期望，并据此进行交易的个体。与前四种界定不同，他们没有假定信息交易者是无所不知的或是他们能形成正确的期望，只是假定信息交易者将期望建立在信息基础上，但并不总是能够正确地理解信息，即信息交易者也会犯错误。界定噪声交易者为没有利用信息去形成他们的期望，且会因为任何原因进行交易。这样，只有当与价值有关的信息向市场发布时，信息交易者才进行这只股票的交易（这一点与传统定义一致），但可能会反应不足或反应过度（这一点与传统界定不一致）。而噪声交易者能够在任何日期交易任何一只股票，在没有新信息出现在市场的日期里，噪声交易者将在他们自己之间进行交易，在信息发布的日期里，噪声交易者也许会同信息交易者进行交易。由此可见，他们划分的依据与第一种相同，但同时包含了"得到的是信息但在理解信息时犯错误造成的价格偏离价值的交易"。依此界定出来的"信息交易者"不等于"理性交易者"，这一点与前四种不同。他们这样界定，可能是出于他们利用时间研究法进行研究的方便性。

由此看来，早期对噪声交易者的定义是从信息不对称的视角进行，没有考虑交易者认知能力对交易结果的影响。而第二种界定方法关注决策结果，适合有关市场并非有效的讨论，但在解释方面不够充分。综上分析，提出本书关于噪声交易者界定：

只要结果造成证券价格偏离基本价值的交易者就称为噪声交易者。即决策结果正确的、没有犯错的为"信息交易者"。决策结果错误，导致价格偏离价值则为"噪声交易者"，也许信息不对称，他无法根据信息决策；也许有信息，他犯了认知错误；也许他根本就没有按照理性决策的方式去决策，不管怎样，交易的结果是使证券的市场价格偏离价值。这样界定，也有利于本章的分析目的——市场并非有效对证券报酬的影响。

从结果或本质来说，本书和 Shefrin 和 Statman（1994）的定义一致，但我们在解释过

---

①"决策结果正确"是指该决策结果使证券价格趋近于它的基本价值，"决策结果不正确"是指决策结果使证券价格偏离其基本价值。

程中考虑到了 Ramiah 和 Davidson（2005）以及 Black（1986）的合理部分。

4.5.2 噪声交易者非理性行为对证券市场的影响

1. 早期有效市场假说支持者的观点

关于噪声交易者的非理性行为对市场造成的影响，早期支持有效市场假说的 Friedman（1953）和 Fama（1965）认为，尽管市场上确实可能存在一定数量的噪声交易者，但会遇到来自理性套利者和价值投资者的抗衡。当噪声交易者抬高股票瞬时价格使其高于基本价值时，理性套利者会卖空股票，打压市场价格，直到价格反映价值，并使噪声交易者遭受损失。所以长期来看，噪声交易者将从市场中消失，套利行为的另一结果是任何价格偏差都将被市场迅速纠正，价格始终贴近基本价值。因此，噪声交易在资产价格形成过程中可以忽略不计。即有效市场假说的支持者认为噪声交易对证券价格没有影响，它的唯一作用就是为市场提供了流动性。

显然，早期的研究者没有考虑到市场套利的有限性。从接下来的分析可以看到，早期的研究者没有充分分析噪声交易者非理性行为的系统性，因此低估了噪声交易者的作用及其对套利者行为的影响。

2. 噪声交易理论的观点

Black（1986）开创了关于噪声交易的系统研究后，Long 等学者进一步对噪声交易的前提条件以及噪声交易的内容进行研究，逐渐形成了以交易者行为和金融市场运行方式为研究内容的噪声交易者理论。Long、Shleifer、Summers 和 Waldman（1990）创建的 DSSW 模型，奠定了噪声交易理论的基本框架。

噪声交易理论是相对于有效市场假说提出的。该理论认为，现实市场并不是有效的，经常会有大量的噪声交易者，且有时可能主导市场，使股票价格严重偏离其基本价值，并且还能维持相当长的时间（如 20 世纪 90 年代出现的网络公司股票的泡沫直到 2000 年 3 月才消退）。这样，价格不再仅仅是信息的函数，它也是噪声交易者信念、情绪的函数。此时，套利者就面临一种新的风险来源，一种市场价格不能反映基本价值的风险，也就是被套利者利用的错误定价在短期内继续深化的风险。一旦产生股票价格不同于其基本价值的可能性，就有可能产生未来价格运动进一步增大这种差异的趋势。该风险是噪声交易者强加给市场的，因此称之为"噪声交易者风险（Noise Trade Risk，NTR）"。NTR 是由于证券投资者非理性行为所造成的一种新的不确定性。

噪声交易理论认为，噪声交易者的非理性行为不容忽视，它使证券价格发生更大的波动，而这种更大的波动对套利者来说意味着风险，而对噪声交易者来说，可能是获取超常报酬的机会。

3. 噪声交易者行为对不同交易者的影响

根据 4.5.2 节中"噪声交易理论的观点"可知，套利者至少面临三种风险：

（1）基本面风险。即股票的基本面发生变化，从而给股价的变化带来不确定性的风险。

（2）实施风险。套利者打算卖空某只股票时，必须先借到这只股票，而现实中很可能会出现借股票的成本很高或是没有股票可以借的情况。

（3）噪声交易者风险。噪声交易者可能持续压低或是推高某只股票的价格，从而使套利者被套牢或失去本来能够得到的报酬。

这里重点分析噪声交易者风险对套利者的影响,如图4-12所示。

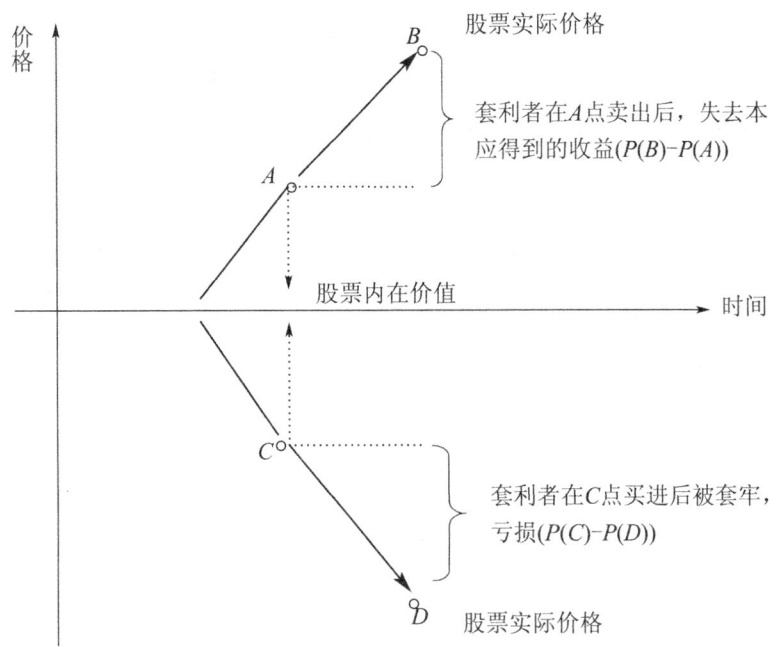

图4-12 噪声交易者的行为对套利者的影响

情景一： 当某只股票价格处于 A 点时，即价格已经过高。套利者认为偏离价值的价格将会回归，那么他将卖出该股票。但噪声交易者可能持续推高股价至 B，这样，套利者就将损失本应得到的报酬 $(P(B)-P(A))$。

情景二： 当某只股票价格处于 C 点时，即价格已经过低。套利者认为低估的价格将会上升，那么他买进该股票。但噪声交易者可能持续压低股价至 D，这样，套利者就会被套牢，如果由于时间或资金等原因不得不平仓，那么将损失 $(P(C)-P(D))$。

我们再来分析噪声交易者的行为及其影响。根据4.5.1节的界定，所谓噪声交易者，就是交易结果使价格偏离价值的交易者。那么在情景一，噪声交易者将在 A 点买进该股票，当股价到达 B 点时，则获得报酬 $(P(B)-P(A))$；在情景二，噪声交易者将在 C 点卖出该股票，则避免了损失 $(P(C)-P(D))$。

由此可见，在上述的情景中，噪声交易者反而获得了报酬；他们得到这样的报酬，不是因为承担了CAPM中所说的系统风险而得到的风险报酬，而是因为他们承担了更大的证券价格波动风险而得到的异常报酬。

如果证券价格走势更加偏离价值（$A→B$，或 $C→D$），说明市场上噪声交易者的力量大于套利者的力量。因此，可以得出这样的结论：

（1）当市场上噪声交易者的力量大于套利者的力量时，证券价格将进一步偏离价值，此时，噪声交易者将获得异常报酬，而套利者承受较大的噪声交易者风险。

（2）当噪声交易者和套利者共同主导市场时，证券价格走势不明朗，此时，噪声交易者面临股价回归价值给他带来不利的可能性（若在 A 点，股价下跌，他将被套牢；若在 C 点，股价回升，他将失去本来应得的报酬），套利者面临噪声交易者风险。

DSSW 模型指出噪声交易者由于承担额外的风险而能获得更多的报酬。特别是当噪声交易者的投资组合集中在噪声交易者风险相关的资产，那么噪声交易者将获得比套利者平均更多的投资报酬。证明了噪声交易者有可能比理性交易者获利更多，这不是因为他们有更好的交易技巧，而是因为他们面临更多的风险（Long 等，1990）。

4.5.3 噪声交易者风险对证券报酬的影响

Brown（1999）指出非理性投资者依据噪声做出的行为将导致系统风险（项保华、李绪红，2005）。Shleifer（2000）提出的噪声交易者的交易模型表明，噪声交易者风险是系统性的，它对市场或大部分的交易证券都有影响，受影响的证券价格之间存在联合运动（Co-movement），即存在共同趋势的波动。因此，证券的风险构成如图 4-13 所示，其中系统风险包括两部分：基本风险和噪声交易者风险。

$$证券的风险\begin{cases} 公司特别风险 —— 非系统风险，可分散，证券市场不予定价 \\ \left.\begin{matrix} 基本风险 \\ 噪声交易者风险 \end{matrix}\right\} 系统风险，不可分散，投资者应该要求风险报酬 \end{cases}$$

图 4-13 证券的风险构成

基本风险即现代投资组合理论中的系统风险。基本风险的风险源是信息，但这种信息是对整个证券市场都有影响的某种经济因素，如利率上调、经济危机出现等。因此，不可以通过证券组合分散掉，是系统风险，故承担此风险的投资者应该得到风险报酬。基本风险的风险源不是发行公司内部，但其大小与发行公司基本情况有关，如该经济因素对公司产品供需的影响、公司收入与经济周期之间的关系、公司成本结构中固定成本的大小等。

噪声交易者风险的风险源是市场上的噪声或噪声交易者的认知和情绪，它往往波及整个市场，因此，不能通过投资组合完全分散掉，是系统风险。噪声交易者的风险与市场环境、投资者素质和构成等有关，是证券投资者非理性行为造成的。

综上所述，证券的风险种类及比较，如表 4-8 所示。

表 4-8 证券的风险种类及比较

风险种类	风险源	是否可分散掉	性质	是否被定价
公司特别风险	与发行公司价值有关，但并不影响所有股票的信息	可以	非系统性	否
基本风险	影响整个市场的信息	不可以	系统性	是
噪声交易者风险	证券市场上的噪声交易者	不可以	系统性	是

既然噪声交易者风险是不可分散的系统风险，它应该被定价，这就说明"实际报酬"不仅包含对应基本风险的风险报酬（这部分报酬和基本风险之间符合 CAPM），而且包含对应噪声交易者风险的风险报酬。这与 Hirshleifer（2001）研究结论一致，他认为，证券期望报酬是由基本风险和错误定价（Misvaluation）共同决定的，如图 4-14 所示。

第4章 估测项目资本成本的方法

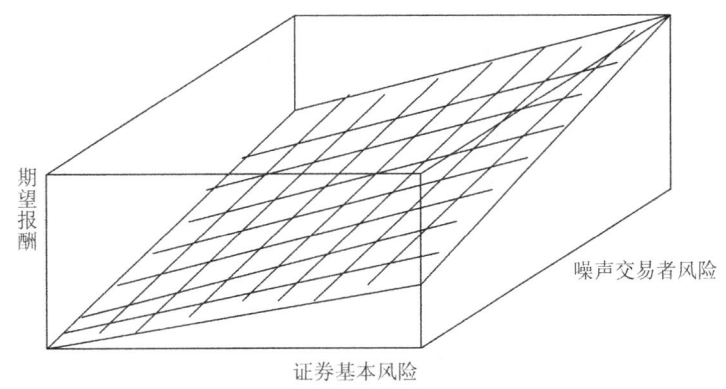

图 4-14 证券期望报酬与基本风险和噪声交易者风险之间的关系

如果不区分信息和噪声，利用证券的价格和市场组合历史数据，按 CAPM 回归得到的 β 包含了噪声交易者风险，以这样的 β 按 CAPM 估计同等风险的投资项目的资本成本，其估计值将存在偏差，包含了噪声交易者风险的影响。

由以上分析可知，证券投资者非理性行为导致应用 CAPM 估计的资本成本有偏差。只有剔除 β 中的噪声交易者风险，才能得到对应于基本风险的报酬率的无偏估计——这才是项目投资决策中资本的机会成本。

4.6 拓展阅读 2：应用 BAPM 的理论依据与难点分析

目前有关 BAPM 研究集中于验证证券市场的并非有效或测度证券市场的噪声，还没有看到利用 BAPM 估计投资项目的资本成本。本节将回答：是否可以应用 BAPM 的思想估计投资项目的资本成本？如果可以，应用中的关键性难点是什么？

4.6.1 BAPM 与资本机会成本之间的关系

Shefrin 和 Statman（1994）提出行为资本资产定价理论，放松了 CAPM 中投资者同质的假设，分析了在噪声交易者和信息交易者共存的条件下资本资产定价问题，同时也分析了异常报酬与 β 的关系，重新定义出更符合市场实际状况的均值-方差有效 β 值。在 BAPM 中，两类交易者相互影响，共同决定资产的价格。当信息交易者在市场上起主导作用时，市场是有效的；当噪声交易者在市场上起主导作用时，市场是并非有效的。相较于传统的金融理论，BAPM 的市场和投资者构成更加接近现实。

在传统金融理论中，证券市场是有效的，信息是引起价格变化的唯一因素，Shefrin 和 Statman（1994）称这种市场为单驱动因素市场。有效市场上由唯一的驱动因素决定均值-方差有效前沿、市场组合报酬分布、风险溢价等。但在信息交易者和噪声交易者的相互共同作用下，证券的价格偏离有效市场的均衡价格，在套利受到限制的条件下，这种偏离会持续存在，因此，行为资本资产定价理论称噪声交易者是导致市场价格变化的第二驱动因素，在这种投资者非理性行为的驱动下，均值-方差有效前沿、市场组合报酬分布、风险溢价等发生变化，市场组合不再是最佳有效投资组合。

1. BAPM 的基本假设

BAPM 将证券市场的投资者分为信息交易者和噪声交易者两种类型。信息交易者即

CAPM 下的投资者，利用贝叶斯法则对报酬进行估计，他们没有犯认知偏差，而且不同个体之间表现有良好的统计均值-方差特性。噪声交易者则是那些处于 CAPM 框架之外的投资者，他们时常犯各种认知错误，比如过高估计近期事件的影响，忽视远期事件的影响，错误描述未来事件发生的概率分布；而且，不同噪声交易者之间具有显著的异方差性。

2. BAPM 对本书研究提供的依据

BAPM 指出 CAPM 用有效市场下的系统风险作为唯一的因素给证券资产定价会存在异常报酬。

证券 Z 的期望报酬 $E(Z) = R_f + \beta^*(Z)(E(\rho^*) - R_f) + A(Z)$

其中 $A(Z)$ 为期望异常报酬，它可以表达为：

$$A(Z) = \left(\frac{\beta(Z)}{\beta(\rho^*)} - \beta^*(Z) \right)(E(\rho^*) - R_f)$$

式中：R_f 为无风险报酬率；ρ^* 为市场有效条件下的最佳有效投资组合的报酬率；Z 为某一证券或证券组合；$\beta(Z)$ 为 Z 相对于市场组合的 β 系数，即 $\beta(Z) = \mathrm{Cov}(\rho(Z), \rho_{MV})/\mathrm{Var}(\rho_{MV})$，也就是按照 CAPM 利用历史数据和市场组合回归得到的"实际存在的"β；$\beta^*(Z)$ 为证券 Z 相对于 ρ^* 的 β 系数，衡量 Z 的系统风险中基本风险的大小；$\beta(\rho^*)$ 是 ρ^* 相对于市场组合的 β 系数，即 $\beta(\rho^*) = \mathrm{Cov}(\rho^*, \rho_{MV})/\mathrm{Var}(\rho_{MV})$，$\rho_{MV}$ 为市场组合的报酬率。

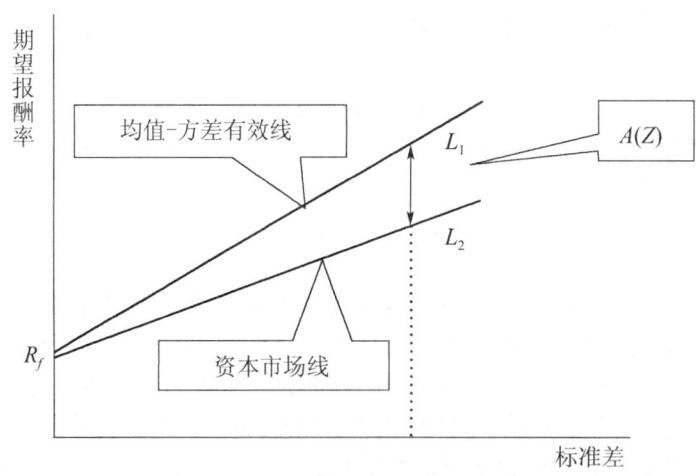

图 4-15 BAPM 的均值-方差有效线

如图 4-15 所示，直线 L_1 为"均值方差有效线"，是根据市场组合和实际数据求出来的，是反映包含噪声风险在内的系统风险与报酬之间的关系线，它通过 ρ_{MV} 所在的风险-报酬组合点；而资本市场线（L_2）是市场有效条件下（不考虑噪声或剔除噪声后的）基本风险与报酬之间的关系线，资本市场线通过 ρ^* 所在的风险报酬组合点。

通过 BAPM，可以得到以下结论：

（1）在并非有效市场中，市场组合不再是最佳有效投资组合，因此在有效市场中合二为一的两种 β，在并非有效市场中二者不相等。这两种 β 分别是：$\beta(Z)$——Z 相对于市场组合的 β 系数，也就是按照 CAPM 利用历史数据将 Z 和市场组合报酬回归得到的

"实际存在的" β，称之为 CAPMβ，简写为 β^c；$\beta^*(Z)$——Z 相对于市场有效条件下的最佳有效投资组合的 β 系数，称之为行为 β 或 BAPMβ，简写为 β^b。

（2）在并非有效市场中，证券的期望报酬由三部分组成：无风险报酬，基本风险的风险溢价和异常报酬。当存在噪声交易者风险时，异常报酬 $A(Z)$ 明显不等于 0。即在利用市场上同等基本风险的证券来求项目的资本机会成本时，现实的回报并不正确，因为现实的回报中包含了噪声交易者风险和异常报酬。因此，不可以直接利用具有同样基本风险的证券和市场组合的数据通过 CAPM 来求项目的资本机会成本。

（3）在并非有效市场中，基本风险的风险溢价符合 CAPM 原理，但参数不能再用 CAPMβ 和市场组合的期望报酬率，而要用 BAPMβ 及市场有效条件下的最佳有效组合的期望报酬率，即对某时期某只股票 Z，对应于剔除了噪声交易者风险的仅包含基本风险的报酬率 R_z^* 的表达式为：

$$R_z^* = R_f + \beta^*(Z)(E(\rho^*) - R_f)$$

因此，可以利用 $R_z^* = R_f + \beta^*(Z)(E(\rho^*) - R_f)$ 来求具有同样基本风险的项目的资本机会成本。

4.6.2 应用 BAPM 的难点分析

由 4.6.1 节可知，在噪声交易者和信息交易者共存的并非有效市场中，投资项目的资本成本不能再通过以市场组合为参照体的 CAPM 进行计算，而要用 BAPM 揭示的以市场有效条件下的最佳有效组合为参照体。但如何剔除噪声交易者风险，确定市场有效条件下的最佳有效投资组合？针对这一难点，BAPM 并没有回答。Ramiah 和 Davidson（2002）对这一问题的研究有了突破性的进展，提出用动量指数（Dynamic Volume Index，DVI）替代市场组合求出的 β 可以剔除噪声交易者风险。不过，他们的研究目的是通过 DVI 求出 β^b，然后通过"$\beta^c - \beta^b$"不等于 0 来"论证在澳大利亚市场中噪声交易者的重要性，也定量化噪声交易风险的比例"，但是他们并没有利用这一思想计算项目的资本成本。

Ramiah 和 Davidson（2002）说："我们相信如果模型考虑噪声交易者，那么利用 BAPM 估计出的数值就不再有噪声，因此反映了一个较低的风险。"但为什么利用反映市场情绪的 DVI 作为组合得到的 β 就是 β^b？也就是说，为什么用受噪声影响最大的证券组合求出来的 β 反而是剔除噪声交易者风险的 β？Ramiah 和 Davidson（2002）并没有给出明确的解释，本书将通过求 β 值的回归方程对其进行解释，为在计算项目资本成本的过程中借鉴和修正 DVI 提供理论依据。

根据 BAPM，在市场并非有效情况下，证券 Z 的期望报酬应符合：

$$E(Z) = R_f + \beta^*(Z)(E(\rho^*) - R_f) + A(Z)$$

移项得： $E(Z) - R_f - A(Z) = \beta^*(Z)(E(\rho^*) - R_f)$ （4-5）

对比方程： $E(Z) - A(Z) = \beta^*(Z) E(\rho^*)$ （4-6）

$$E(Z) = \beta^*(Z)(E(\rho^*) + A(Z))$$ （4-7）

显然，利用方程（4-5）回归求 $\beta^*(Z)$ 所得到的值与利用方程（4-6）或方程（4-7）回归求 $\beta^*(Z)$ 的值相等，因为方程（4-6）所在的坐标系相当于方程（4-5）所在坐标系的横坐标和纵坐标都平移 R_f 个单位，方程（4-7）所在的坐标系相当于方程

(4-5) 所在坐标系的横坐标和纵坐标都平移（$R_f + A(Z)$）个单位。如果在同一个坐标系中，分别利用方程（4-5）、（4-6）、（4-7）回归得到的三条直线是相互平行的，因此，它们的斜率是相等的，即分别利用方程（4-5）、（4-6）、（4-7）回归，得到的$\beta^*(Z)$值是相等的。

必须注意到：① $A(Z)$是异常报酬的期望值，是承担噪声交易者风险的期望报酬；② 两项随机变量期望值的差等于差的期望值。

从经济含义看，方程（4-6）左端"$E(Z) - A(Z)$"表示证券Z在剔除异常报酬或噪声交易者风险影响后报酬的期望值，即方程（4-6）是在市场有效条件下，Z的报酬和最佳有效组合报酬的回归方程。显然，利用方程（4-6）回归实际操作难度比较大，因为如何从Z的报酬中剔出异常报酬，或者，如何构建一个剔出噪声交易者风险的理想环境，在此环境下求Z和最佳有效组合的报酬，解决这些问题难度比较大。

相对来说，利用方程（4-7）回归的数据要容易些。因为方程（4-7）左边是Z的期望报酬，回归时每个点的取值便是Z在现实中的报酬，不需要剔除异常报酬，也不需要构建剔出噪声的理想环境；方程右边为最佳有效组合报酬的期望值与异常报酬的期望值，也就是在并非有效的市场中，最受投资者欢迎、受噪声交易者情绪影响最大的证券组合报酬的期望值。因此，方程（4-5）或方程（4-6）——市场有效条件下最佳有效投资组合和Z的报酬的回归，可以转换成方程（4-7）——在市场并非有效条件下的最能反映市场情绪的证券组合和Z的现实报酬的回归。因此，在求$\beta^*(Z)$的过程中"如何剔出噪声交易者风险，确定市场有效条件下的最佳有效投资组合"的任务就转变成"如何确定最能反映市场情绪或反映噪声交易的证券组合"。

4.7 拓展阅读3：动量指数的修正与比较

从4.6.2节可知，通过"最能反映市场情绪或反映噪声交易的证券组合"代替市场组合进行回归，便可剔除噪声交易者风险，得到"β^b"。那如何构建这一组合？本节对此问题进行探讨。

4.7.1 用交易量作为构建组合依据的分析

根据Long，Shleifer，Summers和Waldman（1990）提出的DSSW模型，当噪声交易者高估期望回报时，他们对风险资产的需求比信息交易者需求得更多；当他们低估期望回报时，他们的需求会更少。因此，噪声交易者在加大市场价格波动的同时，增加市场上的交易量。

Shefrin和Statman（1994）的模型也说明了投资者行为对交易量的影响，有三个交易者T_1、T_2和T_3。T_1认为市场是正确定价的，因此不进行交易。T_2相信市场定价过高（+2），而T_3认为市场定价过低（-2）。T_2和T_3将自动纠正市场，因此市场还是有效的。应该注意的是信息交易者会认识到他们（T_2和T_3）是根据噪声在进行交易且不会在这个时机交易。财富只是在噪声交易者之间改变，信息交易者的财富不会改变，此时，噪声交易仅仅增加市场的交易量。

表 4-9 证券投资者的非理性行为与交易量之间的关系

认知偏差或行为因素	具体表现	对市场的影响	备注
高估其回报	需求更多,大量购买	抬高股价增加交易量	
低估其回报	需求更少,大量卖出	压低股价 增加交易量	
跟风从众	发现他人买进时也买进	抬高股价 增加交易量	
其他行为因素	发现他人卖出时也卖出	压低股价 增加交易量	1. 促使股价偏离价值; 2. 增加交易量
	价格过高时买进	抬高股价 增加交易量	
不同质	价格过低时卖出	压低股价 增加交易量	
	有的买,有的卖	股价也许不受影响 增加交易量	
没有信息情况下也交易		增加交易量	

由表 4-9 可以看出,投资者非理性行为表现为噪声交易,其对市场的影响是:①促使股价偏离价值——产生异常报酬或噪声交易者风险;②增加交易量。而噪声交易是股价波动的必要条件但不是充分条件,因此,选用交易量更能反映投资者的情绪。由于股价对价值的偏离很难度量,没有公认的客观的容易度量的指标。虽然有人通过市盈率(或市净率)反映股价对价值的偏离,但不同股票本来就应该有不同的市盈率(或市净率),市盈率(或市净率)高也许是内在价值确实高的反映,因此市盈率(或市净率)不能准确反映价格是否被高估或低估。

Ramiah 和 Davidson(2002)通过总结前人的研究(Karpoff(1986),Clark(1973),Epps(1976)),提出"有足够证据证实当市场有噪声交易者时,交易量会受到影响",证明交易量反映了不同投资者对不同证券未来价格的不同看法,并根据交易量构建了动量指数(DVI),该组合包括的股票大部分被市场参与者交易,因此该指数反映了交易者的情绪或由噪声交易者引起的过度交易。

在构建动量指数的过程中,应剔除那些由于新信息发布等因素造成的交易量变化。

4.7.2 DVI 构建思想及修正

1. DVI 的构建思想

Ramiah 和 Davidson(2002)关于 DVI 的构建思想是:在统计期内,以天为一个时期,按照交易量对股票进行排序筛选,创建一个由所有高于平均交易量的股票组成的组合。交易量在平均值以上的证券被认为更受交易者偏好,存在噪声交易者的可能性也更大。以一天的数据为基础,将看到一些股票被选入组合而有的股票被舍弃。如果一只股票的大部分被交易,那么这只股票将加入到该组合,而那些需求不大的股票将被丢弃。因此,动量组合是个动态组合,将具体反映出每天的市场情绪,代表了噪声交易者生存并产生异常报酬的那个世界。

动量指数(DVI)的计算公式为:

$$\text{DVI}_t = \frac{\sum (S_{it} \times P_{it})}{\sum (S_{i0} \times P_{i0})} \times I_0$$

式中:S_{it} 表示 t 时期按交易量标准选入构建 DVI 组合的第 i 只证券在 t 时期流通在外的股数;S_{i0} 表示 0 时期(基期)按交易量标准选入构建 DVI 组合的第 i 只证券在 0 时期流通在外的股数;P_{it} 和 P_{i0} 分别表示 t 时期和 0 时期选入的第 i 只证券在该时期的价格,一般以该时期的收盘价为准;I_0 表示调整因子。

2. 对"开方修正 DVI"的分析

李晓渝和苟宇(2006)建议:"考虑到动量指数可能人为放大噪声交易者的影响,因为价格本身就是噪声交易者影响下的价格,再乘以包含了噪声交易者造成的交易量,结果可能放大了噪声交易,也就使得指数不再能准确反映噪声交易者的影响。为了避免这种情况的发生,在计算 DVI 时,对其($S \times P$)进行开方,以减少人为导致的噪声放大"。他们将改进后的指数称为"噪声交易量指数(Noise Trading Volume Index, NTVI)",计算式为:

$$\text{NTVI}_t = \frac{\sum \sqrt{(S_{it} \times P_{it})}}{\sum \sqrt{(S_{i0} \times P_{i0})}} \times I_0$$

从表面看,DVI 与 NTVI 公式中字母一样,但查阅 Ramiah 和 Davidson(2002)与李晓渝和苟宇(2006)两篇原文得知,DVI 计算公式中的"S"为流通股数,而 NTVI 中"S"为交易量,噪声交易者影响当天的交易量而并不影响当天的股票流通量。所以 NTVI 中"开方"可能是合理的,但 DVI 计算中不需要开方,即 DVI 中的"S 是流通在外的股数而不是交易量",因此不用开方修正。

3. 第一个修正

第一个修正:以换手率代替交易量。注意到交易量是绝对指标,对一只股票做纵向分析时,交易量可以反映噪声交易的程度,与流通股权无关。利用交易量鉴别噪声影响程度还是可行的;但如果从多种股票中选择受噪声影响程度大的股票,用交易量作为标准有时会出现错误。例如,交易量分别为 1 000 个单位和 800 个单位的两只股票 A 和 B,其流通股数分别为 10 000 个单位和 1 000 个单位[①]。如果仅从交易量上看,A 股应该被选入组合;但如果考查流通股数,就会发现 A 股是 B 股的 10 倍,在同样情况下,A 股理所当然应该具有较大的交易量。那么相对而言,交易者更倾向偏好 B。因此,单纯从交易量这个绝对指标的大小判断股票是否能够入选构建的组合是不够的,用相对指标:交易量/流通股数,即换手率会更好。

因此,本书建议采用换手率代替交易量作为选择进入动量组合的指标。换手率是日交

---

① 为讨论方便,不妨假设 A 的流通股数多,仅仅是因为股票分割的结果;所在公司的基本方面,两只股票相同。

易量和流通量的比值，它充分考虑了交易量和流通量两个因素。

换手率越大，表明该股票越被交易者看好。以日平均换手率作为标准，高于日平均换手率的股票被认为是交易者偏好的，存在噪声交易者的可能性就更大。

4. 第二个修正

第二个修正：动量组合里的具体股票在一段时间内（小于 3 个月）保持相对稳定，而不是每天变化。如果组合里的股票每天都发生变化，存在三点不足：①计算量非常大；②分子中第 t 期的具体股票和分母基期中的不一样，这样已经不具有可比性，不符合构建股票指数的可比性原则，构建股票指数的可比性原则包括：构建范围的可比，计算公式、样本、样本容量、权数、基期的可比；③没有考虑由于新信息、流动性和再均衡意图产生的交易量的变化。但事实上新信息、流动性等因素的存在会影响交易量和换手率。

为了避免以上三点不足，本书提出这样的筛选规则：将股票的日换手率与交易市场的日平均换手率比较，在平均换手率之上的股票为活跃股票，若某只股票的活跃天数高于整个交易市场的实际交易天数的一半，则该股票可以入选组合。相对其他股票来说，这样组合里的股票更受交易者偏好，反映了噪声交易主要交易领域的情况。

这样处理的优点是：①避免了 DVI 计算上的繁琐和不科学，满足了构建组合的可比性原则；②可以达到 DVI 的构建目的——反映交易者情绪的组合；③如果不是每天更换进入的股票，而是相对长时间调整一次，这样可以抵消一部分"新信息、流动性等带来的交易量上差异"。因为长时间内，股票之间"由于新信息、流动性和再均衡意图产生的成交量的变化"的机会相差不大，因此，相对误差就会减少。

上述的两个修正是本书作者在根据中国市场数据应用 DVI 过程中反复比较发现的。

4.7.3 DVI 替代指数的比较

为了进一步说明本书对动量组合的修正建议是合理和有效的，下面对文献中能查到的 DVI 的替代指数进行阐述和比较。

（1）Ramiah 和 Davidson（2002）提出构建 DVI 的思想，但他们在 2005 年使用澳大利亚股票市场验证新建的"调整信息的噪声模型"时，没有采用 DVI，而是直接利用澳大利亚本来就存在的指数"Mums and Dads Index"（MDI）（Ramiah 和 Davidson，2005）。MDI 是 1999 年由殖民国家银行（Colonial State Bank）构建，用来衡量小投资者平均投资组合的表现。通过它可以观察散户（也就是小投资者）所持股票的业绩，而小投资者主要是一些信息不灵通、基本分析技术差、主要靠噪声进行交易的非理性投资者，因此，Ramiah 和 Davidson（2005）选择此指数为出发点求取 BAPMβ。而 MDI 是由十只股票组成，这些股票都是一些家喻户晓的公司和一些蓝筹股公司的股票。这十家公司股票分别为：AMP、Commonwealth Bank、Coles Myer、IAG、Qantas、Suncorp Metway、TAB、Tabcorp、Telstra 和 Woolworths。可见，构建 MDI 的股票具有相对稳定性。这也说明 DVI 的构建者认为动量组合内的股票相对稳定是可以接受的。

（2）卫东（2003）在利用我国证券市场数据检验 BAPM 时，考虑到运用 DVI"需要庞杂的计算，通过对我国证券市场上现存股票指数的分析"，"决定用深圳成份指数来替代动量指数"。深圳成份指数是深圳证券交易所按一定标准选出的 40 家有代表性的上市公司作为成份股,以成份股的流通盘为权数,采用综合指数法构建而成。在选取成份股时考虑到的因素有:公司的流通市值及成交额;公司的行业代表性及其成长性;公司过去三年的财务状况和经营业绩;公司两年内的规范运作情况;近几年保持每4个月调整一次,每次成份股调整,都会剔除交易活跃程度比较低的股票,将交易活跃程度高的股票纳入成份股,而且数量比深圳综合指数少很多,所以对市场潜在的波动因素也更为敏感。因此,"该指数基本上可以反映投资者情绪标准,可以在有限范围内作为动量指数的替代"(卫东,2003)。

(3) 王敬和张莹(2006)用上证50指数代替动量指数对BAPM的适用性进行检验研究。上证50指数是挑选上海证券市场规模大、流动性好的最具代表性的50只股票组成样本股,以便综合反映上海证券市场最具市场影响力的一批龙头企业的整体状况。上证50指数自2004年1月2日起正式发布。其目标是建立一个成交活跃、规模较大、主要作为衍生金融工具基础的投资指数。上证50指数依据样本稳定性和动态跟踪相结合的原则,每半年调整一次成份股,调整时间与上证180指数一致[①]。特殊情况时也可能对样本进行临时调整。每次调整的比例一般情况下不超过10%。样本调整设置缓冲区,排名在40名之前的新样本优先进入,排名在60名之前的老样本优先保留。

"根据上证50指数正式运行以来累计成交量占同期整个上证综合指数累计成交量的29.12%,所以认为该指数包含的股票基本是反映投资者偏好的,也就是可以反映投资者情绪标准,在有限范围内可以替代动量指数"(王敬、张莹,2006)。

上述三个动量指数替代物的比较如表4-10所示。

表4-10 动量指数替代物的比较

替代物	提出者	替代效果	特 点	能作为替代的理由
Mums and Dads Index	Ramiah和Davidson (2005)	在澳大利亚市场上有限范围内可以替代	用来衡量小投资者平均投资组合的表现	交易者出现非理性行为可能性大
深圳成份指数	卫东(2003)	有限范围内可以替代	每次成份股调整,都会剔除交易活跃程度比较小的股票,将交易活跃程度高的股票纳入成份股,而且数量比深圳综合指数少很多,所以对市场潜在的波动因素也更为敏感	调整时股票的选择:交易活跃
上证50指数	王敬和张莹(2006)	有限范围内可以替代	一个成交活跃、规模较大、流动性好的最具代表性的50只股票组成样本股	调整时股票的选择:交易活跃

[①] 上证180指数个股均是一些规模大、流动性好、行业代表性强的股票。

表 4-10 中列示的 DVI 的替代指数所包含的股票都是相对稳定的，至少在 4 个月内是基本不变的，特别是 DVI 的构建者使用的 MDI 也是相对稳定的，这就说明他认可只要组合里包含的股票能反映投资者情绪，有一定的时间跨度是可以接受的。

因此，依据本书提出的两个建议对 DVI 进行修正，用换手率筛选的构成相对固定的指数，既吸取了 DVI 的思想——反映"投资者情绪"，又避免了过于繁杂，具有可操作性，同时也可以抵消一部分"新信息、流动性等带来的交易量上差异"。

为了区别于 Ramiah 和 Davidson（2002）用交易量每天筛选股票后计算的 DVI，我们将本书用换手率构建的相对固定的股票指数称为修正的动量指数（MDVI）。

将动量指数、修正动量指数及其替代指数进行比较，如表 4-11 所示。从反映噪声交易者情绪和可操作性两方面权衡，经本书修正的指数具有更好的综合优势。以换手率代替交易量构建组合，相对更准确地将反映投资者情绪的股票纳入动量组合；让构成组合的股票在相对短的时间内固定，极大地减少了计算量；从构建原理看，MDVI 比 DVI 的替代指数更能反映 DVI 的思想，因此，MDVI 比 DVI 替代指数的应用效果会更好。

表 4-11 相近指数比较

指数名称	提出者或借用者	计算公式或替代	特　点
动量指数	Ramiah 和 Davidson（2002）	$DVI_t = \dfrac{\sum (S_{it} \times P_{it})}{\sum (S_{i0} \times P_{i0})} \times I_0$	以交易量作为构建组合的依据；以天为时期准确反映市场情绪；但计算庞杂
噪声交易者指数	李晓渝和苟宇（2006）	$NTVI_t = \dfrac{\sum \sqrt{(S_{it} \times P_{it})}}{\sum \sqrt{(S_{i0} \times P_{i0})}} \times I_0$	以交易量为权重，计算更为繁杂
修正的动量指数	本书观点	$MDVI_t = \dfrac{\sum (S_{it} \times P_{it})}{\sum (S_{i0} \times P_{i0})} \times I_0$	以换手率作为构建组合的依据，选择相对时间内最能反映投资者情绪；计算相对简化很多
Mums and Dads Index	Ramiah 和 Davidson（2005）	替代 DVI	有限地、基本地反映投资者情绪；计算简单
深圳成份指数	卫东（2003）	替代 DVI	
上证 50 指数	王敬和张莹（2006）	替代 DVI	

4.8　拓展阅读 4：查询上证综指报酬率的方法

以国泰安数据库为例，介绍查询上证综指报酬率的步骤，具体如下：

步骤一：输入网址 http：//www.gtarsc.com，打开如图 4-16 所示的操作界面，输入用户名和密码登录数据库。

图 4-16　国泰安数据库主页

步骤二：登录数据库后，进入如图 4-17 所示的操作界面，然后点击图 4-17 圈内所示的"股票市场研究系列"。

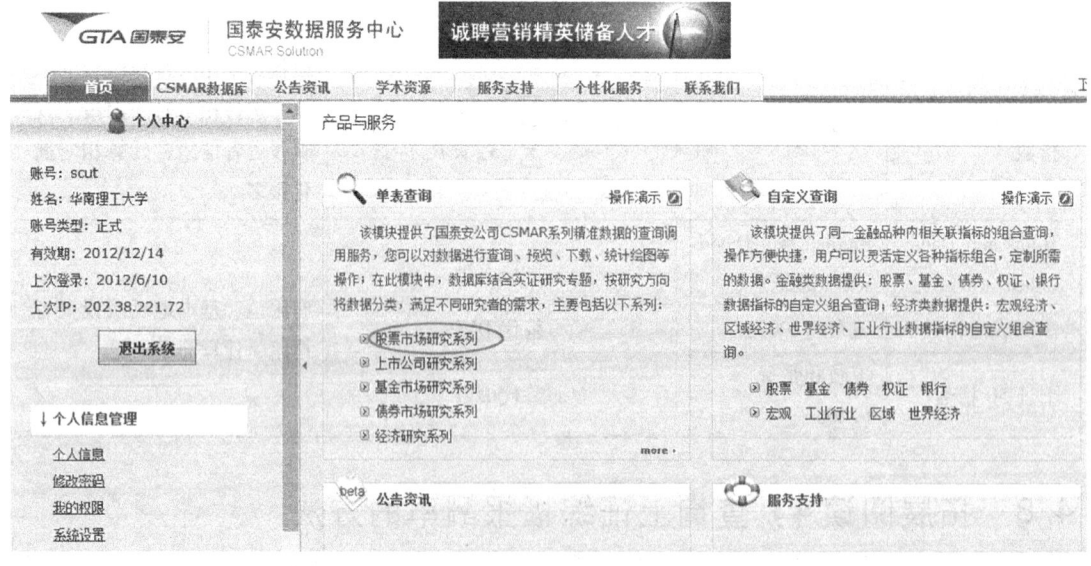

图 4-17　国泰安数据库操作界面

步骤三：进入到"股票市场系列"的操作界面后，点击如图 4-18 圈内所示的"CSMAR 中国股票市场交易数据库"，然后进入图 4-19 所示的操作界面。

第4章 估测项目资本成本的方法

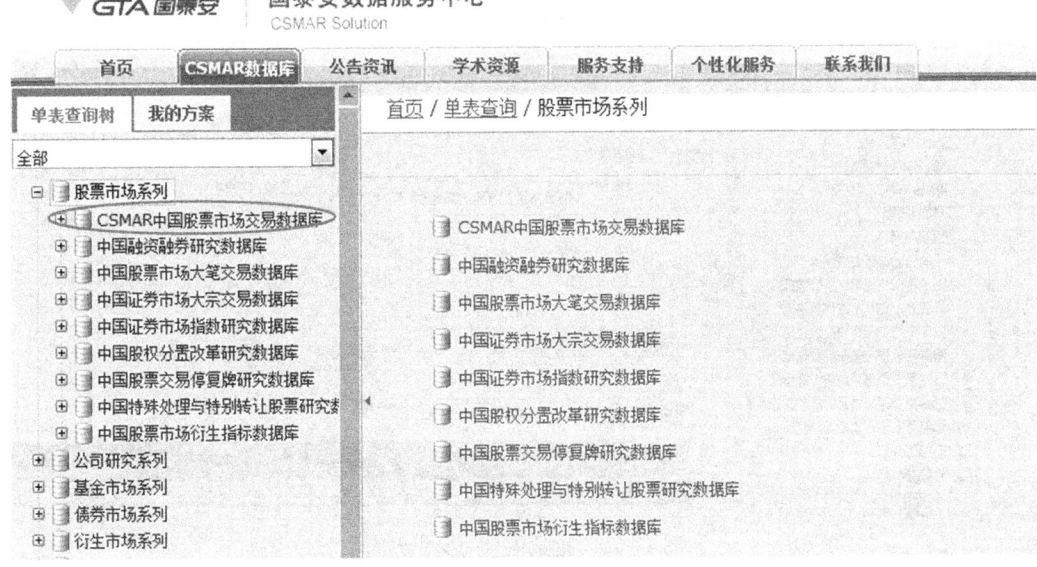

图4-18 股票市场系列操作界面

步骤四： 点击如图4-19圈内所示的"指数信息"后，进入如图4-20所示的操作界面。

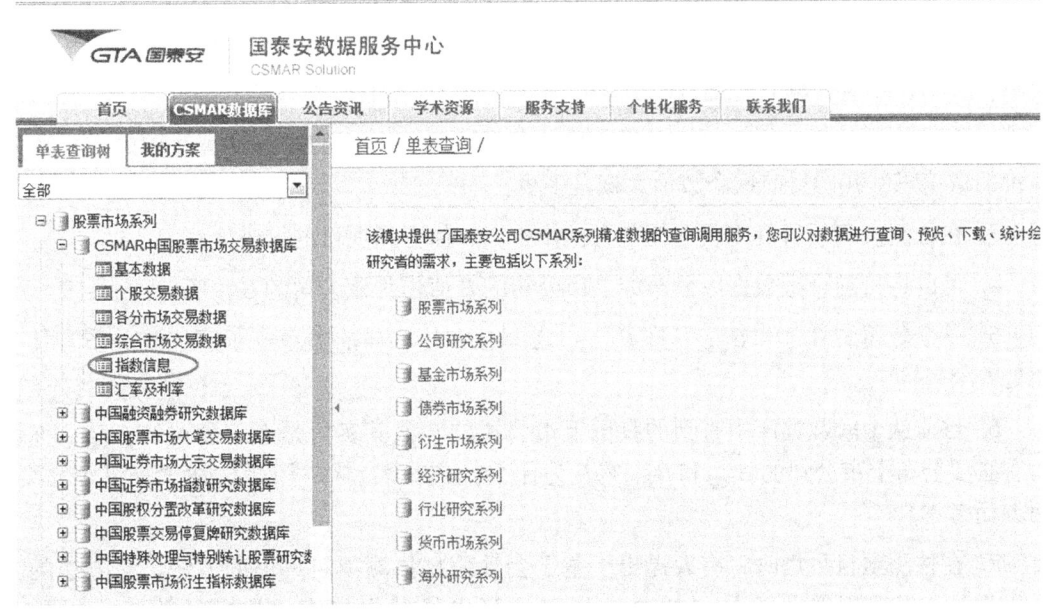

图4-19 CSMAR中国股票市场交易数据库

步骤五： 在图4-20所示的框内打钩后，在"条件设置"中设置需要查询的指数类型和数据时段，然后将数据以EXCEL的格式下载即可得到上证综指的日报酬率。

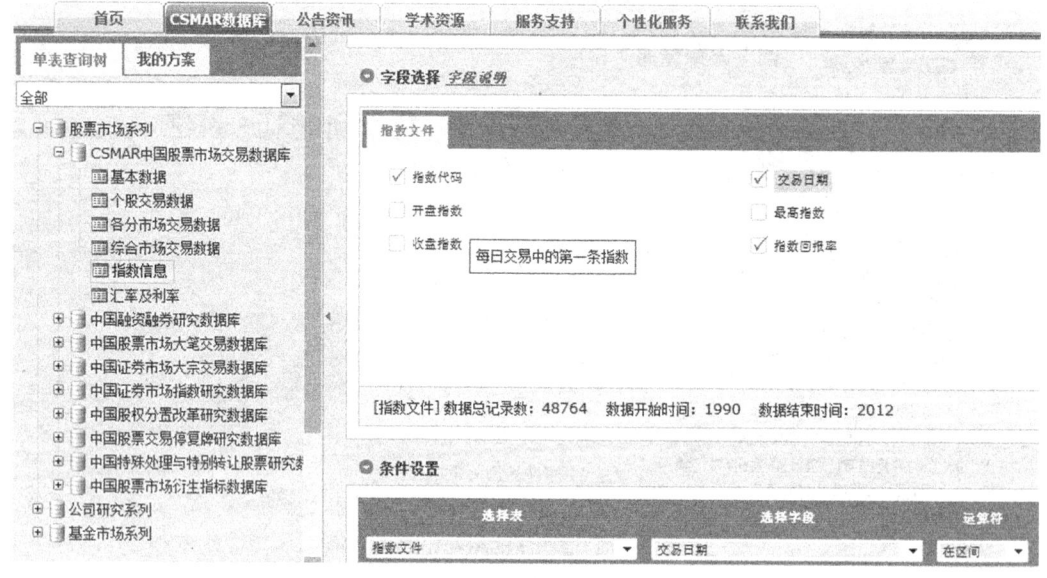

图 4-20 指数信息的操作界面

思考题

1. 什么是无风险报酬？在现实操作中，你需要通过复杂的过程计算无风险报酬的数值吗？我国目前这个数值大概是多少？

2. 什么是市场风险溢价？现实操作中，你需要通过复杂的过程计算我国的市场风险溢价的数值吗？我国目前这个数值大概是多少？

3. 在估测投资项目资本成本的现实操作中，如何得到项目的贝塔值？

4. 可以将目前金融数据库公布的上市公司的 β 值作为该公司的 $\beta_{权益}$ 吗？

5. 一个公司的 $\beta_{权益}$ 和 $\beta_{经营}$（即 $\beta_{资产}$）之间存在什么样的关系？了解这些关系有什么用处？

6. 目前从金融数据库中查到的我国上市公司的 β 值其实只是上市公司的 $\beta_{股票}$。你认为有必要公布上市公司的 $\beta_{权益}$ 和 $\beta_{资产}$ 吗？为什么？（提示：从"用途"和"提供难易度"两方面考虑）

7. 在估测项目贝塔时，有人提出了基于会计信息估测项目贝塔的方法。该方法的主要思想是：根据相似业务公司的会计报表计算出经营报酬率，如净经营资产报酬率（ROA）或对经营活动的投入资本报酬率（ROIC）。由于 ROA 或 ROIC 反映的是公司经营活动的报酬情况，它的波动性反映了公司经营报酬的波动性，所以可以用其代替基于市场价格计算的股票报酬率，利用 3.2 介绍的回归方法直接估测经营贝塔，作为投资项目的贝塔。该方法的具体步骤如图 4-21 所示。

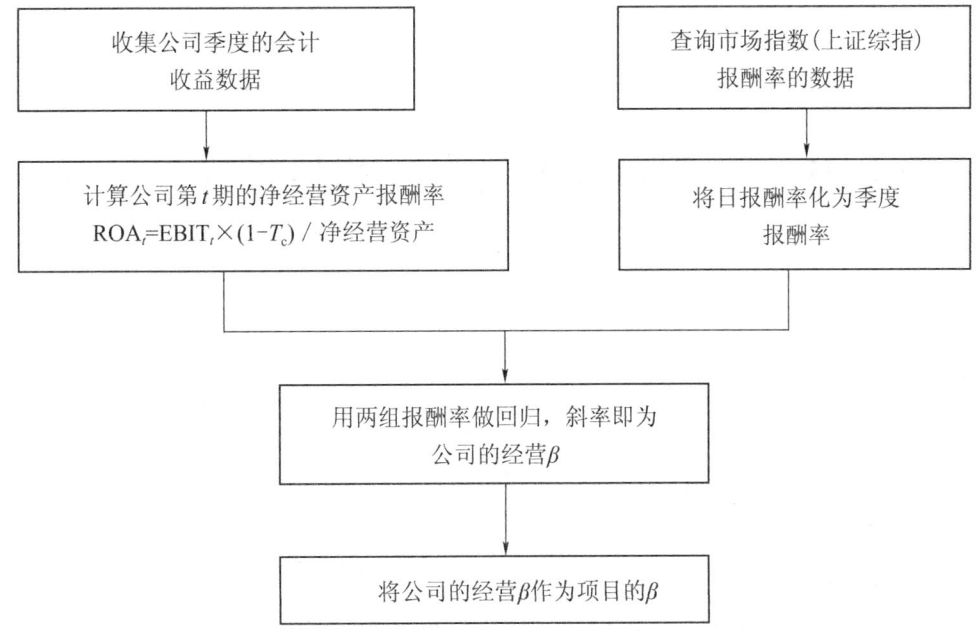

图 4-21 基于会计信息估测项目贝塔的逻辑步骤

步骤一： 收集公司季度的会计数据，计算第 t 期（"期"可以是月、季度或年度。若是上市公司，不能得到公开的月报，只能选"季度"或"年度"，为了得到比较多的数据，建议选"季度"。）的 ROA_t，计算公式为：

$$ROA_t = EBIT_t \times (1 - T_c) / 净经营资产$$

步骤二： 查询上证综指的报酬率，由于指数报酬率是日数据，因此为了与公司季度的净经营资产报酬率数据相匹配，计算上证综指第 t 期（季度）的报酬率，计算公式为：

$$第 t 季度报酬率 = 第 t 季度内日均报酬率 \times 第 t 季度内股市交易天数$$

步骤三： 将两组报酬率做直线回归，斜率即为公司的经营 β。

步骤四： 将公司的经营 β 作为投资项目 β。

阅读完以上的介绍材料后，试回答两个问题：

(1) 与 4.3 节的基于市场信息估测项目贝塔的方法比较，该方法有什么不同？

(2) 关于这种方法的理论依据和现实操作性，你有什么看法？

第5章　公司资本投资决策的指标与准则

当你估测完现金流后，可能会发现不同项目的现金流结构是不同的，有的项目前期现金流大后期小，而有的前期小但后期可能非常大。这种情况下，你将如何比较和选择？这就涉及"如何判定一个项目的优劣"的相关知识。

我们通常从"德、智、体"三个方面去评价一个人，那么应该从哪些方面评价一个项目的优劣？判定一个项目的指标有哪些呢？这些指标的经济含义分别是什么？到底揭示了项目的哪些特征呢？这些指标达到什么标准才算好？

计算机软件在财务管理或财务分析领域的应用越来越广泛，然而，我们还经常发现有些人仍使用计算器或手工查表的方式计算繁琐的指标。实际上，这样既耗费时间又容易出错，我们完全可以利用EXCEL软件快捷地得到这些指标的数值。你相信吗？这比发短信还简单，但很多相关的书籍只介绍这些指标的计算公式而没有介绍具体的操作方法。

■ **本章概览**

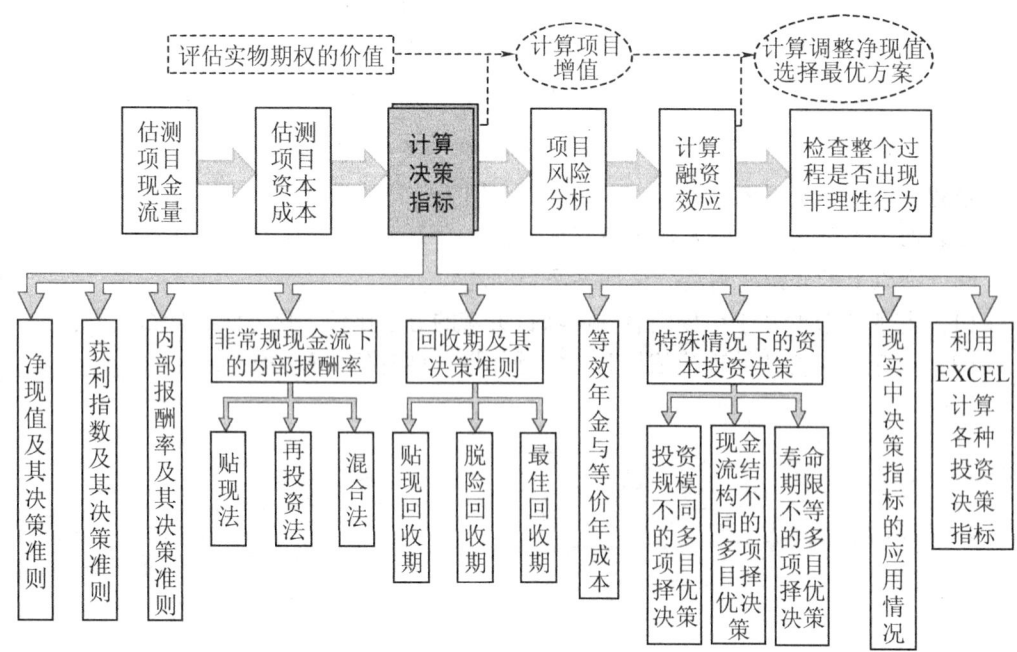

5.1 净现值及其决策准则

净现值是目前学术界公认的最为科学的、与企业价值最大化目标的追求最为契合的资本投资决策指标。事实上,净现值思想绝非仅仅用于资本投资项目的评价上,在评价融资方案(融资效应的计算)中也有极其重要的应用,详见本书的第 8 章。

5.1.1 净现值的定义及计算公式

净现值(Net Present Value,NPV)是指项目预计寿命期内各期净现金流量的现值与项目初始投资之差。其计算公式为:

$$\begin{aligned} \text{NPV} &= \left[\frac{\text{NCF}_1}{(1+r)^1}\right] + \left[\frac{\text{NCF}_2}{(1+r)^2}\right] + \cdots + \left[\frac{\text{NCF}_n}{(1+r)^n}\right] - \text{NCF}_0 \\ &= \sum_{t=1}^{n} \frac{\text{NCF}_t}{(1+r)^t} - \text{NCF}_0 \end{aligned} \quad (5-1)$$

式中:NCF_t 表示第 t 年的净现金流量;r 表示折现率,取值为这个项目的必要报酬率,即项目的资本成本;n 表示项目的预计寿命年限;NCF_0 表示项目的初始投资额。

可见,计算净现值的重要参数有两个:一是项目寿命期内各期的净现金流量,二是用于对项目现金流量进行贴现的项目资本成本,即折现率。图 5-1 描述了净现值的计算过程。

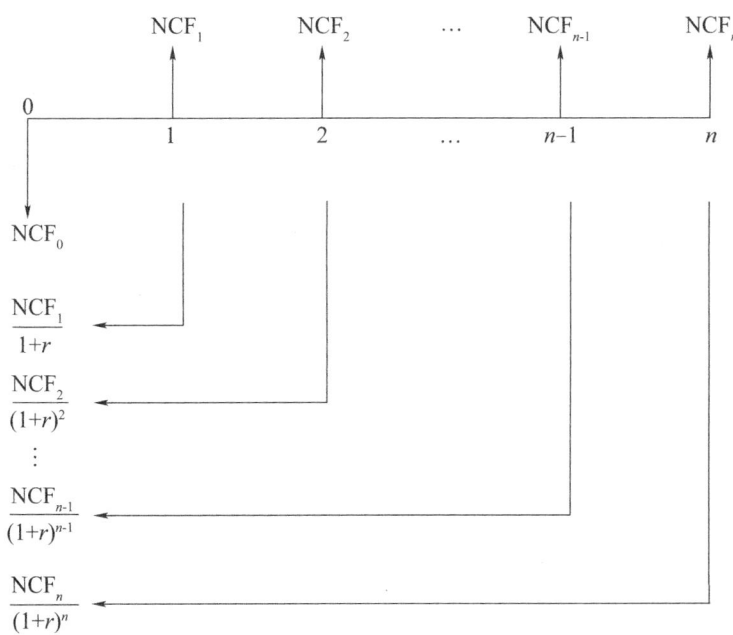

图 5-1 净现值的计算原理

图 5-1 看起来比较复杂,但在实际计算中,应用 EXCEL 软件中的 NPV 函数可以很方便、很简单地求得净现值,详见本章 5.9 节。

【例 5-1】 AB 公司正在考虑一项新设备投资项目，该项目初始投资为 850 万元，之后 6 年的税后现金流量如表 5-1 第 2 列所示。在折现率分别为 15%、20% 和 25% 的情况下，利用 EXCEL 的 NPV 函数计算得到项目的净现值如表 5-1 第 3～5 列所示。

表 5-1　项目的税后现金流量及其净现值　　　　　　　　　单位：万元

年　份	税后现金流量	以 15% 贴现	以 20% 贴现	以 25% 贴现
第 0 年	−850.00			
第 1 年	168.75			
第 2 年	226.25			
第 3 年	288.75	$NPV_1 = 245.81$	$NPV_2 = 88.47$	$NPV_3 = -37.07$
第 4 年	331.25			
第 5 年	298.75			
第 6 年	578.75			

5.1.2　净现值的经济含义

"一个项目的净现值 88 万元。"这句话是什么意思？是投资这个项目能带来 88 万元的净现金流，还是投资这个项目能给企业带来 88 万元的利润？都不是！那净现值到底是什么意思？

下面通过一个情景帮助大家理解净现值的经济含义。

假设你的住所附近有一块地要出售，售价 100 万元。这块地将是一个理想的家用住宅地点，不幸的是，地方当局严令禁止在这块地上进行任何建设。但是你刚刚获悉，下一年地方当局就会改变主张。如果现在买下这块地，预计明年在这块地上进行建筑的许可通过后，就能以 110 万元的价格出售。假设这个投资项目无风险（比如说：明年你以低于 110 万元的价格卖掉这块地，地方当局会付给你差额；如果你以高于 110 万元的价格出售，你要付给地方当局这个差额）。你如果不买这块地，100 万元只能存放于银行，存款利率为 4%。

请回答以下的问题：

①这个项目的折现率是多少？
②这个项目的净现值是多少？
③如果不投资该项目而把钱存放于银行，一年后你能得到多少钱？
④一年后，你投资这个项目比把钱存放在银行多得多少？这些钱相当于现在的多少？
⑤比较②和④的结果，你发现了什么？
⑥假如去掉题中的假设"这个投资项目无风险"，你所要求的折现率是 10%，此时项目的 NPV 是多少？
⑦项目的 NPV=0 意味着什么？是否应该投资该项目？

上述问题的解答如下：

（1）问题①、②：根据上一章介绍的知识可知，这个项目的折现率为4%。你投资这个项目是无风险的，如果你不投资该项目而将100万元存放银行，一定能获得4%的报酬率，也就是说你投资该项目的机会成本或你的无风险报酬率是4%，所以你对这个项目要求的报酬率也应该是4%。该项目的净现值为5.7万元，计算如图5-2a所示。

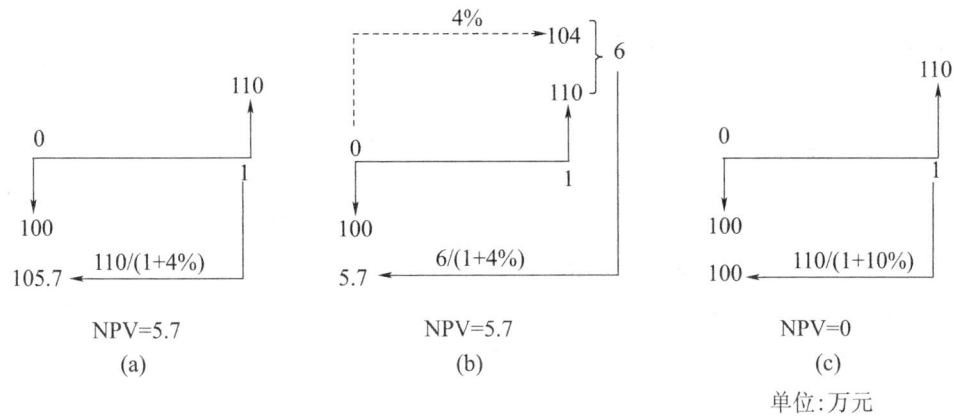

图5-2 某项目净现值的计算

（2）问题③、④：如果不投资该项目而把钱存放于银行，一年后可以得到104万元。如果投资这个项目一年后可以得到110万元，比把钱存放在银行多得了6万元，这6万元相当于现在的5.7万元，计算如图5-2b所示。

（3）问题⑤：比较②和④的结果，我们发现：这个项目的净现值是5.7万元，表明投资这个项目比存放在银行多得的6万元现金流相当于现在的5.7万元，也就是说投资这个项目比不投资这个项目给公司新增价值5.7万元。即一个项目的净现值（5.7万元）就是该项目带来的现金流（110万元）满足投资者本来应该得到的现金流或投资者要求得到的现金流（104万元）后新增的现金流相当于现在的多少价值，也就是说，一个项目的净现值表示投资这个项目比不投资这个项目给公司新增加的价值。

（4）问题⑥：项目的折现率为10%，此时该项目的净现值为0，计算如图5-2c所示。

由此可得问题⑦的答案：项目的NPV=0意味项目的报酬率正好达到了投资者要求的报酬率，因此应该投资这一项目。

小结：净现值的经济含义就是投资该项目所产生的额外现金流（即超过本来应该得到的现金流，多出来的那一部分现金流）贴现到现在的价值，也就是投资该项目为企业新增的价值。投资项目的净现值越大，就会使企业价值越大。

为了加深对净现值经济含义的理解，请判断下列说法是否正确。

1. 净现值小于0的项目一定是亏损项目。
2. 盈亏平衡的项目（利润为0的项目）NPV一定小于0。
3. 盈利的项目NPV一定大于0。

第1、3种说法是错误的，而第2种说法是正确的。由此我们可以得出以下三个重要的推论：

推论 1：净现值小于 0 的项目也许是盈利的项目，只是盈利太小没有达到要求的盈利水平，但亏损项目的净现值一定小于 0。

推论 2：盈亏平衡的项目（利润为 0 的项目）一定是减少公司价值或股东财富的项目。

推论 3：盈利的项目不一定是好项目，因为该项目的 NPV 也许小于 0，那将减少公司价值或股东财富。

5.1.3 净现值的决策准则

对只有一个备选方案的投资决策而言，当 NPV＞0 时，投资该项目增加公司价值，该项目预计的报酬率超过投资者要求的报酬率；当 NPV＝0 时，该项目预计的报酬率恰好达到了投资者要求的报酬率；当 NPV＜0 时，项目预计的报酬率未达到投资者要求的报酬率水平。因此，净现值的决策准则如图 5-3 所示：若 NPV≥0，则接受项目；若 NPV＜0，则拒绝项目。

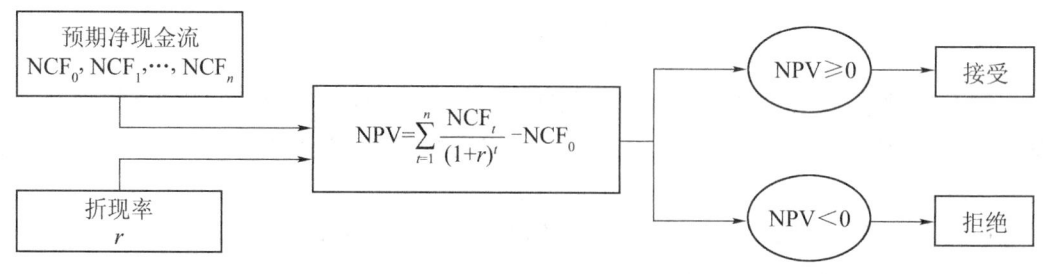

图 5-3 净现值的决策准则

5.1.4 净现值的特点

净现值这一指标具有以下特点：

（1）净现值的决策准则与企业价值最大化的目标追求最为契合。选择净现值大于 0 的项目，就表明选择了增加公司价值的项目，这完全符合企业价值最大化的财务决策目标要求。

（2）净现值（NPV）是一个综合性的指标，它能够把项目的风险和报酬（现金流）定量地反映出来，或者说一个项目的所有信息（风险和各期的现金流）都反映到净现值这个指标中。

① 人们常说：项目的现金流越大，那它就是一个好项目。从净现值的计算可以看出，项目未来各期的现金流越大，项目的净现值就越大。

② 人们也常说：项目的风险越大，那它就是一个不好的项目。项目的风险可以通过降低现金流和调高折现率两个途径来降低项目的净现值，如图 5-4 所示。由于非系统风险容易被感知到，一般利用确定当量法来调整现金流；而系统风险不易被感知到，则通过资本资产定价模型来调整折现率。

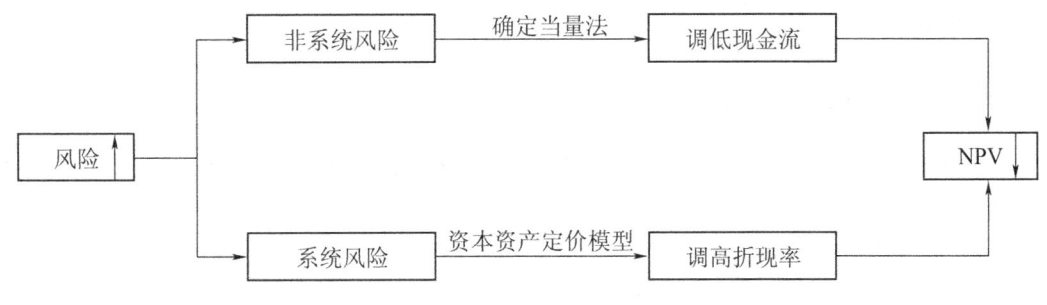

图 5-4 项目风险与净现值

（3）净现值的不足之处在于：它只考虑了未来不同时期净现金流量在价值上的差别，但没有反映项目初始投资规模不同的差别，因此它是一个绝对值的价值型指标，不能直接揭示项目本身可能达到的实际投资报酬率的大小。

5.2 获利指数及其决策准则

5.2.1 获利指数的定义及计算公式

获利指数（Profitability Index, PI）又称现值指数、盈利指数，是指在项目的整个寿命期内，未来各期净现金流量的现值之和与项目初始投资的比值。其表达式为：

$$PI = \left(\left[\frac{NCF_1}{(1+r)^1}\right] + \left[\frac{NCF_2}{(1+r)^2}\right] + \cdots + \left[\frac{NCF_n}{(1+r)^n}\right]\right) \div NCF_0$$

$$= \sum_{t=1}^{n} \frac{NCF_t}{(1+r)^t} \div NCF_0 \qquad (5-2)$$

式中：NCF_t 表示第 t 年的净现金流量；r 表示折现率，取值为这个项目的必要报酬率，即项目的资本成本；n 表示项目的预计寿命年限；NCF_0 表示项目的初始投资额。

公式（5-2）看起来比较复杂，但在实际计算中，应用 EXCEL 软件的相关函数可以很方便、很简单地求得获利指数，详见 5.9 节。

【例 5-2】承例 5-1，AB 公司正在考虑一项新设备投资项目，该项目初始投资为 850 万元，在折现率分别为 15%、20% 和 25% 的情况下，未来各期净现金流量的现值之和如表 5-2 第 3 行所示，利用 EXCEL 计算得到项目的盈利指数如表 5-2 第 5 行所示。

表 5-2 项目的获利指数 单位：万元

折现率	$r_1 = 15\%$	$r_2 = 20\%$	$r_3 = 25\%$
初始投资额	850	850	850
未来各期净现金流量的现值之和	1 095.81	938.47	812.93
NPV	245.81	88.47	-37.07
PI	1.29	1.10	0.96

5.2.2 获利指数的经济含义

我们怎么理解获利指数呢?

在【例5-2】中,折现率为15%的情况下,该项目的获利指数为1.29到底是什么意思?

请先回答以下两个问题:

(1) 一个项目的PI=1.29,表明对该项目每投入1元,每年可以获得1.29元的现值,还是在整个项目寿命期内一共获得1.29元的现值?

(2) 一个项目的PI=1.29,表明对该项目每投入1元,可以净赚1.29元,还是连本带利一共得到1.29元?

根据PI的计算公式,不难得到这两个问题的答案:项目的PI=1.29,表明对该项目每投资1元,在项目的整个寿命期将得到相当于现在1.29元的现金流。

由此可见,获利指数计量的是每一单位投资在未来能够产生的现金流量的现值和,即每一单位的投资在项目寿命期一共创造的价值。

获利指数最大的特点就是对项目的初始投资规模进行了相对化,在一定程度上反映了投资的效率,在一定程度上改善净现值(绝对值)的缺陷,但这一改善并不彻底(并没有对寿命期内的年数进行相对化),因为决策者更想知道的是"每投资1元,每年可以净赚多少",而不是"每投资1元,今后那么多年连本带利一共得到多少",前者的表达类似于银行利率的表达方式,不能直接地向决策者揭示项目本身可能达到的实际投资报酬率。

5.2.3 获利指数的决策准则

对只有一个备选方案的投资决策而言,若PI≥1,则接受项目;若PI<1,则拒绝项目,如图5-5所示。

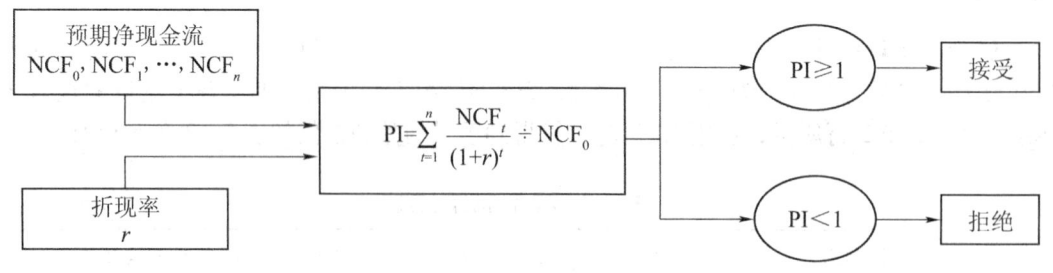

图5-5 获利指数(PI)的决策准则

获利指数和净现值的计算很相似,前者是计算比值,后者是计算差值,因此对于同一个项目,获利指数和净现值之间存在着如下关系:

若NPV>0,则PI>1;若NPV=0,则PI=1;若NPV<0,则PI<1,反之亦然。

5.3 内部报酬率及其决策准则

5.3.1 内部报酬率的定义及计算公式

内部报酬率（Internal Rate of Return，IRR），是指使得项目预计寿命期内各期净现金流量的现值之和与项目初始投资相等的折现率，即项目净现值等于零时的折现率。对该项目而言，这个数值是内在的，即除了该项目本身的信息（现金流）外，并不依靠其他任何东西（即没有用到项目以外的任何信息或参数），反映了项目所固有的内在特性，这也是它被称为"内部报酬率"的原因所在。其计算公式为：

$$\text{NCF}_0 = \sum_{t=1}^{n} \frac{\text{NCF}_t}{(1+\text{IRR})^t} \qquad (5-3)$$

式中：NCF_t 表示第 t 年的净现金流量；NCF_0 表示项目的初始投资额；n 表示项目的预计寿命年限。

过去对公式（5-3）的求解是一件很繁琐的事情，如经常需要进行多次"试错"计算，方能插值求得内部报酬率。但现在借助 EXCEL 的 IRR 函数，求解内部报酬率就轻而易举了，参见本章 5.9 节。

【例 5-3】承例 5-1、例 5-2，AB 公司正在考虑一项新设备投资项目，对项目要求的报酬率为 15%。该项目初始投资为 850 万元，之后 6 年的税后现金流如表 5-3 所示。公司管理部门决定计算该项目投资的内部报酬率，然后确定是否实施该项目。

表 5-3 某投资项目的税后现金流量　　　　　　　　　　单位：万元

年　份	税后现金流量
第 0 年	-850.00
第 1 年	168.75
第 2 年	226.25
第 3 年	288.75
第 4 年	331.25
第 5 年	298.75
第 6 年	578.75

利用 EXCEL 的 IRR 函数，得到该项目的内部报酬率为 23.42%。

5.3.2 内部报酬率的经济含义

所谓内部报酬率，实质上就是指在项目寿命期内，每一单位投资平均每年净得的报酬。它反映的是投资项目本身实际能够达到的报酬率。显然,内部报酬率是一个相对值,彻底改善了 NPV(绝对值)的不足。这里需要注意的是,它是平均值,而且是几何平均,不是算术平均。

下面通过一个例子加深对 IRR 经济含义的理解。

【例5-4】TL 公司正在考虑一个投资项目,项目的必要报酬率为10%。该项目初始投资为1 000万元,寿命期为3年,3年的净现金流如表5-4所示。

表5-4 某项目的净现金流　　　　　　　　　　　单位:万元

第0年	第1年	第2年	第3年
-1 000	100	200	2 000

利用 EXCEL 的 IRR 函数,计算得到该项目的内部报酬率为35%。这表明:投资这个项目,第1年得到100万元,第2年得到200万元,第3年项目结束时得到2 000万元,使得初始投入的每一元资金每年能净赚35%(即实际报酬率是35%)。也就是说:投入这个项目(可以看做是方案1)和方案2(如果某投资公司使用我们的资金1 000万元三年,承诺给我们的报酬率是35%)效果是一样的。对于方案2,三年后我们连本带利一共得到$1\,000 \times (1+35\%)^3 = 2\,460$万元;而投资该项目,三年得到的现金流(100,200,2 000)在第3年底(项目结束时)的终值总和正好为2 460万元,与$1\,000 \times (1+35\%)^3$相等。即将资金投到该项目和将资金借给投资公司所得到的报酬是一样的,都是每元每年净赚35%。相关分析过程如图5-6所示。

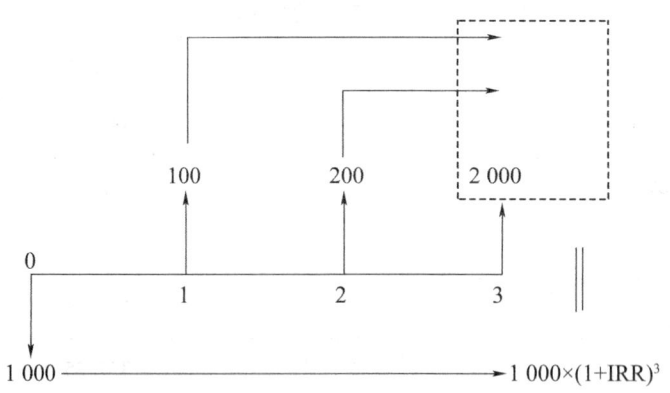

图5-6 项目 IRR 的求解

同时,我们也可以看到,项目第1年得到的现金流是100万元,并没有达到35%的报酬率;第2年得到的现金流是200万元,也没有达到35%的报酬率;但是由于第3年得到的现金流是2 000万元,该数值相当大,使得整个项目平均每年的报酬率达到了35%。由此可见,内部报酬率是个平均值,而且是几何平均值。

依据上述分析,请回答以下两个问题:

（1）IRR＝35%是什么意思？它是指对这个项目要求的报酬率是35%，还是指这个项目预计能够实现的报酬率是35%？

（2）IRR＝35%是指投资这个项目得到的现金流相当于投资的每一元钱在每一年都能实实在在净得35%的报酬率，还是整个项目寿命期平均来看每年的报酬率是35%？

5.3.3 内部报酬率的决策准则

对只有一个备选方案的投资决策而言，采用内部报酬率（IRR）这一指标进行投资决策时，判断的准则是：当IRR≥投资者要求的报酬率时，接受项目；当IRR<投资者要求的报酬率时，拒绝项目，如图5-7所示。

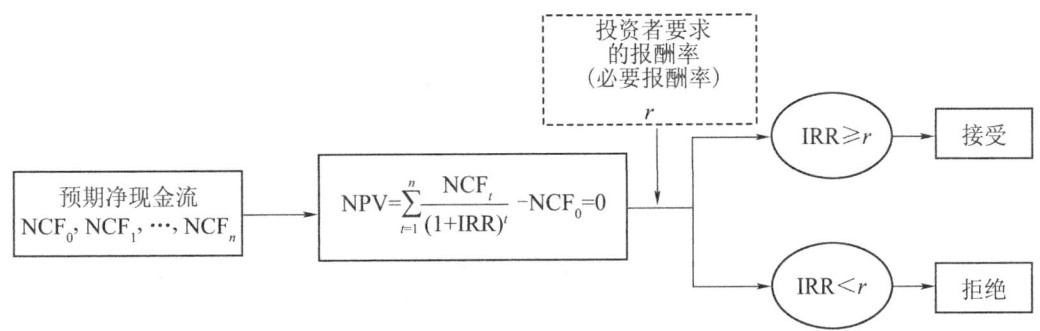

图5-7 内部报酬率（IRR）的决策准则

实际上，当只有一个备选方案时，按照IRR法则所得到的决策结果（接受/拒绝）与NPV法则的结果是一致的。因为当IRR大于投资者要求的报酬率时，项目的NPV为正；当IRR小于投资者要求的报酬率时，项目的NPV为负，如图5-8所示。

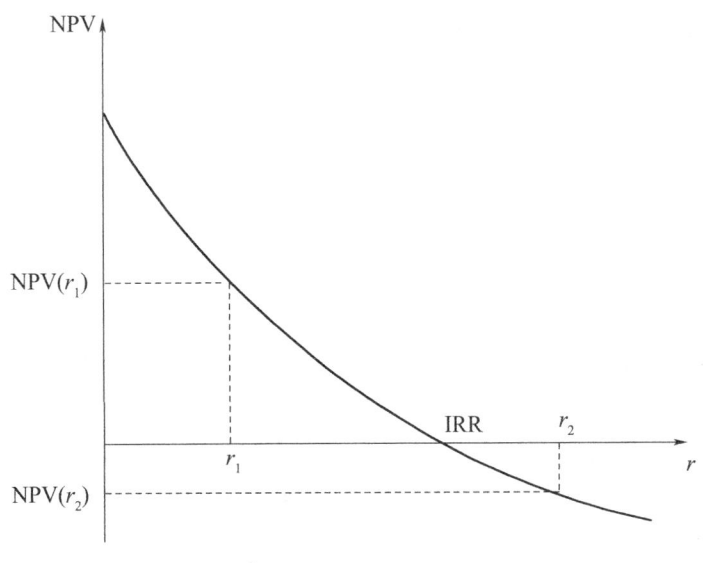

图5-8 NPV曲线图

5.3.4 内部报酬率的问题

相对于净现值和获利指数,管理者更喜欢使用内部报酬率这个指标。然而,内部报酬率却存在着两个重大的缺陷。

1. 再投资报酬率假设的不合理性

内部报酬率隐含着的假设:在项目寿命期内,项目带来的资金再次投资后得到的报酬率等于该项目的内部报酬率。这一点我们可以从内部报酬率的计算公式看到,以例 5-4 进行说明。

在例 5-4 中,项目的 IRR = 35%,也就是说 35% 是使得项目 NPV = 0 成立的折现率,即:

$$\frac{100}{(1+35\%)} + \frac{200}{(1+35\%)^2} + \frac{2\,000}{(1+35\%)^3} - 1\,000 = 0$$

等式两边同乘 $(1+35\%)^3$ 并移项得:

$$100 \times (1+35\%)^2 + 200 \times (1+35\%) + 2\,000 = 1\,000 \times (1+35\%)^3$$

上式表明:初始投资 1 000 元要获得 35% 的报酬率,三年后得到 $1\,000 \times (1+35\%)^3$ 现金,就必须:①项目在第 1、2、3 年分别获得 100 万元、200 万元、2 000 万元净现金流;②第 1、2 年得到的 100 万元、200 万元还要进行再投资,且再投资报酬率必须达到 35%。条件①是项目的信息,可以满足;但条件②不是项目中的信息,是内部报酬率计算中强加的"假设"。

显然,当项目的内部报酬率比较高时,这个假设是非常苛刻的。比如,在例 5-2 中,通过预测只能保证项目第 1、2、3 年分别获得 100 万元、200 万元、2 000 万元的净现金流入,并不能保证第 1、2 年得到的 100 万元、200 万元再投资后能得到 35% 这样高的报酬率。若再投资报酬率达不到 35%,则三年后项目带来的现金流量总和就小于 [100 × (1 + 35%)² + 200 × (1 + 35%) + 2 000],也就小于 $1\,000 \times (1+35\%)^3$,项目的内部报酬率就不能达到 35%。

由此可见,如果项目的内部报酬率很大,每年得到的现金流再投资都要求达到这么高的报酬率是很难的,只要某一年得到的现金流的再投资报酬率达不到内部报酬率水平,那么该项目是不可能获得预计的内部报酬率的。因此,当一个项目的内部报酬率越大,报酬率中虚增的部分就越大,决策者越不敢或越不应该使用内部报酬率指标进行决策,因为这样高的内部报酬率是极有可能达不到的,或者说实现这样高的内部报酬率是有风险的。

当计算出投资项目的内部报酬率非常大时,这个计算值中虚增的部分就很大,该怎么办呢?那就使用修正内部报酬率!也就是说,可以通过修正再投资报酬率改善内部报酬率的这一缺陷。我们将在本书 5.3.5 节介绍另一个指标——修正内部报酬率。

2. 多重内部报酬率

前面我们所看到的项目现金流量都是常规现金流模式,这些现金流的符号只改变一次,即只是在初始阶段发生现金流出,其后都是现金流入,现金流量的符号是按照 -、+、+、+……的模式排列(前面的"-"可以超过一个,但在出现"+"之后没有再出现"-")。在这种情况下,项目只会得到一个内部报酬率,如图5-8所示。

但在一些情况下,项目的现金流量在整个寿命期内改变符号的次数达到2次或更多这样的现金流,属于非常规现金流模式。在这种情况下,就有可能出现多重内部报酬率的现象,如图5-9所示。

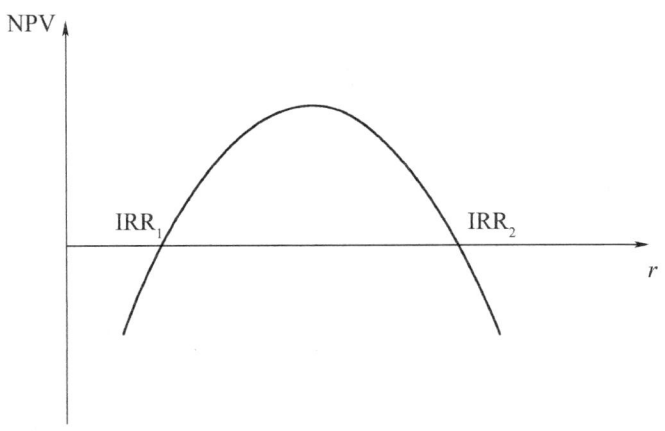

图 5-9 多重内部报酬率的现象

【例 5-5】某公司现有一个采矿项目,需要 60 万元的投资。第 1 年的净现金流量为 155 万元,到第 2 年,矿产已经采完。但公司必须花费 100 万元修整矿区。该采矿项目的现金流量如图 5-10 所示。

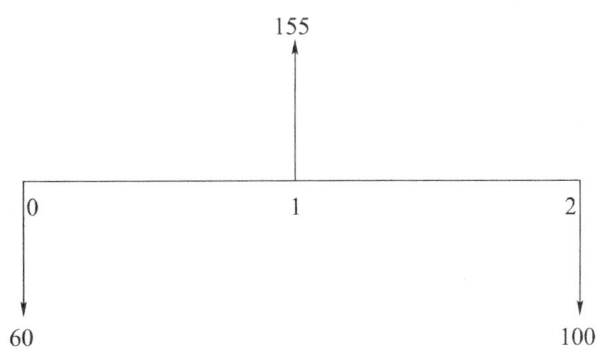

图 5-10 采矿项目的现金流量

可以看出,在该项目的整个寿命期内现金流量两次改变符号(先由"-"变为"+",再由"+"变为"-")。求解 IRR 的计算式 NPV=0,得到两个解:$IRR_1 = 25\%$,$IRR_2 = 33.33\%$,如图 5-11 所示。

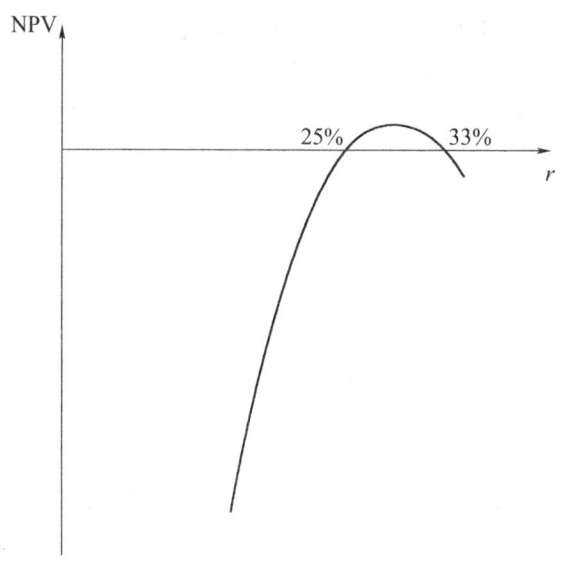

图 5-11 采矿项目的两个内部报酬率

那么究竟哪一个是对的？是两个都是对的，或者两个都是错的？更确切地说，这里没有一个明确的答案。有些财务电脑软件不知道存在这种问题（如 EXCEL），只报告第一个找到的 IRR。

非常规现金流下的多重内部报酬率这一问题，可以通过修正现金流来解决。我们将在 5.4 节向大家介绍如何修正现金流求解项目的内部报酬率。

5.3.5 修正内部报酬率

为了克服内部报酬率中再投资报酬率假设的缺陷，人们对内部报酬率中隐含的再投资报酬率进行了修正，以预计再投资能够达到的报酬率作为再投资报酬率计算项目的内部报酬率。

所谓修正内部报酬率（MIRR），是指假定项目寿命期内所有的净现金流入都以预计再投资能够达到的报酬率作为再投资报酬率计算净现金流入的终值，使得项目终止时所有净现金流入的终值和等于初始投资终值的报酬率，也就是使得项目终止时所有净现金流入的终值之和的现值等于初始投资的折现率。

下面通过一个例子介绍一下修正内部报酬率的原理。

【例 5-6】承例 5-4，TL 公司正在考虑一项投资项目，该项目的内部报酬率为 35%。我们采用该公司再投资能够达到的报酬率 10% 作为再投资报酬率，计算该项目的修正内部报酬率（MIRR），如图 5-12 所示。

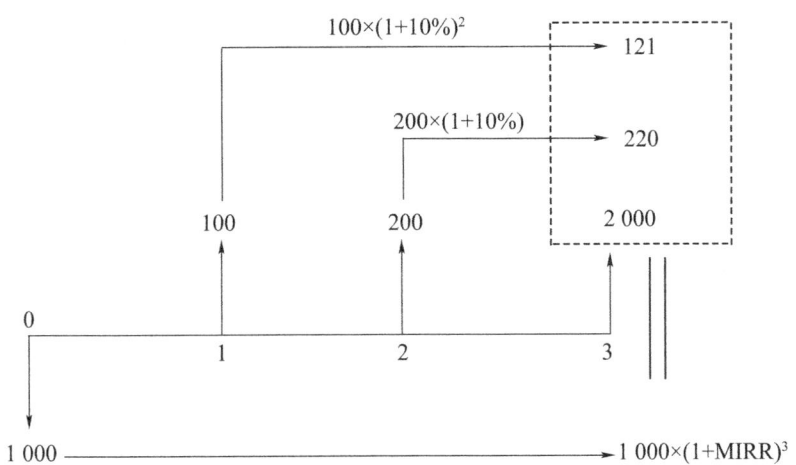

图 5-12 项目的 MIRR 计算原理

图 5-12 描述 MIRR 的计算原理，仅仅是为了加深读者对 MIRR 的理解。现实中并没有必要这样求解 MIRR，我们可以通过 EXCEL 中的 MIRR 函数直接求解 MIRR，参见 5.9 节。

5.4 非常规现金流下的内部报酬率

为了纠正非常规现金流模式下多重内部报酬率的缺陷，人们提出了"先修正现金流，然后用修正后的现金流计算内部报酬率"这一思想。正如我们接下来所看到的，现实中有很多不同的方法计算修正现金流。

我们将继续采用图 5-10 中采矿项目的现金流量（-60，155，-100），逐一介绍每一种方法是如何修正现金流再计算内部报酬率，并对其进行评价。

5.4.1 贴现法

运用贴现法，首先将负的现金流量按照一定的折现率贴现到项目的第 0 年，并且把它加到初始投资中，然后再来计算内部报酬率。因为修正后的现金流的符号只改变了一次，因此能且只能计算出一个 IRR。值得注意的是，这里的折现率可以是项目的必要报酬率，也可以是由外部提供的利率，应根据现实情况选择折现率。

下面结合图 5-10 中采矿项目的现金流量介绍运用贴现法计算修正的内部报酬的操作步骤。

第一步：选择折现率。这里，我们选用项目的必要报酬率 20% 作为折现率。

第二步：将负的现金流量按照 20% 的折现率贴现到第 0 年，并且把它加到初始投资中，得到修正后的现金流。采矿项目修正后的现金流如图 5-13 所示。

第三步：根据修正后的项目现金流计算内部报酬率。通过 EXCEL 计算得到该项目修正后的内部报酬率为 19.74%。

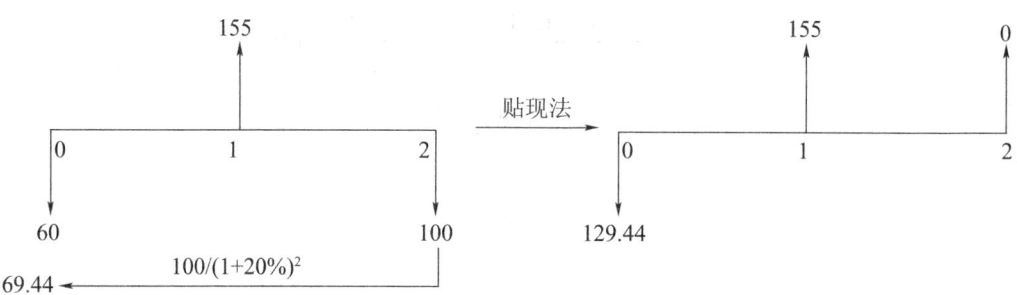

图 5-13　利用贴现法修正非常规现金流

5.4.2　再投资法

运用再投资法，按照复利的方式，将除了初始投资的现金流（正的和负的）按一定的再投资报酬率计算到项目的最后一期，然后再来计算内部报酬率。在某种意义上，我们将这些现金流"再投资"，直到最后一期才考虑它们。这里，我们可以用项目的必要报酬率来计算，也可以用单独规定的再投资报酬率。

同样，结合图 5-10 中采矿项目的现金流量介绍运用再投资法计算修正后的内部报酬的操作步骤。

第一步：选择再投资报酬率。这里我们选用项目的必要报酬率 20% 作为再投资报酬率；

第二步：将除了初始投资的现金流（正的和负的）按一定的再投资报酬率（20%）计算到项目的最后一期并求和，得到修正后的现金流。采矿项目修正后的现金流如图 5-14 所示。

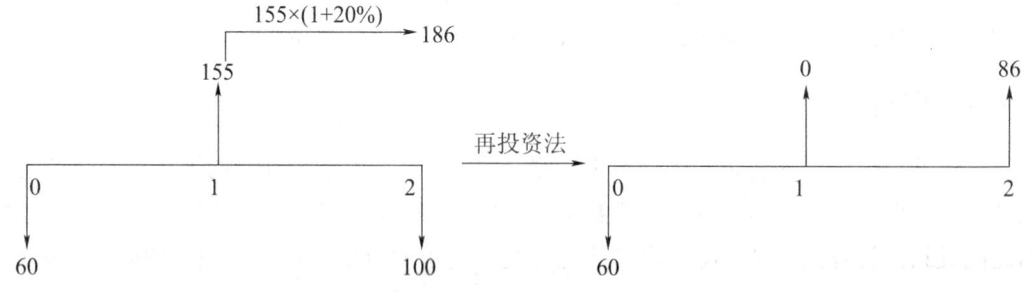

图 5-14　利用再投资法修正非常规现金流

第三步：根据修正后的项目现金流计算内部报酬率。通过 EXCEL 计算得到该项目修正后的内部报酬率为 19.72%。

5.4.3　混合法

就如其名称一样，混合法把前两种方法综合在一起。将负的现金流量贴现到第 0 年，正的现金流量通过复利计算到项目的最后一期。在实际中，不同的折现率或再投资报酬率可能被使用,这里我们将继续使用项目的必要报酬率。

我们仍然结合图 5-10 中采矿项目的现金流量介绍运用混合法计算修正后的内部报酬的操作步骤。

第一步:选择折现率和再投资报酬率。这里我们选用项目的必要报酬率 20% 作为折现率和再投资报酬率。

第二步:将负的现金流量贴现到现在,正的现金流量通过复利计算到项目的最后一期,得到修正后的现金流。采矿项目修正后的现金流如图 5-15 所示。

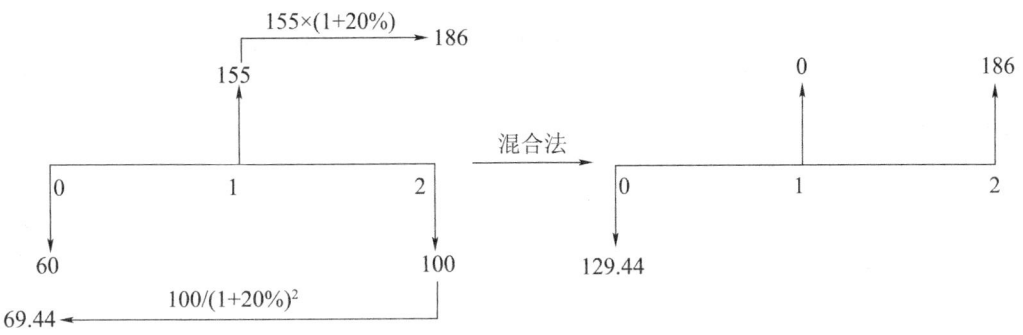

图 5-15 利用混合法修正非常规现金流

第三步:根据修正后的项目现金流计算内部报酬率。通过 EXCEL 计算得到该项目修正后的内部报酬率为 19.87%。

5.4.4 三种方法的比较

正如我们的例子所体现的,采用不同的方法修正现金流计算内部报酬率可能会得到不同的数值,那么三个方法中哪一个更好?这些差异对比较小的现金流量来说也许不明显,但是对复杂的项目产生比较大的影响。

接下来,我们先来解剖这三个方法中所隐含的理论假设,然后比较这些假设是否符合现实。

1. 不同方法的理论假设

(1) 贴现法中,"将负的现金流量按照一定的折现率贴现到项目的第 0 年",这就计算出以后发生这么多的现金流出贴现到第 0 年的数值;"把它加到初始投资中",说明在初始投资的时候就应该将其准备好,或者说它是投资的一部分。这就内含假设:所有负的现金流量均为投资现金流,即项目运营开始后投资所需的资金需要在项目开始时储备。因此,这里的折现率应该用这部分储备资金的机会成本,其数额根据具体情况决定。

(2) 再投资法假设除了初始投资外所有负的现金流量不是投资型现金流,可以由本项目前期经营活动产生的正现金流弥补。这相当于第 2 年投资所需要的资金是由第 1 年得到的正的现金流量弥补。

(3) 混合法与贴现法一样"将负的现金流量贴现到第 0 年",即内含这样的假设:所有负的现金流量是投资型现金流,投资所需的资金在第 0 年就应该准备好;"正的现金流量通过复利计算到项目的最后一期",说明得到的正的现金流量,以一定的报酬率(能够达到的投资报酬率)再投资。

2. 理论假设的合理性分析

(1) 贴现法的假设显然不完全符合现实,这是因为项目运营后出现的负现金流量可以由本项目前几年产生的正现金流弥补或承担,不一定在项目开始时就储备这样的现金。此外,该方法同样存在着与 IRR 一样的问题:假设正现金流量以项目的内部报酬率进行再投资,因此也会出现报酬虚增的情况。

(2) 再投资法的假设更符合现实。项目运营后发生的负现金流量可以由项目前几年产生的现金流弥补。除了初始投资外的现金流(正的和负的)按选定的报酬率计算其复利终值,这样也可以避免虚增的报酬。

(3) 混合法中包含了与贴现法相同的假设:负的现金流量都是投资现金流,投资所需的资金在第 0 年就应该准备好。这种假设不一定符合现实。但该方法认为正现金流量为经营性现金流,并以选定的报酬率计算其复利终值,这样可以去除内部报酬率计算值中虚增的部分。

由此可见,三个方法中再投资法最符合现实。但也可以根据具体情况选择,比如,在项目开始时确实准备好了现金流用于弥补预计某年出现的负现金流,那就可以选用混合法。

5.5 回收期及其决策准则

5.5.1 贴现回收期

贴现回收期(Discounted Payback Period,DPP),又称为动态回收期,是指项目预期现金流的现值总额等于项目初始现金流出时的期限,一般用年表示,即收回初始投资所需的年限。贴现回收期可以衡量项目收回初始投资速度的快慢。在计算时,用贴现后的现金流进行计算,计算公式为:

$$\text{NCF}_0 = \sum_{t=1}^{\text{DPP}} \frac{\text{NCF}_t}{(1+r)^t} \quad (5-4)$$

式中:DPP 表示贴现回收期;NCF_t 表示第 t 年的净现金流量;r 表示折现率,取值为这个项目的必要报酬率,即项目的资本成本;NCF_0 表示项目的初始投资额。

【例 5-7】SL 公司拟投资某一项目,该项目初始投资额为 1 万元,寿命期内各年的净现金流量如表 5-5 第 2 列所示。假设 SL 公司要求的报酬率为 17%,对该投资项目各年净现金流量以 17% 的折现率贴现,计算得到各年贴现净现金流、累计回收额和未回收额,如表 5-5 第 3~5 列所示。

表 5-5 SL 公司项目的贴现回收期计算表　　　　　　　　单位：元

年 份	净现金流量	贴现净现金流量	累计回收额	未回收额
第 0 年	-10 000	-10 000	0	10 000
第 1 年	6 000	5 128	5 128	4 872
第 2 年	4 000	2 922	8 050	1 950
第 3 年	3 000	1 873	9 923	77
第 4 年	2 000	1 067	10 990	0
第 5 年	1 000	456	11 446	0

根据表 5-5，该项目的动态回收期为：

$$\text{DPP} = 3 + \frac{77}{1\ 067} = 3.07(\text{年})$$

图 5-16 描述了上述计算过程。

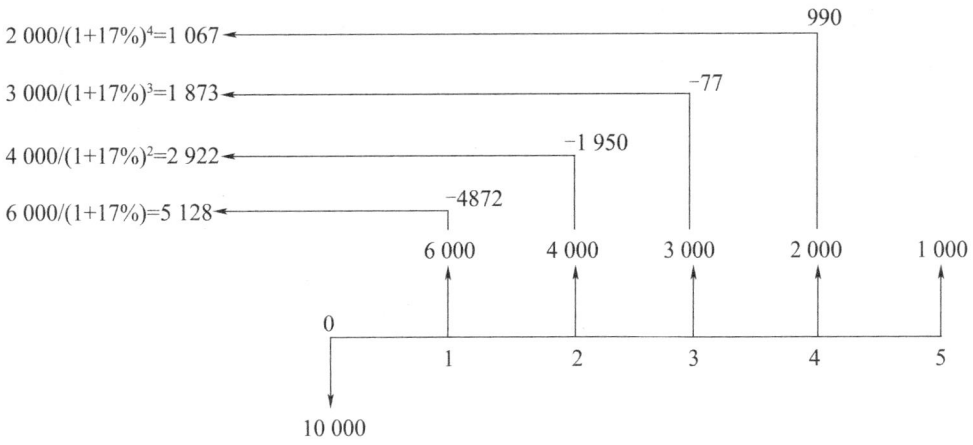

图 5-16　贴现回收期的计算图

该项目的贴现回收期是 3.07 年，意味着我们可以在 3.07 年的时间内收回本金以及本金在这一段时间内的机会成本。另外，从表 5-5（或图 5-16）中我们很容易得到普通回收期（静态回收期）为 2 年。

普通回收期比贴现回收期少了 1.07 年，这是因为普通回收期没有考虑资本的机会成本，仅仅是回收本金的时间，因而高估了回收的时间。可见，普通回收期是一个不科学的指标，使用静态回收期不符合"理性行为"假设，是一种非理性行为（相关知识参见本书第 9 章）。因此，现实中我们应当考虑资本的机会成本，使用贴现回收期。

5.5.2　脱险回收期

脱险回收期，是指假定在随时准备将投资项目出售的情况下，回收投资总额所需要的时间。当存在一个非常不确定的因素时，投资者通常设想随时将投资项目出售，此时，投资获得的现金流包括：经营期间获得的经营性现金流、出售投资项目固定资产的现金流入、收回投资项目营运资本或流动资金的现金收入。

下面将通过一个例子介绍脱险回收期的计算步骤。

【例 5-8】 ME 公司在某一开发区投资 1 000 万元生产芯片,其中固定资产投资 800 万元,营运资本 200 万元,项目预计寿命为 5 年($i=1,2,3,4,5$);每年经营性净现金流量(NCF)350 万元,折现率(r)为 10%。若 ME 公司投资后出售该项目,营运资本作价 200 万元,固定资产作价如表 5-6 所示。

表 5-6 投资项目运营后固定资产每年的作价   单位:万元

年 数	1	2	3	4	5
固定资产作价	400	200	100	50	0

脱险回收期的计算步骤如下:

第一步: 计算项目第 i 年的累计贴现经营性净现金流、出售固定资产的贴现现金流、收回营运资本的贴现现金流,如表 5-7 第 4、5、6 列所示。

第二步: 将每年的各类贴现净现金流量加总,如表 5-7 最后一列所示,并求出脱险回收期。根据表 5-7 的资料,该项目要在经营 2~3 年后才能如数收回 1 000 万元的投资。采用插值法,该项目的脱险回收期是:

$$2 + (1\,000 - 607.44)/(1\,095.79 - 607.44) = 2.80(年)$$

表 5-7 ME 公司投资项目的各类现金流量   单位:万元

年 数	经营性现金流	折现经营性净现金流	累计折现经营性净现金流	回收营运资本的贴现现金流	出售固定资产得到的贴现现金流	累计净现金流总额
1	350	318.18	318.18	181.82	363.64	863.64
2	350	289.26	607.44	165.29	165.29	938.02
3	350	262.96	870.40	150.26	75.13	1 095.79
4	350	239.05	1 109.45	136.60	34.15	1 280.21
5	350	217.32	1 326.78	124.18	0.00	1 450.96

5.5.3 最佳回收期

对于某些投资项目,项目运营后其产品或服务即进入成熟期与衰退期之间,其结果是经营性净现金流逐年下降。这类投资项目,虽然在经营期内其 NPV 大于零,但投资后的经营时间越长,NPV 越小。因此,需要测算投资项目的最佳回收期(最佳持有时间或最佳出售时间)。具体来说,针对这类投资项目,投资分析和决策需要解决三个问题:

(1) 该投资项目的净现值(NPV)是否大于零;

(2) 该投资项目是否存在中途出售问题；

(3) 如果存在中途出售问题，何时出售最佳？这个出售的最佳时间就是最佳回收期。

最佳回收期，就是在投资项目的净现值（NPV）最大的年份放弃持有和经营该项目，在短于或长于最佳回收期的时候放弃投资项目，将获得较小的 NPV。如何测算投资项目的最佳回收期呢？

【例 5-9】假设 XM 公司投资 10 000 万元开发生产一种新型芯片，所要求的报酬率为 10%，项目寿命期为 5 年。投资项目各年的经营性净现金流和出售项目的收入见表 5-8。

表 5-8 XM 公司投资项目各年经营性净现金流和项目出售收入 单位：万元

	1	2	3	4	5
经营性净现金流	5 000	4 000	3 000	2 000	1 000
项目出售收入	7 000	5 000	3 000	1 000	0

我们可以发现，该项目各年的经营性净现金流呈现逐年下降趋势，出售项目的收入也呈现逐年下降的趋势。因此，可以判断，该项目可能存在中途出售问题，持有经营时间越长，NPV 可能越少。

(1) 计算持有经营该投资项目 5 年的 NPV。结果表明，该投资项目的 NPV 为 2 092 万元，见表 5-9 第 2 行。

(2) 计算持有经营该投资项目 4 年的 NPV。结果表明，该投资项目的 NPV 为 2 154 万元，且比持有经营 5 年的 NPV 大，见表 5-9 第 3 行。

(3) 计算持有经营该投资项目 3 年的 NPV。结果表明，该投资项目的 NPV 为 2 359 万元，且比持有经营 4 年的 NPV 大，见表 5-9 第 4 行。

(4) 计算持有经营该投资项目 2 年的 NPV。结果表明，该投资项目的 NPV 为 1 983 万元，但比持有经营 3 年的 NPV 小，见表 5-9 第 5 行。

(5) 计算持有经营该投资项目 1 年的 NPV。结果表明，该投资项目的 NPV 为 909 万元，且比持有经营 2 年的 NPV 小，见表 5-9 第 6 行。

表 5-9 XM 公司投资项目的最佳回收期计算 单位：万元

持续经营年数		1	2	3	4	5	NPV
5 年	经营性净现金流	5 000	4 000	3 000	2 000	1 000	2 092
	项目出售收入	0	0	0	0	0	
4 年	经营性净现金流	5 000	4 000	3 000	2 000	—	2 154
	项目出售收入	0	0	0	1 000	—	
3 年	经营性净现金流	5 000	4 000	3 000	—	—	2 359
	项目出售收入	0	0	3 000	—	—	

续上表

持续经营年数		1	2	3	4	5	NPV
2 年	经营性净现金流	5 000	4 000	—	—	—	1 983
	项目出售收入	0	5 000	—	—	—	
1 年	经营性净现金流	5 000	—	—	—	—	909
	项目出售收入	7 000	—	—	—	—	

计算结果显示,在 5 年期限内,该投资项目无论经营多少年,NPV 都大于零。但是,持有经营 3 年,其 NPV 最大。因此,最佳回收期是 3 年。

5.5.4 回收期的决策准则

运用贴现回收期、脱险回收期进行投资决策时,决策准则是一样的:若计算出来的项目贴现回收期(脱险回收期)≤企业要求的回收期,则接受项目;若计算出来的项目贴现回收期(脱险回收期)>企业要求的回收期,则拒绝项目,如图 5-17 所示。

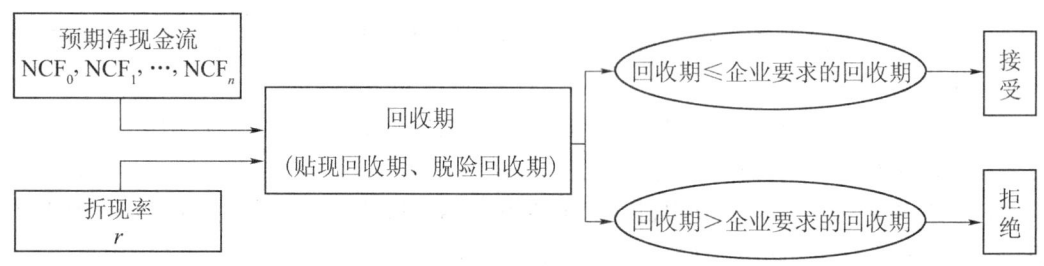

图 5-17 回收期的决策准则

5.5.5 回收期的优缺点

回收期这一指标比较简单且易于理解,但与其他指标相比,它(贴现回收期、脱险回收期)也存在着一些明显的缺陷:

(1)贴现回收期的决策依据存在主观臆断性。由于选择"企业要求的回收期"没有相应的公允标准,使得作为上限标准的最大可接受回收期纯粹是一种主观选择。

(2)没有考虑回收期后发生的现金流量,即只利用了项目的部分信息进行决策。这样,一个 NPV 很大的项目,可能由于前期现金流小造成回收期过大而企业要求的回收期太短而不被接受。此外,一个贴现回收期很短的项目,并不代表它的 NPV 很大。

正是由于回收期忽略了回收之后的现金流量状况,也不能完整地体现企业价值最大化的目标。所以,目前的教科书中都明确指出:回收期只能作为投资决策的辅助性指标。但是，在现实中回收期却常常被企业作为主要的决策指标。目前理论界也认为，在某些情况下，回收期可以作为主要的决策指标，参见5.8节。

5.6 等效年金与等价年成本

5.6.1 等效年金

若一个年金的期限和某项目寿命期相同，并且这个年金的（净）现值与该项目的净现值也相同，则称这个年金是该项目的等效年金。

根据等效年金的定义，可知：①一个项目只有一个等效年金；②该年金给企业带来的增值与项目带来的增值是完全相同的。故针对项目寿命期不等并且可重复投资的项目投资决策，如果用等效年金构造的项目替代该投资项目，不仅不影响决策效果，还可以使决策过程大大简化。

下面通过一个例子介绍等效年金的计算步骤，它在决策中的应用情况参见5.7节。

【例5-10】一家公司正在考虑两个独立互斥项目：项目A和项目B。项目A的初始投资额为10 000万元，预计寿命期为5年，折现率为15%；项目B的初始投资额为15 000万元，预计寿命期为3年，折现率为12%。两个项目各年的净现金流量如表5-10所示。

表5-10 项目A和项目B的净现金流量　　　　　　　　　　单位：万元

年份	项目A	项目B
第0年	-10 000	-15 000
第1年	6 000	6 500
第2年	4 000	6 500
第3年	3 000	6 500
第4年	2 000	—
第5年	1 000	—

以项目A为例，其等效年金计算步骤如下：

（1）计算项目的净现值。应用EXCEL计算得到项目A的净现值为1 855万元。

（2）计算项目的等效年金。可以利用公式（EA = NPV/年金现值系数），也可以直接应用EXCEL计算，得到项目A的等效年金为553万元。

同样，计算得到项目B的等效年金为255万元。项目A和项目B的等效年金如图5-18所示。

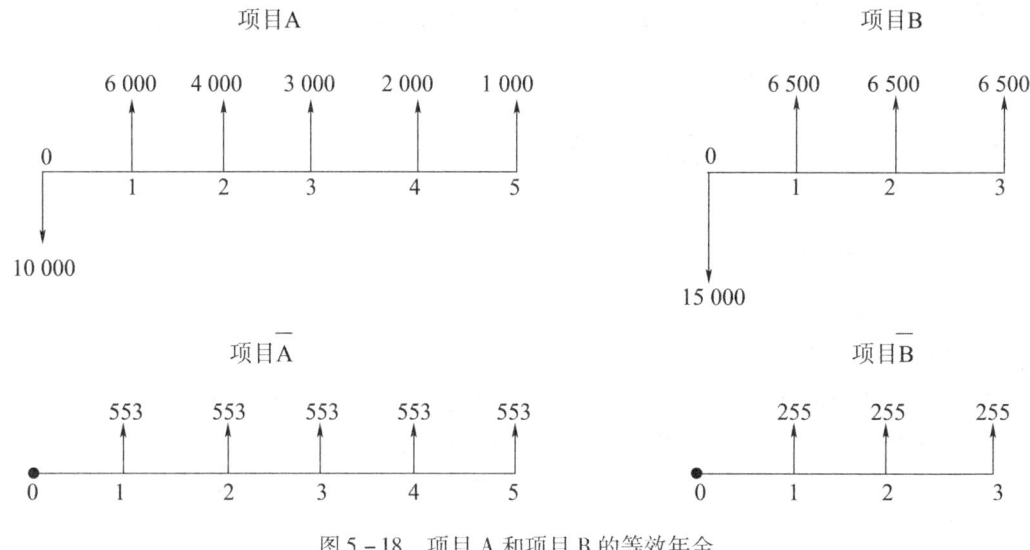

图 5-18 项目 A 和项目 B 的等效年金

5.6.2 等价年成本

在计算净现值时，我们将一年又一年的未来现金流转换成一次性偿付的款项。但有时候，反过来操作，将当前的一笔投资转换为一系列等价的未来现金流也会很有益处。下面我们借用布雷利（2007）的一个例子介绍"等价年成本"的相关知识。

【例 5-11】 加利福尼亚炼油厂投资生产精炼汽油。

20世纪90年代加利福尼亚航空资源委员会（CARB）开始制定精炼汽油（RFG）的"第二阶段"标准。RFG 是满足降低机动车辆污染严格的技术要求的汽油，CARB 为此广泛咨询了炼油商、环境保护主义者以及其他此类标准的关心者。

第二阶段标准草案形成后，炼油商也认识到需要大量的资本投入来更新加利福尼亚的炼油设施。这些投资将如何影响汽油零售价格？炼油商也许会问："如果我的公司投资4亿美元来更新我们的炼油设施以满足第二阶段标准，为了平衡成本，每加仑油价将要调高多少？"那么就让我们来帮助炼油商摆脱困惑吧。

已知资本投资为4亿美元，项目的资本成本（折现率）为7%，新设备可用25年。为简便起见，假设新设备并不改变原材料及运营成本。那么，炼油厂需要多少额外收入才能平衡4亿美元的投资呢？

答案很简单：只要求出现值为4亿美元在25年内的年金即可。

$$年金的现值 = 年金的支付额 \times 25年的年金现值因子$$

因项目的资本成本为7%，可知25年的年金现值因子为11.65，则有：

$$4亿美元 = 年金的支付额 \times 11.65$$

$$年金的支付额 = 3\,433 万美元/年$$

这里的年金就称为等价年成本（Equivalent Annual Cost），它是等效年金的特例。所谓等价年成本，是指每年足以平衡资本投资，包括这笔投资在项目寿命期内的资本成本的年度现金流。

实际操作中，除了通过查年金系数表计算等价年成本外，还可以利用 EXCEL 中 PMT 函数计算等价年成本，参见 5.9 节。

考虑到等价年成本不仅方便易行，有时还是非常必要的决策方法，下面我们再举一例说明。

【例 5 – 12】有效使用期长短不同的设备选择。

假设有两种机器——机器 A 和机器 B，DG 公司必须从中选用一种。两种机器的设计虽然不同，但生产能力完全相同，只能从事完全相同的工作。机器 A 的成本为 15 万元，可以使用 3 年，每年的使用费用为 5 万元。机器 B 是一种只需 10 万元的经济型设备，但它只能使用两年，每年的使用费用为 6 万元。

由于两种机器生产完全相同的产品，在这两种机器中挑选的唯一依据就是机器的成本。假设我们得出的机器付现成本的现值如表 5 – 11 所示。

表 5 – 11　机器 A 和机器 B 付现成本的净现值　　　　　　　　单位：万元

机　器	付现成本				付现成本的现值总额 ($r=6\%$)
	第 0 年	第 1 年	第 2 年	第 3 年	
A	+15	+5	+5	+5	28.37
B	+10	+6	+6		21.00

机器 B 的寿命期为 2 年，其付现成本的现值总额为 21 万元，机器 A 的寿命期为 3 年，其付现成本的现值总额为 28.37 万元，那么我们是不是就该选择付现成本现值总额较低的机器 B 呢？

不一定。两者相比，机器 B 未必较优，因为机器 B 的更换必须比机器 A 提前 1 年。因此，我们必须将付现成本的现值总额分解为每年等额的付现成本，即等价年成本。

利用 EXCEL 中 PMT 函数计算得到：机器 A 的等价年成本为 10.61 万元，而机器 B 的等价年成本为 11.45 万元。由于机器 A 的等价年成本较低，因此机器 A 是较优的选择。

对机器 A 和机器 B 的等价年成本，我们可以将其看成是每年租用设备的租金。对有效使用期不同的厂房和设备，我们的选取原则就是选取合理租金最低，即等价年成本最低的设备。

至此，我们得到了这样一条简单的法则：两个或更多的发生时间长短不同或时间结构不同的现金流量，可以将其现值转化为等价年成本。

5.7　特殊情况下的资本投资决策

前几节对几种常用的投资决策指标做了说明，每一个决策指标都反映了特有的信息，如：①净现值（NPV）反映了投资该项目对公司新增价值的大小；②内部报酬率（IRR）

反映了投入资金的效率;③贴现回收期反映了项目投资额回收的速度。也就是说,项目资金回收快不一定表示该项目新增的价值大,项目新增的价值大不一定表示效率高,也许是因为投资额大。

那么,如果根据不同的指标进行决策,其结果是否相同?接下来我们讨论这方面的一些问题。

5.7.1 只有一个备选方案的采纳与否决策

在只有一个备选方案的采纳与否决策中,使用 NPV、PI、IRR 进行决策,其决策结果不会出现矛盾,具体分析过程见图 5-19。

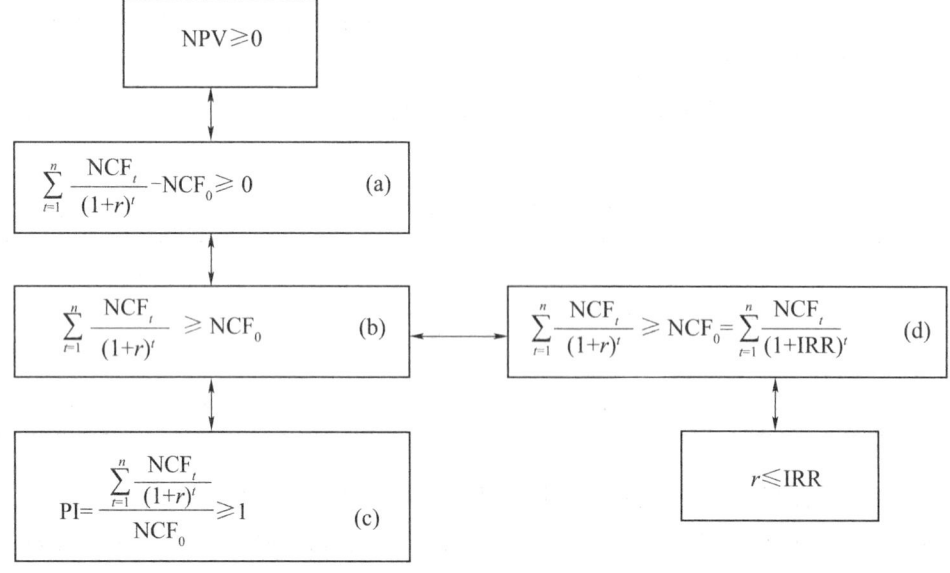

图 5-19 单一方案采纳与否的决策

图 5-19 中,公式(a)左边即为计算 NPV 的公式,由式(a)知要使 NPV≥0,则必须使不等式(b)成立,不等式(b)两边同时除以 NCF_0,则得到公式(c)的右半部分,恰好是计算 PI 的公式,因此我们可知由 NPV≥0,即可推知 PI≥1。

同样,由不等式(b)可推得不等式(d),而要使不等式(d)成立,则必须满足 $r \leqslant IRR$,由 NPV≥0,即可推知 IRR≥r。从以上分析可知,在只有一个备选方案的采纳与否决策中,使用 NPV、PI、IRR 进行决策,其决策结果是一致的。

5.7.2 投资规模不同的多项目择优决策

当一个项目的投资规模大于另一个项目时,规模较小的项目的获利指数(PI)和内部报酬率(IRR)可能较大,但净现值(NPV)较小。

【例 5-13】假设某公司正在考虑两个互斥项目,项目 A 的初始投资额为 1 000 元,项目 B 的初始投资额为 100 000 元,项目的寿命期均为两年。该公司对这两个项目要求的报酬率为 15%,各决策指标的计算结果如图 5-20 所示。

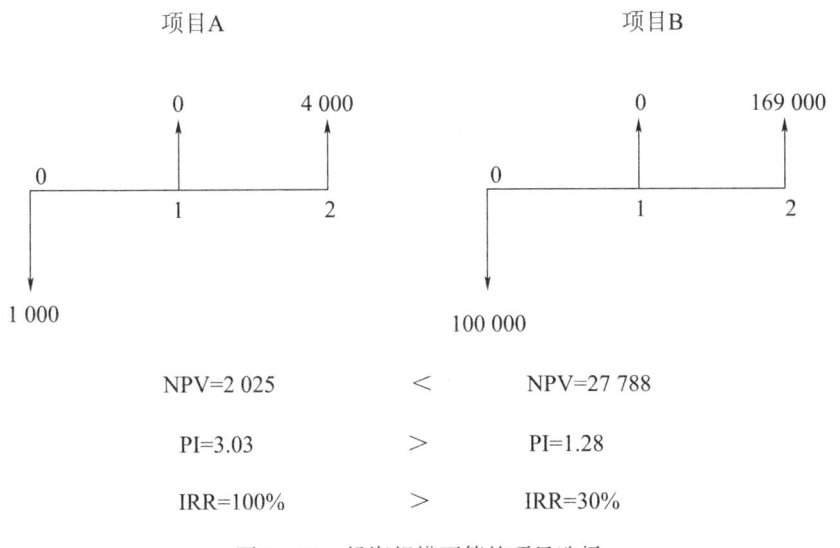

图 5-20 投资规模不等的项目选择

根据图 5-20 可知,如果依据内部报酬率或获利指数的决策准则应接受项目 A,而如果依据净现值的决策准则应该接受项目 B。若我们只能在这两个项目中选择一个,那么显然这三个决策指标的结论会发生冲突。

那么为什么会发生这种冲突呢?关键在于内部报酬率和获利指数都是相对数而净现值是绝对数。投资项目 A 的内部报酬率和获利指数相对比较高,但投资额太小。即投资项目 A 的高报酬率和获利指数掩盖了其获取"报酬"这一绝对值偏低的不足。不考虑这个因素,收益率为 100% 的 1 000 元的投资将永远优于报酬率仅为 30% 的 100 000 元的投资。相反,净现值是以公司财富增加的绝对数额来表示的。考虑到报酬的绝对数额,项目 B 显然是更优的,虽然项目 A 的内部报酬率和获利指数比它的高,但因为项目 B 投资规模大,能提供更大的净现值,能为公司创造更大的价值。方案 A 的投资效率(IRR)高,但其投资规模较小,因此新增加的价值就比较少,这就是决策结果出现矛盾的主要原因。

到底应该选择项目 A 还是项目 B 呢?关键是要全面考虑,看哪个项目能给股东带来更大的财富或为企业真正地创造更大的价值。这首先要考虑这样的问题:如果选择项目 A,只需要资金 1 000 元,剩下的 99 000 元(100 000 元 – 1 000 元)用来做什么?它在今后两年内能带来怎样的报酬?若今后两年内,99 000 元的投资所获得的净现值大于 25 763 元(27 788 元 – 2 025 元),则选择项目 A,因为项目 A 和 99 000 元的投资形成的投资组合能给企业带来更大的价值;否则,选择项目 B。

总之,在投资规模不等的情况下,不能直接比较项目的 NPV 或 IRR,应该使用组合 NPV。在没有资金限制的情况下,应选择组合 NPV 最大的项目或项目组合,即净现值最大的项目组合或项目。

5.7.3 现金流结构不同的多项目择优决策

有的项目早期现金流入量比较大,而有的项目早期现金流入量比较小,在这种情况下,也会导致净现值、获利指数、内部报酬率的决策结果不一致。为了说明现金流结构的差异可能引起的问题,我们结合以下例题来分析。

【例 5-14】假设某公司正在考虑两个互斥项目,没有资金约束。该公司对这两个项目要求的报酬率为10%,各决策指标的计算结果如图5-21所示。

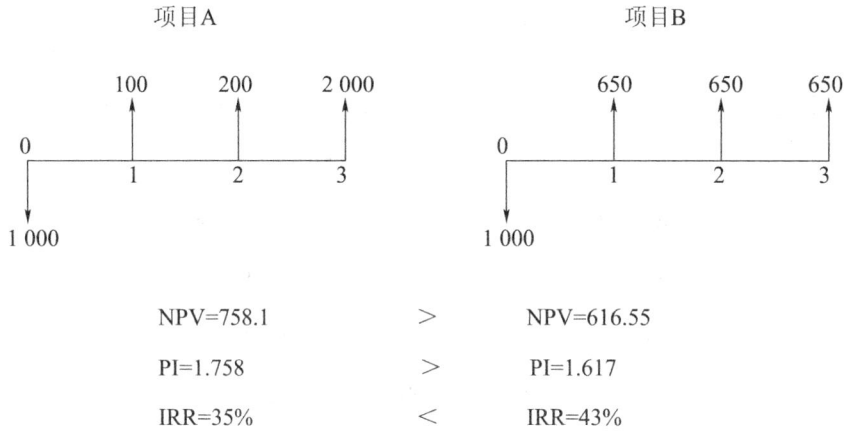

图 5-21 现金流结构不同的项目选择

净现值和获利指数表明,项目 A 较好;但从内部报酬率角度来看,项目 B 的投资效率较高,应选择项目 B。为什么会产生这样的矛盾呢?我们以项目 A 为例进行说明,IRR =35%是使得 NPV=0 成立的折现率,其经济含义是每一元平均每年净赚35%,那么就有:

$$\frac{100}{(1+35\%)} + \frac{200}{(1+35\%)^2} + \frac{2\,000}{(1+35\%)^3} - 1\,000 = 0$$

等式两边同乘 $(1+35\%)^3$ 并移项得:

$$100 \times (1+35\%)^2 + 200 \times (1+35\%) + 2\,000 = 1\,000 \times (1+35\%)^3$$

上式包含着这样的内在假设:初始投资1 000元要获得35%的报酬率,必须以项目第1、2、3年分别获得的100万元、200万元、2 000万元的净现金流入进行再投资,且再投资报酬率必须达到35%。若再投资报酬率达不到35%,则项目 A 的内部报酬率将不能达到35%。同理,项目 B 要获得43%的内部报酬率,必须要求前两年得到650元资金再投资,而且投资的报酬率要达到43%。

在该例题中,产生这种矛盾的症结就是从项目中释放出来的现金流量如何进行再投资的假设不同。①在净现值法和获利指数法中,隐含的假定是在项目寿命期内流入的现金流以企业对项目所要求的报酬率进行再投资;②内部报酬率法中隐含的假定是在项目寿命期内,资金必须以内部报酬率的水平进行再投资。因此,项目前期现金流越大,期限越长,其虚增部分就越大。

在这种情况下,应当采用修正内部报酬率(MIRR),决策指标计算值如图5-22所示。此时,MIRR 与 NPV 的决策结果是一致的。

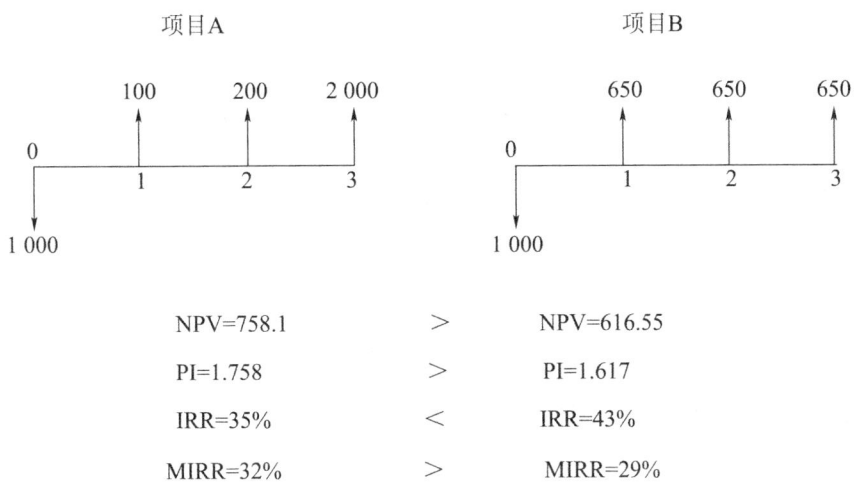

图 5-22 现金流结构不同的项目选择

5.7.4 寿命期限不等的多项目择优决策

【**例 5-15**】假设某企业要求的报酬率为 10%，准备更换一部旧机器，有两种用于更换的机器，这两种机器的寿命期限分别为 3 年（项目 A）和 6 年（项目 B），表 5-12 给出了这两个项目的现金流量情况。

表 5-12 项目寿命期限不等的决策问题

	项目 A	项目 B
初始投资	10 000	10 000
投产后每年净现金流量	5 000	3 000
NPV	2 435	3 066
PI	1.24	1.31
IRR	23%	20%

根据表 5-10，净现值和获利指数的决策准则表明项目 B 较好，而内部报酬率的决策准则却倾向选择项目 A。这种决策结果的不一致是由于所比较项目的寿命期限不等而引起的。在这种情况下，不能直接使用净现值、获利指数和内部报酬率进行比较和选择，此时应当使用更新链法和等效年金法。

1. 更新链法

更新链，是指项目寿命期较短的项目结束之后，用相同或相似的项目重复替换，直至不同寿命的互斥项目达到年限相等。替换次数为不同寿命期的最小公倍数。这样，我们就得到了多个由项目连成的更新链，它们之间具有可比性，就可能采用净现值进行决策。值得注意的是，更新链法隐含着一个非常重要的前提，就是项目可以重复投资。

例 5-12 中项目 A 和项目 B 的寿命期限分别为 3 年和 6 年，最小公倍数为 6。因此要为项目 A 做两个更新链循环，如图 5-23 所示。

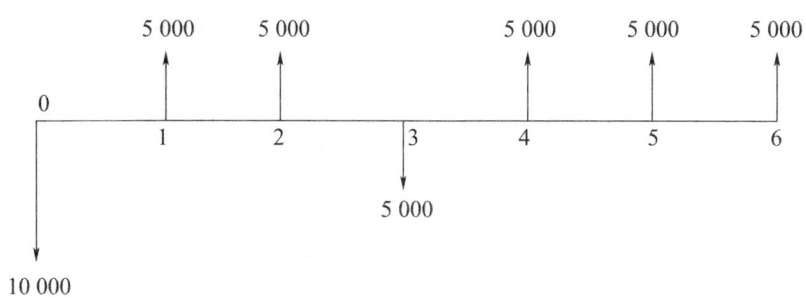

图 5-23 项目 A 的更新链

此时，项目 A 的净现值为 4 264 元，大于项目 B 的净现值，因此选择项目 A。

更新链法依赖于项目的寿命期限，但有时候达到等效寿命是很困难的。例如，如果两个项目的寿命期限分别为 3 年或 7 年，按最小公倍数，更新链的等效寿命就是 21 年，此时，计算就相当复杂；如果用等效年金法就相当简单，而且决策结果相同。

2. 等效年金法

采用项目的等效年金法可以解决更新链法中由于等效寿命过长导致的计算难题。例 5-12 中，按照等效年金法的具体步骤构建与项目 A 和项目 B 等价的项目，如图 5-24 所示。

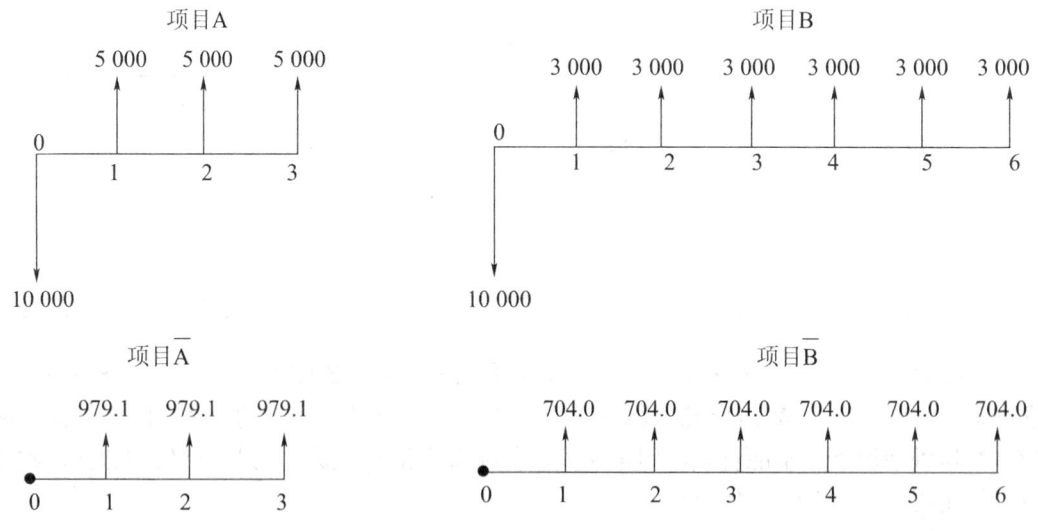

图 5-24 通过等效年金法构建等价的项目

由图 5-24 可知，按照等效年金法，项目 A 的等效年金大于项目 B 的等效年金，则应选择项目 A。

运用等效年金法，只需要比较项目的等效年金即可。但要说明的是，与更新链法相同，等效年金法也隐含着一个同样的前提，就是项目可以重复投资。

5.8 公司资本投资决策指标的实际应用情况

5.8.1 各种决策指标在实践中的运用状况

前面讲述了公司可以采用哪些投资决策指标,一个同样重要的问题是:公司正在使用哪些决策指标?据美国学者的调查,在大型的美国公司,大约有80.3%的公司运用回收期指标,65.5%运用内部报酬率指标,67.6%运用净现值指标等。此外,企业界对于各种决策指标的采用也有一个历史的演变过程,如表5–13所示。从各种决策指标采用的历史演变情况来看,绝大部分企业评估资本投资项目时,开始侧重于采用内部报酬率与净现值这两个指标,这也符合前面的基本分析。

表 5–13 各种决策指标的历史演变过程

年份 指标	1959	1964	1970	1975	1977	1979	1981
回收期	34%	24%	12%	15%	9%	10%	5%
平均会计报酬	34%	30%	26%	10%	25%	14%	10.7%
内部报酬率	19%	38%	57%	37%	54%	60%	65.3%
净现值	—	—	—	26%	10%	14%	16.5%
内含收益率或净现值	19%	38%	57%	63%	64%	74%	81.8%

尽管在财务理论上,净现值这一指标要优于内部报酬率,但是企业还是更多地选择内部报酬率。具体原因在于:①大部分的管理人员还是更加熟悉以相对值的形式来表达投资绩效的高低,比如12%优于10%;②作为绝对值的净现值,管理人员有时颇费思量,比如,200万元的净现值是多还是少?净现值等于0为什么还要采纳?对于没有理财学知识背景的管理人员,要解释清楚净现值的科学内涵,并不是一件很轻松的事情。

随着企业管理素质的不断提高,管理层的资本成本观念不断加强,资本投资决策指标选择的科学性也会逐步提高。其中一个非常关键的表现就是净现值指标在企业界的应用越来越多。根据上面的数据可以看到,在美国企业界,之前的数十年间都是回收期,内部报酬率的使用要大大地超过净现值;但到了2000年前后,这种局面有了重大的改变,净现值已经成为美国企业界采用最为频繁的决策指标之一,如表5–14所示。

表 5–14 2000年美国CFO对投资决策指标的选择偏好

决策指标	CFO选择所占比例
内部报酬率	75.7%
净现值	74.09%

续上表

决策指标	CFO 选择所占比例
普通回收期	56.74%
贴现回收期	29.45%
获利指数	12%

5.8.2 回收期在现实中的使用

从理论上来讲，与净现值、内部报酬率相比，回收期显然不具备科学性的特征，但至今仍然是企业界所广泛采用的指标之一，其中的原因引起了学者的关注。

1. 现实与理论相悖的原因分析

（1）传统的财务管理理论是以理性人假设为前提的，即决策者是完全理性的——能够获得准确有用的信息并拥有无限的、可用于加工生成数据的资源，完全能够推导出对自己最优的选择。因此，在对决策指标进行理论分析时，是假设人们可以大约估计出项目寿命期内各年的现金流量，即使有偏差，也可以通过等价现金流法调整现金流或通过风险溢价调整折现率得以校正。但现实中由于认知资源的有限性以及真实决策环境的不完备性和复杂性，使得决策者往往很难估计若干年后现金流的大约值，尤其是在经济环境变化越来越快的今天，对一些复杂性或对环境变化比较敏感的项目，决策者很难估计出后期的现金流或对估计出的现金流信心不足，这时无法应用净现值或内部报酬率进行决策。因此针对这些项目，决策者只好更多地利用前期的现金流而忽视后期的现金流，便采用回收期这一指标进行决策。

（2）传统的财务管理理论是以公司价值最大化作为决策目标，而回收期这一指标不能体现投资项目为公司新增的价值，与公司价值没有直接的逻辑关系。若以回收期作为主要的决策指标容易造成管理人员的短视，不利于公司战略投资，因此财务管理理论并不推崇回收期。但现实中决策者并不总是以公司价值最大化为决策目标。例如：① 在现实中由于代理问题或来自非理性股票市场的压力，致使管理者追求一系列对短期最好但是不利于公司长期发展的项目，而回收期法恰好是选择这类项目的有力工具；② 对于小公司，由于很难通过银行或证券市场筹集到长期资金，外部融资受到约束，主要依靠内生资金支持经营活动，所以财务管理目标往往是满足公司整体的流动性，保证公司的生存；③ 对于零售批发业中的公司，满足资产流动性也是经营目标，因此这些公司更强调在短期内收回资金，更加偏好回收迅速的项目。因此回收期便成为投资决策的首选指标。

2. 应用回收期的建议

财务管理理论本身没有错，现实情况也有其合理性，出现相悖的原因是理论上严格的假设与现实决策的具体情况不一致。因此，在实际应用时，应该根据具体情况进行分析：若符合理论的前提条件，就遵从理论的指引；若不符合理论的前提条件，就不能照套理论的结论。即现实决策中，回收期并不一定总是一种辅助性指标，在后期现金流难以估计或公司对流动性要求较高时，可以考虑将回收期作为投资决策的主要指标，这样更具操作性、更符合实际要求。具体应用的建议如表5-15所示。

表5-15 是否将回收期作为主要指标的情况汇总

	投资项目类型	公司所属行业	公司性质
考虑将回收期作为主要指标	对环境变化比较敏感的项目、复杂性项目	零售批发业、信息技术产业、服务业和影视业等"新兴经济"和"软工程"行业	小公司或者处于高成长期的公司
回收期不能作为主要指标	战略性投资项目，扩张性投资项目；寿命期内现金流相对稳定的项目	制造业、运输业、公共事业和基础设施建设行业	上市公司（在资本市场比较有效的情况下）

（1）若投资项目比较复杂或对环境变化比较敏感，则应该考虑重点用回收期这一指标。因为这类项目很难预测出后期的现金流，例如，许多大型跨国公司的境外投资，由于面临国际政治环境高度不确定性，则使用回收期。相反，如果项目的现金流量能得到比较好的预测，如公用事业、基础设施方面的项目，那就应该使用净现值进行决策。

（2）在"新兴经济（New Economy）"和"软工程"行业，如信息技术产业、服务业和影视业等行业所投资的项目经常有这样的特点，初始阶段有比较多的资金投入到无形资产和人员方面，且未来现金流有更多的不确定性，应该将回收期作为主要的决策指标。另外，零售批发业的运营性项目也适合使用回收期作为主要指标。相反，对于制造业、运输业、公共事业和基础设施建设行业的项目，应该将净现值等指标作为主要决策指标，因为制造业的投资一般会形成大量的、可用于抵押的固定资产，公共事业和基础设施业的项目在寿命期内有相对比较稳定的现金流。

（3）对于小公司或者处于高成长期的公司，往往现金短缺，公司暂时追求的目标是保证生存和流动性，而回收期短的项目能够在前期提供更多的现金流。所以，这类公司可以将回收期作为投资决策的主要指标。相反，对于大公司的战略性投资项目，应该将净现值作为主要指标，以便将资金投入到有利于公司长期发展的项目上；对于上市公司，应该将公司价值最大化作为首要目标，在资本市场相对有效的情况下，必须用净现值作为主要决策指标。

5.9 利用EXCEL计算各种投资决策指标

随着计算机软件的发展，它在财务管理或财务分析领域的应用越来越广泛。应用EXCEL计算决策指标比手工查表或内插法计算简单很多，因此本节着重介绍如何利用

EXCEL[①]计算各种指标。

5.9.1 利用 EXCEL 计算净现值（NPV）

净现值（NPV）是指项目投入使用后得到的未来现金流量，即按企业要求的收益率贴现的总现值与初始投资额的差额。计算净现值的函数为 NPV 函数。

函数形式：NPV（Rate，Value1，Value2，…）

◇ Rate：是将各期现金流折算成当前值的折现率，是一个固定不变的数。

◇ Value1，Value2，…：代表净现金流量的各个参数，最多可以有 29 个，并且时间均匀分布在每期期末。

【例 5 - 16】某公司投资 120 万元开发一种新项目，预计寿命期限为 6 年，每年年末的净现金流量分别为：10 万元、18 万元、30 万元、58 万元、78 万元和 100 万元。假定折现率为 12%，现在要计算该项目的净现值。

可以利用 EXCEL 中 NPV 函数来计算，操作步骤如下：

第一步：在 EXCEL 中创建工作表并输入相关数据，如图 5 - 25 所示。单元格 B2 是第 0 年的净现金流量，即项目的初始投资额；单元格区域 B3：B8 则是第 1—6 年的各年净现金流量。

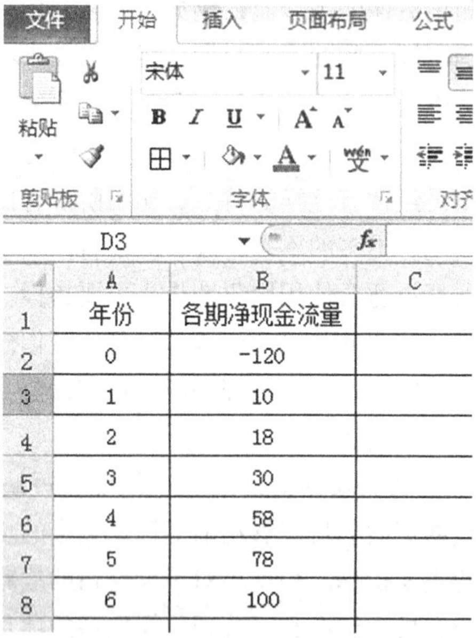

图 5 - 25　项目的现金流量（NPV 计算）

第二步：选中单元格 B10（这里可选任意单元格，下同），按照"公式→插入函数 f_x →选择类别（财务）→NPV 函数"这一指令，得到〖NPV 函数参数〗对话框。

第三步：在〖NPV 函数参数〗对话框中依次输入各参数值：①在［Rate］中输入项目的折现率 12%；②在［Value］中输入各年现金流的单元格范围 B3：B8（第 0 年除

[①] 本书所用的是 MICROSOFT EXCEL 2010。

外），点击"确定"，得到各期现金流的现值 176.41，如图 5-26a 所示。

第三步

第四步

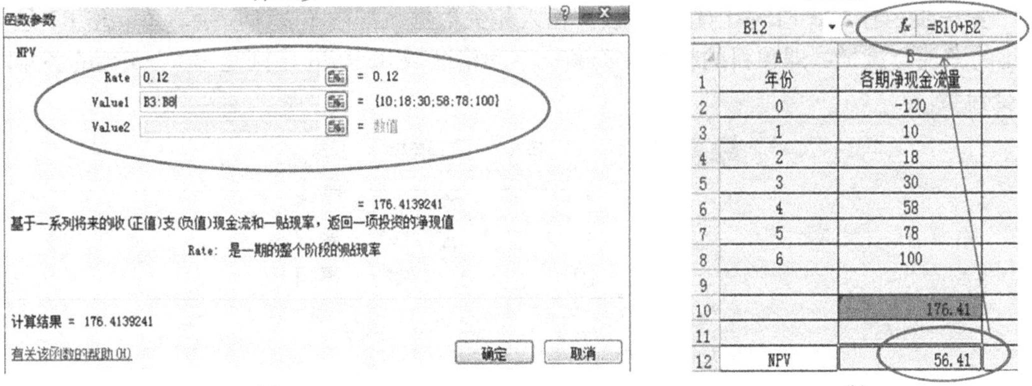

(a)

(b)

图 5-26 〖NPV 函数〗对话框及 NPV 计算结果

第四步：第三步中单元格 B10 的数值并非该项目的净现值，而是除第 0 年现金流以外未来各年净现金流的价值，因此还需要减去项目的初始投资（单元格 B2 的数值）。选中单元格 B12，定义单元格 B12 计算公式：＝B10＋B2，计算结果 56.41 就是项目的净现值，如图 5-26b 所示。

重要提示：

利用 EXCEL 的 NPV 函数计算净现值时，应特别注意以下问题。

（1）现金流量的次序一定要保证按正确的顺序输入，否则将会出错。

（2）MICROSOFT EXCEL 2010 中的 NPV 函数与财务管理中的净现值（NPV）有所不同。[①]

①通常财务管理中所说的净现值不仅包括未来各期净现金流量的现值之和，而且还包括了投资期期初的现金流量。

②EXCEL 中的 NPV 函数仅仅计算未来产生的所有现金流的现值，而未包括投资期期初的现金流。

因此，如果实际问题中的第一笔现金流量（一般是现金流出）发生在第一期期初（第 0 期），则第一笔现金流量必须额外单独计算，再加到 NPV 函数的计算结果中，而不应包含在 NPV 函数的参数中加以计算。

5.9.2 利用 EXCEL 计算获利指数（PI）

获利指数计量的是每一单位投资在未来能够产生的现金流的现值和，即每一单位的投资在项目寿命期一共创造的价值。

【**例 5-17**】承例 5-16，某公司投资 120 万元开发一种新项目，预计寿命期限为 6 年，每年年末的净现金流量分别为：10 万元、18 万元、30 万元、58 万元、78 万元和 100 万元。假定的折现率为 12%，现在要计算该项目的获利指数。

---

①出现这样的问题，可能是软件编写人员搞错了。

由于 EXCEL 中没有 PI 函数，因此需借助 NPV 函数计算获利指数（PI），具体操作步骤如下：

第一步：在 EXCEL 中创建工作表并输入相关数据，如图 5-27 所示。单元格 B2 是第 0 年的净现金流量，即项目的初始投资额；单元格区域 B3：B8 中则是第 1—6 年的各年净现金流量。

图 5-27 项目的现金流量（PI 计算）

第二步：选中单元格 B10，按照"公式→插入函数 f_x →选择类别（财务）→NPV 函数"这一指令，得到〖NPV 函数参数〗对话框。

第三步：在〖NPV 函数参数〗对话框中依次输入各参数值：①在［Rate］中输入项目的折现率 12%；②在［Value］中输入各年现金流所在的单元格范围 B3：B8（第 0 年除外），点击"确定"，得到各期现金流的现值 176.41，如图 5-28a 所示。

第四步：选中单元格 B12，定义单元格 B12 计算公式：=B10/(-B2)，计算结果 1.47 就是项目的获利指数（PI），如图 5-28b 所示。这里，单元格 B10 中的数值是第三步的计算结果，单元格 B2 中的数值是项目的初始投资额。

第三步   第四步

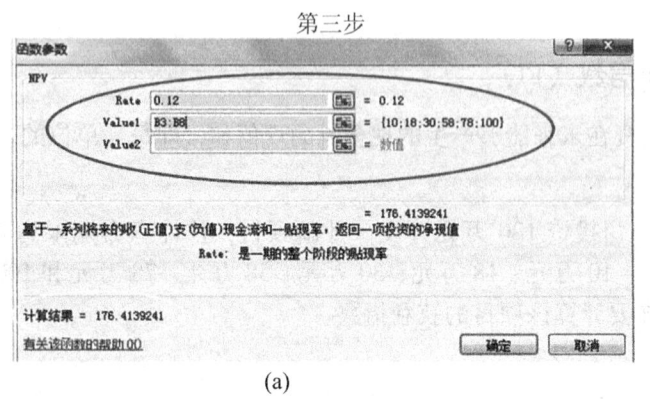
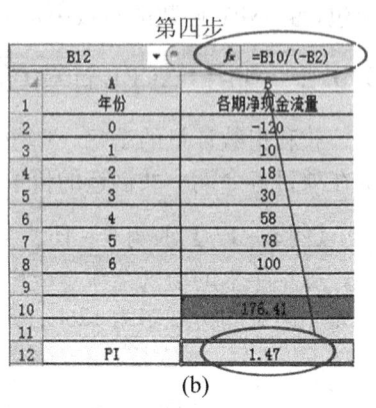

(a)   (b)

图 5-28 〖NPV 函数〗对话框及 PI 计算结果

5.9.3　利用 EXCEL 计算内部报酬率（IRR）

内部报酬率（IRR），是指使得项目预计寿命期内各期净现金流量的现值之和与项目初始投资相等的折现率，即项目净现值等于零时的折现率。

IRR 函数形式：IRR（Values，Guess）

◇ Values：表示为进行计算的数组，即用来计算修正内部报酬率的数值，Values 必须包含至少 1 个正值和一个负值，以计算内部报酬率。

◇ Guess 为对函数 IRR 计算结果的估计值。在大多数情况下，不需要为函数 IRR 的计算提供 Guess 值，如果省略 Guess 值，系统默认它为 0.1（10%）。

【例 5－18】 承例 5－16、例 5－17，公司投资 120 万元开发一种新项目，预计寿命期限为 6 年，每年年末的净现金流量分别为：10 万元、18 万元、30 万元、58 万元、78 万元和 100 万元。假定折现率为 12%，公司管理部门决定计算该项目投资的内部报酬率，然后确定是否实施该项目。

可以应用 EXCEL 中的 IRR 函数计算该项目的内部报酬率，具体操作步骤如下：

第一步： 在 EXCEL 中创建工作表并输入相关数据，如图 5－29 所示。单元格 B2 是第 0 年的净现金流量，即项目的初始投资额；单元格区域 B3：B8 中则是第 1—6 年的各年净现金流量。

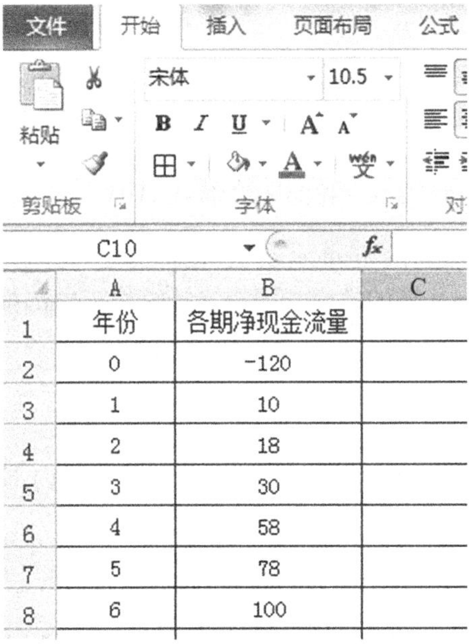

	A	B
1	年份	各期净现金流量
2	0	-120
3	1	10
4	2	18
5	3	30
6	4	58
7	5	78
8	6	100

图 5－29　项目的现金流量（IRR 计算）

第二步： 选中单元格 B10，按照“公式→插入函数 f_x →选择类别（财务）→IRR 函数”这一指令，得到〖IRR 函数参数〗对话框。

第三步： 在〖IRR 函数参数〗对话框中依次输入各参数值：①［Values］：引用 B2：B8，即输入各年现金流量所在的单元格范围 B2：B8（包括第 0 年）；②［Guess］：可不输入任何数值。点击“确定”，得到该项目的内部报酬率为 23%，如图 5－30 所示。

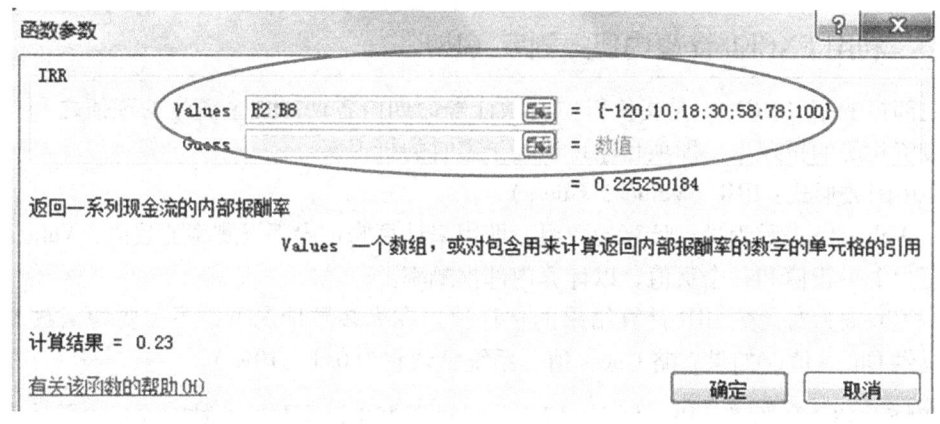

图 5-30 〖IRR 函数〗对话框

重要提示：

应用 EXCEL 中的 IRR 函数计算内部报酬率时，应特别注意以下问题。

（1）IRR 函数根据数值的顺序来解释净现金流量的顺序，故应按照正确的时间顺序输入未来各期净现金流量的数值。

（2）在确定 IRR 函数中 Values 参数的取值范围时应当包括所有的现金流量，即应包括时期为 0 时所发生的现金流量，这一点与 NPV 函数不同（应用 NPV 函数时，Values 参数的取值不包括时期为 0 时所发生的现金流量）。

（3）当出现非常规现金流量时，不能利用 IRR 函数计算内部报酬率。这种情况下，可以利用 MIRR 函数解决问题，详见 5.9.4 节。

5.9.4 利用 EXCEL 计算修正内部报酬率（MIRR）

函数形式：MIRR（Values, Finance_rate, Reinvest_rate）

◇ Values：表示为进行计算的数组，即用来计算修正内部报酬率的数值。

◇ Finance_rate：表示为投资型现金流的融资利率；

◇ Reinvest_rate：表示经营型现金流的再投资报酬率；

MIRR 函数主要用于以下两种情况的计算。

（1）第一种情况：在常规现金流模式下，由于项目的内部报酬率太高，需计算修正内部报酬率。

【例 5-19】 承例 5-16～例 5-18，公司投资 120 万元开发一种新项目，预计寿命期限为 6 年，每年年末的净现金流量分别为：10 万元、18 万元、30 万元、58 万元、78 万元和 100 万元，计算得到该项目的内部报酬率为 23%。公司管理部门认为后续现金流量无法获得 23% 的再投资报酬率，预计只能获得 12% 的报酬率，此时需要计算该项目的修正内部报酬率，具体操作步骤如下：

第一步： 在 EXCEL 中创建工作表并输入相关数据，如图 5-31 所示。单元格 B2 是第 0 年的净现金流量，即项目的初始投资额；单元格区域 B3：B8 中则是第 1—6 年的各年净现金流量。

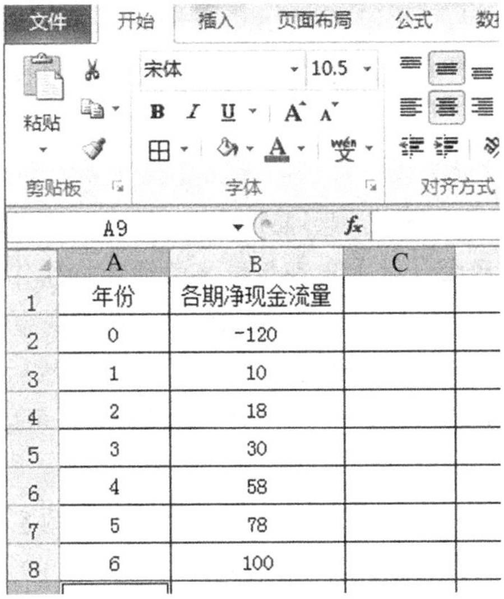

第5章 公司资本投资决策的指标与准则

图 5-31　项目的常规现金流量（MIRR 计算）

第二步：选中单元格 B10，按照"公式→插入函数 f_x →选择类别（财务）→MIRR 函数"这一指令，得到〖MIRR 函数参数〗对话框。

第三步：在〖MIRR 函数参数〗对话框中依次输入各参数值：①［Values］:引用 B2：B8，即输入各期现金流量所在的单元格范围 B2：B8（包括第 0 期）；②［Finance_rate］:在第一种情况下，不需要输入任何数值；③［Reinvest_rate］:输入本例中的再投资报酬率 12%。点击"确定"，得到该项目的内部报酬率为 19%，如图 5-32 所示。

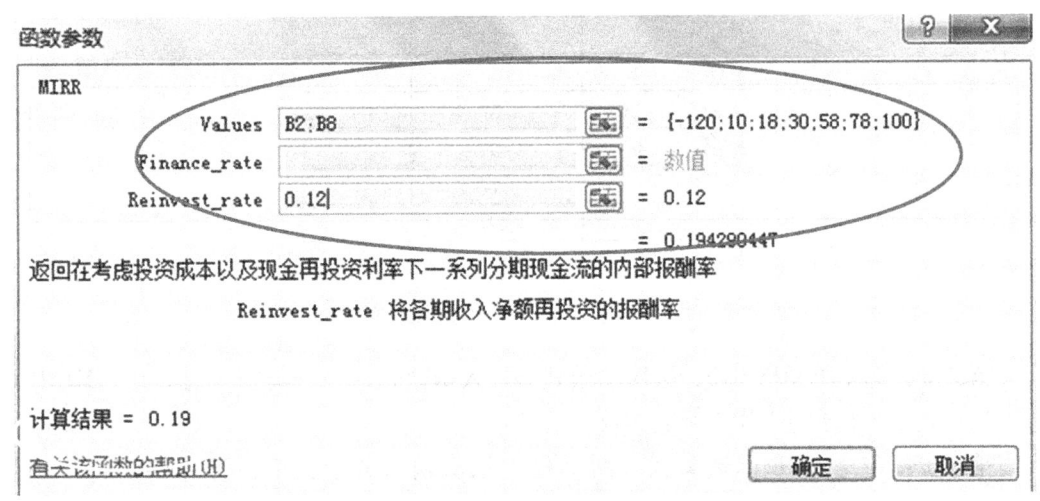

图 5-32　〖MIRR 函数〗对话框（常规现金流）

（2）第二种情况：在非常规现金流模式下，出现零个或多个内部报酬率，需修正现金流计算内部报酬率。

【例 5-20】公司投资 20 万元开发一种新项目，预计今后 5 年的净现金流入量分别为

6万元、8万元、-1万元、4万元和17万元。此时，该项目出现了非常规现金流，需要通过修正现金流计算内部报酬率。预计该项目后续现金的再投资报酬率为12%，项目所需投资资金的融资利率为6%。

这里，我们可使用再投资法或混合法修正现金流计算内部报酬率（详见5.4节），但它们在EXCEL的具体操作有所不同，具体如下：

1. 使用再投资法修正现金流计算内部报酬率的计算机操作步骤

运用再投资法，按照复利的方式，将除了初始投资的现金流（无论是正的还是负的现金流）按一定的再投资报酬率计算到项目的最后一期，然后再来计算内部报酬率。它假设除了初始投资外所有负的现金流量并非投资型现金流，可以由经营性现金流弥补。计算机具体操作步骤如下：

第一步：在EXCEL中创建工作表并输入相关数据，如图5-33所示。单元格B2是第0年的净现金流量，即项目的初始投资额；单元格区域B3：B7中则是第1—5年的各年净现金流量。

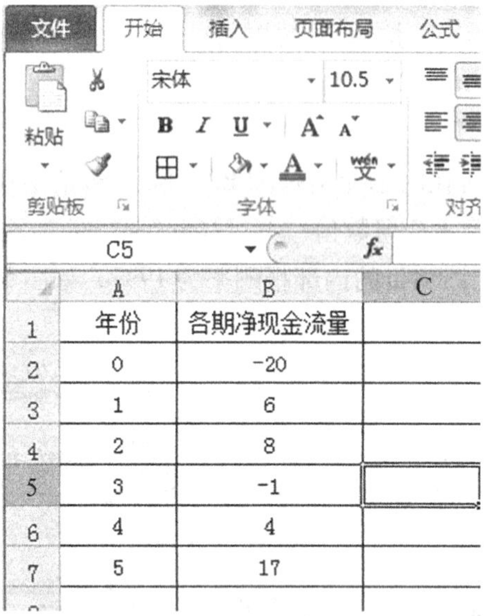

图5-33 项目的非常规现金流量（再投资法）

第二步：选中单元格B10，按照"公式→插入函数 f_x →选择类别（财务）→MIRR函数"这一指令，得到《MIRR函数参数》对话框。

第三步：在《MIRR函数参数》对话框中依次输入各参数值：①［Values］ 引用B2：B7，即输入各年现金流量所在的单元格范围B2：B7（包括第0年）；②［Finance_rate］：由于除了初始投资外所有负的现金流量并非投资型现金流，因此这里不需要输入任何数值；③［Reinvest_rate］：输入本例中的再投资报酬率12%。点击"确定"，得到该项目的内部报酬率为14.96%，如图5-34所示。

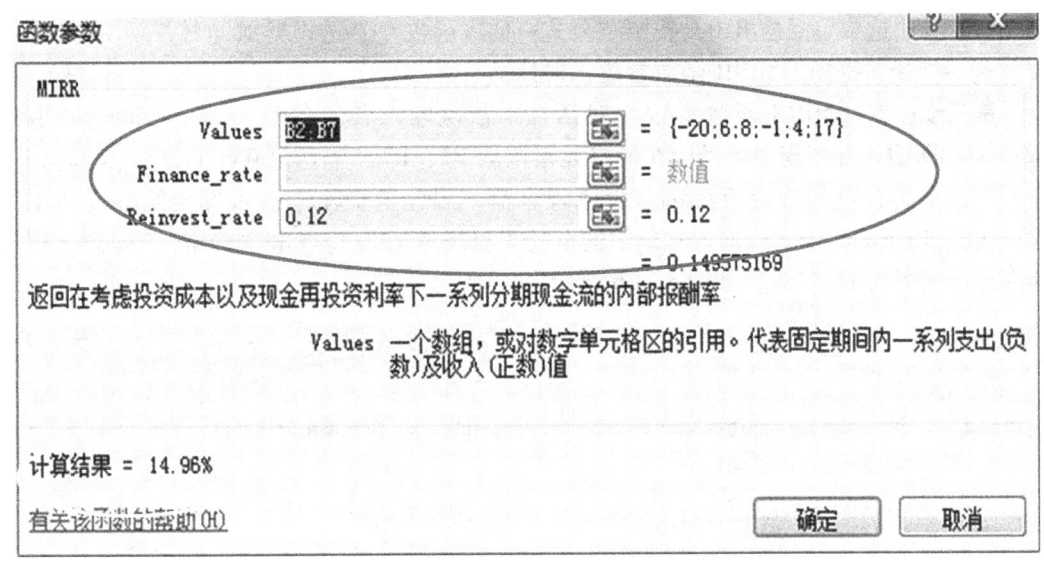

图 5-34 再投资法下的〖MIRR 函数〗对话框

2. 使用混合法修正现金流计算内部报酬率的计算机操作步骤

运用混合法将负的现金流量贴现到项目的第 0 年，正的现金流量通过复利计算到项目的最后一期，然后再来计算内部报酬率。它假设所有负的现金流量是投资现金流，投资所需的资金需要现在准备好；而正的现金流量则为经营性现金流，并以一定的报酬率再投资。计算机具体操作步骤如下：

第一步：在 EXCEL 中创建工作表并输入相关数据，如图 5-35 所示。单元格 B2 是第 0 年的净现金流量，即项目的初始投资额；单元格区域 B3：B7 中则是第 1—5 年的各年净现金流量。

图 5-35 项目的非常规现金流量（混合法）

第二步：选中单元格 B10，按照"公式→插入函数 f_x →选择类别（财务）→MIRR 函数"这一指令，得到〖MIRR 函数参数〗对话框。

第三步：在〖MIRR 函数参数〗对话框中依次输入各参数值：①［Values］：引用 B2：B7，即输入各年现金流量所在的单元格范围 B2：B7（包括第 0 年）；②［Finance_rate］：由于所有负的现金流量都是投资现金流，因此这里输入投入资金的融资利率为 6%；③［Reinvest_rate］：输入本例中的再投资报酬率 12%。点击"确定"，得到该项目的内部报酬率为 15.13%，如图 5-36 所示。

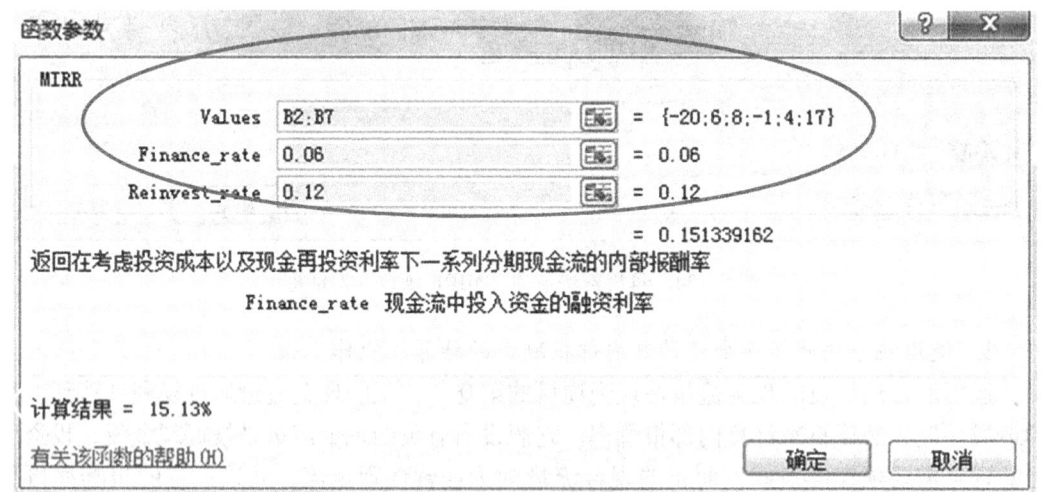

图 5-36　混合法下的〖MIRR 函数〗对话框

5.9.5　利用 EXCEL 计算等效年金与等价年成本

1. 利用 EXCEL 计算等效年金

若一个年金的期限和某项目寿命期相同，并且这个年金的（净）现值与该项目的净现值也相同，则称这个年金是该项目的等效年金。

等效年金与等额还款函数的性质是一致的。因此，我们可以把 PMT 函数的思想用于项目等效年金的计算上，与之相对应的参数如下：

函数形式：PMT（Rate, Nper, Pv, Fv, Type）

◇ Rate——贷款利率，与之相对应的是"项目的折现率"。

◇ Nper——该项贷款的付款年数，与之相对应的是"项目的寿命期"。

◇ Pv——现值，即本金，与之相对应的是"项目的净现值（NPV）"。

◇ Fv——未来值，即最后一次付款后希望得到的现金余额，与之相对应的是"项目的终值"。

◇ Type——指定各期的付款时间是在期初，还是期末。0 表示期初，1 表示期末。

【例 5-21】假设某企业要求的收益率为 12%，准备把旧机器更新，有两种用于更换的机器 A、机器 B 的寿命期限分别为 5 年和 3 年，这两种机器相关信息如表 5-16 所示。

表 5-16　机器 A 和机器 B 的净现金流量　　　　　　　　　　　单位：元

年　份	机器 A	机器 B
第 0 年	-10 000	-15 000
第 1 年	6 000	7 500
第 2 年	4 000	7 500
第 3 年	3 000	7 500
第 4 年	2 000	
第 5 年	1 000	
净现值	2 519.72	3 013.75

由于两种机器的寿命期不等，不能直接采用净现值进行比较，需要采用等效年金进行比较。以机器 A 为例，利用 PMT 函数计算等效年金的操作步骤如下：

第一步：计算机器 A 净现金流量的净现值（操作步骤见 5.9.1 节）。若净现值已知，可直接进入第二步。这里机器 A 的净现值为 2 519.72 元。

第二步：选中单元格 A1，按照"公式→插入函数 f_x →选择类别（财务）→PMT 函数"这一指令，得到〖PMT 函数参数〗对话框。

第三步：在〖PMT 函数参数〗对话框中依次输入各参数值：① [Rate]：输入折现率"12%"；② [Nper]：输入项目的寿命期"5"；③ [Pv]：输入"2 519.72"；④ [Fv]：不需要输入任何数值；⑤ [Type]：不需要输入任何数值。点击"确定"，计算结果为 -699.0，如图 5-38 所示。

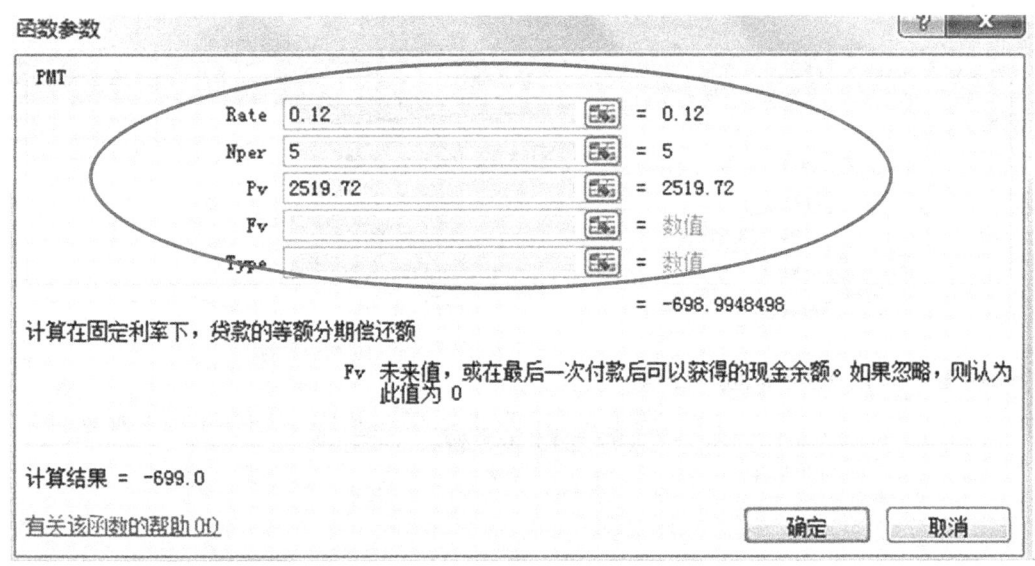

图 5-37　等效年金的〖PMT 函数〗对话框

请注意，因为 [Pv] 输入的数值为正数，显示结果"-699.0"，但等效年金的正确值应为 699.0 元。只要净现值为正数，等效年金也应该为正数，因此将所得的结果调整为与净现值正负号一致的数值。

2. 利用 EXCEL 计算等价年成本

等价年成本与等效年金的性质是一致的,也可以利用 EXCEL 中的 PMT 函数计算等价年成本,其操作步骤与等效年金唯一的区别是:计算等效年金时在[Pv]输入的是"项目的净现值",而计算等价年成本时在[Pv]输入的是"项目的初始投资额"或"付现成本的现值总额"。

下面通过一个例子让大家了解利用 EXCEL 计算等价年成本的操作步骤。

【例 5-22】承例 5-12,DG 公司必须从机器 A 和机器 B 中选用一种,两种机器的设计虽然不同,但生产能力完全相同,只能从事完全相同的工作。已知机器 A 的寿命期为 3 年,其付现成本的现值总额为 28.37 万元;机器 B 的寿命期为 2 年,其付现成本的现值总额为 21 万元。由于两种机器的寿命期不等,不能直接通过比较其付现成本的现值总额决定选用哪一种机器,因此需要计算机器 A 和机器 B 的等价年成本。

以机器 A 为例,利用 PMT 函数计算等价年成本的操作步骤如下:

第一步:计算机器 A 付现成本的现值总额(操作步骤见 5.9.1 节)。若已知"付现成本的现值总额"或"初始投资额",可直接进入第二步。这里机器 A 的付现成本的现值总额为 28.37 万元。

第二步:选中单元格 A1,按照"公式→插入函数 f_x →选择类别(财务)→PMT 函数"这一指令,得到〖PMT 函数参数〗对话框。

第三步:在〖PMT 函数参数〗对话框中依次输入各参数值:①[Rate]:输入折现率"6%";②[Nper]:输入项目的寿命期"3";③[Pv]:输入"28.37";④[Fv]:不需要输入任何数值;⑤[Type]:不需要输入任何数值。点击"确定",计算结果为 -10.61,如图 5-38 所示。

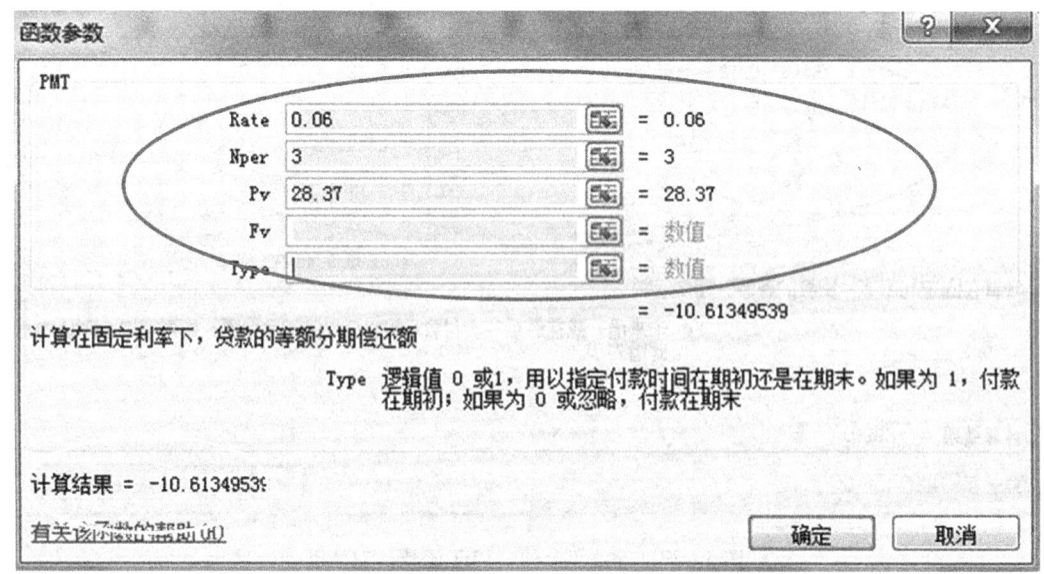

图 5-38 等价年成本的〖PMT 函数〗对话框

思考题

1. 一个项目的净现值为 70 万元。这句话到底是什么意思？

2. 项目的价值等于项目的净现值吗？若一个项目的净现值为 70 万元，是指该项目的价值为 70 万元吗？

3. 某项目净现值等于 0，是不是表示投资该项目什么都没有得到，白干了？是否应该投资净现值等于 0 的项目？为什么？

4. "IRR"、"ROA（ROIC）"、"ROE" 三个指标均反映每投入一元得到多少回报，请问它们之间的区别是什么？（提示：从评价对象、评价点、评价时间段、评价基础（利润还是现金流）等方面进行比较说明）

5. 为什么有时候要对计算出来的内部报酬率进行修正？什么情况下必须修正？如何修正？

6. 贴现回收期与普通回收期有什么区别？贴现回收期与脱险回收期的主要区别是什么？与最佳回收期呢？

7. 脱险回收期与最佳回收期最大的区别是什么？在什么情况下，应该考虑脱险回收期？最佳回收期呢？

8. 导致净现值和 IRR 决策结果冲突的两种情况是什么？其基本原因又是什么？如果出现冲突，该怎样决策？

9. 当项目的寿命期限不等时，是否还能直接根据 NPV 指标进行项目投资决策？如果不能，在可以重复投资的情况下，采用哪一个指标更方便？

10. NPV 是决策中的黄金指标，那为什么实务上还要计算别的指标呢？

11. 回收期只能作为辅助性的指标吗？在什么情况下，可以作为主要的决策指标？

第6章 公司资本投资决策中的风险分析方法

通过第5章的学习，你知道了判断一个项目值得投资的标准是 NPV≥0，那你是否知道此时的项目 NPV 是在期望现金流的基础上计算出来的？

实际上，项目实施过程中必然要受到一些不确定因素的影响，项目的 NPV 很可能会发生变化，有时甚至会出现 NPV<0 的情况。这时，你需要对项目的不确定性进行分析，进一步了解投资项目的风险。比如，你应该知道每年的销售量的底线（盈亏平衡点）是多少，以便结合销售预测判断面临的风险，如果预测出的销售量极有可能低于盈亏平衡点，那风险就比较大；再比如，你应该知道项目对哪些因素的变化比较敏感，以便结合敏感性因素变化的可能性以及变化幅度判断面临的风险，尤其是各个因素都出现最不利情况时的结果到底有多惨；也许，你还应该知道某一特殊事件或特别情况发生后对项目产生的影响。

本章就是针对这些情况介绍定量的风险分析方法，包括净现值盈亏平衡分析、敏感性分析以及场景分析。同时，根据现实操作中的错例，归纳出敏感性分析中的常见问题，希望能对你正确简洁地应用该方法有所帮助。

■ **本章概览**

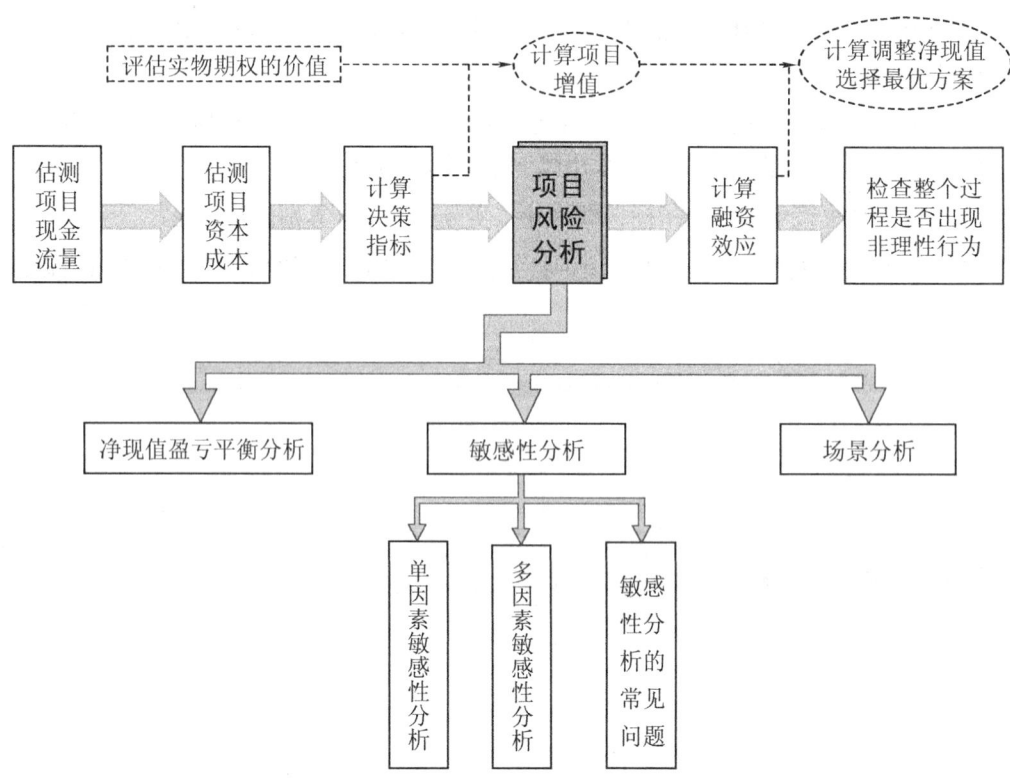

6.1 净现值盈亏平衡分析

盈亏平衡分析是确定项目处于盈亏平衡状态时所需达到的销售量的一种分析方法，它主要用来回答这样一个问题：什么样的销售量水平可以使得项目达到盈亏平衡。常见的盈亏平衡分析有：会计利润盈亏平衡分析和净现值盈亏平衡分析。

会计利润盈亏平衡分析，是指产品销售收入与成本费用相等即会计利润为零的状态。此时的盈亏平衡分析是一种静态分析，并没有考虑初始投资的机会成本，求得的盈亏平衡销售量没能满足项目初始投资应得的报酬，这种状态其实是减少公司价值的状态。因为在这种状态下项目每年的利润都为零，那么这个项目的净现值必定小于零。关于会计利润盈亏平衡分析的详细介绍见本章"阅读材料"。

净现值盈亏平衡分析，是确定项目净现值为零时的销售量的一种分析方法，它将项目的盈亏平衡状态定义为"净现值等于零"，即项目未来各年的净现金流量折现后，正好抵消初始投资额；或者说，项目未来各年的净现金流量正好分担了初始投资的本金和它的机会成本。这里，使项目净现值等于零的销售量称为净现值盈亏平衡销售量，又称为净现值盈亏平衡点。

投资项目的风险分析应该采用净现值盈亏平衡分析。因为，净现值的经济含义是投资该项目所产生的额外现金流（即超过本来应得到现金流的那一部分现金流）贴现到项目第 0 年的现值，也就是企业价值的增加值，所以净现值为零意味着项目刚好获得了基准水平的报酬，实现了初始投资的保值，是项目真正的盈亏平衡状态。在这种状态下，项目未来各年的净现金流量不仅弥补了初始投资的本金并恰好满足了它应得的报酬（机会成本），投资这个项目既不增加公司价值也不减少公司价值。

由于收入和产量及成本和产量之间的关系存在线性和非线性两种可能，因此净现值盈亏平衡可以分为线性盈亏平衡分析和非线性盈亏平衡分析。由于两者的原理是一致的，因此，本书只介绍线性的净现值盈亏平衡分析。

6.1.1 净现值盈亏平衡分析的原理

首先引入约当年均成本的概念。约当年均成本（Equivalent Annual Cost，EAC），又称为等价年成本，是指与初始投资（NCF_0）具有相同现值的年金现金流。

图 6-1（a）中显示项目的初始投资为 NCF_0，它等价于图 6-1（b）中"项目寿命期 n 年内，每年流出相同现金流 EAC 的折现值之和"。即：

$$NCF_0 = \frac{EAC}{(1+r)} + \frac{EAC}{(1+r)^2} + \cdots + \frac{EAC}{(1+r)^{n-1}} + \frac{EAC}{(1+r)^n} = EAC \times \sum_{t=1}^{n} \frac{1}{(1+r)^t} \quad (6-1)$$

式（6-1）中 $\sum_{t=1}^{n} \frac{1}{(1+r)^t}$ 称为折现率为 r、期限为 n 的年金现值利率因子（Annuity Present Value Interest Factor，PVIFA），又称为年金现值系数，用 $PVIFA_{n,r}$ 表示。年金现值系数的数值可通过查询年金现值系数表直接得到。

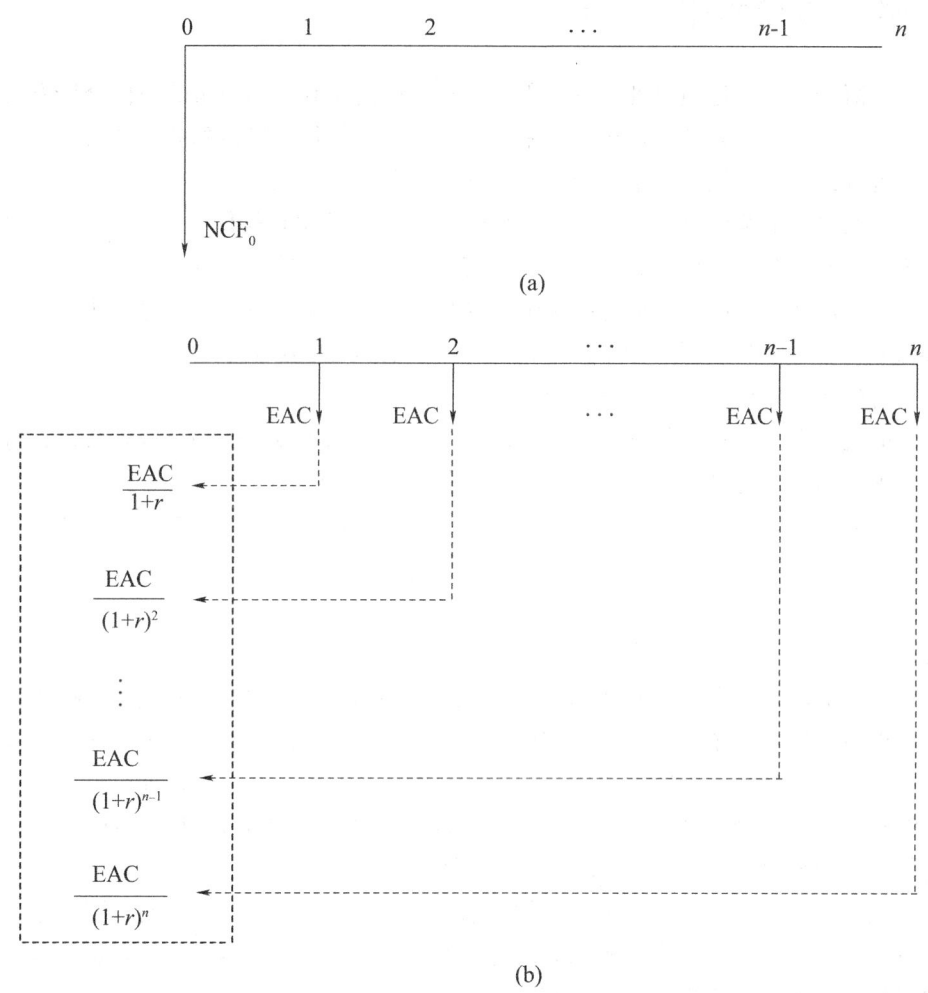

图6-1 初始投资额、约当年均成本的现金流量图

由式（6-1）可以得到 EAC 的计算公式：

$$EAC = 初始投资/年金现值系数 = NCF_0/PVIFA_{n,r} \qquad (6-2)$$

【例6-1】初始投资额为20万元的5年期项目，折现率按12%计，其约当年均成本为：

$$EAC = NCF_0/PVIFA_{n,r} = 20/3.6048 = 5.548（万元）$$

除了通过查表得到年金现值系数再计算 EAC 外，还可以通过 EXCEL 中的 PMT 函数直接求得 EAC，具体操作步骤见本书5.9节"利用 EXCEL 计算等效年金与等价年成本"部分。

由于初始投资额等效于每年有等量现金流 EAC 从项目流出，因此，只需保证项目每年的净现金流量刚好抵消 EAC，即可使得项目净现值为零（处于盈亏平衡状态），此时的销售量即为项目净现值盈亏平衡的销售量。

如果项目运营后的规模和管理效率不变，那么每年的营运资本增量应该为0，年度净现金流量的计算公式可写为：

净现金流量 =（销售价格×销售量 − 单位变动成本×销售量 − 付现的固定成本 − 折旧）×（1 − 税率）+ 折旧

$$= (P \cdot Q - V \cdot Q - F - M) \times (1 - T_c) + M \quad (6-3)$$

式中：P 表示销售价格；Q 表示年销售量；V 表示单位变动成本；F 表示每年付现固定成本；M 表示年折旧额；T_c 表示税率。

令：
$$(P \cdot Q - V \cdot Q - F - M) \times (1 - T_c) + M = \text{EAC} \quad (6-4)$$

整理可得到项目净现值盈亏平衡点 Q^* 的计算公式：

$$Q^* = \frac{\text{EAC} + F \cdot (1 - T_c) - M \cdot T_c}{(P - V) \cdot (1 - T_c)} \quad (6-5)$$

容易发现，式（6-5）的分子实际上为税后成本，它由三部分组成：约当年均成本 EAC、税后的付现固定成本 $F(1-T_c)$ 以及折旧的节税效应（$-M \cdot T_c$），折旧的节税效应为负值，这是因为其抵消等式中的成本；分母为销售每单位产品的边际贡献 $(P-V) \cdot (1-T_c)$。

6.1.2 净现值盈亏平衡分析的应用

下面通过一个例子说明净现值盈亏平衡分析在资本投资决策中的应用。

【例6-2】GL公司拟在未来5年内生产销售某型号大型中央空调。据公司估计，该空调的销售单价为200万元，每台的变动成本为100万元。生产这种空调每年的付现固定成本为17.91亿元，假定项目初始投资仅为设备投资，投资额为15亿元，按直线折旧法折旧，期末无残值。试对该项目进行盈亏平衡分析。其中，项目的必要报酬率（折现率）为15%，公司所得税率为25%。那么，今后5年内每年至少销售多少台，才能保证该项目投资不会减少公司的价值？

这是计算该项目净现值盈亏平衡点的问题。

GL公司最初投资15亿元，折现率为15%、期限为5年的年金现值系数为3.3522，那么约当年均成本（EAC）为：

$$\begin{aligned}
\text{EAC} &= 初始投资额/\text{PVIFA}_{5,15\%} \\
&= \text{NCF}_0 / \text{PVIFA}_{5,15\%} \\
&= 150\,000/3.3522 \\
&= 44\,750(万元) = 4.475(亿元)
\end{aligned}$$

也可以利用EXCEL中的PMT函数求得这一结果，其操作对话框如图6-2所示。

值得注意的是4.475亿元的约当年均成本（EAC）大于每年3亿元的折旧，这是因为EAC的计算不但考虑了15亿元的本金投入，还考虑了这些投资的机会成本，即需要获得

15%的投资报酬。项目的税后成本为：

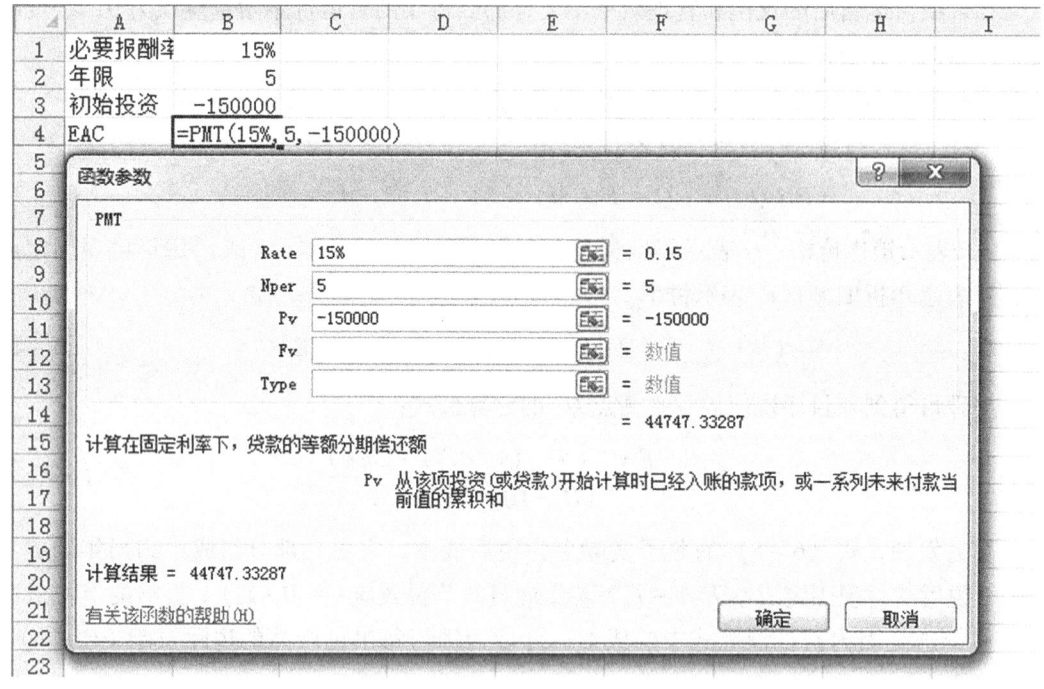

图6-2 《PMT函数》对话框

$$税后成本 = 约当年均成本 + 付现的固定成本 \times (1-税率) - 折旧 \times 税率$$
$$= EAC + F(1-T_c) - M \cdot T_c$$
$$= 4.475 + 17.91 \times 0.75 - 3 \times 0.25$$
$$= 17.1575（亿元）$$

也就是说，除了初始投资的约当年均成本4.475亿元外，公司每年的固定成本（除折旧外）还需要支付现金17.91亿元，同时考虑付现固定成本和折旧的节税效应后年度的税后成本是17.1575亿元。

由于空调的销售单价是200万元，单位变动成本为100万元，因此，每销售一台空调的边际贡献为：（销售单价 - 单位变动成本）×（1 - 税率） = 0.0075（亿元）。

因此，项目净现值的盈亏平衡销售量为：

$$Q^* = \frac{EAC + F(1-T_c) - M \cdot T_c}{(P-V)(1-T_c)}$$

$$= \frac{17.1575}{0.0075} = 2\,288（台）$$

如果公司今后每年的销售量都不低于2 288台时，那么投资这个项目就不会减少公司价值。如果预计将来每年的销售量极有可能小于2 288台，那即使从会计报表上看项目是盈利的（每年的利润大于0），但实际上投资这个项目会减少公司价值。此时，项目的净现值小于0，所投资的15亿元获得的报酬率小于15%。

从原理上看，净现值盈亏平衡分析与会计利润盈亏平衡分析十分相似，其区别主要在于对项目初始投资的处理上。会计利润盈亏平衡分析将初始投资作为折旧均摊到以后各年中，在计算时作为固定成本的一部分，这种处理方式没有考虑到初始投入资金的机会成本，低估了项目的固定成本；而净现值盈亏平衡分析将初始投资按照某一折现率折算为等效年均成本 EAC，在计算时作为税后成本的一部分（见式（6-5））。

如果你有兴趣，请计算例 6-2 中项目的会计利润盈亏平衡点，看它比净现值盈亏平衡点大还是小，分析为什么会出现这种情况。这样，你会对净现值盈亏平衡点和会计利润盈亏平衡点理解更深入，明白为什么将它们分别称为"保利点"和"保本点"。

6.2 敏感性分析

投资项目决策指标（NPV、IRR 或动态投资回收期等）随某个或某几个因素的变化而变化的特征，我们称之为决策指标对不确定因素的敏感性。敏感性分析是指从众多不确定因素中找出对决策指标有重要影响的敏感性因素，并分析、测算其对项目决策指标的影响程度，进而判断项目承受风险能力的一种不确定性分析方法。

1. 不确定因素

在项目寿命期内可能发生变化（即实际发生值与决策分析时的预测值不一致）的因素主要有：产品的产量、产品价格、材料成本、人工费、初始投资，此外还有折现率、项目期末的资产残值等。由于这些因素都有可能出现实际发生值与决策分析时的预测值不一致的情况，且这种不确定性将对项目的决策指标产生影响，进而导致整个项目的不确定性，因此称它们为不确定因素。

2. 敏感性因素

事实上，上述不确定因素的数值发生同一幅度的变动，对项目决策指标的影响程度可能是不同的。换句话说，决策指标对各个不确定因素变化的敏感程度是不同的。所谓的"敏感性因素"，就是指其数值的变动对项目决策指标产生显著影响的因素。

对项目进行敏感性分析时，首先从不确定因素中找到敏感性因素；再根据敏感性因素变化的范围，从中找出几个可能发生较大变动的因素；分析这几个因素同时发生变动时，确定项目的决策指标的值。这样，就可以了解到哪些因素的变动对项目影响比较大，可以在实施过程中做重点监控和管理；同时，也可以了解到当敏感性因素出现极端情况时项目的结果即决策指标的具体情况。

根据分析过程中不确定因素同时发生变动的数目，将敏感性分析分为单因素敏感性分析和多因素敏感性分析，两种敏感性分析方法的作用不同，在分析过程中需要联合起来，才能揭示项目风险的大小。

6.2.1 单因素敏感性分析

单因素敏感性分析是针对单一不确定因素发生变化（其他因素保持不变）对项目评价指标产生的影响进行分析。它旨在通过只改变一个不确定因素的数值，计算其对项目决策指标的影响，得出敏感性系数；比较项目决策指标对这些不确定因素的敏感程度（如敏感性系数），找出敏感性因素。

若某因素的较小变化能导致项目评价指标（如 NPV）的较大变化，则表明项目 NPV

受该因素的影响较大,称 NPV 对该因素的敏感性较大;反之,则称该因素的敏感性较小。

6.2.1.1 不确定因素的敏感性比较

不确定因素敏感性的比较方法主要有两种:敏感性系数和敏感性分析图,在实际应用中,选择其中一种即可。

(1) 敏感性系数。敏感性系数也称为敏感度,是指项目决策指标变化的百分率与不确定因素变化的百分率之比,通过敏感性系数这一指标可以较为直观地反映敏感性的大小。

敏感性系数的计算公式如下:

$$E = (\Delta A/A)/(\Delta F/F) \tag{6-6}$$

式中:E 表示决策指标 A 对于不确定因素 F 的敏感性系数;$\Delta F/F$ 表示不确定因素 F 的变化率(%);$\Delta A/A$ 表示不确定因素 F 发生 ΔF 变化而其他因素不变时,决策指标 A 的相应变化率(%)。

敏感性系数的绝对值 $|E|$ 越大,表明项目决策指标 A 受到不确定因素 F 的影响越大,即 A 对 F 的敏感性越大。

在实际应用中,一般设定各因素的变化率相同,即 $\Delta F/F$ 相同,如均为 5%;而对于各个因素来说,A 不变。因此,只需比较 ΔA 就可以了解各个因素的敏感性大小,而不必计算敏感性系数。

(2) 敏感性分析图。除了敏感性系数外,敏感性分析图也能够直观地反映出决策指标对不确定因素的敏感性大小。敏感性分析图是通过在坐标图上做出各个不确定因素的敏感性曲线,进而确定各个因素敏感性程度的一种图解方法。其基本作图方法如下:

① 以纵坐标表示项目的决策指标,横坐标表示各个不确定因素的变化幅度(以%表示)。

② 根据敏感性分析的计算结果绘出各个因素的变化线,其中与横坐标所成角度较大的线所对应的因素就是敏感性因素,即越陡的线对应的因素越是敏感性因素。

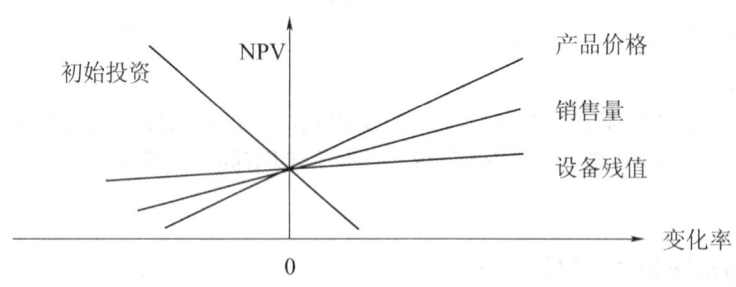

图 6-3 单因素敏感性分析图

图 6-3 为某项目的单因素敏感性分析图,根据敏感性曲线与横坐标的夹角的大小,可以判断出各不确定性因素的敏感性从大到小依次为初始投资、产品价格、销售量及设备残值。

6.2.1.2 单因素敏感性分析方法的应用

【例6-3】 某公司欲投资一个寿命期为5年的项目。经初步估计该项目的生产设备投资为300万元，使用寿命为5年，按照直线法进行折旧，5年后项目结束时，将该设备作价处理，预计可以得到50万元；项目建设期需要的其他费用（包括安装费、人员培训费、交际应酬费等）合计为20万元；营运资本初始投入为150万元，并且每年增加20万元；据市场调查，该项目生产的A产品的市场价格为5 000元/个，预计未来5年的销售量为200个、250个、300个、400个、500个；每个产品的原材料成本为1 000元，人工费为500元；其他成本费用（包括管理人员工资与福利、销售提成、营业税及附加、生产设备维护等）合计为10万元/年；另外，如不进行此项投资，项目占用的公司厂房将对外租赁，每年可以获得5万元的租金；试对该投资方案进行分析，折现率按10%计，公司所得税率按25%计。

根据题设条件，估算项目初始投资及经营期间的增量现金流，如表6-1所示。

表6-1 项目第0～1年的现金流量估算　　　　　　　　　　　单位：万元

第0年			第1年		
经济活动	对经营利润的影响	对现金流的影响	经济活动	对经营利润的影响	对现金流的影响
购买固定资产	—	-300	销售收入	100	100
支付其他费用	—	-20	支付人工费	-10	-10
营运资本投入	—	-150	支付材料费	-20	-20
经营利润增量	—	—	支付其他成本费	-10	-10
所得税增量	—	—	折旧	-60	—
税后现金流增量	—	-470	营运资本增加额	—	-20
			厂房租赁收入	-5	-5
—	—	—	经营利润增量	-5	—
—	—	—	所得税增量①	—	1.25
—	—	—	税后现金流增量	—	66.25

---

① 亏损可由公司其他部门的利润来抵扣而达到节税目的。

按照第 1 年增量现金流量的估算方法，可以估算出第 2—5 年的现金流量依次为 55.625 万元、77.5 万元、121.25 万元、477.5 万元，其中第 5 年末项目结束，要考虑营运资本的回收及生产设备作价处理的收益。

根据现金流量及折现率可以求得项目的净现值 NPV = 44.19 > 0。因为 NPV 为正，公司应该投资该项目。

但是如果产品价格、产品销量、初始投资额等实际发生值与决策分析时的预测值不一致，会对项目产生多大影响呢？在最差及最好情况下，项目的 NPV 各是多少？要回答这些问题，就必须进行敏感性分析。

通过单因素敏感性分析，找出项目的敏感性因素。

（1）根据分析发现，人工费、材料费、产品销量、产品价格、初始投资额以及生产设备残值的未来变动将会对项目决策指标 NPV 产生影响，因此将它们都作为不确定因素。

（2）令各不确定因素变动幅度统一（此处选 +5%），以便观察不确定因素各自发生同样幅度变化时，决策指标 NPV 的变化值。

（3）编制敏感性分析表，并计算各因素的敏感性系数，如表 6-2 所示。

根据表 6-2 的计算结果，比较各不确定因素的敏感性系数绝对值大小可以发现，产品价格、销量对项目 NPV 的影响最大，其余依次是初始投资额、材料费、人工费及设备残值。由于多因素敏感性分析中，敏感性因素最多不宜超过 4 个（具体原因见 6.2.2 节"多因素敏感性分析"），又考虑到人工费和设备残值的敏感性系数仅为 -1.70 和 0.88，因此，根据敏感性系数绝对值的大小，可选择产品价格、产品销量、初始投资额以及材料费作为敏感性因素。

表 6-2 项目的单因素敏感性分析表　　　　　　　　　单位：万元

不确定因素 \ 变动幅度 \ NPV	0	+5%	NPV 变化值	敏感性系数
人工费	44.19	40.44	-3.75	-1.70
材料费	44.19	36.70	-7.49	-3.39
产品销量	44.19	70.38	26.19	11.86
产品价格	44.19	81.61	37.42	16.94
初始投资额	44.19	20.37	-23.82	-10.78
设备残值	44.19	46.13	1.94	0.88

6.2.2　多因素敏感性分析

例 6-3 中已经通过单因素敏感性分析找到了敏感性因素，但是这还不能反映多个因素同时发生变化时项目的决策指标值,因此还不能彻底揭示出项目的风险,因为也许各个敏感性因素都朝着不利的方向发生较大变化,这种最不希望看到的情况发生后,其结果怎样?即决策指标到底是多少?是不是在我们能承受或允许的范围内?因此还需要进一步做多因素敏感性分析。

1. 多因素敏感性分析的含义及作用

多因素敏感性分析是针对两个或者两个以上互相独立的敏感性因素同时变化对项目决策指标产生的影响进行分析。多因素敏感性分析选择未来可能发生较大变化的敏感性因素,计算这些因素同时发生变动时项目的决策指标值,据此了解项目敏感性因素在极端值时的情况,尤其是各个敏感性因素都最好或最差时的情况。

多因素敏感性分析一般选取 2～4 个敏感性因素,超过 4 个则有可能使计算矩阵的交织项太多而不清晰。

2. 多因素敏感性分析步骤

多因素敏感性分析一般遵循以下步骤:

第一步:预测和确定各个敏感性因素的变化方向和变化幅度。将变化幅度不大或不发生变化的敏感性因素剔除。需要注意的是,这里的变化幅度是根据实际情况预测的可能变化幅度,而不是像单因素敏感性分析中设定的固定的变化幅度,例如,某产品价格未来很可能与预测值不一样,可能上涨也可能下降。据估测,如果上涨,最多将比预测值涨 7%;如果下降,最多将下降 5%,则其变化幅度应取 -5%～7%。

第二步:构建多因素敏感性分析表。将各个敏感性因素及其变化幅度进行排列(如:列出表 6-3 中上边一栏和左边两栏相对应敏感性因素的变化百分比),形成一个矩阵式表格,其中的每一个方格代表几个敏感性因素同时发生变化对项目决策指标共同影响所形成的状态,即项目此时的决策指标值。多因素敏感性分析的结果通常用一个矩阵形式反映出来,因此该方法又称为系统弹性矩阵分析法。

第三步:完成多因素敏感性分析表。逐一测算每一个方格的指标值,测算时可参考邵希娟与罗钰于 2014 年 2 月发表在《项目管理技术》的文章"基于 Excel 的投资项目多因素敏感性分析的方法研究"。

第四步:根据测算结果,分析多因素敏感性分析表,综合评价投资项目的风险。

3. 多因素敏感性分析的应用

【例 6-4】承例 6-3,考虑到公司生产 A 产品的原材料可以由其子公司提供,原材料价格将不受市场波动的影响而保持长期稳定。因此,不将材料费作为多因素敏感性分析的考察因素。

公司预测 A 产品未来价格变动幅度可能为 -4%～5%,也就是说,在项目的寿命期内,与当时计算 NPV 时的取值相比,产品价格下降的话最多能下降 4%,上涨的话最多能上涨 5%;产品销量变化范围较大,为 -10%～7%;初始投资额的变动幅度为 -2%～5%。

构建并完成多因素敏感性分析表,如表 6-3 所示。观察项目 NPV 的变化情况。

表6-3 项目的多因素敏感性分析　　　　　　　　　　单位：万元

初始投资	单价	销量 NPV	-10%	0	+7%
-2%	-4%		-25.75	23.65	58.23
	0		1.20	53.59	90.26
	+5%		34.88	91.01	130.30
0	-4%		-35.15	14.25	48.83
	0		-8.21	44.19	80.86
	+5%		25.47	81.61	120.90
+5%	-4%		-58.65	-9.25	25.32
	0		-31.71	20.68	57.36
	+5%		1.97	58.10	97.40

从表6-3中可以看出：

（1）在最可能的情况下（初始投资、产品单价、销售量的实际值与预测值一致），该项目的 NPV 为 44.19 万元；

（2）在最好的情况下（初始投资减少2%，产品单价和销售量分别上涨5%和7%），该项目的 NPV 达到 130.3 万元；

（3）在最差的情况下（初始投资增加5%，产品单价和销售量分别下降4%和10%），项目的 NPV 降到了 -58.65 万元；

（4）敏感性分析的整体情况显示，NPV>0 的情况占全部分析结果的 77.78%。由此可见，该项目在大多数情况下是创造价值的，但当三个敏感性因素中有两个同时出现极端不利时，项目的净现值就为负数，如果这种情况发生的概率不大，项目的风险就比较小。

这个分析也提醒管理者：①在进行初始投资时如果采取有效措施取得最好效果（初始投资降低2%），则可使风险大大降低，因为在这种情况下，9种情形中只有1种的净现值小于0；②在今后项目运营中，做好销售管理是提高项目抵抗风险能力的有效手段。

6.2.3　敏感性分析中的常见问题

人们在应用敏感性分析方法时经常出现以下几类问题。

1. 两种敏感性分析方法没有配合使用

现实中，经常发现人们在应用敏感性分析方法时只用单因素敏感性分析，这显然是不够的。造成这样的问题，主要是对敏感性分析方法的作用理解不到位。

单因素敏感性分析方法的作用仅仅是找敏感性因素。这些敏感性因素是多因素敏感性分析的基础，因为多因素敏感性分析考察因素不宜超过4个，否则计算出的矩阵交织项太多而不清晰。单因素敏感性分析并不能够直接揭示项目的风险情况，因为它不能如实显示几个因素同时变化的结果，这一缺陷还必须依靠多因素敏感性分析来弥补。因此，两者必须配合使用。

2. 不确定因素没有选取基础变量

在做单因素敏感性分析时，不确定因素应该尽量选取基础变量，而不是中间变量。所谓基础变量是指不能够再细分的变量，如人工费、产品销量等。之所以要选取基础变量，是因为一旦通过单因素敏感性分析将该不确定因素判定为敏感性因素，使用者可以较为准确地估计该因素在实际中的变动范围，以利于下一步进行多因素敏感性分析；而中间变量是一系列基础变量的函数，如固定成本，它包含固定资产折旧费、修理费、职工福利费、办公费等，如果固定成本被判断为敏感性因素，由于固定成本本身包含众多变量，这些变量的变化都可能引起它的变化，所以分析者很难准确判断出它的变动范围和出现极端值的可能性大小。

3. 计算累赘

在选取净现值（NPV）作为项目的决策指标进行敏感性分析时，常常出现计算累赘的问题，如表6-4所示。

表6-4 计算累赘问题举例

NPV \ 变动率 \ 不确定因素	-15%	-10%	-5%	0%	+5%	+10%	+15%	敏感性系数
价格	-8 617.8	-5 632.6	-2 647.3	337.9	3 323.1	6 308.3	9 293.5	17.67
销量	-8 617.8	-5 632.6	-2 647.3	337.9	3 323.1	6 308.3	9 293.5	17.67
人工费	530.0	466.0	401.9	337.9	273.8	209.7	145.7	0.38
主要材料费	6 150.2	4 212.7	2 275.3	337.9	-1 599.6	-3 537.0	-5 474.4	11.47
初始投资额	439.9	405.9	371.9	337.9	303.9	269.9	235.9	0.20

表6-4为某商业计划书中单因素敏感性分析表，它计算了NPV在不确定因素出现6种变动（±5%、±10%、±15%）时的值。事实上，只需要计算这些因素的1种变动情况即可，如表6-2所示。

根据NPV的计算公式：

$$NPV = \sum_{t=1}^{n} \frac{\left(产品价格 \times 销量 - 人工费 - 材料费 - \frac{其他成本费}{} - 折旧\right) \times \left(1 - 所得税税率\right) + 折旧 - 营运资本增加额}{(1+r)^t}$$

$$- 初始投资额 + \frac{固定资产变现收入 - \left(固定资产变现收入 - 固定资产账面残值\right) \times 所得税税率 + 营运资本回收额}{(1+r)^n}$$

(6-7)

NPV与产品价格、产品销量、人工费、主要材料费、初始投资总额等不确定因素之间是线性关系，因为两点决定一直线，所以只需要计算不确定因素发生一种变化（如

+5%)时NPV的变动情况,就可以判断NPV对哪些因素变化更为敏感,而不需要再计算-5%、±10%、±15%等情况下的NPV值。

以价格为例进行说明,如果在坐标轴上作一条通过点A(0%,337.9)和点B(5%,3 323.1)的直线,那么点C(-5%,-2 647.3)、D(10%,6 308.3)、E(-10%,-5 632.6)等均在这条直线上,如图6-4所示。

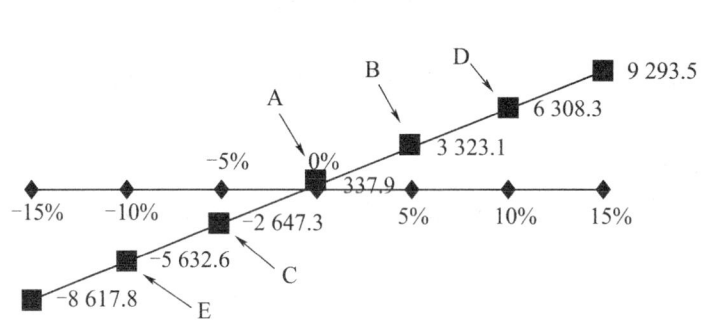

图6-4 NPV—价格变动率关系

这表明,NPV与产品价格之间是线性关系。因此,根据A、B两点即可确定这条直线,而不需要再计算其他点(C、D、E等)的坐标了。

4. 找到敏感性因素后未对其做必要的分析

找到项目敏感性因素后,还应该考察该敏感性因素变化的范围是不是很大,若变化不大或者不会发生变化,可以不将该因素纳入多因素敏感性分析的考察范围,如例6-3中,项目的主要原材料是由其子公司提供的,材料价格会保持相对稳定,则不能将材料费列入下一步的考察范围。

5. 多因素敏感性分析中因素的变化范围设定不合理

在进行多因素敏感性分析,确定敏感性因素变化范围时,使用者经常将所有敏感性因素的变化范围设置成相同的,而不是根据各个因素的实际可能变化范围来设置,如表6-5所示。

表6-5 因素变化范围设定不合理举例

NPV 价格 销量 初始投资		-10%			0%			+10%		
		-10%	0	+10%	-10%	0	+10%	-10%	0	+10%
-10%		-9 666	-3 695	2 275	-3 695	2 275	8 246	2 275	8 246	14 216
0%		-11 603	-5 633	338	-5 633	338	6 308	338	6 308	12 279
+10%		-13 540	-7 570	-1 600	-7 570	-1 600	4 371	-1 600	4 371	10 341

从表6-5可以看出,使用者在进行多因素敏感性分析时,将单价、销量、初始投资

的变化范围都设为 -10% ~ +10%。出现这种错误的原因在于，使用者只是简单地模仿单因素敏感性分析的操作步骤，对多因素敏感性分析法的作用理解不到位，没有搞清楚其真正目的。多因素敏感性分析是要了解几个敏感性因素同时变化到极端值时，项目决策指标的结果，尤其是在最好（各种因素都好）和最差（各种因素都差）时的结果。因此，必须以敏感性因素的实际可能变化值作为计算依据。

6.3 场景分析

敏感性分析适合于各变动因素之间是相互独立的。而现实中，各因素可能受同一事件（例如通货膨胀、政府管制、发生空难或是能源危机等）的影响导致它们之间的变化相互影响而并非独立，譬如，一特殊事件造成某产品的市场需求增加，这时不仅产品销售量上升，而且产品价格往往也会随之提高。这时，可以利用场景分析方法，综合考虑各因素之间存在相互关联的情况。

场景分析（Scenario Analysis），又称为"情境分析"，考察项目未来可能面对的某一特定场景（如：航空公司的飞机遭遇空难、石油公司遭遇石油危机等），综合分析该种场景下影响项目决策指标的各个变量的变化情况，并在此基础上测算项目的决策指标值，据此了解项目的风险。

下面通过一个案例来介绍场景分析的应用。

【例6-5】 SEC公司最近开发了以太阳能为动力的喷气式发动机技术，并且想要进行大规模生产。初始投资为150 000万元，在未来5年内进行生产与销售。初步预测的现金流量如表6-6所示。若折现率为15%，利用EXCEL计算可得项目的NPV为179 098万元。因为净现值为正，因此SEC公司应该接受该项目。

表6-6 项目第1-5年现金流量预测表   单位：万元

经济活动	对经营利润的影响	对现金流的影响
销售收入	600 000	600 000
付现变动成本	-300 000	-300 000
付现固定成本	-179 100	-179 100
折旧	-30 000	—
经营利润增量	90 900	—
所得税增量	-22 725	-22 725
税后现金流增量	—	98 175

注：表中为第1年现金流量预测结果，第2—5年的现金流量预测结果与此相同。

然而，SEC公司的决策层考虑到，在项目的寿命期内，有可能会出现一些意想不到的空难事故,这种事故虽然是小概率事件,但是一旦发生将对项目产生重大影响:它将减少飞行总量,从而抑制新飞机发动机的需求,而且,即使太阳能飞机与空难事故无关,公众仍将反对任何有争议的技术改进和技术革新,由此,SEC公司的市场份额就有可能下滑。

公司预测空难场景下的现金流量如表6-7所示。根据表中的预测值,利用EXCEL计算可得此时的NPV是-2 231 61万元。这表明一旦发生空难事故,项目将会导致公司价值受到极大损害,影响相当大。

表6-7 空难场景下项目第1—5年现金流量预测表　　　　　　　　　　　单位:万元

经济活动	对经营利润的影响	对现金流的影响
销售收入	280 000	280 000
付现变动成本	-140 000	-140 000
付现固定成本	-179 100	-179 100
折旧	-30 000	—
经营利润量	-69 100	—
所得税增量	17 275①	17 275
税后现金流增量	—	-21 825

注:表为第1年现金流量预测结果,第2—5年的现金流量预测结果与此相同。

多因素敏感性分析在估测敏感性因素变动幅度时,往往不考虑类似空难事故这样的发生概率很小但影响相当大的特殊情况。而场景分析可以对这种特殊情况进行细致的研究,分析特殊情况下各个因素的变动结果,并且能够考虑到各个因素之间的相互影响,最后计算这种情况下的决策指标值。因此,在预测可能有特殊情况发生的情况下,就可以用场景分析方法。

多因素敏感性分析和场景分析都试图回答这样一个问题:如果这样将会怎样?值得注意的是,虽然在这些方法计算过程中没有用到概率,但在得到计算结果后分析风险大小时应结合概率进行,特别是NPV为负值发生的概率,如果NPV为负值发生的概率很大,说明项目的风险就很大。

6.4 扩展阅读:会计利润盈亏平衡分析

下面的阅读材料简要介绍了会计利润盈亏平衡分析的概念、原理及其局限性。

会计利润盈亏平衡分析是传统意义上的盈亏平衡分析,其盈亏平衡状态指的是项目的成本费用与销售收入之间相等的一种平衡关系,本阅读材料中如无特殊说明,"盈亏平衡

---

①亏损可由公司其他部门的利润来抵扣而达到节税目的。

分析"均指会计利润盈亏平衡分析。

6.4.1 盈亏平衡分析的概念

盈亏平衡分析，又称为量本利分析或损益平衡分析，是在一定的生产能力条件下，研究分析项目成本费用与收入之间平衡关系的一种方法，它通过计算盈亏平衡点，考察企业对市场的适应能力和抗风险能力。

盈亏平衡点又称保本点，是项目盈亏平衡，即销售收入等于产品总成本时的销售量，一般根据项目正常生产年份的销售收入、可变成本、固定成本等数据资料计算得到，该销售量也被称为盈亏平衡销售量。盈亏平衡销售量越低，表明项目对市场需求变化的适应能力越强，承受风险的能力越大。

根据收入和产量及成本和产量之间的关系存在线性和非线性两种可能，盈亏平衡可以分为线性盈亏平衡分析和非线性盈亏平衡分析。非线性盈亏平衡分析与线性盈亏平衡分析的原理是一致的，都是通过令项目的收入和成本相等，求出盈亏平衡产量，非线性盈亏平衡分析本书从略。

6.4.2 盈亏平衡分析的基本原理

盈亏平衡分析是通过项目年度的销售收入、可变成本、固定成本等数据资料来计算盈亏平衡销售量的，这些数据之间的关系可以表示为：

销售收入： $$T = P \cdot Q$$

成本： $$C = F + V \cdot Q$$

式中：T 表示产品年销售收入；P 表示销售价格；Q 表示年销售量；C 表示产品总成本；F 表示年固定成本（包含折旧）；V 表示单位变动成本。

根据盈亏平衡的概念，当企业盈亏平衡时，其销售收入等于产品总成本，于是有：

$$P \cdot Q = F + V \cdot Q$$

由上式推导可得盈亏平衡时的销售量：

$$Q^* = \frac{F}{P - V}$$

由此还可得到盈亏平衡销售收入：

$$T^* = P \cdot Q^* = P \cdot \frac{F}{P - V}$$

盈亏平衡总成本：

$$C^* = F + V \cdot \frac{F}{P - V}$$

以上是利用解析式计算盈亏平衡点的过程。除此之外，还可以通过图形法来找盈亏平衡点，即将销售收入与销售量的关系以及成本与销售量的关系用两条直线分别表示在坐标图上,其交点即为所求的盈亏平衡点,对应的销售量即为盈亏平衡销售量。

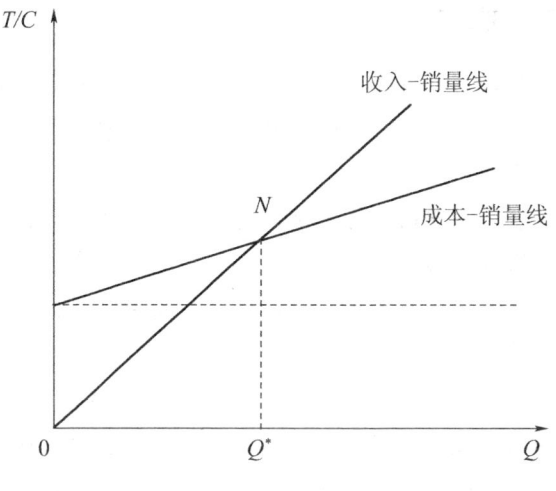

图 6-5 盈亏平衡分析图

图 6-5 横坐标表示产品销售量,纵坐标表示销售收入或者成本,图中两条直线的交点 N 为该项目的盈亏平衡点,对应的销售量 Q^* 为盈亏平衡销售量。

从图中可以直观地看出,在盈亏平衡销售量左侧,销售收入小于成本,项目亏损;在盈亏平衡销售量右侧,销售收入大于成本,项目盈利。对于企业而言,要确保获利就必须使实际销售量大于盈亏平衡销售量,因此,盈亏平衡销售量 Q^* 越小,项目盈利的机会就越大,亏损的风险就越小。

我们发现上述分析过程中,还有一项重要的内容没有考虑,那就是税,盈亏平衡要求销售收入与产品总成本相同,但是并没有说明是税前还是税后的收入和成本。事实上,当项目处于盈亏平衡时,其税前利润为零,即无需缴税。因此,无论税前还是税后,盈亏平衡所要达到的销售量是相同的。

6.4.3 盈亏平衡分析的局限性

盈亏平衡分析存在如下几点不足之处:

(1) 盈亏平衡分析只讨论价格、产量、可变成本、固定成本等因素对项目盈亏平衡的影响,其他相关因素考虑很少。

(2) 盈亏平衡分析是一种静态分析,仅仅将初始投资当作折旧分摊到以后各年中,而没有考虑初始投资的时间价值,据此求得的盈亏平衡销售量不能保证初始投资应有的收益。

(3) 盈亏平衡分析方法在使用时要求单位产品的销售价格、可变成本和固定成本在项目寿命期内保持不变,而这些往往和现实情况不一致。

思考题

1. 在企业投资中，更应该关注会计利润盈亏平衡点，还是净现值的盈亏平衡点？为什么？

2. 单因素敏感性分析与多因素敏感性分析分别解决了什么问题？两者如何配合使用？

3. 应用敏感性分析应注意哪些事项？

4. 多因素敏感性分析与场景分析有何区别？

5. 净现值盈亏平衡分析、敏感性分析、场景分析分别能解决什么问题？

6. Nike 公司购买一台品牌机器用来生产它的 High Fight 品牌系列鞋。采用直线折旧法对该机器计提折旧，折旧期限为 5 年，无残值。机器成本为 350 000 元，这种鞋每双的售价为 60 元，变动成本为 8 元，机器每年的固定成本为 100 000 元。假设所得税率为 25%，适当折现率为 8%。那么企业要实现多少销售量才能实现盈亏平衡？

7. 某市政府打算建立一个产业园，用于出租给相关企业，促进产业的发展。该产业园的收入主要为租金收入，预计单位面积租金大约为 95 元/m²，单位面积租金增长率约为 3%，项目初始投资约 10 725 万元。表 6-8 是从该项目计划书中截取出的多因素敏感性分析表。其中，决策指标栏中的每一格为对应情况下的指标值，每格中第一个数据是净现值（NPV），单位是万元；第二个数据是修正的内部报酬率（MIRR）；第三个数据是动态回收期，单位是年。项目的必要报酬率为 17.35%。

通过表 6-8，你可以获知关于项目的哪些信息？该项目的风险大小如何？如果据此评价该项目的风险，你至少还需要哪些信息？

表 6-8 产业园项目多因素敏感性分析

决策指标 \ 初始投资（万元） 单位租金（元/m²） 租金增长率	14 625			10 725			8 125		
	80	95	105	80	95	105	80	95	105
2%	−4 738 8% *	−2 970 12% *	−1 791 14% *	−959 15% *	809 18% 13.87	1 988 20% 11.26	1 560 21% 11.13	3 328 24% 8.25	4 507 26% 7.06
3%	−4 004 10% *	−2 099 14% *	−828 16% *	−226 17% 12.99	1 680 20% 10.78	2 951 22% 10.67	2 293 22% 8.05	4 199 26% 6.94	5 470 28% —
5%	−2 010 14% *	−270 17% *	1 790 19% 17.3	1 769 20% 17.3	4 049 24% 11.75	5 569 26% 10.01	4 288 26% 9.93	6 568 29% 6.73	8 088 32% 6.74

说明：* 代表动态回收期长于 18 年的期限，投资者无法接受如此长的回收期限，因此表中未列出具体时间。

第7章 实物期权及其价值评估

某公司正在论证一个投资项目,下面是该公司总经理与财务经理的谈话。

总经理:"可行性报告中的计算显示这个项目的净现值为 -4 600 万元。虽然减少公司价值,但考虑到它具有的战略意义,我们还是必须接受,因此我一直认为应该上马这个项目。但如何给董事会解释呢?"

财务经理:"您的直觉是对的!这个项目是增加公司价值的,报告计算中忽视了项目蕴含的实物期权的价值,所以计算出来的净现值为负值。"

总经理:"什么价值?"

财务经理:"如果不开展这个项目,我们今后想再进入这个领域就要付出极其高昂的代价,甚至根本就无法进入,因为那时我们的竞争对手已经站稳了脚跟。如果我们现在开展这个项目,就获得了后续投资的机会,而后续投资也许会带来极其可观的收益。也就是说,投资这个项目能获得后续投资的选择权,这个选择权值 5 500 万元,因而,这个项目的净现值应该为 900 万元(-4 600 + 5 500 = 900)而不是 -4 600 万元。"

大家也许会问,"这个选择权值 5 500 万元是怎样评估出来的呢?"相信大家和总经理一样,在决策时已经意识到了项目蕴含的选择权,但并不清楚如何评估它的价值。本章将介绍实物期权及其价值评估。

■ **本章概览**

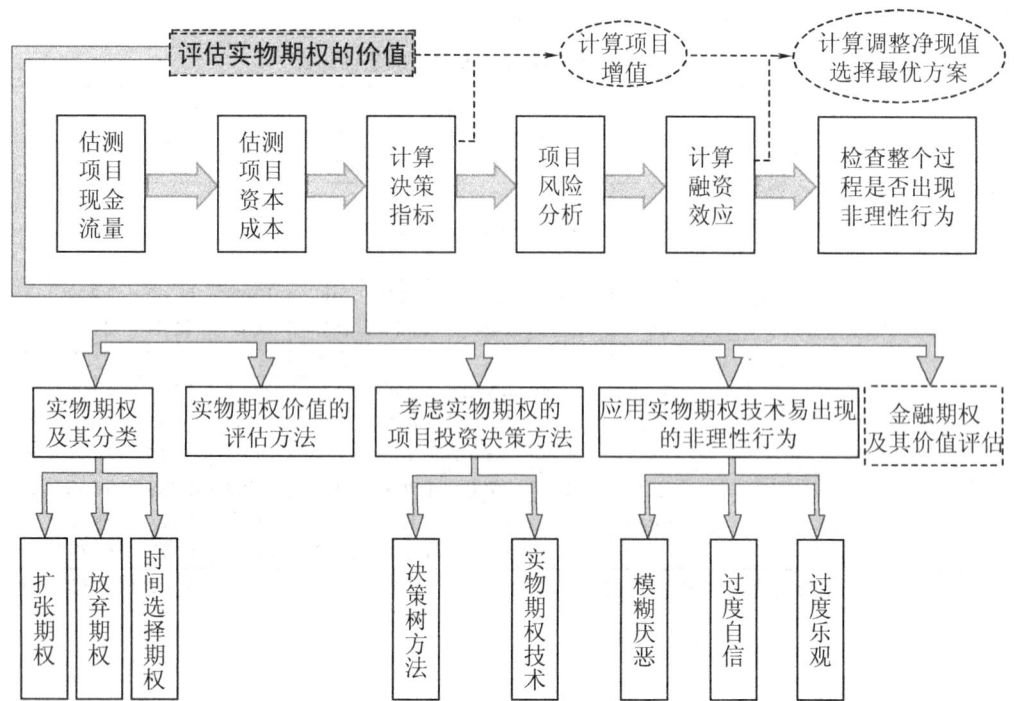

7.1 实物期权及其分类

7.1.1 实物期权的概念

也许您会发现并认可这样的投资行为：

（1）投放新产品时，公司往往先进行试生产来消除可能的设计问题，检验市场反应；然后，评估试生产结果，决定是否生产该新产品。

原因解释：若技术问题无法克服或者市场反应不好，公司可以选择不生产该新产品，避免损失。

（2）筹划建厂时，付出一定的成本预留额外的地块和室内空间。

原因解释：使得将来有选择扩张建设第二条生产线的权利。

（3）铺设的高速公路是四车道，但配套建设的大桥却是六车道。

原因解释：如果将来车流量剧增，就有将道路加宽成六车道的选择权，而如果建设四车道的大桥，将来就不能加宽道路。

（4）按照通常情况预测现金流并计算净现值，其净现值为负数但公司却投资了。

原因解释：现在投资该项目能使公司抢先占领市场，树立品牌。万一将来市场意想不到地出现好的情况，公司抢先选择扩张、抓住后续就能创造可观收益的投资机会。但如果现在不投资该项目，公司将来可能根本无法进入这一市场领域。

其实，上述投资行为都因为管理者考虑了项目所蕴含的选择权，显然这个选择权是有价值的。在现实中，管理者常常会根据现实情况灵活经营，表现为：

（1）在前景向好时，管理者往往选择拓展项目，进一步创造项目价值。

（2）形势差到一定程度时，继续经营下去还不如直接清算项目，管理者则会选择提前结束项目，并不用经营到资产寿终正寝时，从而避免或者减少了损失。

（3）管理者可以待信息更充分、形势更有利的时候再决定是否上马项目。

我们把这些调整项目的选择权称为"实物期权"。选择权所带来的价值即为实物期权的价值。显然，未来的前景越不确定，实物期权就越有价值。

在项目投资决策过程中，是否意识到实物期权，对评估出的项目价值有很大影响。如果项目蕴含实物期权，但决策者没有意识到或视而不见，就会低估项目的价值，可能导致错误的决策。

通常，实物期权主要来自以下三个方面：

（1）项目本身的特性。比如某项目采用通用设备，易于出售，清算价值较高，那么拥有实物期权的价值也就较高。

（2）管理者的灵活经营。前景向好时，拓展项目、增加收益；形势差到一定程度时，提前结束项目，获得清算收入、避免或减少损失。

（3）通过签订合约获得。支付一定的费用获得合约，合约中规定了投资方具有在特定时间或时间范围内以一个特定的价格投资某项目的权利。

7.1.2 实物期权的分类

依据选择权的不同,实物期权常见类型包括:扩张期权(The Option to Expand)、放弃期权(The Option to Abandon)与时间选择期权(Timing Options)。

1. 扩张期权

扩张期权是指项目持有者在未来的一段时期内或者某特定时间,有增加项目投资规模的选择权。扩张期权实质上是看涨期权。

例如,公司购买一块土地,用于建厂生产专利产品,只需要 10 亩土地就已足够,但是公司购买了 20 亩土地以便将来可以选择扩大自己的生产能力,即公司花费今天的钱买下将来扩张的选择权。

公司在进行新产品开发决策时,经常会出现这样一种情况:经初始评估,该项目的净现值为负值,但是决策者发现该产品对特定人群很有吸引力,只有现在开始投资才可能激发起更大的市场需求,如果现在不投资的话,就会失去占领市场的先机。在这种情况下,虽然初步估算的项目净现值是负数,但后续投资的价值很可能足以抵消这个负的净现值,即该项目拥有一个有价值的扩张期权,所以应该被接受。

蕴含扩张期权的项目净现值 = 项目的静态净现值 + 扩张期权的价值

其中,项目的静态净现值是指不考虑实物期权的净现值。另外,考虑了期权价值的项目净现值也被称为扩展净现值。

2. 放弃期权

公司发现项目继续经营下去的收益不如直接放弃项目获得的相应清算收益,公司有权利选择终止项目,即执行放弃期权。放弃期权实质上是看跌期权。

例如,某公司为新产品选择生产设备,一种是通用设备,生产人工成本较高,但若新产品市场反应不好,需要停产时,该设备可以较容易地出售或者移作他用;另一种是专用设备,该设备能降低产品的生产成本,但不能出售或移作他用。由于未来新产品的市场反应具有很大的不确定性,而设备出售或者移作他用能增加价值,因此,公司最终选择通用设备。

有些资产易于清算放弃,有的则较为困难,因此,放弃项目的价值有高有低,那些使用通用型设备的项目放弃期权的价值就较高,而有些项目放弃却需要花大量的金钱,比如关闭一个海上石油钻井平台,放弃的价值就为负。

蕴含放弃期权的项目净现值 = 项目的静态净现值 + 放弃期权的价值

3. 时间选择期权

决策者有权选择现在立即投资项目,也可选择推迟投资,等待目前项目所面临的一些重要的不确定性因素更加明朗时再进行。对项目投资时点的选择权即为时间选择期权。

公司的长期投资往往耗资巨大,回收期长,变现能力差且风险大,稍有不慎,很可能会给公司带来很大的损失,若等到某些影响项目的重大不确定因素更加明朗时,再开展项目,也许会帮助避免重大损失,有效提升项目成功的几率。因而在现实中,很多公司为等待有利形势,延迟项目上马。例如,公司现在购买一个油井,有权利选择现在还是将来开采该油井。考虑到油价有进一步上涨的可能,公司决定现在不开采、观察等待。

选择项目投资时点的依据为:项目立即执行的净现值大于或等于延迟执行的期权价

值,则应立即上马项目;项目立即执行的净现值小于延迟执行的期权价值,则应延迟上马项目、观察等待。

7.2 实物期权价值的评估方法

我们借鉴金融期权的估值方法来评估实物期权的价值。金融期权是以金融市场上交易的股票等金融资产作为标的资产(期权价值所依赖的资产)、赋予其持有者在某特定日期(前)购买(或者出售)标的资产的选择权,金融期权的相关知识详见7.5节。实物期权是管理者所具有的调整项目的选择权,其标的资产是扩张的项目、放弃的项目或延迟执行的项目,总之是实物资产,因而实物期权的标的资产也被称为标的项目。例如,某公司建设实施第一期项目,再根据市场反应决定是否投资建设第二期项目。在评估第一期项目价值时,就应该考虑扩张建设第二期项目的扩张期权的价值,该扩张期权的价值由第二期项目的价值所决定,也就是说第二期项目就是该扩张期权的标的项目。

实物期权与金融期权都是选择权,两者的本质是相同的。因此,可以将金融期权的估值方法延伸到实物期权的价值评估。通常,扩张期权可以运用二叉树期权定价方法或B-S模型评估其价值,放弃期权与时间选择期权运用二叉树期权定价方法评估其价值(布雷利,2007)。

设想每个项目都有一个"双胞胎兄弟"——价值相同的证券或者证券组合(并不要求现实中一定存在)。那么,实物期权的价值就等于与其对应的金融期权的价值,该金融期权标的资产(证券或证券组合)与实物期权标的项目的价值相同。

使用金融期权的估值方法评估实物期权的价值,关键参数的对应关系如图7-1所示。

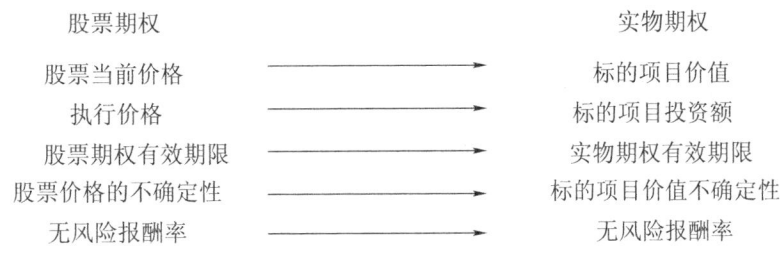

图7-1 金融期权与实物期权估值参数的对应关系

在应用金融期权估值方法评估实物期权价值时,我们需要估算实物期权标的项目价值的不确定性(用标准差度量)。目前绝大部分教科书中介绍的估算方法是以市场有效为前提的,通过寻找与标的项目经营风险相似的上市公司(可比公司),将公司的股票收益率标准差卸载财务杠杆(消除负债融资所带来的波动性)而得到的标准差来度量标的项目价值的不确定性。但现实的资本市场并非有效,因此,基于市场有效的方法在应用中可能会产生较大的误差。

布雷利(2007)提供了一个方法思路,相对较好地适用于市场并非有效情况下项目价值不确定性的评估:首先,利用敏感性分析来评估最好情况以及最差情况下标的项目的价值;然后,将标的项目类比于证券或证券组合,根据到期日标的资产市场价格服从对数正态分布，计算出标准差来度量标的项目价值的不确定性。下面，我们将通过一个例子，详细介绍利用这种方法计算标的项目价值不确定性并评估实物期权的价值。

【例 7-1】 沙漠里有一块土地，已经证明这块土地里蕴含金矿，某公司欲和当地政府签订一份合约：一年后，公司可以有这样一个选择的机会——支付 7 000 单位购买这块土地的开采权并立即进行开采，当然也可以选择不购买不开采。

请问，公司应该为这份合约支付多少价格？（评估这份实物期权的价值）

相关数据资料如下。

(1) 买地：7 000 单位。
(2) 目前黄金单位价格：100 单位。
(3) 黄金开采人工费：1 000 单位。
(4) 开采量：根据储存量来定，通过调查，初步断定是 100 单位。
(5) 假设项目持续时间为 1 年（黄金在 1 年内开采完），买地费用现金流出在年初，其他现金流入或流出均发生在年末，折现率为 10%，无风险报酬率为 3%。

接下来，我们在市场并非有效的现实情况下，运用评估实物期权价值的方法来评估这份实物期权的价值。

步骤一：估算实物期权标的项目的价值。

该实物期权的标的项目是黄金开采项目。

使用贴现现金流技术计算标的项目的价值：

$$标的项目的价值 = (100 \times 100 - 1\,000)/(1 + 10\%)^2 = 7\,438.02\ 单位，$$

这里值得注意的是，决定是否开采金矿（选择是否执行期权）是在一年后，而项目的现金流产生于第二年年末，距离现在是两年。

步骤二：分析影响实物期权标的项目价值的敏感因素。

从表 7-1 中，我们可以得到影响该项目价值的敏感因素包括黄金价格与黄金储存量。

表 7-1 分析影响黄金开采项目价值的敏感性因素

不确定因素 \ 变化率 \ 项目价值	0	+5%	项目价值的变化值	敏感性系数
黄金价格	7 438.02	7 851.24	413.22	1.11
人工费	7 438.02	7 396.69	-41.33	-0.11
黄金储存量	7 438.02	7 851.24	413.22	1.11

步骤三：通过市场调研等方法，估计各敏感因素在期权有效期内可能的变化范围；然后计算得出期权到期日标的项目的"最高价值"与"最低价值"。

通过市场调研，估计黄金价格在下一年的变动幅度为 [-10%，10%]；另外，由技术分析获知黄金储存量的变动会在 [-20%，20%] 范围内。从表 7-2 中我们可以获得期权到期日标的资产（黄金开采项目）的最高价值为 10 082.6 单位，最低价值为 5 123.97 单位。

表7-2 黄金开采项目的多因素敏感性分析

黄金储存量 \ 黄金价格 项目价值	-10%	0%	+10%
20%	8 099.17	9 090.91	10 082.6
0%	6 611.57	7 438.02	8 264.46
-20%	5 123.97	5 785.12	6 446.28

步骤四：将标的项目类比于证券或证券组合，根据期权到期日标的资产市场价格服从对数正态分布，计算标准差。

到期日标的项目的最高价值（对应的证券或证券组合在期权到期日的最高价格）为10 082.6单位。

到期日标的项目的最低价值（对应的证券或证券组合在期权到期日的最低价格）为5 123.97单位。

根据到期日价值服从对数正态分布，即有95.45%的可能性价值的对数在 $[\mu - 1.96\sigma, \mu + 1.96\sigma]$ 区间内。

由此我们便推出，$\sigma = 17\%$。

步骤五：根据期权类型，选择合适的期权定价方法，计算期权价值。

这是一份欧式看涨期权（详见7.5.1节），我们可以使用二叉树方法或者B-S模型进行估值。

这里，我们选用二叉树方法，来逐步估算出这份实物期权的价值。

首先，建立二叉树模型，如图7-2所示。

图7-2中，上升或下降的幅度是根据7.5节中的公式（7-1）计算得到的。

然后，根据7.5节中公式（7-3）计算出标的项目价值上升与下降的风险中性概率。

上升的风险中性概率：

$$p_u = (r_f - D + 1)/(U - D)$$
$$= (3\% - 0.84 + 1)/(1.19 - 0.84)$$
$$= 54.29\%$$

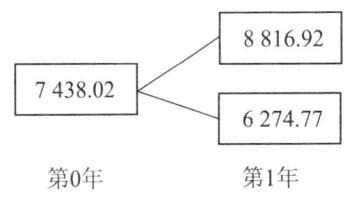

图7-2 黄金开采项目期权定价的二叉树模型

则下降的风险中性概率：

$$1 - p_u = 45.71\%$$

式中：D 表示1+标的项目价值下降的变化率；U 表示1+标的项目价值上升的变化率，D 和 U 的数值根据公式（7-1）计算得到；r_f 表示无风险报酬率。

最后，根据7.5节中的公式（7-4）计算出这份实物期权的现值。

由于项目的投资额（期权执行价格）为7 000单位，当期权到期日标的资产价值下降到6 274.77单位时，我们当然选择不执行这份期权。

因此，最终计算出这份期权的现值：

$$[54.29\% \times (8\,816.92 - 7\,000) + 45.71\% \times 0]/(1 + 3\%) = 957.68(单位)$$

7.3 考虑实物期权的项目投资决策方法

本节首先介绍两种在考虑实物期权的项目投资决策中主要采用的工具与技术——决策树方法与实物期权技术（Real Option Technology），然后说明考虑实物期权的项目投资决策的逻辑步骤，并通过示例详细介绍其应用过程。

7.3.1 决策树方法

决策树方法是将各种可供选择的方案描述成树状图形式，通过比较各个方案的净现值，选择最优方案并做出决策。

1. 决策树中的重要元素

（1）决策点——需要对各种方案进行选择，对次优方案枝进行减枝。

（2）结果点——各种情况的结果。

（3）决策依据——净现值（NPV）。

2. 决策树方法的决策依据

描述各种情况下所有可供选择的方案、结果与发生的概率，依据净现值最大的原则，做出相互关联的一连串决策。

3. 决策树方法的适用条件

决策树方法仅适用于：

（1）可能出现的情况数量有限。

（2）能对各种可能出现的情况进行概率描述。

（3）能较准确地评估项目在各种可能出现情况下的结果。

4. 决策树方法的应用步骤

（1）绘制决策树图。按从左到右的顺序画决策树。

（2）按从右到左的顺序计算每一个决策点上各方案的净现值，并将结果标在代表相应方案的节点上。

（3）比较各方案净现值的大小，选择净现值最大的方案，剪掉代表其他方案的枝条。

（4）对最左边的决策点减枝优选（选择净现值最大的方案）完成后，最终得到决策结果，并进行描述。

5. 决策树方法的应用示例

我们运用决策树方法分析翱翔公司飞机购买项目在考虑与不考虑扩张期权两种情况下的投资决策问题，从而帮助大家理解与掌握该方法。

【例7-2】翱翔公司是一家新成立的航空公司，目前，该公司正在考虑购买飞机。飞机类型有两种选择：涡轮螺旋桨式飞机或者带活塞发动机式飞机，前者现购成本为5 500万元，后者为2 500万元，但带活塞发动机式飞机运载能力比较小，购买此类型飞机的客户不多，估计下一年只要1 500万元就能买到。

若翱翔公司考虑了实物期权，提出以下两种方案：

方案一：购买涡轮螺旋桨式飞机，由于运载能力强，可以一步到位，将来不再购买飞机。但如果未来市场行情不好、乘坐翱翔公司飞机的客户较少，采用这种方案就无法缩小规模。

方案二：先购一架带活塞发动机飞机，如果第一年需求高，则第二年可以另花1500万元再购买一架；如果需求低，则不再扩大规模。这种方案可以充分利用管理的灵活性，先购一架带活塞发动机式飞机，在第一年末可以选择是否扩张。

若翱翔公司没有考虑实物期权，则只能提出以下两种方案：

方案一：购买涡轮螺旋桨式飞机。

方案二：购买活塞发动机式飞机。

接下来应用决策树方法，分别对考虑实物期权提出的两种方案以及不考虑实物期权提出的两种方案进行分析选择。

（1）考虑扩张期权

步骤一：绘制决策树。

翱翔公司决策者首先对市场表现为高需求或者低需求的可能性以及对应的结果进行了预测，然后按照决策树的绘制原则画出决策树，如图7-3所示。

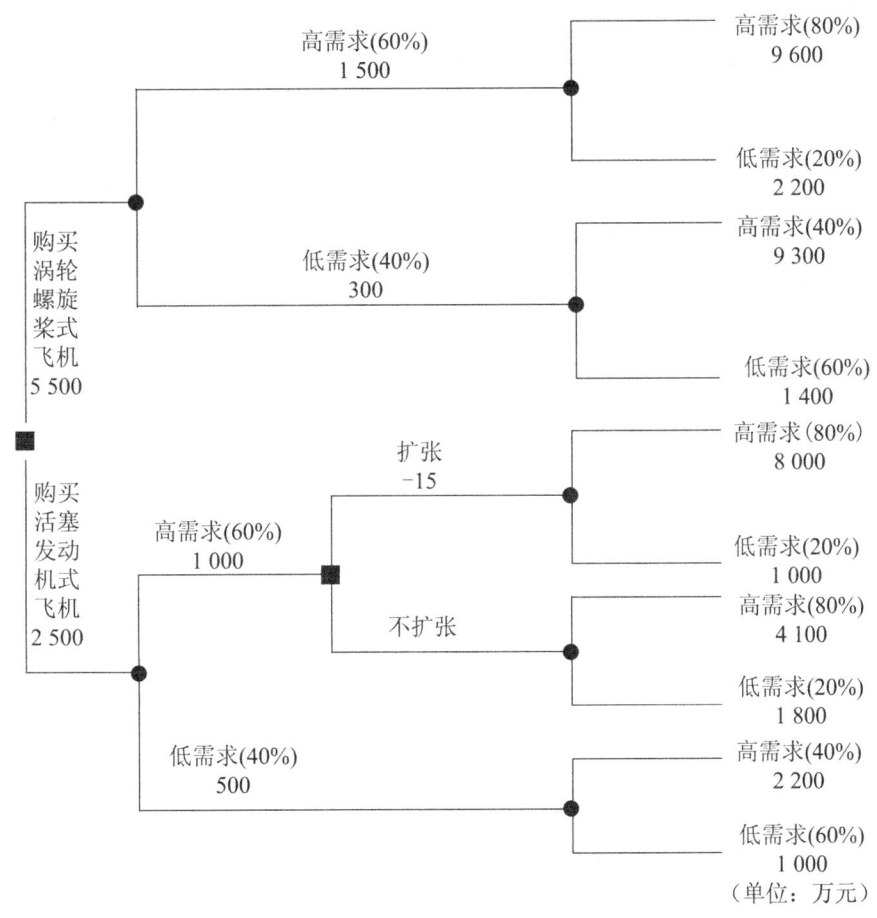

图7-3 翱翔公司飞机购买项目决策树图（考虑扩张期权）

注：图7-3中所表示的市场表现为高需求、低需求的概率以及各种情况下的现金流是根据翱翔公司调查得到的预测数据，现金流单位为万元，折现率为10%。

在图7-3中，最左边的方块是公司第0年决策的标志，公司需要决定是购买5500万元的涡轮螺旋桨式飞机，还是购买 2 500 万元的活塞发动机式飞机。如果公司最初选择的是活塞发动机式飞机，则第 1 年末可再次进行投资决策，决定是扩张（购买 1 500 万元的活塞发动机飞机），还是维持原有经营规模，这一决策对应图中的第二个方块。图中每一个圆圈表示结果，如左上方的圆圈上 $\genfrac{}{}{0pt}{}{\text{高需求（60\%）}}{1\,500}, \genfrac{}{}{0pt}{}{\text{低需求（40\%）}}{300}$ 表示在第 0 年购买涡轮螺旋桨式飞机的情况下，第一年市场表现为高需求的概率为 60%，在这种情况下能获得 1 500 万元的现金流；但也有 40% 的概率第一年市场表现为低需求，在这种情况下仅得到 300 万元的现金流。另外，第 2 年市场需求表现发生的概率依赖于第 1 年发生的概率，若第一年表现为高需求，第二年继续保持高需求的可能性为 80%；若第一年表现为低需求，第二年继续保持低需求的可能性为 60%。例如右上方的圆圈上 $\genfrac{}{}{0pt}{}{\text{高需求（80\%）}}{9\,600}$，$\genfrac{}{}{0pt}{}{\text{低需求（20\%）}}{2\,200}$ 表示第 0 年购买涡轮螺旋桨式飞机，在第一年市场表现为高需求、获得 1 500 万元现金流的情况下，第二年市场继续保持高需求的概率为 80% 且第二年获得 9600 万元的现金流，但第二年也有 20% 的概率市场表现为低需求且第二年获得 2 200 万元的现金流。

步骤二：按从右到左的顺序依次计算每一个决策点各方案的净现值，并选择净现值最大的方案，减去净现值次优的方案枝条。

翱翔公司飞机购买项目包含两个决策点：最左边的决策点是决定在当前（第 0 年）购买螺旋桨式飞机还是购买活塞发动机式飞机；另一个决策点是在购买活塞发动机式飞机的情况下，当第一年市场表现为高需求时，在第一年末选择是进行扩张（再购买一架活塞发动机式飞机），还是不扩张（不购买）。按照从右向左的顺序，先对右边的决策点进行分析。

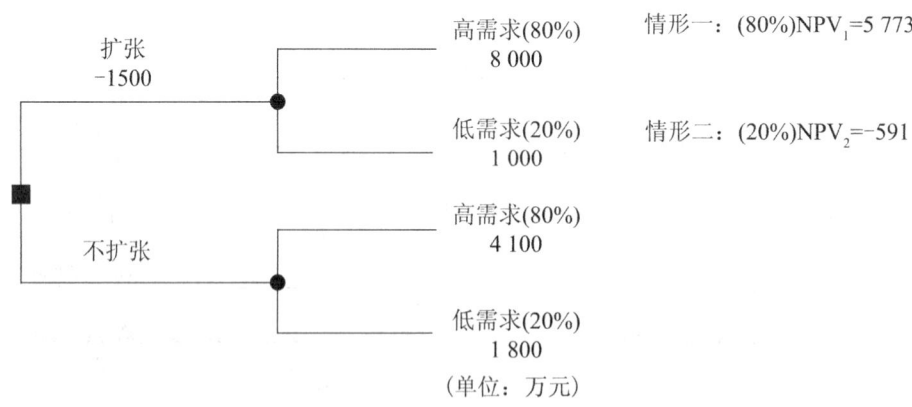

图 7-4　购买活塞发动机式飞机第一年末选择是否扩张的决策树子图

图 7-4 所示的情形一表示购买活塞发动机式飞机选择扩张，市场表现为高需求，在这一情形下的净现值：

$$\text{NPV}_1 = 8\,000/(1+10\%) - 1\,500 = 5\,773（万元）$$

发生的概率为 80%。

情形二表示选择扩张，市场表现为低需求，在这一情形下的净现值：
$$NPV_2 = 1\,000/(1 + 10\%) - 1\,500 = -591(万元)$$
发生的概率为20%。

因此：

选择扩张的净现值
= 情形一的净现值×情形一发生的概率+情形二的净现值×情形二发生的概率
= 5 773×80% + (-591)×20% = 4 500（万元）

同理：

选择不扩张的净现值 = 4 100/(1 + 10%)×80% + 1 800/(1 + 10%)×20%
= 3 309（万元）

由于4 500 > 3 309，因此选择扩张，即在购买活塞发动机式飞机的情况下，当第一年市场表现为高需求时，在第一年末选择再购买一架活塞发动机式飞机。对不扩张方案进行减枝，如图7-5所示。

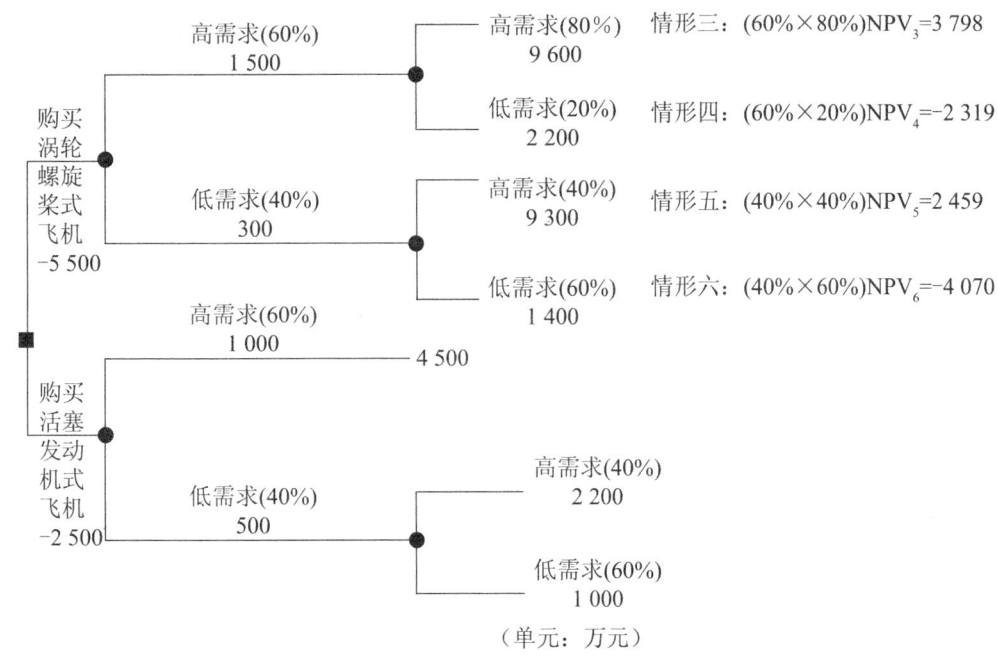

图7-5　对不扩张次优方案减枝后的决策树图

接着对左边决策点进行分析，需要计算并比较购买涡轮螺旋桨式飞机或者购买活塞发动机式飞机的净现值，从而做出选择，对决策树进行减枝。

在第0年购买涡轮螺旋桨式飞机所对应的情形三表示第一年市场表现为高需求、第二年市场同样表现为高需求，这一情形发生的概率为
$$60\% \times 80\% = 48\%$$

净现值计算如下：

$$NPV_3 = 9600/(1+10\%)^2 + 1500/(1+10\%) - 5500$$
$$= 3798(万元)$$

同理，可以计算得到购买涡轮螺旋桨式飞机所对应的情形四至情形六发生的概率以及净现值，如图7-5所示。

因此，购买涡轮螺旋桨式飞机方案的净现值：

$$NPV_3 = 3798 \times 48\% + (-2319) \times 12\% + 2459 \times 16\% + (-4070) \times 24\%$$
$$= 961(万元)$$

同样，对于购买活塞发动机式飞机的方案，先计算其对应的各种情形发生的概率与净现值，从而得到该方案的净现值为1171万元。

由于1171>961，因此选择购买活塞发动机式飞机，对代表购买涡轮螺旋桨式飞机方案的枝条进行减枝。至此，决策树中已没有决策点，得到了最后的决策结果。

步骤三：描述最终决策结果。

考虑扩张期权的最终决策结果：翱翔公司在第一年购买一架活塞发动机式飞机，并且如果第一年市场表现为高需求时，在第一年末再购买一架相同的飞机。采用该方案，此项目的净现值为1171万元。

（2）不考虑扩张期权

我们需要重新构造决策树（将图7-3中第二个决策点去掉），如图7-6所示。

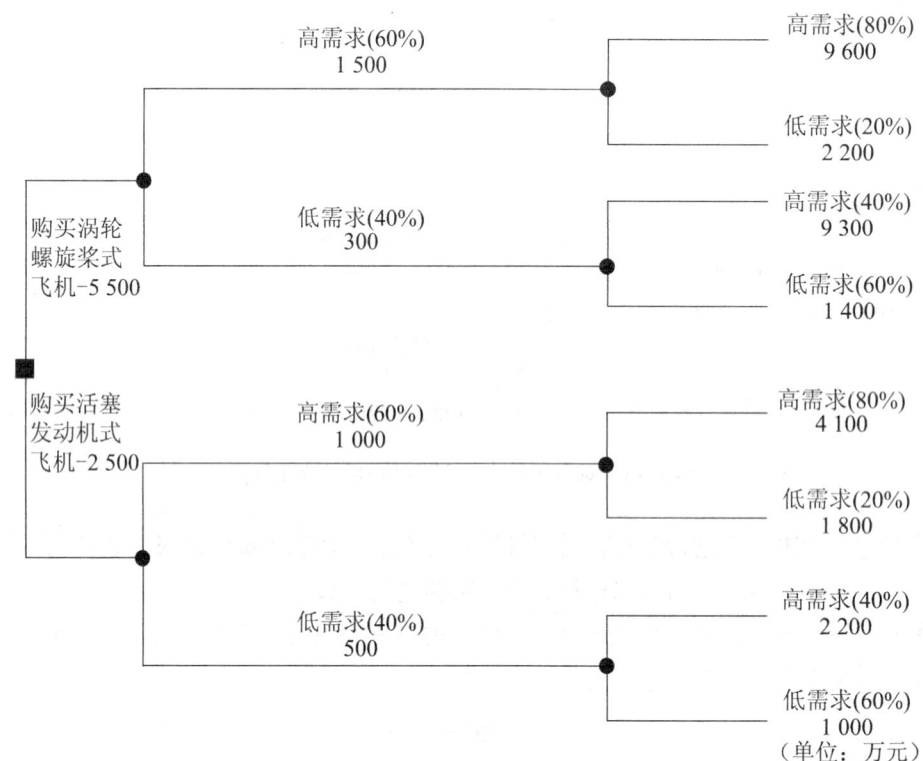

图7-6 没有扩张选择权的决策树图

购买涡轮螺旋桨式飞机方案的净现值不变,仍然为961万元,但若没有考虑扩张期权,计算得到购买活塞发动机式飞机方案的净现值为521万元,因此,选择购买涡轮螺旋桨式飞机,此项目的净现值为961万元。

另外,对翱翔公司飞机购买项目这个例子,通过比较考虑扩张期权与不考虑扩张期权的决策结果,我们也可以看出:实物期权影响项目的投资决策。

7.3.2 实物期权技术

实物期权技术(Real Option Technology)是指首先分别计算出项目的静态净现值(不考虑实物期权时项目的净现值)以及项目蕴含的实物期权的价值,然后由此得到考虑实物期权的项目净现值,并以此作为项目投资决策的依据。实物期权技术的核心是运用实物期权价值评估方法评估实物期权的价值。应用实物期权技术的步骤如下。

步骤一: 识别实物期权。

项目是否具有后续扩张的机会?项目自身的清算价值是否较高?是否可以延迟再决策?是否可以签订合约来获得期权?通过分析识别实物期权(扩张期权、放弃期权与时间选择期权等)以及实物期权的类型。

步骤二: 计算项目的静态净现值。

使用第2~5章介绍的贴现现金流技术计算不考虑实物期权时项目的净现值。

步骤三: 估算标的项目价值的不确定性(用标准差度量)。

利用敏感性分析来估算最好情况以及最差情况下标的项目的价值,再根据到期日标的资产市场价格服从对数正态分布,从而估算出标的项目价值的不确定性。

步骤四: 选择期权定价模型,评估实物期权的价值。

通常,扩张期权使用B-S公式或者二叉树期权定价方法来评估其价值,而放弃期权与时间选择期权使用二叉树定价方法来评估。

步骤五: 计算考虑实物期权的项目净现值,做出决策(对于时间选择期权,比较项目净现值与持有时间选择期权的价值,做出决策)。

蕴含扩张期权的项目净现值=项目的静态净现值+扩张期权的价值;

蕴含放弃期权的项目净现值=项目的静态净现值+放弃期权的价值。

通过以上公式计算得到考虑实物期权的项目净现值,然后按照净现值决策准则进行决策。

另外,通过比较项目立即执行的净现值与持有时间选择期权(延迟执行)的价值,确定项目上马的时间。若项目立即执行的净现值大于或等于延迟执行的期权价值,则应立即上马项目;若项目立即执行的净现值小于延迟执行的期权价值,则应延迟上马项目、观察等待。

7.3.3 考虑实物期权的项目投资决策的逻辑步骤

考虑实物期权的项目投资决策包括四个逻辑步骤:识别实物期权→选择决策树方法或

者实物期权技术→应用决策树方法或实物期权技术估计蕴含实物期权的项目净现值→依据决策准则做出决策。

逻辑步骤一：识别实物期权。

识别实物期权主要是分析：

1. 待评估的项目中是否蕴含实物期权。

2. 判别实物期权的类型（扩张期权、放弃期权、时间选择期权等）。

若发现项目蕴含实物期权，应进行逻辑步骤二。

逻辑步骤二：选择决策树方法或者实物期权技术。

1. 决策树方法

决策树方法容易理解、简单明了，但只有满足以下要求时，才能使用该方法：

（1）项目可能出现的情况数量有限；

（2）能对项目出现的各种可能的情况进行概率描述；

（3）能较准确地评估项目在各种可能出现的情况下的价值。

2. 实物期权技术

若项目特性不满足决策树方法的适用条件或使用实物期权技术更合适时，则使用实物期权技术进行项目投资决策。

逻辑步骤三：应用决策树方法或实物期权技术估计蕴含实物期权的项目净现值。

根据逻辑步骤二选择出的方法或技术，采用对应的应用步骤。

1. 决策树方法的应用步骤

（1）绘制决策树。

（2）按从右到左的顺序依次计算每一个决策点各方案的期望收益，并选择净现值最大的方案，减去净现值次优的方案枝条。

（3）描述最终决策结果。

2. 实物期权技术的应用步骤

（1）判别实物期权类型。

（2）计算项目的静态净现值。

（3）估算标的项目价值的不确定性（用标准差度量）。

（4）选择期权定价模型，评估实物期权的价值。

（5）计算项目考虑实物期权价值的净现值，做出决策。对于时间选择期权，比较项目净现值与持有时间选择期权的价值，做出决策。

逻辑步骤四：依据决策准则做出决策。

分别针对决策树方法与实物期权技术，依据对应的决策准则，做出项目投资决策。

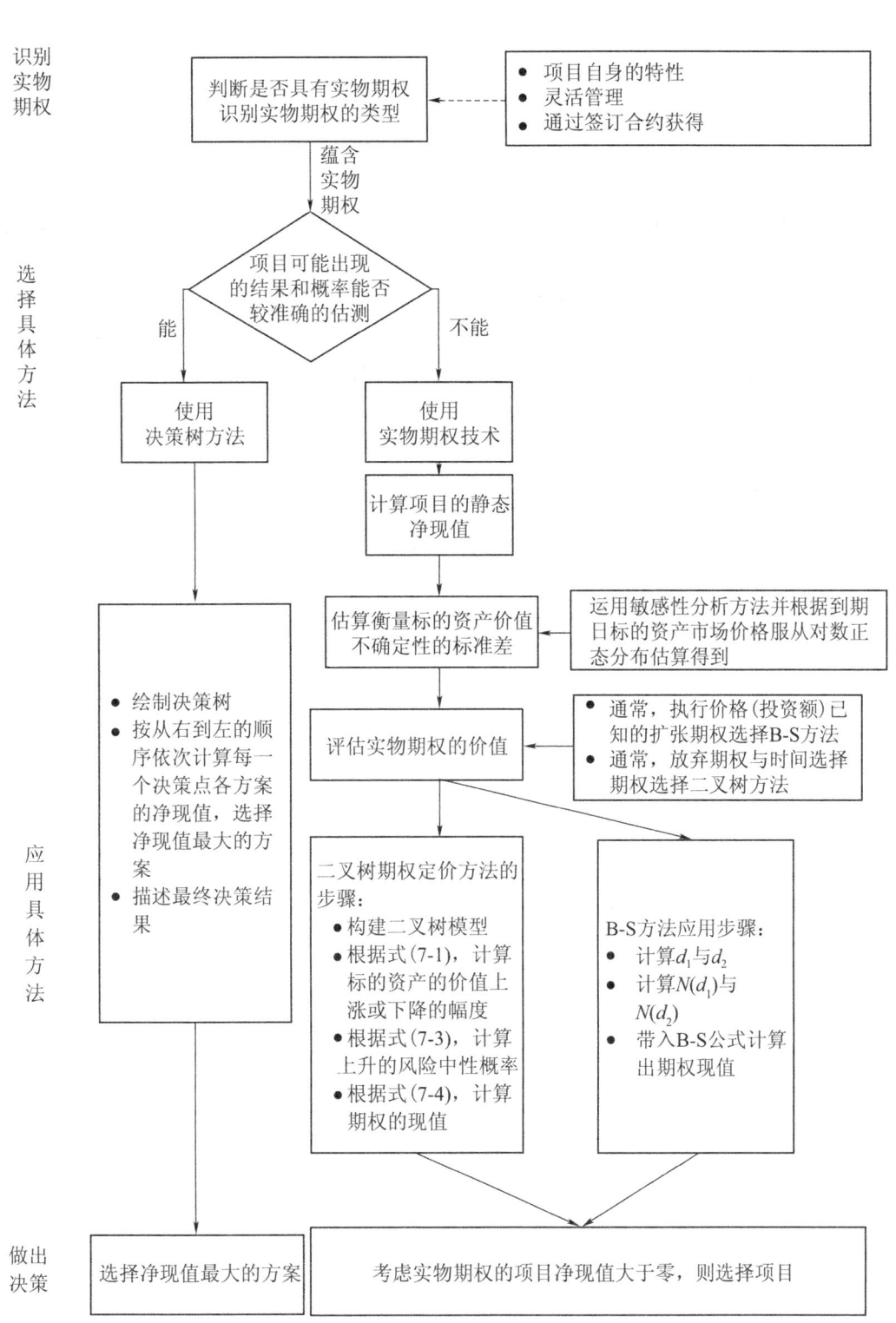

图 7-7 考虑实物期权的项目投资决策的逻辑步骤

7.3.4 应用示例

我们通过《公司财务原理》（布雷利，2007）中的两个例子来帮助大家加深对考虑实物期权的项目投资决策方法的理解。

7.3.4.1 闪光公司项目投资决策

假设时光倒退到 1982 年，闪光公司欲进入个人电脑行业，上马闪光 1 期项目。如果闪光公司现在不行动起来，今后想再进入微机市场可能就要付出极其高昂的代价，甚至根本就无法进入，因为那时苹果电脑、IBM 以及其他公司早已站稳了脚跟。若现在上马 1 期项目，闪光公司就获得了后续投资的机会。闪光 1 期项目实质上给公司带来了未来扩张的选择权，假设公司在三年后可以选择上马闪光 2 期项目。现在，请评估闪光 1 期项目的价值。

闪光 1 期项目与 2 期项目现金流贴现后的现值与投资额如表 7-3 所示，假设闪光 2 期项目的规模是 1 期的两倍，折现率为 20%，无风险报酬率为 10%。

表 7-3　闪光 1 期与 2 期项目现值与投资额一览表　　　　单位：亿元

	闪光 1 期项目	闪光 2 期项目（3 年后）
现值	4.035	$8.07/(1.2)^3$
投资额	4.5	$9.0/(1.1)^3$

注：闪光 2 期项目的价值是折现到第 0 年的价值。

接下来，我们应用考虑实物期权的项目投资决策方法来评估该项目。

步骤一：识别实物期权。

公司未来可以选择上马闪光 2 期项目，闪光 1 期项目实质上是给公司带来了未来扩张的选择权，即闪光 1 期项目蕴含扩张期权。

步骤二：选择方法。

由于市场情形还很不明朗，无法预知未来可能出现的各种情形的概率。因而我们选择实物期权技术。

步骤三：应用实物期权技术。

(1) 计算项目静态净现值

$$\text{闪光 1 期项目的静态净现值} = 4.035 - 4.5 = -0.465(\text{亿元})$$

(2) 估算标的资产（闪光 2 期项目）价值的不确定性

此扩张期权的标的资产是闪光 2 期项目，估算出标的项目（闪光 2 期项目）价值波动的标准差为 0.35（参考 7.2 节）。

(3) 选择期权定价模型，评估实物期权的价值

对于扩张期权，我们这里选择 B-S 模型评估其价值。

$$d_1 = -0.3072$$

$$d_2 = -0.9134$$
$$N(d_1) = 0.3793$$
$$N(d_2) = 0.1805$$
$$P = 8.07/(1.2)^3 = 4.67(亿元)$$
$$PV(EX) = 9.0/(1.1)^3 = 6.76(亿元)$$
$$看涨期权的现值 = 0.551（亿元）$$

(4) 计算考虑实物期权的项目净现值

$$考虑实物期权的闪光1期项目的净现值 = -0.465 + 0.551 = 0.086(亿元)$$

步骤四：依据决策准则做出决策

考虑实物期权的闪光1期项目的净现值为0.086亿元，大于0，选择该项目。

闪光公司最终采用的方案为：现在投资闪光1期项目，三年后，如果形势好，就可以投资闪光2期项目。

7.3.4.2 化肥厂项目投资决策

某公司欲办一个化肥厂，现在评估出该项目的现值为2亿元（未来项目的现金流贴现。假设项目会永续经营下去，以后每年的现金流期望值都为0.2亿元，折现率为10%，无风险报酬率为5%），投资额为1.8亿元，项目的净现值大于0（2-1.8=0.2>0），选择该项目。但一年后，信息会更加充分，如果市场需求旺盛，项目的现金流量为0.25亿元，项目价值升值到2.5亿元；如果需求低迷，则下一年的现金流量为0.16亿元，项目价值下降到1.6亿元。

该公司应该现在建厂还是一年后再做决定？

应用考虑实物期权的项目投资决策方法分析该项目。

步骤一：识别实物期权。

可以选择延迟决策，这是一份时间选择期权。

步骤二：选择方法。

尽管已知一年后可能出现的情况，但市场需求旺盛或低迷的概率却无法知晓，因而，选择实物期权技术。

步骤三：应用实物期权技术。

(1) 计算项目的净现值

$$项目的净现值 = 2 - 1.8 = 0.2(亿元)$$

(2) 估算标的资产价值的不确定性

已知一年后出现的结果：如果市场需求旺盛，项目的现金流量为0.25亿元，项目价值升值到2.5亿元；如果需求低迷，则下一年的现金流量为0.16亿元，项目价值下降到1.6亿元。因而不再需要利用标准差根据几何布朗运动公式，预测项目价值的变化。

(3) 选择期权定价模型，评估实物期权的价值

针对时间选择期权，运用二叉树期权定价方法。

首先，建立二叉树模型，如图7-8所示。

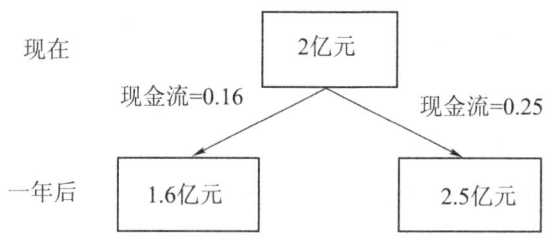

图 7-8　化肥厂项目时间选择期权二叉树模型

由于已知上升与下降的幅度，不必再估算。

然后，根据风险中性定价原理，估算标的资产价值上升与下降的概率：

如果第一年市场需求旺盛，项目第一年的现金流为 0.25 亿元，价值（后续各年现金流贴现到第一年）升值到 2.5 亿元，于是

$$\text{市场需求旺盛时的总收益率} = \frac{0.25 + 2.5}{2} - 1 = 37.5\%$$

如果第一年市场需求低迷，项目第一年的现金流为 0.16 亿元，价值（后续各年现金流贴现到第一年）降为 1.6 亿元，于是

$$\text{市场需求低迷时的总收益率} = \frac{0.16 + 1.6}{2} - 1 = -12\%$$

无风险报酬率 = 需求旺盛的概率 × 37.5% + (1 − 需求旺盛的概率) × (−12%)

因此得到需求旺盛的风险中性概率：$p_u = 34.3\%$。

最后，评估出这份时间选择期权的现值：

由于执行价格 EX = 1.8 亿元，从而计算得到这份时间选择期权的现值：

$$34.3\% \times (2.5 - 1.8) + (1 - 34.3\% \times 0)/(1 + 5\%) = 0.2287(\text{亿元})$$

步骤四：依据决策准则做出决策。

项目现在执行的净现值为 0.2，而延迟项目持有这份时间选择期权的价值为 0.2287 亿元，意味着，我们现在不立即上马项目，而是持有这份时间选择期权。因此，做出决策：等待并观察。

7.4　应用实物期权技术易出现的非理性行为

现实中，决策者容易受到模糊厌恶的影响，经常出现不运用实物期权技术，凭经验或直觉大概估计实物期权的价值等现象。而且，即便决策者应用实物期权技术，也容易受到过度自信与过度乐观的影响，可能导致低估实物期权的价值，过早上马项目。模糊厌恶、过度自信与过度乐观的相关知识参见本书第 9 章。

《Behavior Corporate Finance》（Shefrin，2005）这本书中通过举例的方式对人们在应用实物期权技术时易出现的非理性行为及其造成的后果进行了详细说明，得出如下结论：

（1）决策者认为实物期权技术晦涩难懂，受到模糊厌恶的影响，往往不采用实物期权技术、凭经验或直接大概估计实物期权的价值，导致估计结果不准确。

（2）应用实物期权技术时，决策者过度自信会低估项目的风险，可能导致低估项目中蕴含的实物期权的价值，从而低估项目的扩展净现值。

（3）应用实物期权技术时，决策者过度乐观会认为形势比实际情况好，可能导致高估项目的价值，低估时间延迟期权的价值，最终导致过早上马项目。

本节主要借鉴 Shefrin（2005）的《Behavior Corporate Finance》一书的内容。此书首先介绍现实中决策者不使用实物期权技术的原因，以及决策者应怎样避免模糊厌恶并使用科学的方法准确估计实物期权的价值。然后通过两个例子详细说明过度自信与过度乐观对应用实物期权技术评估实物期权的价值可能会造成的影响，帮助大家加深理解并提醒大家注意防范这些行为偏差。

7.4.1 模糊厌恶的影响

为什么决策者会认为实物期权复杂、晦涩难懂，导致现实中不使用该方法呢？主要有以下两个方面的原因。

1. 决策者没有学习实物期权技术，不理解方法的原理

透过 Sun 公司 CFO 的一段话，我们可以看出许多决策者从来没有学习过实物期权技术，根本不了解该方法，在实践中便不使用。

2000 年，Lehman（时任 Sun 公司的 CFO）在参加了由美国银行（Bank of America）举办的关于实物期权的研讨会后这样说道："实物期权技术或许对我们有帮助，因为实际上我们很多投资都是考虑到将来的发展。但是现在，我还不确定——我的意思是，我是刚刚到这儿参加这个实物期权研讨会才了解到这种方法，我们还未应用过该方法。"（shefrin，2009）

2. 不理解实物期权技术的风险中性定价原理

决策者不理解实物期权技术的风险中性定价原理，表现为：误认为风险中性定价是基于风险能完全分散、只能获得无风险收益率这样的假设前提，而这样的前提假设是不符合现实的，因此质疑实物期权技术的科学性；将价值上升或下降的风险中性概率与实际概率混淆，不理解风险中性概率的含义。

受到模糊厌恶的影响，决策者往往仅采用自己熟悉且认为合理的项目投资决策方法，这也是实践中不使用实物期权技术的主要原因。

7.4.2 过度自信的影响

某公司正在评估一商业地产开发项目。

该项目的客观实际情况如下：

（1）项目的初始投资为 800 万元（固定不变）。

（2）项目在第 1 年的期望现金流为 200 万元，现金流的增长速度为 0%，项目每年产生的现金流全部分给所有者。

(3) 项目每年的实际现金流量可能比期望值高 25%，或者比期望值低 20%。

(4) 项目的必要报酬率为 20%，无风险报酬率为 5%。

(5) 项目在第 4 年可以以 683 万元出售给他人，且项目一旦出售，原项目所有者不能获得项目第 4 年的现金流。

本项目的决策者过度自信，低估了项目的风险，认为项目每年的实际现金流可能比期望值高 25%，或者比期望值低 15%，而不是客观实际情况比期望值高 25%，或者比期望值低 20%。

下面，我们先根据客观情况，评估出项目的真实价值，再分析决策者过度自信对本项目评估的影响。

7.4.2.1 评估项目的真实价值

由于项目在第 4 年可以以 683 万元出售给他人，表明项目蕴含放弃期权，因此，我们需计算项目的扩展净现值作为决策依据。

本项目的扩展净现值 = 静态净现值 + 放弃期权的价值

(1) 计算静态净现值。

根据项目在第 1 年的期望现金流 200 万元，以后各年现金流的增长速度为 0%，项目必要报酬率为 20%。将第 1 年及永续经营后续各年的现金流贴现到第 0 年得到项目第 0 年的价值 = 200/0.2 = 1 000（万元）。项目的初始投资为 800 万元。

因此，项目的静态净现值 = 1 000 − 800 = 200（万元）。

(2) 评估放弃期权的价值。

根据客观实际情况，我们可以计算出该项目在第 0 年至第 4 年可能的真实价值（由项目的现金流贴现得到，这里计算的项目价值包含了项目当年产生的现金流），将其表示在图 7 − 9 中。

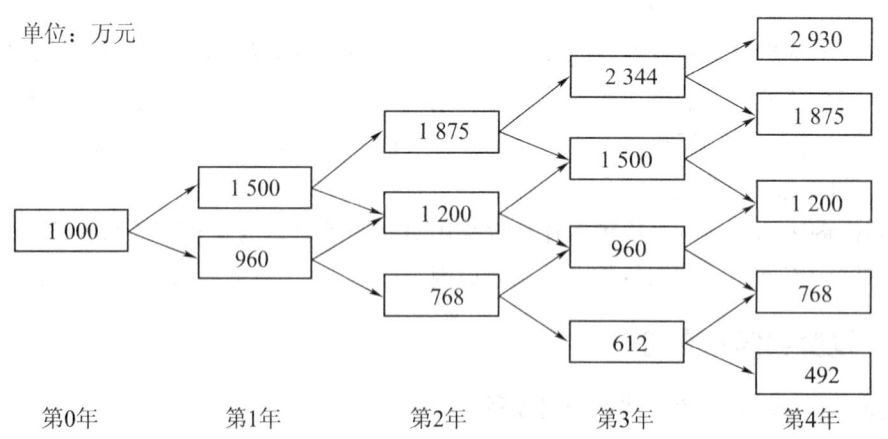

图 7 − 9 商业地产开发项目真实价值（每年产生的现金流分配之前）的评估过程

我们对图 7 − 9 中的数据进行说明：

① 将第 1 年及永续经营后续各年的现金流贴现到第 0 年得到项目第 0 年的价值 =

200/0.2 = 1 000（万元）。

② 项目投入运营的第 1 年：若市场行情好，实际现金流量比期望现金流量 200 万元高 25%，为 250 万元；若市场行情不好，实际现金流量比期望现金流量 200 万元低 20%，为 160 万元。同样，预期项目在第 1 年以后各年的现金流增长速度为 0%，项目的必要报酬率为 20%。因此，市场行情好，项目第 1 年的价值（现金流未分配时）：250 + 250/0.2 = 1 500（万元）；市场行情不好，项目第 1 年的价值（现金流未分配时）：160 + 160/0.2 = 960（万元）。

③ 在第 1 年市场行情好的情况下，项目投入运营的第 2 年：若市场行情继续好，则实际现金流量比期望现金流量 250 万元高 25%，为 312.5 万元；若市场行情转为不好，则实际现金流量比期望现金流量 250 万元低 20%，为 200 万元。因此，在第 1 年市场行情好的情况下，第 2 年市场行情继续好，则项目在第 2 年的价值（现金流未分配时）：312.5 + 312.5/0.2 = 1 875（万元）；在第 1 年市场行情好的情况下，第 2 年市场行情转为不好，则项目在第 2 年的价值（现金流未分配时）：200 + 200/0.2 = 1 200（万元）。

❓ 思考

现在，你会计算项目第 2 年其他情况下的价值、项目第 3 年所有可能的价值以及项目第 4 年所有可能的价值吗？可以动笔试试，并将你的计算结果与图 7-9 进行对照，看看是否计算正确。

根据图 7-9，只有在第 1 年至第 4 年市场行情都不好的情况下，项目第 4 年的价值才会低于 683 万元，也即只在这一种情况下才会选择执行放弃期权。

为评估放弃期权的价值，我们首先使用风险中性定价原理，计算市场行情好与不好的风险中性概率：

① 如果第 1 年市场行情好，项目第 1 年的现金流为 250 万元，价值（后续各年现金流贴现到第 1 年）升值到 1 250 万元，于是，市场行情好时的总收益率为：

$$\frac{250 + 1\ 250}{1\ 000} - 1 = 50\%$$

② 如果第 1 年市场行情不好，项目第 1 年的现金流为 160 万元，价值（后续各年现金流贴现到第 1 年）降为 800 万元，于是，市场需求低迷时的总收益率为：

$$\frac{160 + 800}{1\ 000} - 1 = -4\%$$

③ 由于：市场行情好的概率×50% +（1 - 市场行情好的概率）×（-4%）= 无风险报酬率。于是得到市场行情好的风险中性概率为 16.67%，市场行情不好的风险中性概率为 83.33%。

④ 利用风险中性概率与无风险报酬率，计算得到放弃期权的现值，如图 7-10 所示。

单位：万元

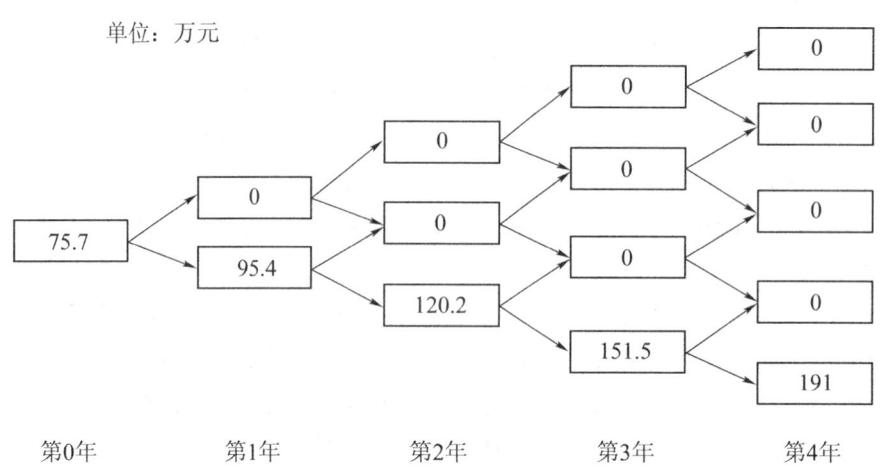

图7-10 商业地产开发项目放弃期权的真实价值评估过程

我们对图7-10中的数据进行说明：

① 由于只有在第1年至第4年市场行情都不好的情况下才会执行放弃期权，若出现这种情况，在第4年执行期权获得收益：683-492=191万元。而在其他情况下，第4年不会执行期权，因而期权带来的收益为0。

② 根据风险中性概率，计算期权带来的期望收益：

$$0 \times 16.67\% + 191 \times 83.33\% = 159.16(万元)$$

以无风险报酬率5%进行贴现：

$$159.16/(1+5\%) = 151.5(万元)$$

以此类推，计算得到期权的现值为75.7万元。

③ 计算项目的扩展净现值：

$$本项目的扩展净现值 = 静态净现值 + 放弃期权的价值$$
$$= 200 + 75.7 = 275.7(万元)$$

7.4.2.2 过度自信对期权价值评估的影响

由于决策者受到过度自信的影响，低估项目的风险，认为项目每年的实际现金流量可能比期望值高25%，或者比期望值低15%。我们将决策者在过度自信的影响下，认为该项目在第0年至第4年可能的价值表示在图7-11中。

同样，根据图7-11，只有在第1年至第4年市场行情都不好的情况下，项目第4年的价值才会低于683万元，也即只在这一种情况下才会选择执行放弃期权。使用风险中性定价原理，计算市场行情好与不好的风险中性概率如下：

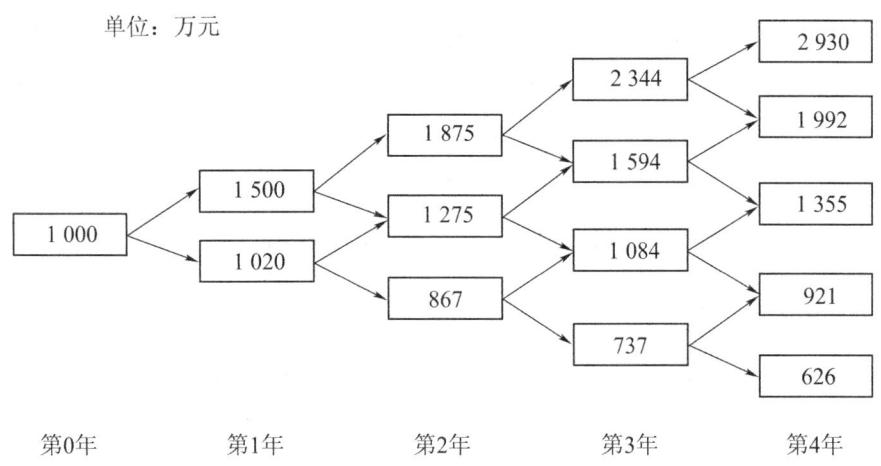

图 7-11 过度自信决策者评估商业地产开发项目价值（每年产生的现金流分配之前）的评估过程

（1）如果第 1 年市场行情好，项目第 1 年的现金流为 250 万元，价值（后续各年现金流贴现到第 1 年）升值到 1 250 万元，于是，市场行情好时的总收益率为：

$$\frac{250 + 1\,250}{1\,000} - 1 = 50\%$$

（2）如果第 1 年市场行情不好，项目第 1 年的现金流为 170 万元，价值（后续各年现金流贴现到第 1 年）降为 850 万元，于是，市场需求低迷时的总收益率为：

$$\frac{170 + 850}{1\,000} - 1 = 2\%$$

（3）由于：市场行情好的概率 × 50% + (1 - 市场行情好的概率) × 2% = 无风险报酬率。于是得到市场行情好的风险中性概率为 6.25%，市场行情不好的风险中性概率为 93.75%。

利用风险中性概率与无风险报酬率，计算得到过度自信的决策者评估出的这份放弃期权的现值为 36.2 万元，如图 7-12 所示。

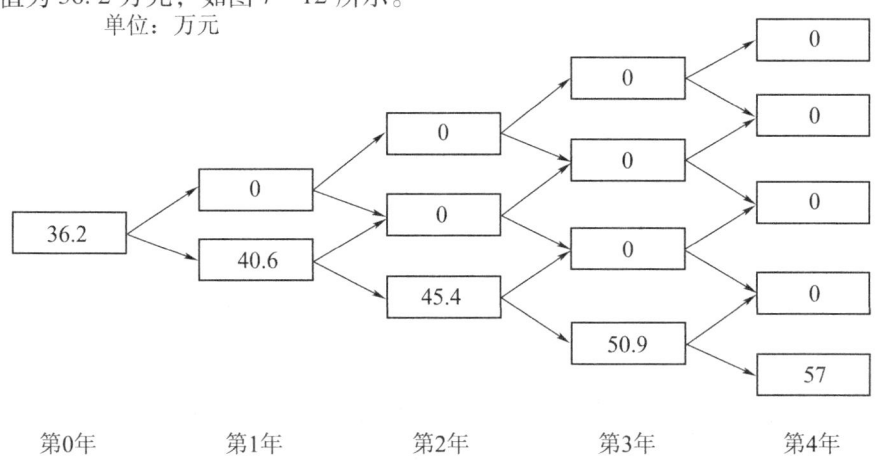

图 7-12 过度自信决策者评估商业地产开发项目放弃期权价值的评估过程

本项目蕴含的放弃期权的真实价值为 75.7 万元，而过度自信的决策者评估出的这份放弃期权的价值却为 36.2 万元，因此，我们可以看出过度自信造成的影响：本示例中的决策者在运用实物期权技术中，由于过度自信，低估了项目的风险，认为项目每年的实际现金流可能比期望值高 25%，或者比期望值低 15%，而不是客观实际情况比期望值高 25%，或者比期望值低 20%，最终导致低估实物期权的价值。

7.4.3 过度乐观的影响

某公司欲开发一种新产品，但目前该新产品的市场行情还很不明朗，公司正在考虑：现在就上马项目？等一年或者等两年再上马项目（等待的时间不超过两年）？放弃项目（在第 2 年末决定）？

目前，该项目的客观实际情况为：

(1) 项目的初始投资为 1 800 万元（固定不变）；

(2) 项目在第 1 年的期望现金流为 200 万元，现金流的增长速度为 0%；

(3) 项目每年的实际现金流量可能比期望值高 25%，或者比期望值低 20%；

(4) 项目的必要报酬率为 10%，无风险报酬率为 5%。

本项目的决策者过度乐观，认为项目在第 1 年的期望现金流为 205 万元，以后每年按照 2.5% 的速度增长。

接下来，我们先根据客观实际情况，决定本项目上马的时间或者决定是否放弃，再分析决策者过度乐观造成的影响。

7.4.3.1 决策分析

本项目蕴含时间选择期权，公司可以选择：现在就上马项目、第 1 年末上马项目、第 2 年末上马项目或者放弃项目，又由于等待的时间不超过两年，因此，项目的决策依据如下。

1. 现在或者第 1 年末

公司可以选择上马项目或者继续持有时间选择期权（等待）。比较项目在选择时点（现在或者第 1 年末）的净现值与时间选择期权的价值，若项目的净现值大于或者等于时间选择期权的价值，项目就应该在这一选择时点上马。

2. 第 2 年末

若第 1 年末未上马项目，但第 2 年末项目的净现值大于 0，则选择上马，否则放弃项目。

接下来，我们首先计算现在、第 1 年末项目的净现值与时间选择期权的价值，以及第 2 年末项目的净现值，然后根据决策依据进行决策。

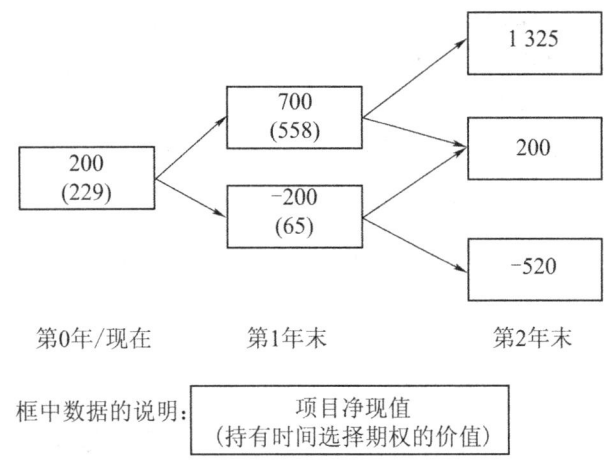

图 7-13 新产品开发项目的净现值与持有时间选择期权的价值

1. 计算项目的净现值

(1) 预期项目第 1 年的现金流为 200 万元，以后各年的现金流增长速度为 0%，项目的必要报酬率为 10%。因此，现在（第 0 年）项目的净现值为 200÷0.1−1 800 = 200（万元）。

(2) 第 1 年若市场行情好，实际现金流量比期望现金流量 200 万元高 25%，为 250 万元；若市场行情不好，实际现金流量比期望现金流量 200 万元低 20%，为 160 万元。因此，市场行情好，项目第 1 年的净现值为 250÷0.1−1 800 = 700（万元）；市场行情不好，项目第 1 年的净现值为 160÷0.1−1 800 = −200（万元）。

(3) 在第 1 年市场行情好的情况下，第 2 年若市场行情继续好，则实际现金流量比期望现金流量 250 万元高 25%，为 312.5 万元；若市场行情转为不好，则实际现金流量比期望现金流量 250 万元低 20%，为 200 万元。因此，在第 1 年市场行情好的情况下，第 2 年市场行情继续好，则项目在第 2 年的净现值为 312.5÷0.1−1 800 = 1 325（万元）；在第 1 年市场行情好的情况下，第 2 年市场行情转为不好，则项目在第 2 年的净现值为 200÷0.1−1 800 = 200（万元）。

(4) 第 1 年市场行情不好，第 2 年市场行情继续不好的情况下，项目的净现值为 160×(1−20%)÷0.1−1 800 = −520（万元）。

2. 计算时间选择期权的价值

(1) 计算现在（第 0 年）持有时间选择期权的价值。为评估该期权的价值，我们首先使用风险中性定价原理，计算市场行情好与不好的风险中性概率：

① 如果第 1 年市场行情好，项目第 1 年的现金流为 250 万元，价值（后续各年现金流贴现到第 1 年）升值到 2 500 万元，于是，市场行情好时的总收益率为：

$$(250 + 2\,500) \div 2\,000 - 1 = 37.5\%$$

② 如果第 1 年市场行情不好，项目第 1 年的现金流为 160 万元，价值（后续各年现金流贴现到第 1 年）降为 1 600 万元，于是，市场需求低迷时的总收益率为：

$$(160 + 1\,600) \div 2\,000 - 1 = -12\%$$

③ 由于：市场行情好的概率 × 37.5% + (1 - 市场行情好的概率) × (-12%) = 无风险报酬率。于是，当无风险报酬率为 5% 时，得到市场行情好的风险中性概率为 34.34%，市场行情不好的风险中性概率为 65.66%；

④ 利用风险中性概率与无风险报酬率，计算得到现在持有这份时间选择期权的价值：

$$(700 \times 34.34\% + 0 \times 65.66\%)/(1 + 5\%) = 229(万元)$$

现在（第 0 年）持有时间选择期权的价值高于项目的净现值。

（2）在第 1 年市场行情好的情况下，第 1 年末持有时间选择期权的价值：

$$(1\,325 \times 34.34\% + 200 \times 65.66\%)/(1 + 5\%) = 558(万元)$$

在第 1 年市场行情好的情况下，第 1 年末持有时间选择期权的价值低于项目的净现值。

（3）在第 1 年市场行情不好的情况下，第 1 年末持有时间选择期权的价值：

$$(200 \times 34.34\% + 0 \times 65.66\%)/(1 + 5\%) = 65(万元)$$

在第 1 年市场行情不好的情况下，第 1 年末持有时间选择期权的价值高于项目的净现值。

3. 做出决策

① 现在（第 0 年）等待。

② 在第 1 年市场行情好的情况下，第 1 年末上马项目。

③ 在第 1 年市场行情不好的情况下，第 1 年末等待。

④ 在第 1 年末市场行情不好，但第 2 年市场行情好的情况下，第 2 年末上马项目。

⑤ 在第 1 年末市场行情不好且第 2 年市场行情仍不好的情况下，第 2 年末放弃项目。

7.4.3.2 过度乐观对项目决策的影响

由于本项目的决策者过度乐观，认为项目在第 1 年的期望现金流为 205 万元，以后每年按照 2.5% 的速度增长。我们将过度自信的决策者评估出的项目净现值与时间选择期权的价值表示在图 7-14 中。图中，项目现在（第 0 年）的净现值与时间选择期权价值的计算过程如下：

（1）现在（第 0 年）项目的净现值为：$205 \div (10\% - 2.5\%) - 1\,800 = 933$（万元）。

（2）现在（第 0 年）持有时间选择期权的价值。

① 如果第 1 年市场行情好，项目第 1 年的现金流为 256 万元，价值（后续各年现金流贴现到第 1 年）升值到 3 417 万元，于是，市场行情好时的总收益率为 $(256 + 3\,417) \div 2\,733 - 1 = 34.39\%$；

② 如果第 1 年市场行情不好，项目第 1 年的现金流为 164 万元，价值（后续各年现金流贴现到第 1 年）降为 2 187 万元，于是，市场需求低迷时的总收益率为 $(164 + 2187) \div 2733 - 1 = -13.98\%$；

③ 由于：市场行情好的概率 × 34.39% + (1 - 市场行情好的概率) × (-13.98%) = 无风险报酬率。于是得到市场行情好的风险中性概率为 39.24%，市场行情不好的风险中性概率为 60.76%；

④ 基于风险中性概率与无风险报酬率，计算得到现在持有这份时间选择期权的价值：

$$[(3\,417 - 1\,800) \times 39.24\% + (2\,187 - 1\,800) \times 60.76\%] \div (1 + 5\%) = 828(万元)$$

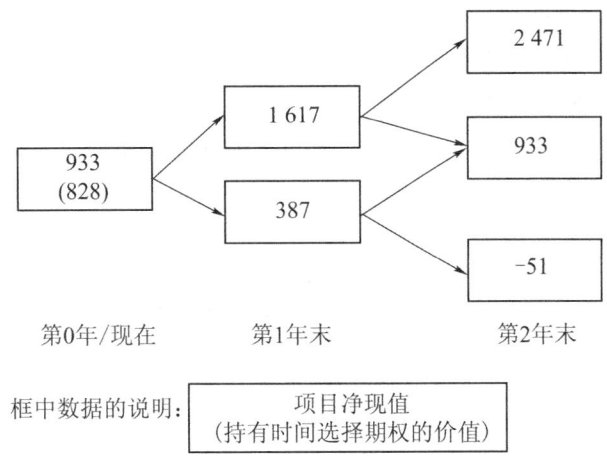

图7-14 过度乐观决策者评估的新产品开发项目的净现值与持有时间选择期权的价值

过度乐观决策者评估出现在（第0年）项目的净现值高于持有时间选择期权的价值，因而会现在就上马项目，而真实的情况现在应该等待。因此，我们可以看出过度乐观造成的影响：本示例中的决策者在运用实物期权技术中，由于过度乐观，高估了项目的现金流以及现金流的增长速度，导致提前上马项目。

7.5 拓展阅读：金融期权及其价值评估

由于实物期权价值评估中借用了金融期权价值评估思想，为了帮助大家理解7.1～7.4节，下面我们对金融期权及其价值评估的相关知识进行介绍。

7.5.1 金融期权及其分类

金融期权是指赋予其持有者以一个特定的价格在特定的到期日（或在此日前）买入（或卖出）某种金融资产的权利。此时，这项金融资产被称为期权的标的资产，特定的价格被称为执行价格，执行买入（或卖出）权利的时间被称为期权执行日（某一特定到期日或在到期日前的某一天），从获得这项权利到特定到期日这段时期被称为期权的有效期限。

【例7-3】假设现在你获得了一份期权，赋予你在两个月后的今天以二十元认购某公司股票的权利。该期权赋予你的是买入某公司股票的权利（两个月后的今天选择买或者不买该公司股票）；某公司的股票即为该期权的标的资产；二十元即为该期权的执行价格；两个月后的今天则为该期权的到期日，若到期日股票价格高于执行价格，你选择执行期权（用执行价格的20元购买了价值22元的股票，会给你带来收益），即为期权的执行日；若到期日股票价格低于执行价格，你当然选择不买入该股票，此时，期权带给你的收益就为0。

期权通常根据所赋予的权利不同分为看涨期权与看跌期权，也可根据执行时间的不同分为欧式期权与美式期权。

1. 根据期权所赋予的权利分类

（1）看涨期权。赋予其持有者以一个特定的执行价格在特定的到期日或在此日前买入某种金融资产（如股票）的权利。

（2）看跌期权。赋予其持有者以一个特定的执行价格在特定的到期日或在此日前卖出某种金融资产（如股票）的权利。

2. 根据期权的执行时间分类

（1）欧式期权。只能在特定的到期日执行。

（2）美式期权。可以选择在特定的到期日或者在此日期前执行。

思考

假如您看到欧式看涨期权、美式看跌期权等名词，您能解释它们的含义吗？

答案：（1）欧式看涨期权即赋予其持有者以一个特定的执行价格在特定的到期日买入某种金融资产（如股票）的权利。

（2）美式看跌期权即赋予其持有者以一个特定的执行价格在特定的到期日或者在此日期前卖出某种金融资产（如股票）的权利。

7.5.2 金融期权价值的评估方法

我们首先分析决定期权价值的因素，然后介绍两种最常见、使用得最多的估值方法：二叉树期权定价方法与布拉克-舒尔茨计算公式（Black-Scholes Formula，简称 B-S 公式）。

这两种方法各有优缺点：二叉树期权定价方法较为灵活，可用于不同类型期权的价值评估，但过于简化，与现实情况存在出入；布拉克-舒尔茨计算公式与现实情况更加符合，但计算模型较为复杂，且一般只适用于欧式看涨期权的估值。

7.5.2.1 金融期权价值的决定因素

我们使用介绍期权概念时用到的例子：现在你获得了一份期权，赋予你在两个月后的今天以二十元认购某公司股票的权利。其实，你获得了一份欧式看涨期权。假设在期权的到期日，你发现该公司的股票价格为 22 元，那么你选择执行期权，用 20 元的执行价格购得价值 22 元的股票，从而你获得收益：22-20=2（元）；相反，若运气欠佳，到期日该公司的股票价格低于 20 元，那么你大可不必执行期权，期权带给你的收益就是 0。

通过上面的例子，我们可以总结出简单的公式来表达到期日欧式看涨期权的价值（给你带来的收益）：

（1）到期日股票市场价值高于执行价格。

$$到期日欧式看涨期权价值 = 到期日股票市场价值 - 执行价格$$

（2）到期日股票市场价值低于执行价格。

$$到期日欧式看涨期权价值 = 0$$

同样，根据欧式看跌期权的定义，我们可以很容易得到到期日的价值计算公式：

(1) 到期日股票市场价值高于执行价格。

$$到期日欧式看跌期权价值 = 0$$

(2) 到期日股票市场价值低于执行价格。

$$到期日欧式看跌期权价值 = 执行价格 - 到期日股票市场价值$$

既然期权可能给你带来收益，因此，你需要为获得这份期权支付一定的费用，那么你应该为之付出多少呢？也就是这份期权的价值是多少呢？显然，期权可能带给你的收益越大，期权价值越高；相反，则越低。接下来，我们详细介绍决定期权价值的五大因素。

(1) 标的资产的价值。

从前面介绍的到期日期权价值计算公式，我们容易理解：在执行价格一定的情况下，标的资产的价值越高，看涨期权越有价值；而对于看跌期权，标的资产价值越低，越有价值。

(2) 执行价格。

同样，从到期日期权价值计算公式可以得出：在标的资产价值一定的情况下，对于看涨期权，执行价格越低，期权越有价值；而看跌期权则相反。

(3) 利率。

选择执行期权前，你并不需要付出执行价格。通过看涨期权获得股票（标的资产）的投资者采用了赊账购买的方式，因为他们今天仅仅支付了期权费用，一直等到真正执行期权时，他们才会付出执行价格，利率越高，执行价格的现值也就越低，因而，对于看涨期权，则越有价值。相反，对于看跌期权，利率越高，对看跌期权的持有者就越不利，因为执行期权所获得收益的现值就会越低。

(4) 标的资产价值的波动。

期权到期时，如果标的资产价格低于执行价格，无论这种差额是 1 元还是 100 元，看涨期权价值都为 0，而如果高于执行价格，每多增长 1 元，期权价值就增加 1 元；同样，对于看跌期权也如此，只有当执行价格高过标的资产价格时，才会执行，否则，价值为 0。因而，标的资产价值上升（或下降）的幅度与可能性越大，期权越有价值。也即是说，以高风险的资产作为标的资产的期权比以安全资产作为标的资产的期权更有价值。标准差（或方差）就是综合度量资产价值上涨（或下降）的幅度与可能性的指标。

(5) 期权的有效期限。

期权有效期限对期权价值的影响体现在两个方面。一方面，时间越长，则执行价格的现值越低，看涨期权越有价值，而降低了看跌期权的价值。另一方面，由于标的资产价值大幅度波动的可能性取决于两个因素——单位时段内资产价值波动的方差与时段数。因此，期权有效期越长，标的资产价值上升或下降的幅度与可能性就会越大，期权就越有价值。通常，第二个方面的影响起主导作用，所以，往往长期期权比短期期权更有价值。

7.5.2.2 二叉树期权定价方法

我们使用例 7-3 帮助大家理解二叉树期权定价方法。

现在你获得了一份期权，赋予你在两个月后的今天以执行价格 EX（为具有普遍性，用字母 EX 代替之前的 20 元）认购某公司股票的权利。我们现在来评估这份期权的价值，也即现在你应该为购买这份期权支付的价格。

我们假设这份期权的标的资产（某公司股票）现在的价格为 P，期权的执行价格为 EX，在到期日（两个月后的今天），股票价格要么上升到 $U \times P$，要么下降到 $D \times P$，其中 $D \times P < P < U \times P$，$D \times P < EX < U \times P$，如图 7-15 所示。

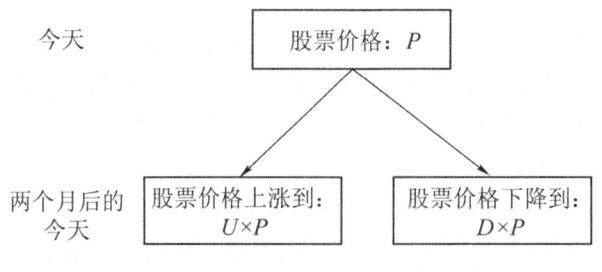

图 7-15 二叉树模型

两个月后的今天，只有在股票价格上涨时你才会选择执行期权，获得收益为 $U \times P -$ EX。否则，在股票价格下降时，你当然不会执行期权，获得 0 收益。期权的价值等于期权给你带来的现金流的现值。因此，要估算出期权的价值，我们需要知道股票价格上升的幅度、上升的概率、下降的概率以及折现率。

在此，我们需要先引入两个概念，说明二叉树期权定价方法的原理，最后总结出该方法的步骤。

（1）股票价格表现为随机游走，服从几何布朗运动。

在完善且有效的市场中，股票价格表现为随机游走（Random Walk），价格变化服从几何布朗运动，其数学表达式为：

$$1 + 上升变化率 = U = e^{\sigma\sqrt{h}} \qquad (7-1)$$
$$1 + 下降变化率 = D = 1/U$$

式中：e 表示自然常数，e = 2.718；σ 表示一段时期（t）资产连续复利收益率的标准差；h 表示距到期日的时段长度（期权有效期限）与 t 的比值。

这个式子把股票收益率的标准差与价格的升降变化联系起来，我们只需计算如下两方面就能通过公式计算得出期权到期日股票价格较现在上涨或下降的幅度。

①历史股票收益率（在 t 这段时间内的连续复利收益率）的标准差，作为标准差的估计值；

②未来时段（期权有效期限）的长度相对于 t 的倍数。

【例 7-4】腾飞公司股票价格波动的年标准差为 35.23%，估算 8 个月后，股票价格上涨或者下降的幅度。

$\sigma = 35.23\%$，$h = 8/12 = 0.667$，代入公式（7-1），计算得到腾飞公司股票 8 个月后可能上涨 33.3%，也可能下降 25%。

（2）风险中性定价。

假设所有投资者对风险的态度都没有差异，期权到期日股票（期权标的资产）的期望收益率等于无风险报酬率，在这样风险中性的情形计算出未来的期权期望价值，再用无风险报酬率进行贴现,得到期权的当前价值。

风险中性定价的实质是将期权带来的期望现金流转变成确定性等价现金流,使用无风险报酬率进行贴现,便得到期权的现值。通过风险中性定价原理可以解决两个问题:如何估算标的资产价值上涨或下降的概率;如何确定折现率,计算期权现值。

【例7-5】对图7-16二叉树模型表示的期权,使用风险中性定价方法估测其价值。

(1) 计算出股票价格上涨或下降的概率。

首先,设定上涨的概率为p_u(下降的概率为$1-p_u$),根据到期日股票的期望收益率等于无风险报酬率r_f,则:

$$p_u(U \cdot P - P)/P + (1 - p_u) \cdot (D \cdot P - P)/P = r_f \tag{7-2}$$

推出
$$p_u = (r_f - D + 1)/(U - D) \tag{7-3}$$

计算期权的现值:

$$期权的现值 = [p_u(U \cdot P - EX) + (1 - p_u) \times 0]/(1 + r_f) \tag{7-4}$$

(2) 二叉树期权定价方法的步骤。

现在,结合上面分析的例子,我们总结出二叉树期权定价方法的步骤:

步骤一: 构建标的资产价值变动的二叉树模型。

步骤二: 依据标的资产价值变动的几何布朗运动规律,通过公式(7-1)计算标的资产价值上涨或下降的幅度(估计参数U与D)。

步骤三: 依据风险中性定价原理,标的资产的期望收益等于无风险报酬率,通过公式(7-3)计算标的资产价值上涨或下降的概率。

步骤四: 依据风险中性定价原理,使用无风险报酬率作为折现率,通过公式(7-4)计算得到期权的现值。

(3) 布拉克-舒尔茨计算公式。

① 布拉克-舒尔茨公式的基本原理。

二叉树方法将下一时期股票(期权标的资产)价格的可能变动简化为两种情况,也就是认为股票价格在未来某一时间(期权到期日)要么上升到一个值,要么下降到一个值,这显然与现实不符。但若无限细分持有期权的这一时间段(期权有效期限),同样认为股票价格在间隔很短的下一时刻,其变动服从几何布朗运动,就会得到到期日股票价格的连续分布——对数正态分布,如图7-16所示。

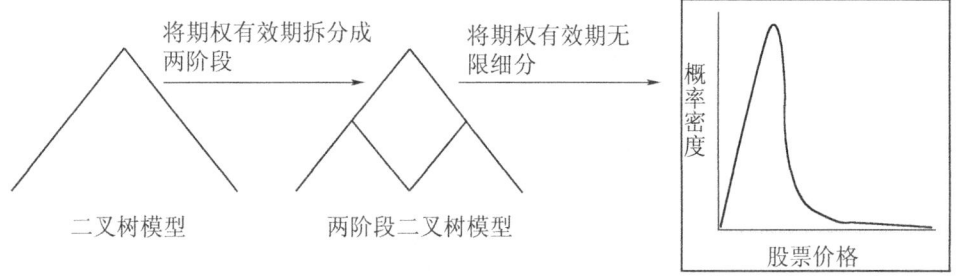

图7-16 无限细分有效期得到到期日股票价格的对数正态分布图

同样使用风险中性定价，即得到期权定价的布拉克-舒尔茨计算公式：

$$\text{看涨期权现值} = [N(d_1) \cdot P] - [N(d_2) \cdot \text{PV}(\text{EX})] \quad (7-5)$$

$$d_1 = \frac{\ln[P/\text{PV}(\text{EX})]}{\sigma\sqrt{t}} + \frac{\sigma\sqrt{t}}{2}; \qquad d_2 = d_1 - \sigma\sqrt{t}$$

式中：$N(d)$ 表示正态分布的累积概率密度函数，表示随机变量小于或等于 d 的概率；EX 表示期权的执行价格，PV（EX）是执行价格用无风险报酬率贴现得到的现值；P 表示股票的当前价格（现值）；σ 表示每一时段内标的资产连续复利收益率的标准差；t 表示距期权到期日的时段数量。

我们可以看出，布拉克-舒尔茨公式所包含的参数就是我们在前面所明确的期权价值决定因素。期权价值随股票价格水平 P 的上涨而上涨，随执行价格 PV（EX）的增加而下降，而执行价格的现值取决于无风险报酬率与距到期日的时间，另外，期权的价值还随着距到期日的时间长短以及股票波动性 $\sigma\sqrt{t}$ 的增加而增加。

而且，从布拉克-舒尔茨公式的由来（将期权有效期无限细分）可以看出其与二叉树定价方法的前提假设是一致的：市场有效且完善，标的资产的价格服从几何布朗运动，表现为随机游走；使用风险中性定价，执行价格已知，无风险报酬率已知；标的资产不派发股利（标的资产的内在价值不会因派发股利而降低）。

② 布拉克-舒尔茨公式的应用。

尽管看上去布拉克-舒尔茨公式较为复杂，但只要理解其原理，利用计算机帮助计算，应用起来就直截了当。

【例 7-6】利用布拉克-舒尔茨公式对你所获得的这份两个月后的今天以二十元认购某公司股票的期权的现值。

该股票现价 $P = 20$ 元；

执行价格 EX $= 20$ 元；

该股票年收益率标准差 $\sigma = 0.35$

期权有效期权 $t = 2/12 = 1/6$

两个月无风险报酬率 $r_f = 1\%$

步骤一：计算 d_1 与 d_2。

$$d_2 = d_1 - \sigma\sqrt{t}$$

$$d_1 = \frac{\ln[20/20/1.01]}{0.35\sqrt{1/6}} + \frac{0.35\sqrt{1/6}}{2} = 0.0018$$

$$d_2 = -0.1411$$

步骤二：计算 $N(d_1)$ 与 $N(d_2)$。

使用 EXCEL 中的 NORMSDIST 函数计算。

$$N(0.0018) = 0.5007 \quad N(-0.1411) = 0.4439$$

步骤三：代入布拉克-舒尔茨公式计算出期权现值。

$$N(d_1) \cdot P - N(d_2) \cdot \text{PV}(\text{EX}) = 1.2243$$

思考题

1. 如果在评估项目时不考虑实物期权,可能会造成什么后果?
2. 如何评估实物期权的价值?
3. 如果项目蕴含实物期权,采用决策树方法进行评估的步骤是怎样的?
4. 考虑实物期权的项目投资决策方法的逻辑步骤是怎样的?
5. 在应用实物期权技术评估项目时容易出现哪些行为偏差?它们可能造成的后果是怎样的呢?

第8章 融资效应及其计算方法

前面我们一直关注的是与投资对象有关的内容，现在我们要转向投入资金的来源问题。你或许会问：我们不是在做投资决策吗？那为什么要考虑融资？难道融资也会影响投资决策吗？

相信你也曾经听说过"企业的融资决策不影响公司的价值"，但这是有前提的：资本市场完善而且有效。在现实世界中，资本市场不完善也并非有效，融资决策可能会增加或减少公司价值，即融资会产生所谓的"融资效应"。那究竟哪些因素可能会引起融资效应？具体表现是什么？如何计量这些融资效应？实际操作中，如何将"融资效应"与评价项目的指标联合起来以判别一项投融资活动是否值得去做？

学习完这一章，这些问题就迎刃而解了！你不仅知道如何计量一个融资方案对公司价值产生的影响，而且会对"增加价值"的计量以及保证"公司价值最大化"目标实现的决策指标有更深刻的理解。

■ **本章概览**

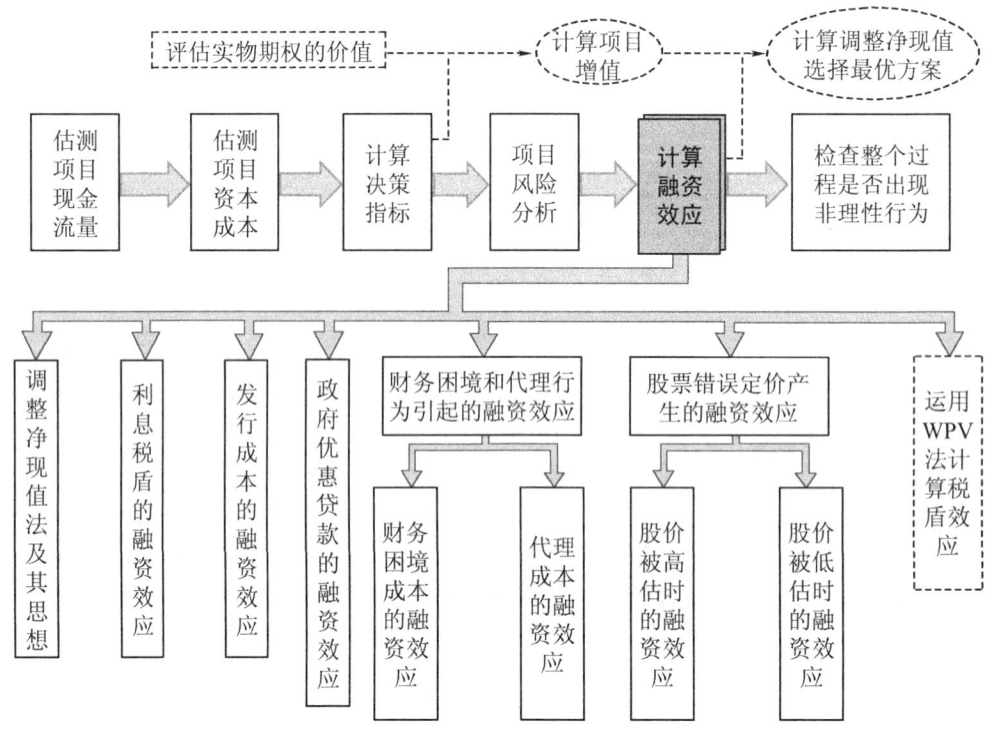

8.1 调整净现值法及其思想

调整净现值（Adjusted Present Value，APV）是指项目的基准净现值加上融资效应得到的净现值，可以用下面的公式来描述：

$$APV = 基准NPV + 各种融资效应总和 \qquad (8-1)$$

其中，"融资效应"是指由于融资决策而对公司价值产生的影响。

APV法的基本思想是分解综合，整个评估过程由一系列现值计算构成。其具体步骤如图8-1所示。

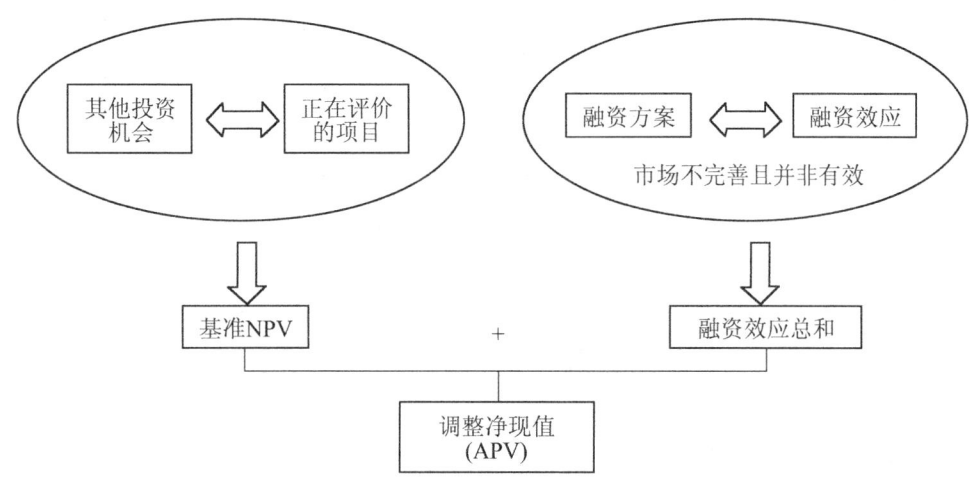

图8-1 APV法的基本思想及具体步骤

第一步：将项目看作一个独立的、完全权益融资的小型公司，利用项目的资本成本来折现项目的预期现金流，计算出项目本身的价值，即项目NPV或基准NPV。

第二步：估测融资决策带来的增量现金流量并计算其现值，这就是融资方案给公司带来的增值，也就是融资效应。有时候，也可以通过其他方式直接计算融资方案带来的增值，由此得到融资效应。

第三步：将基准NPV与各种融资效应相加，得到调整净现值，即投融资决策（通过既定的融资方案获得资金后投资到该项目）对公司价值造成的影响。

由此可见，只有当"项目的增值（基准NPV）"与"融资效应"之和大于零，针对这个项目的投融资活动才增加公司价值。否则，仅仅有好项目（基准NPV大于零），但为项目融资付出的代价太大，项目产生的价值（基准NPV）还不能抵消融资对公司的负面影响，那就不应该进行这项投融资活动。

APV法有许多可取之处，它只需分别计算各部分的价值，然后加总即可，比较简单。此外，如果融资需要根据项目量身订制，产生的融资效应种类越多越重要，APV方法也就越有用。

根据APV法的思想，在资本投资决策中与融资决策相对应的关键点是各种融资效应的计算。常见融资效应及其分类如图8-2所示。

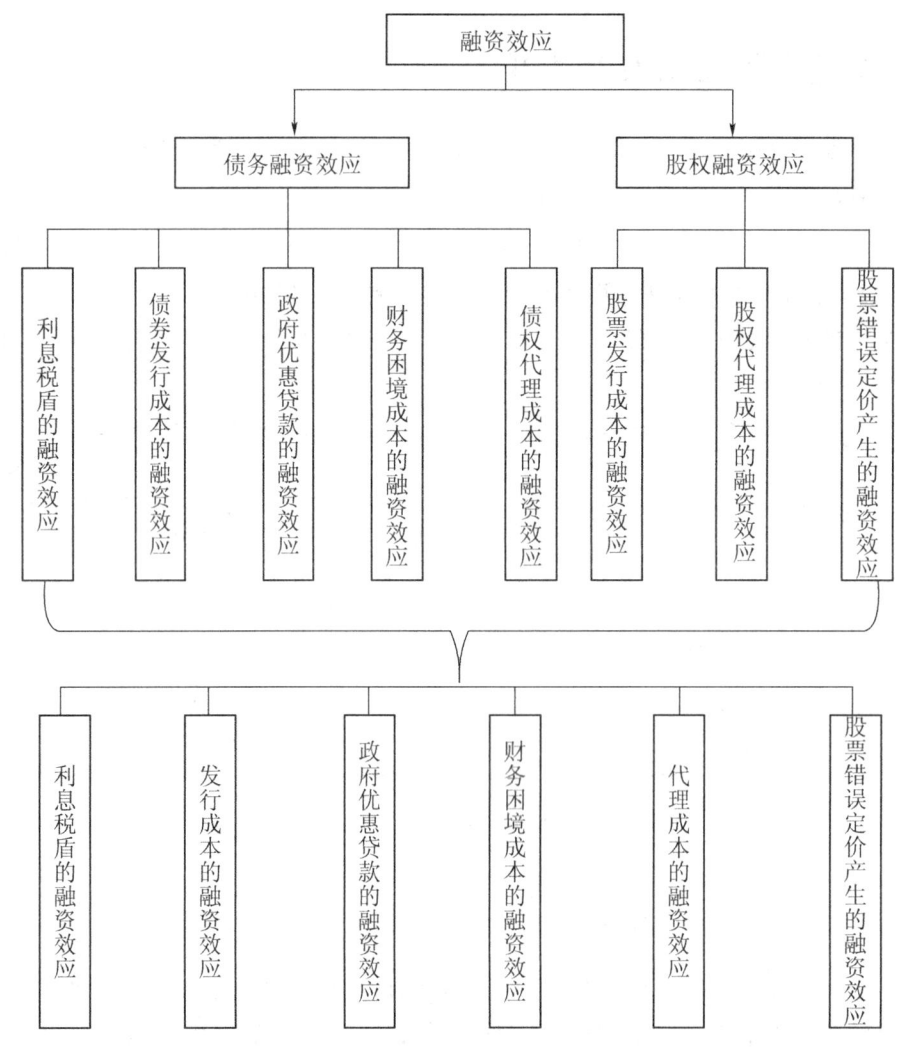

图 8-2 常见的融资效应及其分类

（1）按照融资种类的不同，融资效应可以分为两大类：债务融资效应和股权融资效应。其中：①债务融资效应主要包括利息税盾的融资效应、债券发行成本的融资效应、政府优惠贷款的融资效应、财务困境成本的融资效应、债权代理成本的融资效应；②股权融资效应主要包括股票发行成本的融资效应、股权代理成本的融资效应、股票错误定价产生的融资效应。

（2）按照产生因素的不同，融资效应可以分为利息税盾的融资效应、发行成本的融资效应、政府优惠贷款的融资效应、财务困境成本的融资效应、代理成本的融资效应、股票错误定价产生的融资效应六大类。

从掌握融资效应计算原理的视角看，（2）的分类更方便理解。所以，接下来的 8.2 节至 8.6 节将分别介绍（2）中提到的六类融资效应及其计算方法。

8.2 利息税盾的融资效应

8.2.1 利息税盾

如果公司需要交所得税,负债融资就有一个重要的优势:公司支付的利息是一笔可以抵扣应税额的支出,能够降低所得税。公司所得税的减少额为:

$$\text{利息费用} \times \text{公司所得税税率} = I_t \cdot T_c \quad (8-2)$$

即无论公司在没有债务时每年要支付多少税收,有债务时所支付的税收将减少 $I_t \cdot T_c$。这种由于支付利息而少交所得税的现象称为利息税盾(或利息节税),因为利息就像盾牌一样抵挡一部分所得税。

8.2.2 利息税盾融资效应的计算

公司通过支付利息能够降低应税所得额从而减少应该缴纳的所得税,因而能够增加整个公司的现金流,公司的价值将因此而增加,其增加值也就是税盾产生的增量现金流的净现值,即利息税盾的融资效应或利息节税的融资效应。

图8-3描述了利息税盾融资效应具体的计算过程。

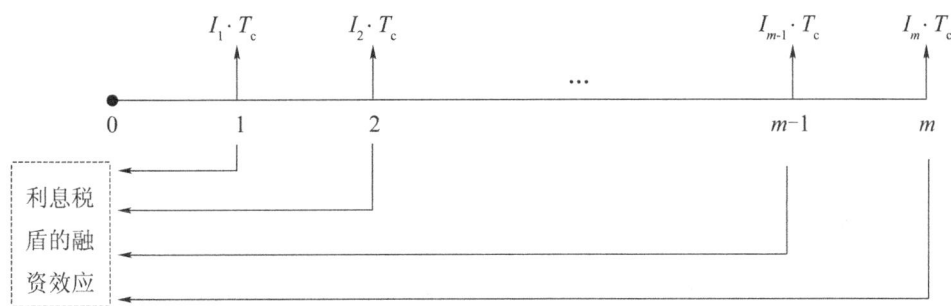

图8-3 利息税盾融资效应的计算

第一步:估计利息产生的节税现金流。通常情况下,公司所得税以现金支出的方式支付给税务机关,因此利息产生的节税现金流等于公司所得税的减少额:$I_t \cdot T_c$。

第二步:按照一定的折现率对第一步估计得到的现金流进行折现,得到利息税盾的净现值,即利息税盾的融资效应。计算公式为:

$$\text{NPV}(\text{利息税盾}) = \sum_{t=1}^{m} \frac{I_t \cdot T_c}{(1+r)^t} \quad (8-3)^{①}$$

---

① 计算利息税盾的融资效应还有另一个公式:

$$\text{NPV}(\text{利息税盾}) = \text{借款额} - \sum_{t=1}^{m} \frac{\text{第}\,t\,\text{年的税后利息}}{(1+r)^t} - \sum_{t=1}^{m} \frac{\text{第}\,t\,\text{年的还本金额}}{(1+r)^t}$$

正常情况下,借款额等于今后还本付息所产生的现金流的现值,所以,这个公式与式(8-3)的计算结果是一样的。

其中：① m 表示借款期限；② I_t 表示第 t 年支付的利息；③ r 表示折现率，取值为债权人要求的报酬率，即借款利率 i，因为利息支付所产生的节税现金流具有与债务利息支出相同的风险；④ T_c 表示公司适用的所得税税率。

如果在较长的时间里，公司的有息负债额不变、银行的借款利率（i）不变且一年付息一次，那么利息产生的节税现金流（$I_t \times T_c$）可以看作一个永续年金，式（8-3）的融资效应计算公式就可简化为：

$$\text{NPV（利息税盾）} = \sum_{t=1}^{m} \frac{I_t \cdot T_c}{(1+r)^t}$$

$$= \sum_{t=1}^{m} \frac{D \cdot i \cdot T_c}{(1+i)^t} = D \cdot T_c \quad (8-4)$$

其中，D 表示有息负债总额。

【例 8-1】 广东一家民营企业能够获得一笔 5 年期的、总额为 500 万元的贷款，借款利率为 10%，每年付息一次，到期还本。假设该企业在这 5 年内持续盈利，借款手续费忽略不计，公司所得税率为 25%。

企业每年支付的利息为 500 × 10% = 50（万元）。

企业每年所得税的减少额为 50 × 25% = 12.5（万元）。

由此可知，每年该企业由于支付利息所产生的节税现金流为 12.5 万元，折现率取值为 10%。利用 EXCEL 中的 NPV 函数计算得到节税现金流的净现值为 47.38 万元，即利息税盾的融资效应为 47.38 万元。

8.3 发行成本的融资效应

8.3.1 发行成本

发行成本是指股票或债券发行时，企业向印刷商、律师、投资银行及其他单位支付的费用。发行债券和股票一般都要支付发行成本，就会减少公司价值。债券发行者或股票发行者应尽量减少发行成本，在保证发行成功和有关服务质量的前提下，选择发行成本较低的中介机构和服务机构。

1. 债券发行成本

债券发行成本是指发行者支付给有关债券发行中介机构和服务机构的费用，主要包括证券印制费、发行手续费、宣传广告费、律师费、担保抵押费用、信用评级和资产重估费用和其他发行费用。

2. 股票发行成本

股票发行成本是指发行公司在筹备和发行股票过程中发生的费用，主要包括承销费用（发行手续费）、其他中介机构费用、印刷费用、宣传广告费和其他费用（如上网发行费用以及向代收款银行和股票登记托管机构支付费用）等。

8.3.2 发行成本融资效应的计算

发行成本当期支付，但在整个用款期内按直线法摊销抵税。因此，发行成本产生的净现值等于发行成本产生的负面影响与该成本产生的节税效应之和。即：

$$NPV(发行成本) = -发行成本 + \sum_{t=1}^{m} \frac{发行成本在第\ t\ 期的摊销 \times T_c}{(1+r)^t} \quad (8-5)$$

其中：①m 表示发行成本的摊销期限；②T_c 表示公司适用的所得税税率；③r 表示折现率，一般取无风险报酬率。需要注意的是，这里隐含一个假设：在发行成本的摊销期内，公司持续盈利。

【例 8-2】BG 公司计划为某一项目进行融资，将发行一批 5 年期的债券，该债券的票面利率为 10%。在扣除发行成本后的融资净额为 750 万元，预计发行成本占发行额的 1%，公司所得税税率为 25%。

已知发行成本占发行额的 1%，有

$$750\ 万元 = (1-1\%) \times 发行额 = 0.99 \times 发行额$$

由此得到，发行额为 757.5758 万元，融资净额为 750 万元，发行成本为 7.5758 万元。

虽然发行成本当期支付，但可以在整个用款期内按直线法摊销抵税。与发行成本相关的现金流量如表 8-1 所示。

表 8-1　BG 公司与发行成本相关的现金流　　　　　　　　　　　　单位：万元

	0	1	2	3	4	5
发行成本	-7.5758					
摊销额		1.5152	1.5152	1.5152	1.5152	1.5152
节税额		*0.3788*	*0.3788*	*0.3788*	*0.3788*	*0.3788*

表 8-1 中的斜体字表示的是与发行成本相关的现金流。将发行成本的相关现金流量按照无风险报酬率折现求得发行成本的净现值。若无风险报酬率为 5.5%，利用 Excel 中的 NPV 函数计算得到发行成本的净现值为 -5.96 万元。

式（8-5）是计算发行成本融资效应的通用计算式。下面结合我国情况分别介绍债券发行成本和股票发行成本的融资效应的计算。

1. 债券发行成本融资效应的计算

当债券发行成本直接计入当期财务费用时，支付债券发行成本将减少公司所得税的支付。这种情况下，债券发行成本融资效应的计算公式为：

$$NPV(债务发行成本) = -债券发行成本 + 债券发行成本 \times 公司所得税税率$$
$$(8-6)$$

【例 8-3】承例 8-2，BG 公司计划为某一项目进行融资，将会发行一批 5 年期的债券，该债券的票面利率为 10%。债券发行成本为 7.5758 万元，直接计入当期财务费用。公司所得税税率为 25%，BG 公司的债券发行成本融资效应为：

$$NPV(债务发行成本) = -7.5758 + 7.5758 \times 25\% \approx -5.68(万元)$$

需要说明的是，借款手续费产生的融资效应在原理上与债券发行成本类似。因此，其融资效应的计算也一样。借款手续费融资效应的计算公式为：

$$NPV(借款手续费) = -借款手续费 + 借款手续费 \times 公司所得税税率 \quad (8-7)$$

2. 股票发行成本融资效应的计算

对于我国上市公司而言，股票发行成本的融资效应的计算公式为：

$$NPV(股票发行成本) = -股票发行成本 \quad (8-8)$$

这是因为，我国2007年施行的《企业会计准则第37号：金融工具列报》第十一条规定："企业发行权益工具收到的对价扣除交易费用（不涉及企业合并中合并方发行权益工具发生的交易费用）后，应当增加所有者权益；回购自身权益工具支付的对价和交易费用，应当减少所有者权益。企业在发行、回购、出售或注销自身权益工具时，不应当确认利得或损失。"这就意味着：企业发行权益工具收到的对价扣除交易费用后，应当确认为股本（或实收资本）、资本公积（股本溢价或资本溢价）等。其中，交易费用是可直接归属于发行权益工具新增的外部费用，包括支付给代理机构、咨询公司、券商等的手续费和佣金及其他必要支出。

8.4 政府优惠贷款的融资效应

有许多企业能够享受政府的财政补贴，可以按低于市场利率的借款利率贷款，享受这种优惠贷款将增加公司价值。我们还注意到，这种优惠贷款通常与具体项目有关，投资于其他项目不一定能得到此种贷款，因此这种融资效应与具体投资项目相联系。

如果是正常贷款，则用款期内每年还本付息现金流的现值之和应该等于借款额；如果是优惠贷款，则用款期内每年还本付息现金流的现值之和小于借款额，这便是低息优惠的集中体现。企业享受政府优惠贷款产生的现金流如图8-4所示。

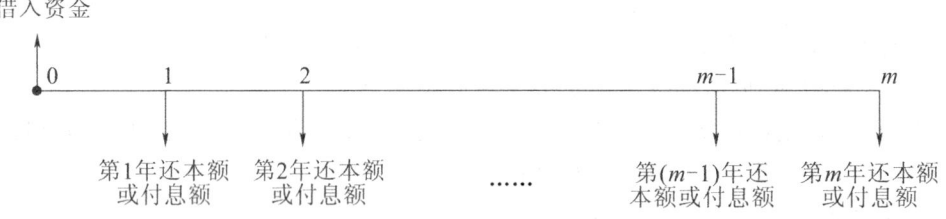

图8-4 享受政府优惠贷款所产生的现金流

另外，支付的利息还可以节税，也就有利息税盾的融资效应。因此，政府优惠贷款的融资效应，等于借款额（假设资金期初一次到位。否则，按几次到位后的现值计算）减去以后还本金和利息所支出的现金流的现值再加上利息节税额的现值，即：

$$NPV(优惠借款) = 借款额 - \sum_{t=1}^{m} \frac{第t年付息和还本金额}{(1+r)^t} + \sum_{t=1}^{m} \frac{第t年还款中的利息部分 \times T_c}{(1+r)^t} \quad (8-9)$$

其中，m 表示借款期限；T_c 表示公司适用的所得税税率。

这里需要特别注意以下两点：

（1）在计算过程中所用折现率 r 不是实际借款的优惠利率，而是当时的公平利率或市场借款利率，即如果不享受优惠情况下贷款应负担的借款利率。

（2）式（8-9）表达的政府优惠贷款融资效应不仅仅是"优惠"带来的增值，也包含了"借款"所带来的税盾效应的增值，但没有考虑发行成本的融资效应。

【**例 8-4**】承例 8-2、例 8-3，某地政府认为 BG 公司的项目有一定的社会效益，同意按照 8% 的利率向企业发放贷款 750 万元，每年付息，到期归还全部本金，并由政府承担全部借款手续费。这里，市场借款利率为 10%，公司所得税税率为 25%。这笔优惠贷款产生的增量现金流如表 8-2 所示。

表 8-2　接受优惠贷款的相关现金流量　　　　　　　　　　　　　单位：万元

	0	1	2	3	4	5
借款额	*750*					
每年税后利息		-45	-45	-45	-45	-45
还本额						-750

表 8-2 中的斜体字表示的是这笔优惠贷款的相关现金流。将这些相关现金流量按照一定的折现率进行折现计算其净现值。这里的折现率为市场借款利率，即 10%，利用 EXCEL 中的 NPV 函数，得到优惠贷款的净现值为 113.72 万元，即优惠贷款的融资效应为 113.72 万元。

8.5　财务困境和代理行为引起的融资效应

8.5.1　财务困境成本的融资效应

1. 财务困境成本

债务融资具有节税效应，即仅仅从税收方面看，负债率越高对企业价值的贡献就越大，因此企业投资项目时应尽可能多地负债融资。然而，过多的负债却会导致财务困境，这有可能减少公司价值。

所谓财务困境，是指公司未能履行对债权人的承诺或出现兑付困难。有时候财务困境会导致公司破产，有时它只是令公司如履薄冰，艰难度日。无论采取何种模式来处理财务困境，都会产生相应的成本（或损失），称为财务困境成本。

正如我们将要看到的那样，财务困境成本高昂，它可以分拆为以下两部分：

（1）破产成本，如法庭费用、一些间接成本。

（2）未导致破产的财务困境成本，如对公司信用价值的疑虑会束缚公司的运营、在财务困境中债权人和股东之间的利益冲突可能导致拙劣的经营管理和投资决策等。

2. 财务困境成本融资效应的计算

财务困境将增加企业的成本（破产成本和未导致破产的财务困境成本）或减少本应得到的报酬，从而降低企业的价值。

在决策过程中，如果项目的债务融资有可能使企业陷入财务困境，那就需要估计困境引发的成本金额，并将其折现到项目第 0 期计算其净现值，即为财务困境成本的融资效应。

采用债务融资时，应该尽量避免达到债务融资的警戒线或事先准备好防范措施以免发生财务困境，如果这样，财务困境成本的融资效应几乎为 0。

8.5.2 代理成本的融资效应

1. 代理成本

代理成本是指因代理问题所产生的损失以及为了解决代理问题所发生的成本。企业里主要存在两种代理成本：股权代理成本和债权代理成本。

（1）股权代理成本

股权代理成本是指股东与管理者之间的关系产生的代理成本，即管理者为了自身利益最大化而选择了对股东不利的方案所造成的公司价值的减少；或股东为了监督管理者而发生的费用。例如，管理者会利用其权限谋求自身利益，如增加在职消费或购买非生产性资产，这些损失将会由股东承担，就表现为股权代理成本。

（2）债权代理成本

采用债务融资方式时，也会产生一种成本——债权代理成本。债权代理成本的发生是由于企业的股东与债权人之间的冲突导致的：因为一旦资金进入企业，即使当初企业承诺会将资金用于投资低风险的项目，股东也有可能通过经营者最终从事高风险的投资，借此实现"资产替代"，从而损害债权人的利益。而债权人为了避免自身的利益被侵害，就有可能增加债务的成本或在债务合同中加入各种限制性的条款，增加成本费用。

2. 代理成本的融资效应

当公司采用债务融资方式时，除了考虑利息节税、政府优惠贷款（非市场利率融资）、债券发行成本（或借款手续费）、财务困境成本对公司价值的影响外，还需要考虑债权代理成本的影响。同样，当采用股权融资方式时，除了考虑股票发行成本对公司价值的影响外，也需要考虑股权代理成本的影响。

无论是债权代理成本还是股权代理成本，都会使公司价值减少。这种情况下，应当估计代理成本的具体表现和具体金额，并将其折现到项目第 0 期计算其现值，即为代理成本的融资效应。

8.6 股票错误定价产生的融资效应

目前，在绝大多数的财务管理或项目评价等与资本投资决策有关的教材中，内含这样的假设——证券市场有效，因此并没有介绍股票错误定价产生的融资效应。但它在现实中确实存在，而且往往比较大，尤其在我国这样新兴的证券市场，股票价格波动比较大，更是不可忽视。本节借鉴了行为公司金融方面的最新研究成果，详细介绍这种融资效应的相关知识。

8.6.1 股票错误定价

作为一种特殊的商品，股票的价格与其他商品一样，也大致围绕投资价值上下波动。

在有效的证券市场中,股票价格能够充分地反映投资者可以获得的信息,这时股票价格几乎总是等于其内在价值,偏离只是瞬时和小幅度的。然而,现实中证券市场并非有效,某些股票价格可能会长期偏离其内在价值,出现股价被高估和股价被低估这两种情况。

(1) 股价被高估,是指股票的市场价格持续高于其内在价值。

(2) 股价被低估,是指股票的市场价格持续低于其内在价值。

这时,当公司在证券市场进行股权融资时,除了股票发行成本的融资效应、股权代理成本的融资效应外,还会存在股票错误定价产生的融资效应。

> 股票错误定价产生的融资效应,是指在现实的并非有效的市场中,需要融资的公司的股票价格可能会偏离其内在价值,这时发行股票得到的资金与市场有效情况下本来应该得到的资金就不一致,由此对公司价值产生影响。

8.6.2 股价被高估时的融资效应及其计算

股价被高估就会带来正的融资效应。当公司股价被高估时,则有 $P_s = LV_s$,其中 $L > 1$,V_s、P_s 分别表示每股的内在价值和市场价格。

可见,每发行1股,公司价值增加 $\left(1 - \dfrac{1}{L}\right)P_s$,那么股价被高估产生的融资效应就等于每股对公司价值产生的影响乘以公司为项目融资所发行的股数,即:

$$\text{NPV(股价被高估)} = \left(1 - \dfrac{1}{L}\right)P_s \cdot N \qquad (8-10)$$

其中,N 表示公司为项目融资所发行的股数。

8.6.3 股价被低估时的融资效应及其计算

股价被低估就会带来负的融资效应。当公司股价被低估时,则有 $V_s = LP_s$,其中 $L > 1$,V_s、P_s 分别表示每股的内在价值和市场价格。

可见,每发行1股,公司价值损失 $(L-1)P_s$,那么股价被低估产生的融资效应就等于每股对公司价值产生的影响乘以公司为项目融资所发行的股数,即:

$$\text{NPV(股价被低估)} = (L-1)P_s \cdot N \qquad (8-11)$$

其中,N 表示公司为项目融资所发行的股数。

【例8-5】BG公司正准备投资的一个项目的净现值等于1 000万元,如果要执行该项目,就需要额外融资1.5亿元。目前公司股票的市场价格为5元/股,公司决策者认为这一价格仅仅是其内在价值的三分之一。那么发行股票的融资效应是多少呢?目前该公司没有债务融资能力,也没有多余现金。

依题意可知,(1) 每股价格为5元,因此为得到1.5亿元而需发行股票3 000万股;(2) $L = 3$,那么每发行1股,公司价值损失 $(L-1)P_s = (3-1) \times 5 = 10$(元),发行3 000万股损失的价值为3亿元。

也就是说,通过发行股票进行融资,需要发行的股票数比预计发行的股票数多两倍才能融到所需的资金，即为得到 1.5 亿元而发行的股票的内在价值实际上是 4.5 亿元，因此就导致了 3 亿元（4.5-1.5）的财富从老股东身上转移到新股东的身上。此时，融资效应为 -3 亿元。

8.7 拓展阅读：运用 WPV 法计算利息税盾效应

在资本投资决策中，计算融资产生的税盾效应主要有两种方法：一种是 8.1 节中提到的 APV 法，另一种是 WPV 法。现实中 APV 法的适用性更强，但有的教材只介绍 WPV 法，为了帮助读者进一步理解相关的方法，下面首先介绍 WPV 法，然后对 APV 法和 WPV 法进行比较和评价。

8.7.1 WPV 法及其思想

加权平均资本成本法是指用债务成本和权益成本的加权平均数（即加权平均资本成本，Weighted Average Capital Cost，WACC）作为折现率来折现项目的预期现金流，求取 NPV 的方法，简记为 WPV 法。

当考虑到现实中存在税收时，负债和权益之间就有一个极其重要的区别：负债产生的利息支付可以抵扣税金，而股息或红利的发放不可以抵扣税金。其中，支付利息而少缴的税额为利息×公司所得税税率，因此，税后债务资本成本为：

$$r_D - r_D \cdot T_c = r_D(1 - T_c)$$

运用 WPV 法计算节税效应的具体步骤如图 8-5 所示。

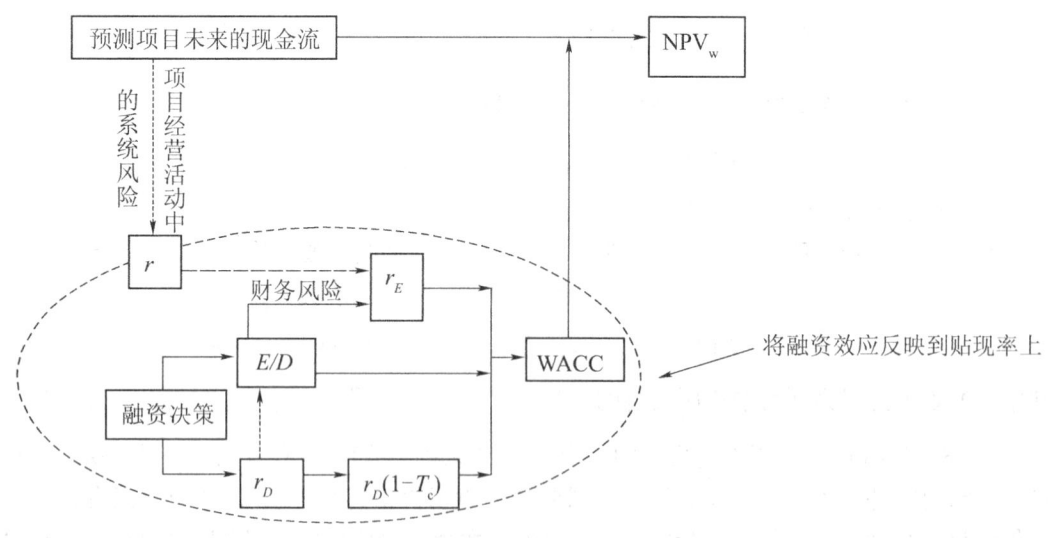

图 8-5 WPV 法计算节税效应的步骤

第一步：计算税后加权平均资本成本为 $WACC = r_D(1-T_c)\dfrac{D}{V} + r_E\dfrac{E}{V}$（$T_c$ 为公司适用的所得税税率，其值介于 0~1 之间）。

第二步：用税后 WACC 作为折现率折现项目的预期现金流，得到净现值，记

作 NPV_w。

当 T_c 不等于 0 时，税后 WACC 的值小于项目的资本成本（r），这是因为"债务成本（$r_D(1-T_c)$）"为税后取值，从而负债融资的好处就反映在较低的折现率上，这样得到的 NPV_w 就比用项目的资本成本（r）作为折现率计算出的 NPV_r 大。

8.7.2 WPV 法与 APV 法的比较

做投资决策时，可以通过加权平均资本成本法（WPV 法）或调整净现值法（APV 法）将融资决策可能产生的各种效应引入决策模型中。从应用 WPV 法和 APV 法计算利息税盾效应的操作步骤可以看出，这两种方法的区别包括以下两个方面：

（1）APV 法体现的是税后现金流的增大，而 WPV 法则体现为项目折现率的降低，这是两者本质的区别。

（2）APV 法的思想是分解综合，而 WPV 法追求一挥而就，它将所有的融资效应考虑在一个计算中。

（3）WPV 法的使用条件要求较高：①投资项目的经营风险和融资结构在项目寿命期内不变。②投资项目的经营风险和融资结构与公司保持一致。当同时满足以上两个条件时，直接利用公司的 WACC 计算 NPV 可以显示其方便性。否则，当其中一个条件不成立时，就需要重新计算各种融资效应影响下的 WACC，计算比较复杂。

就利息税盾的融资效应计算来说，可以根据具体条件选择两种方法：如果项目负债权益比在项目整个寿命期内保持不变，则应用 WACC 方法比较容易；当负债权益比随时间推移而不断变化时，WACC 法的计算就很繁杂，误差也增大。APV 法的计算是以未来各期的负债绝对水平为基础的，当未来各期的负债绝对水平已知时，用 APV 法很容易计算。发行成本、财务困境成本、贷款优惠等产生的效应与具体的融资方式有关，因此，这些融资效应的计算更适合用 APV 法。

思考题

1. 当公司股票被错误定价时，会产生怎样的融资效应？这将会如何影响项目的投资决策？

2. 一天，你收到一封来自企业管理者的 E-mail，信中说，公司刚刚结束的管理会议上，其中一个议题是讨论如何对可能要投资的项目进行融资，有的人说："借债多了不是一件好事，风险大而且自由现金流少，公司应该避免举债"；而有的人认为："借债有很多好处，至少可以利用财务杠杆效应，还可以有传递信息、激励等作用"；也有人认为："按照 MM 定理，公司的资本结构对公司价值没有任何影响，所以是否利用债务融资，都没有关系。"与权益融资相比，债务融资到底有什么优缺点？上面三种说法中哪个正确？为什么？到底应该如何进行这方面的决策？请你回答这些问题。

3. 某公司正在考虑一个生产太阳能热水器的项目。已知项目需要投资 1 000 万元，在今后 10 年里，每年等额生成 175 万元的税后现金流。根据项目的经营风险，资本机会成本为12%。

（1）假设项目融资采用的负债和权益各为500万元，负债利率为8%，负债将在项目的10年生命期内以每年等额付款的方式分期偿还，公司的所得税税率是25%。试计算APV。

（2）如果公司在筹集500万元的权益资本时，其发行费用为40万元，那么APV将会怎样变化？

第9章 公司资本投资决策中的非理性行为及其防范

直到现在，我们都是在针对投融资的对象进行预测、分析和决策，从没有将决策分析者自己纳入决策系统进行审视。其实，我们也应该反省：自己在围绕项目进行判断和选择的过程中，是否已经出错了？也许你曾经听过：人并不像自己想象的那么理性，人在很多情况下是正常的傻瓜！

在不确定条件下，人们往往会不由自主或不得不"拍脑袋"进行直觉决策。这时，由于受到认知偏差和心理因素的影响，人们就会无意识地做了不该做的事情。也就是说，在做决策时，我们以为自己是完全理性的或力求做出理性决策，但实际上已经出现了非理性行为。

你也许会好奇：现实中，我们到底会出现哪些行为偏差或非理性行为呢？在公司资本投资决策中哪些环节容易出现非理性行为，具体表现是什么？我们应该怎么做，才能减少这些非理性行为呢？

希望通过这一章，你能了解到有关行为决策方面的知识，在今后的资本投资决策甚至日常生活中，尽量不要做正常的傻瓜。

■ **本章概览**

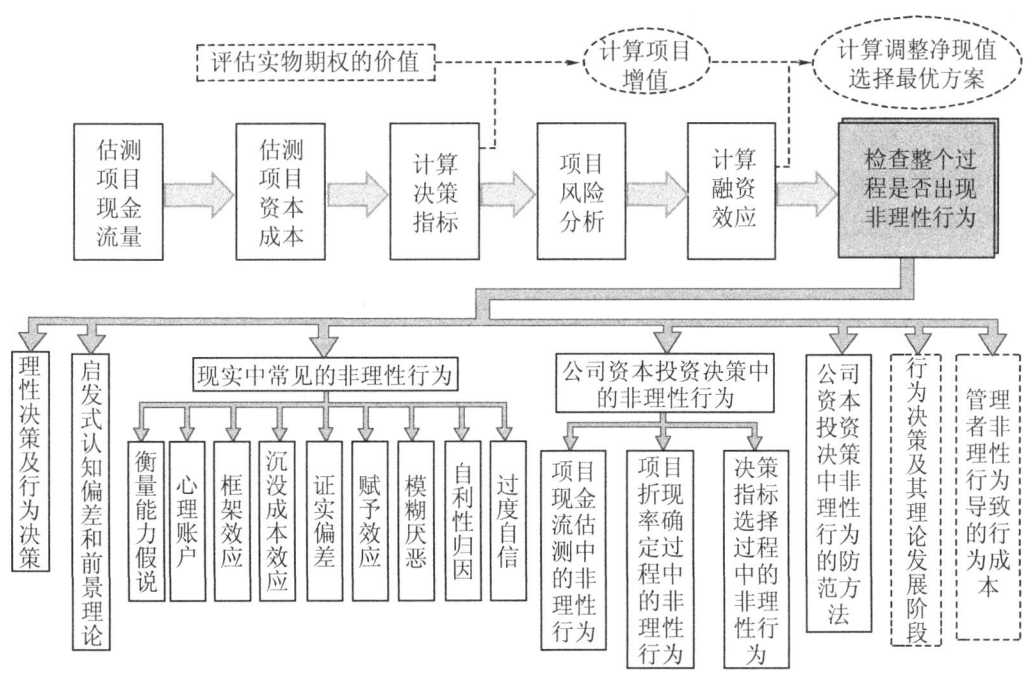

9.1 理性决策及行为决策

人的大脑一半负责逻辑思维,另一半负责直觉思维。在决策过程中,以左半脑逻辑思维为主的决策过程对应于理性决策,而以右半脑直觉思维为主的决策过程对应于行为决策。

9.1.1 理性决策

1. 什么是理性决策

理性决策,是指决策者对不同方案的结果进行预测,并在预测的基础上按一定的决策准则做出评价和抉择的过程。例如,某公司面临着两个互斥方案 A 和 B 的择优选择。这时,他们首先分别计算方案 A 和方案 B 的净现值,然后按照净现值的决策准则,选择净现值为正且较大的方案。

理性决策是一种结果导向型的决策方式,也是"理性决策理论"的简称。

理性决策理论是探讨"应该怎样决策"的规范式研究的理论,它提供解决问题的程式化步骤,其基本前提是决策者是完全理性的。

2. 完全理性人

完全理性人,是指精于计算、认知完全准确、不会发生任何偏差的,而且其决策结果能够达到最佳、满足最优化原则的决策主体。这意味着,完全理性人具有一种综合的、内在一致的效用功能,并清楚地知道所有的选择方案,能够精确地计算出与每种选择相关的期望效用价值,而且能够选择使期望效用最大化的选项。

具体而言,完全理性人在实际中必须具备以下基本条件:
①十分清楚需要解决的问题,而且有一个明确的、具体的目标;
②拥有与决策情境有关的完整信息;
③能够确定所有相关的标准;
④能够列出所有可行的方案;
⑤能够意识到每一方案的所有可能的结果;
⑥决策制定过程的步骤会始终导向选择使目标最优的方案;
⑦决策者总是选择最优方案。

9.1.2 行为决策

理性决策假设决策者本身没有认知偏差,且不会受到经历以及情绪等心理因素的影响。实际上,人们在做决策时往往会受到一些认知偏差和心理因素的影响,有时候并不是通过逻辑推理预测不同方案的可能后果再按照某种标准进行理性决策,而是凭直觉进行决策,这样的决策称为"行为决策"。

所谓行为决策,是指以直觉思维为主的决策过程,因此又称为直觉决策。行为决策是一种决策方式,也是"行为决策理论"的简称。

行为决策的研究主要探讨"人们实际中是怎样决策"以及"为什么会这样决策",其理论研究具有以下三个特点:

①出发点是决策者的行为,以实际调查为依据,对在不同环境中观察到的行为进行比较,然后归纳出结论;

②研究集中在决策者的认知和主观心理过程,如人们在做决策时的动机、态度和期望等,而不是这些行为所完成的实际业绩,即关注决策行为背后的心理解释,而不是对决策正误的评价;

③从认知心理学的角度,研究决策者在判断和选择过程中信息的处理机制及其所受的内外部环境的影响,进而提炼出理性决策理论所没有考虑到的行为变量,修正和完善理性决策模型。例如,卡尼曼在前景理论中用财富的变化量代替绝对量、决策权重代替概率,这比期望效用值理论更符合实际的决策。

9.1.3 行为决策与理性决策之间的比较

理性决策和行为决策既是两种决策方式,又是两种决策理论。理性决策理论是探讨"应该怎样决策"的规范式研究的理论,而行为决策理论主要体现为探讨"人们实际中是怎样决策"以及"为什么会这样决策"的描述性和解释性研究相结合的理论,两者之间的不同点如图9-1所示。

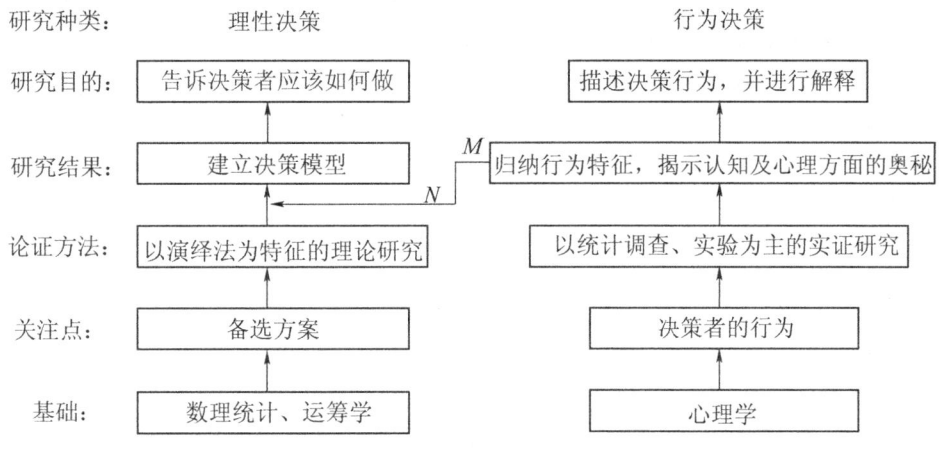

图9-1 行为决策与理性决策的比较

(1)理性决策理论假设人们是完全理性的,从抽象的、简单的假设和公理出发,针对问题,采用公理化逻辑推理方法,演绎出数学模型和结论,从而告诉人们应该采用怎样的逻辑步骤或模型去决策。该理论的基础是数理统计和运筹学。另外,该理论把主要注意力放在决策问题的描述(决策方案)和具体的决策分析方法上,对决策者本身的认知局限性、经历以及情绪等心理因素对决策的影响讨论较少。

(2)行为决策是通过实证的方法研究人们的实际决策过程,描述决策者真实的决策行为,从中归纳出行为特征并从认知和心理方面进行解释,提炼行为变量并改进理性决策模型。该理论的基础是心理学,特别是认知心理学和社会心理学。

从决策理论发展过程看,先有理性决策,然后出现行为决策;但从研究内容的逻辑关系看,以描述性研究为主要特征的行为决策应该是规范性研究(理性决策)的先行阶段。

目前,经典的财务管理或项目投资评价等方面的教材上有关资本投资决策的理论都仍属于理性决策理论，没有将投资分析者自己纳入分析系统或考察范围内。但事实上，人们在现实决策中，往往违反理性决策理论的预测和逻辑，出现连自己都没有意识到的错误。为了加深读者对决策行为的理解，请先看一个实验，建议您也一起做一下。

实验一： 被试者在 A、B 两项中选择一项：

A：100% 能得到 1 000 元。

B：50% 可能得到 2 000 元，50% 可能什么都得不到。

你会选择哪一项？

实验二： 给被试者每人发 2 000 元归其所有，然后让他在 A、B 两项中选择一项：

A：100% 损失 1 000 元。

B：50% 可能损失 2 000 元，50% 可能什么也不损失。

你会选择哪一项？

其中，"得到 1 000 元"意思就是实验组织者给他发 1 000 元归其所有；"损失 1 000 元"意思就是他要从自己口袋里掏 1 000 元给实验组织者。"50% 可能"可以通过抛硬币的正反面决定。

你的选择结果怎样？实验结果显示：绝大多数人在实验一中选择了"A"，但在实验二中选择了"B"。其实，实验一和实验二描述的决策问题是完全一样的：实验二中 A 的结果也是"100% 能得到 1 000 元"，因为被试者已经得到 2 000 元，如果选择 A 损失 1 000 元后，结果还剩 1 000 元。这时，不难理解实验二中 B 的结果是"50% 可能什么都得不到，50% 可能得到 2 000 元"，与实验一中 B 的结果完全一样。

对于同样的决策问题或选择方案，绝大多数人出现了前后决策结果不一致的现象，这说明人们的决策往往违反理性决策理论的预测和逻辑。

9.2 启发式认知偏差和前景理论

在不确定条件下，人们的决策往往违反理性决策理论的预测和逻辑。为什么会出现这样的情况呢？学习完 9.2.1 节的启发性认知偏差和 9.2.2 节的前景理论这两个最著名的行为决策理论，也许你就能明白其中的原因了。

9.2.1 启发式认知偏差

人们在认识事物时，通常采用试错法，在此基础上逐渐形成了一些普遍规则。试错法常常导致人们利用经验规则（Rules of Thumb）进行判断，这些经验规则被称为直觉。Tversky 和 Kahneman（1974）发现了人们在不确定条件下运用直觉进行判断的过程中会走一些思维捷径，这些思维捷径有时会帮助人们快速地做出准确的判断，但有时会导致判断的偏差，这种因走思维捷径而导致的判断偏差，就称为启发式认知偏差（Heuristic Bias）。它描述的是智力正常、教养良好的人却经常做出错误的判断与决策。最典型的启发式认知偏差主要有三种：代表性偏差、易得性偏差和锚定效应。

9.2.1.1 代表性偏差

人们在不确定的情况下，会关注一个事物与另一个事物的相似性，以推断第一个事物与第二个事物的类似之处，人们假定将来的模式与过去相似并寻求熟悉的模式来做判断，并且不考虑这种模式产生的原因或重复的概率。也就是说，人们倾向于根据样本是否代表（或类似）总体来判断其出现的概率，认知心理学将这种推理过程称为代表性启发法（Representative Heuristic）。例如，当一个客体或者一个人具有的显著特征可以代表或极似所想象的某一范畴的特征，则它容易被判为属于该范畴。依靠代表性启发法进行预测可能导致代表性偏差。

代表性偏差是指人们运用代表性启发法时，简单地用类比的方法去判断，即通过看某一个事件或事物在多大程度上代表这一类事件或事物做出概率判断而出现的偏差。

代表性偏差的一个后果是，当证据是随机的时候，人们仍然倾向于发现其中的规律，并对此感到自信。例如，人们认定随机游走的数据往往并不是随机游走的，大多数投资人坚信"好公司（指有名望的大公司）的股票"就是"好股票"，主要的原因是投资者忽视了好公司在好股票中所占的比例即基础比率。

忽视基础比率是代表性偏差的其中一个表现形式，下面来看一个类似的例子。

给出100个人的名单，其中有70人是工程师，30人是律师，每个人都有一段简短的文字介绍他们的性格。很随机地从100个人中选出一个，让被试者看这个人的性格介绍，然后猜测这个人是工程师还是律师。我们也来看一段描述：小张今年30岁，已婚，还没有孩子。他能力出众、进取心强，对自己的事业很有信心，而且深得同事喜欢。请你判断一下他是工程师的可能性有多少，是律师的可能性又是多少。

仔细分析了这段描述之后，你可能觉得小张既像工程师也像律师，没有什么职业偏向性。大多数人的回答都是50%的可能是工程师，50%的可能是律师。既然这段描述不能提供信息让你判断小张的职业，你是不是就可以把这段无关的信息忽略掉呢？我们把问题再简化为：从由70名工程师和30名律师组成的100人中，随机选出一个小张，你觉得他是工程师和律师的概率分别为多少？这时你一定会告诉我是70%和30%，对不对？这个实验就说明人们往往过分关注相似度和代表性，而忽视了原本应考虑的信息。

正常人受到代表性启发往往会错误估计小样本事件的分布，这是代表性偏差的另一种表现形式。

不妨假定进行连续抛硬币游戏，如果前面已经抛了三次（该硬币本身及抛掷过程没有偏差），每次都出现数字朝上的情况。如果你必须对下一次抛掷投注，金额为100美元，你会选择数字朝上，还是数字朝下？

如果你的选择是数字朝下，那么意味着，在你的心目中存在着模式化看法（即类比）：认为既然已连续3次出现数字朝上，再出现数字朝上的概率非常小，因此接着会更容易出现数字朝下的情况。而实际上由于每次投掷都是相互独立事件，所以出现数字朝上或朝下的可能性是一样的。

此外，"有效性幻觉"（The Illusion of Validity）属于代表性偏差，它指的是人们在面对描述某事件的信息时，经常会忽略不熟悉或者看不懂的信息，只凭自己能够理解的、熟悉的信息去做判断。特别是那些彼此相关性较大的信息，更容易引起人们的注意，以证明自己之前的判断是正确的。

9.2.1.2 易得性偏差

请先回答下面这样一个问题：2011年在中国因车祸死亡的人数多还是因吸烟及其所导致的疾病死亡的人数多？

对于这个问题，大多数人的回答会是车祸。实际上，因吸烟及相关疾病导致的死亡人数远远超过因交通事故死亡的人数。根据官方统计数据，2011年中国因交通事故共导致62 387人死亡，卫生部2012年《中国吸烟危害健康报告》指出2011年因吸烟及相关疾病导致的死亡人数已经超过100万。

为什么人们的回答会与实际情况相反呢？这是因为，我们经常可以在报纸、电视等媒体上注意到关于车祸导致人死亡的新闻，因此在回答问题时，这些信息马上鲜明地活跃在我们的脑子里，而吸烟导致的疾病是慢性的，它们悄无声息地发生在我们生活中，虽然频繁但是没有引起人们太大的关注，因此由它们所引起的死亡没有很深地留在我们的大脑中。这就是易得性偏差。

易得性反映的是人们依靠容易得到的信息而非全部信息进行判断，根据容易得到的信息的属性，可分为实际易得性（Actual Availability）和认知易得性（Cognitive Availability）。前者涉及的是容易获得和利用的实际信息，后者涉及的是依靠回忆（Recollection），即能想起有关事件的情况。易得性启发法（Availability Heuristic）是指人们倾向于根据一个客体或事件在知觉或记忆中的易得程度来评估其出现的相对频率，容易感知到的或容易回想起来的则被判断为出现的频率高。依靠易得性启发法进行预测时可能会出现"易得性偏差（Availability Bias）"。

易得性一般是相对而言的，让我们再来看一个例子。

在英语单词中，以r作为首字母的单词多还是以r作为第三个字母的单词多？大多数人会认为前者多，但事实上是后者居多。

造成这种偏差的原因可能是，搜索以r字母开头的单词比搜索以r为第三个字母的单词更方便，以r作为首字母的单词更快在测试者的脑海中反映出来。

9.2.1.3 锚定效应

请大家阅读：

假设你在跳蚤市场发现了一件你不能估价的工艺品。如果卖家开价1 000美元，他同时说明可以还价，而且你也觉得这件工艺品的价值根本没有那么高。那你的交易价格底线是多少呢？你觉得最终你和卖家会在哪个价位上成交呢？

在与卖家讨价还价之后，很多人在200美元左右与卖家成交。可是你不知道的是，卖家买进这件工艺品时，仅花费了30多美元。这就是锚定效应发挥了作用：买主被卖主开的高价给锚住了。研究表明，在没有显著易得信息的情况下，人们的判断在无意之中会受到某些"初始值"的影响，若将这里的"初始值"作为"锚点"，那么这种以"锚点"为基础，做出不完全调整的直觉判断情况，就成为"无意锚定"。

锚定效应是指当人们需要对某个事件做定量估测时，会将某些特定的数值作为起始值，这些起始值就像"锚"一样使估测值落于某一区域中。如果这些"锚"定的方向有误,那么估测就会产生偏差,虽然人们尽量根据新的信息来调整自己的判断,但是这种调整往往是不充分的,最后的判断仍然很难逃出"锚定"的影响。

现在让我们也来一次头脑运动,看看大家能够估算得多准确。请你不要用任何计算工具,在 5 秒内估计一下下面这个算式,请在横线上写下你的答案。

$1 \times 2 \times 3 \times 4 \times 5 \times 6 \times 7 \times 8 = $ _____

把你估计的数字写下来,现在拿出你的计算器把这个乘式从头算一下。正确的答案是 40 320,我猜你一定是把结果低估了很多,是吗?没有关系,我告诉你几乎所有人计算的结果都偏小,给一些高中生做这个题目,他们估算出的平均数是 512,和正确的答案相差近 100 倍。这还不足为奇,再改变一下这道题的形式,变成 $8 \times 7 \times 6 \times 5 \times 4 \times 3 \times 2 \times 1$,给同年级的另外一些高中生回答,要求也是在 5 秒钟之内进行估算。他们的智力水平和数学成绩与前面那些同学没有任何区别,可是他们估算出来的答案平均值是 2 250,虽然是正确答案的 1/18,但比起第一批高中生,他们的答案更接近于正确答案。

在这个题目中,要在短时间内估算这么一长串的数字,人们往往从第一个数字开始算几步,在第一种情况下,人们在 5 秒钟之内算出 $1 \times 2 \times 3$……然后这个数字就成为一个定位点,人们根据这个数字往上调整,但几乎所有的人都调整得不够充分,而很少有人会调整得过头,因此估算出来的数字都是偏低的。依这种推断,大家也很容易理解为什么在第二种情况下人们低估的程度要比第一次好一些,因为这次人们先开始算 $8 \times 7 \times 6$……这比较大的一头,然后再进行调整。当然这时的调整仍然是远远不够的。

9.2.2 前景理论

Kahneman 和 Tversky(1979)提出的前景理论(Prospect Theory)描述了人们如何进行包含风险和不确定性的决策。该理论对传统的风险决策理论做出了修正和补充,证明不确定条件下的实际决策行为系统地偏离了传统的经济学理论,特别是偏离了期望效用理论。

前景理论是描述性范式的一个决策模型,它将个人在不确定条件下的决策过程分为两个阶段:编辑阶段和估值阶段。

编辑阶段就是对所提供的前景进行重新组织,以简化随后的估值和选择,这时人们通常关注的是"获得(gain)"和"损失(loss)",而不是财富或福利的最终状态。而"获得"与"损失"的定义与某一参考点相对应,参考点通常与现有资产状况有关;提供前景的表达方式和决策者预期将会影响参考点的位置和对"获得"或"损失"的编辑。

估值阶段就是对已编辑的前景进行估值和选择。被编辑前景的全部价值 V 可以用 π 和 v 两个主观变量来表达:$V = \sum_{i=1}^{n} \pi(p_i)v(x_i)$。其中,$x_i$ 表示的是第 i 种结果,表现为相对于参考点的获得或损失;p_i 表示 x_i 发生的概率;$\pi(p)$ 是决策权重函数(Weighting Function),反映的是概率 p 对前景的全部价值的影响权重;$v(x)$ 是价值函数(Value Function),反映对参考点偏离的获得或损失的主观价值。即在估值阶段依赖决策权重函数和价值函数对信息予以判断,由这两个函数共同决定期望的价值。

9.2.2.1 决策权重函数和价值函数

决策权重函数为倒S形,如图9-2所示,其中虚线为事件发生的概率,实线为人们对概率的评价。将发生的概率分为四个等级:极低概率、低概率、高概率和极高概率。对低概率的评价较高(评价值高于概率值),对高概率的评价一般较低(评价值低于概率值),在中间阶段对概率的变化相对不敏感;在逼近确定性事件的边界,属于概率评价的突变范围,决策权重常常被忽视或放大,认为极低概率的结果不会发生(评价值为0),认为极高概率的结果一定发生(评价值为1)。

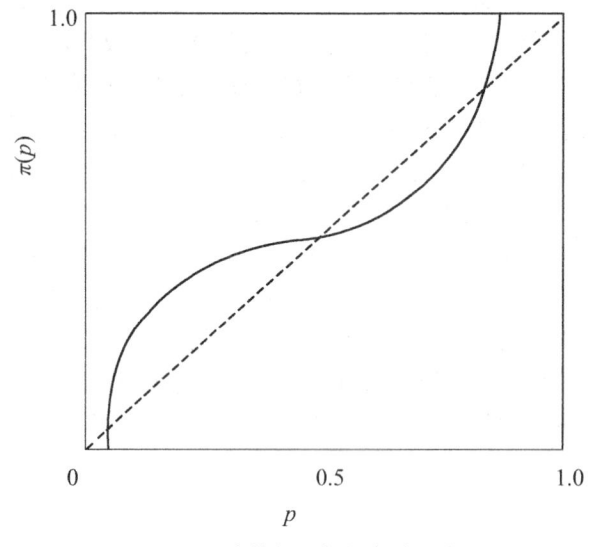

图9-2 决策权重与概率关系图

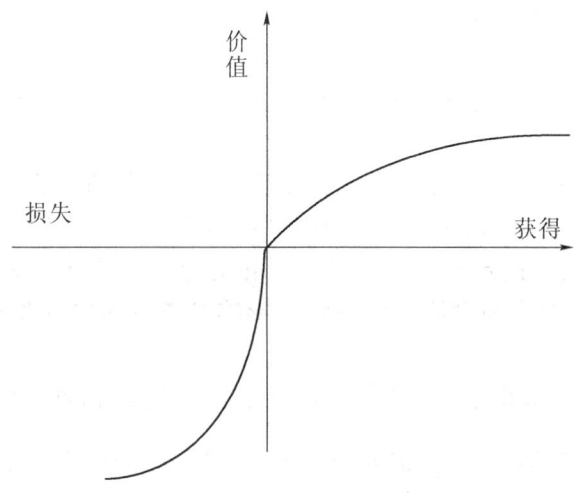

图9-3 前景理论中的价值函数

Kahneman 和 Tversky(1979)在不确定性条件下的选择性实验研究基础上,给出了价值函数的形状——S形,如图9-3所示。

① 自变量是"获得"或"损失"，表明价值的载体是财富相对于某一参考点 w_0 的变化值 $\Delta w_i = w_i - w_0$，而不是最终状态 w_i；

② 价值函数在参照点之上通常是凹函数，而在参照点之下通常是凸函数，即当 $x > 0$ 时，$v''(x) < 0$；当 $x < 0$ 时，$v''(x) > 0$；

③ "获得"区间变化的斜率小于"损失"区间变化的斜率，即个体对同等"获得"与"损失"的风险偏好程度是前者小于后者，说明人们是"损失厌恶"的。

9.2.2.2 前景理论的基本观点

前景理论的基本观点主要包括：确定效应、反射效应、损失规避、迷恋小概率事件、参照依赖。

1. 确定效应

让我们来做这样一个实验，看看你会选择哪一个呢？

A. 你一定能赚 30 000 元。

B. 你有 80% 可能赚 40 000 元，20% 可能什么也得不到。

在这个实验中，大部分人都选择 A。这时，传统经济学中的"理性人"会跳出来批判：选择 A 是错的，因为 40 000 × 80% = 32 000，期望值要大于 30 000。

这表明在现实中，大多数人处于"获得"状态时，往往小心翼翼、厌恶风险、喜欢见好就收，害怕失去已有的收益。Kahneman 和 Tversky 称之为"确定效应"（Certainty Effect），即面临"获得"时，大部分人都是风险厌恶者。

2. 反射效应

我们再来看 9.1 节中的两个实验：

第一个实验中，人们会选择直接获得 1 000 元这一稳妥安全的情况，也就是说，他的行为是风险规避型的。

第二个实验中，人们大部分选择 B，这表明在现实中，大多数人面临"损失"状态时，会极不甘心，宁愿承受更大的风险来赌一把，这时，人们变成了风险爱好者。

其实两组的情况完全是一样的，理论上在两个情况中的选择应该是一致的。然而，人们的风险态度在面临"获得"和"损失"时是完全相反的，Kahneman 和 Tversky 称之为"反射效应"（Reflection Effect）。

3. 损失厌恶

前景理论最重要也是最有用的发现之一是：当我们做有关"获得"和有关"损失"的决策时表现出不对称性。这其实是前景理论的第 3 个基本观点，即"损失厌恶（Loss Aversion）"：大多数人对"损失"和"获得"的敏感程度不对称，"损失"带来的痛苦感要大大超过同等"获得"带来的快乐感。

下面这个实验会有助于你的理解：

假设有这样一个游戏，投一枚均匀的硬币，正面为赢，反面为输。如果赢了可以获得 5 000 元，输了失去 5 000 元。

请问你是否愿意尝试这个游戏？做出你的选择。

从整体上来说，这个赌局输赢的可能性相同，就是说这个游戏的结果期望值为零，是绝对公平的赌局。你会选择参与这个赌局吗？但大量类似实验的结果证明，多数人不愿意玩这个游戏。为什么人们会做出这样的选择呢？虽然出现正反面的概率是相同的，但是人们对"失"比对"得"敏感。想到可能会输掉5 000元，这种不舒服的程度超过了想到有同样可能赢来5 000元的快乐。

4. 迷恋小概率事件

前景理论还揭示了一个奇特现象，即人类具有强调小概率事件的倾向。这可以用图9-2决策权重函数来解释：在事件位于小概率区域时，人们对该事件的评价高于原本发生的概率。即面对小概率的"获得"，多数人是风险喜好者；面对小概率的"损失"，多数人是风险厌恶者。

事实上，很多人都买过彩票，虽然赢钱可能微乎其微，你的钱99.99%的可能支持福利事业和体育事业了，可还是有人心存侥幸搏小概率事件。同时，很多人都买过保险，虽然倒霉的概率非常小，可还是想规避这个风险。人们的这种倾向，是保险公司经营下去的心理学基础。

前景理论指出，在涉及"获得"时，我们是风险的厌恶者，但涉及"损失"时，我们却是风险喜好者。但涉及小概率事件时，风险偏好又会发生离奇的转变。所以，人们并不是风险厌恶者，他们在他们认为合适的情况下非常乐意赌一把。归根结底，人们真正憎恨的是"损失"，而不是风险。

5. 参照依赖

我们先来看一个关于中奖的实验：

某一天，某机构在两个不同的戏院对购票看戏的人进行中奖实验。

在一家戏院，A先生在排队买票时被告知他前面那位顾客是第10 000名顾客，可以得到1 000元奖金。而A是第10 001名，可以获得150元奖金；在另一家戏院，B先生排队买票被告知他是该戏院的第10 000名顾客，可得到100元奖金。

如果你是A先生或B先生，你会开心吗？A和B中谁会感觉更开心一些？

实验表明，大部分的受访者都认为得到100元的B先生会感觉比较开心，而得到150元的A先生尽管得到的奖励金额比B还多，但是会由于与1 000元奖励失之交臂而深感惋惜。

事实上，我们对得与失的判断，是来自比较。所谓的"损失"和"获得"，一定是相对于参照点而言的。Kahneman称其为"参照依赖（Reference Dependence）"。一样东西可以说成是"得"，也可以说成是"失"，这取决于参照点的不同。非理性的得失感受会对我们的决策产生影响。上面的问题可以用参考点的变化来解释，在参考点附近，人们的感觉最可能会发生变化，换言之，所得到的第一个1 000元是最有吸引力的，而失去的第一个1 000元是最让人厌恶的，这时即使得到150元奖金也不能弥补。

下面的例子讲述了"参照依赖"在企业管理中的体现：

某私营企业老板，由于企业的门卫是自己的老乡，又看到他的家庭比较困难，在给他确定工资时，相对就定得高了点。结果引来了企业中其他员工的非议，觉得自己与门卫相比太吃亏了。而老板觉得，我愿意给他高点，又没有减少其他员工的钱，更何况与其他同类企业相比，自己企业员工的工资普遍较高。

员工们是因为以门卫为参照点，从付出与回报的比较看，认为自己有点吃亏。如果老板照顾门卫的家庭困难，不是以工资的名义，而是以困难补助的形式，员工们就不会有此不公平感觉了。

前景理论的基本观点表明：在面对十分复杂的决策问题时，人们不是按照期望效用理论行事，其实际的决策行为更丰富。

9.3 现实中常见的非理性行为

行为决策研究表明，在不确定条件下，人们的决策往往受其认知偏差、情绪和情感等心理因素的影响，从而违背理性决策理论的预测和逻辑，表现出非理性行为。所谓非理性行为，就是指这样的行为：不是"完全理性人的行为"或不符合"理性决策理论定义的行为"。

决策者经常会出现哪些非理性行为呢？下面将介绍一些现实中常见的非理性行为，包括具体的表现形式及其产生的根源。

9.3.1 衡量能力假说

在"理性人"假设条件下的传统经济学认为，当两样物品有着相似的质量时，如果其中一件物品的某一项指标更占优势，人们就会认为这件物品的价值更高（优势原则）。但是 Hsee（1996）认为，人们在现实生活中决策时，并不是、也不可能通过逐个比较来估计某件商品的真实价值，而是按照某种容易评价的线索来进行决策。衡量能力假说认为，当两个被选择的物品 A 和 B 都具备一个较难衡量的特性（Hard – to – evaluate Attribute，HA）和一个较容易衡量的特性（Easy – to – evaluate Attribute，EA）时，若物品 A 的 HA 比物品 B 好，但物品 A 的 EA 比物品 B 差，那么，当共同评价时，人们受 HA 的影响更大，因此会选择 A；但当单独评价时，人们受 EA 的影响更大，因此会认为 B 更有价值，容易出现"共同评价（Joint Evaluation）和单独评价（Separate Evaluation）效用反转"的现象。

为了更好地理解人们在共同评价和单独评价中的表现，让我们来看下面的例子。

如果你需要购买一台电视机：当去商店购买时，你面临的是共同评价——各种各样的不同牌子、型号、款式的电视机放在一起供你挑选，你可以相互比较，从而形成对不同电视机的评价；而如果你打算从你的一个朋友手上购买一台二手电视机，你做的就是单独评价，因为这个时候只有一台电视机供你挑选。

理解了上面的例子之后，我们再来看下面的实验：

有两杯哈根达斯冰淇淋：冰淇淋 A 有 7 盎司，装在 5 盎司的杯子里，看起来满满的；冰淇淋 B 是 8 盎司，但是装在 10 盎司的杯子里，看起来这杯没有装满。

实验表明，在单独评价的情况下（也就是让第一组人对 7 盎司冰淇淋评估，让第二组人对 8 盎司的冰淇淋评估），人们愿意花平均 2.26 美元买冰淇淋 A，却只愿意花平均 1.66 美元买冰淇淋 B。

客观来说，哪一杯冰淇淋价值更大呢？按照传统经济学的理论，如果说人们喜欢冰淇淋，那么8盎司的冰淇淋比7盎司的多；如果人们喜欢杯子，那么10盎司的杯子比5盎司的杯子大，所以不管从哪个角度来说，根据传统经济学，人们愿意为冰淇淋B支付更多的钱。然而，实验结果却表明人们反而愿意为7盎司的冰淇淋付更多的钱，如果两杯冰淇淋都标价2美元，那么人们情愿选择冰淇淋A。

为什么呢？根据衡量能力假说，冰淇淋的多与少是一个较难判断的特征，只有将两杯冰淇淋放在一起评价时人们才会发现7盎司的冰淇淋比8盎司的少，所以当共同评价时，人们会为8盎司的冰淇淋B出更高价钱。而装冰淇淋的杯子到底"满不满"，是一个容易判断的特性，在单独评价时这一特征占主导，因此，人们会为7盎司的冰淇淋出更高的价格。

再补充一个实验，加深大家的理解：

（1）你想买一套餐具，偶然在一家日用品商店清仓时看到一套餐具，有8个菜碟、8个汤碗和8个点心碟，共24件，每件都是完好无损的，那么你愿意支付多少钱买这套餐具呢？

（2）请想象另外一种情形：如果你看到的餐具有40件，其中24件和刚刚提到的完全相同，而且完好无损，此外这套餐具中还有8个杯子和8个茶托，其中2个杯子和7个茶托都已经破损了，你又愿意为这套餐具付多少钱呢？

实验结果表明，当人们同时看到这两套餐具的时候（共同评价），人们愿意为第二套支付更高的价钱。这个结论是正常的，因为第二套餐具比第一套餐具多了几只完好的杯子和茶托。但是，在只知道其中一套餐具的情况下（单独评价），人们愿意为第一套餐具支付33美元，却只愿意为第二套餐具支付24美元。（1）和（2）如果不相互比较是很难评价的，但是餐具到底完好无缺还是已经破损是很容易评价的。在单独评价的情况下，人们无从知道餐具损坏件数的多少，所以他们主要根据容易判断的线索，也就是餐具的"完整性"来做决策。

衡量能力假说的引论：在分别判断的情况下，人们更注重相对量指标（如：满不满、完整不完整、所占百分比等），会低估绝对量大的事物的价值。这就很好地解释了为什么人们常常愿意为了买衣服便宜5元钱而走上1公里路，却根本没想过为了便宜2 000元而去另一个城市购买轿车。

9.3.2 心理账户

我们都知道，在经济学中，资金的价值与它的来源没有关系，比如说，无论是从哪里得到的1万元，都是一样的，1万元就是1万元，应该一视同仁。但现实中，人们对待"辛辛苦苦工作赚来的1万元"和"从路上捡来的1万元"的态度往往截然不同，前者花起来很小心但对后者可能很随意，显然，在心理上对这两种不同来源的资金进行了分类。人们根据资金的来源和资金的用途等因素对资金进行归类的这种现象，被称为"心理账户（Mental Accounting）"。

正常人通常有"心理账户"误区，他们在心里对每一枚硬币并不是一视同仁的，而是视它们来自何方、去往何处而采取不同的态度，并常常错误地将一些资金的价值估计得比另一些低。如捡来的资金、股票市场获得的横财、意想不到的遗产、所得税的返还等都会被估得比常规的收入低，人们倾向于更轻率地或随意地使用这些被低估的资金。

设想以下两种情形：
A. 你辛辛苦苦地工作，好不容易挣来了 10 万元。
B. 你运气特别好，在买彩票的时候中了 10 万元大奖。
这时你远道而来的朋友请你跟他一起去旅游。哪种情况下你更容易决定与他同去？

是不是在第二种情况下你更倾向于选择跟朋友一起去旅游？同样是 10 万元，理性地说，这两个 10 万元应该是没有差别的，你是否会用 10 万元去旅游是不应该受到这 10 万元来源的影响，但是在现实中，由于这两笔钱一个是通过自身努力挣来的，一个是靠运气得到的，人们对待它们的态度就有了天壤之别。

心理账户分类很细，也很自由。在你日常支出预算中，甚至连电话卡和演出门票都被严格地放在两个账户中，也就是买电话卡的钱和买门票的钱要从不同的两个口袋账户中掏出。人们总是倾向于把相似的支出归到同一个账户中，并且锁定起来，不让预算在各个账户中流动。但事实上，我们所有的经济决策，消费决策也好，投资决策也罢，都不应该受到心理账户的影响。一个理性的人应该让钱在不同的心理账户间流动。假如说，你某个账户超支了，你应该从其他账户中挪一点钱过来，保证不同账户间大致的比例不变。

情境1：今晚音乐厅将上演一场你期盼已久的音乐会，票价很高，需要300元，不过你早已决定去看，并且在几天前就已经买了票。吃过晚饭，你正兴冲冲地准备出门，却发现入场票没了踪影，一定是在路上弄丢了。焦急的你要想听这场音乐会只能再掏一次腰包了，你正进行思想斗争，该不该再花300元买一张音乐会的票呢？

情境2：同样是一场你梦寐以求的音乐会，你打算去听，票价是300元，但是这次你没有提前买票，打算到了音乐厅再买，刚要从家里出发的时候，你发现你把刚刚买的一张价值300元的电话卡给弄丢了。这个时候，你还会不会花300元去买这场音乐会的入场券呢？

实验证明大多数人在第一种情况下都会选择不再去音乐厅买音乐会的票，而在第二种情况下他们选择仍旧去欣赏音乐会。你的选择是不是也和他们一样呢？客观上讲，这两种情况是没有区别的，是等价的：在你愿意花 300 元去听音乐会的前提下，你面临的都是损失了价值 300 元的物品，然后你需要选择是否再花 300 元去欣赏音乐会。同样是损失了价值 300 元的东西，为什么你选择是否去听音乐会的决定会截然相反呢？那正是心理账户所带来的误区。

当你丢了音乐会门票时，买第二张票将会增加听音乐会的成本，这个成本超过了人们愿意接受的程度。相反，丢掉的电话卡没有被列入听音乐会的成本账户，因而不至于影响听音乐会的意愿。

9.3.3 框架效应

我们先来看一个例子。

假如关于打印机的广告有以下两种情况：

第一种：打印机的价格是700元，如果需要送货上门，A还需要再支付50元。

第二种：打印机的价格是750元，而且商家负责送货上门，但是如果不需要送货上门的话，商家可以退50元。

你觉得以上两种广告哪种能让购买的人愿意付出750元购买一台打印机并获得送货上门服务？

事实上，第一种的描述通常让人们觉得没有必要承担这50元的费用，所以宁愿自己搬回家。而第二种就不会让人们觉得如果送货上门是有损失的，通常会高高兴兴地付钱让商家送货了。

实际上在这两种定价方式下商品的价格是一样的，只不过第一个广告让人们把打印机的价格定位在700元上，觉得再支付50元有点舍不得；但是第二个广告让人们把打印机的价格定位在750元上，所以如果让商家送货上门，只不过应该拿到手的50元没有拿到手罢了，并不觉得是自己的"真正"损失。两种不同的说法，就轻易改变了人们对损失与否的判断，进而轻而易举地改变了人们的支付方式，这就是框架效应。

> 框架效应是指决策情景和问题的不同描述方式对决策者判断备选方案有影响，人们会因为情景和问题表达的不同做出不同的选择。其中框架就是描述或看待决策问题的角度或形式，同一个决策问题，如果依据的框架不同，做出的选择很可能完全相反。

为了更好地理解这一理论，让我们来看一个经典的实验。

第1组实验：

设想美国正在研究预防一场不寻常的疾病的爆发，预料该疾病会导致600人死亡。假定有两种效果不同的方案用来对付这种疾病，你愿意选择哪种？

如果采用方案A，将有200人获救；如果采用方案B，有1/3的概率600人将获救，2/3的概率没人获救。

第2组实验：

设想美国正在研究预防一场不寻常的疾病的爆发，预料该疾病会导致600人死亡。假定有两种效果不同的方案用来对付这种疾病，你愿意选择哪种？

如果采用方案C，将有400人死亡；如果采用方案D，有1/3的概率没人死亡，2/3的概率600人死亡。

调查发现，第1组中，72%的人选择方案A，28%的人选择方案B；而第2组中，选C的占22%，选D的有78%。

对照一下第1组与第2组实验，你会发现A和C方案以及B和D方案实际没有区别。两者的差别就在于两者的描述方式不同。

第1组的表述中暗含采用允许疾病夺去600人的生命为参考点。而方案A和B的结果包含了由挽救人数表示的两个可能"获得"。根据前景理论，决策者在面临"获得"的情况下是规避风险的，因此大多数人选择200人获救的确定性方案A，而不是有1/3的概率救活600人的赌局。

第2组的表述中假定的参考点是没有人死亡。由于C和D两个方案其结果都是由死亡人数表示的"损失",根据前景理论,决策者在面临"损失"的情况下是风险偏好的,因此人们更喜欢 D 的赌局而不是 C 确定的 400 人死亡。

可见,由于方案描述方式的不同,影响到人们参考点的选择,使决策者分别受到"获得"和"损失"框架的约束,造成了人们对两个实质相同的方案的不同选择,在第 1 组中风险规避,而在第 2 组中风险爱好。

要想消除框架效应的影响,保证不变性,可以采用一个程序,将任何问题的等价版本转换成同样规范的表达。例如,应该根据整个资产而不是"获得"和"损失"考虑每个决策问题。

9.3.4 沉没成本效应

学习"沉没成本效应"之前,请分别回答下面两个问题:

单位发给员工每人一张音乐会门票,位置在前排中间,价值 300 元,可是天公不作美,在开音乐会的那天突然来了一场暴风雪,这场突如其来的风雪导致所有公共交通工具都暂停使用,但是音乐会照常进行。

(1) 你如果要去,只能冒着半个小时的寒风去音乐厅。请问你会不会去听这场音乐会?

(2) 如果这张票不是单位发的,而是你自己排队花 300 元钱去买的呢?你又会不会去听音乐会呢?

很多人在第一种情况下都不愿出门,音乐会门票浪费就算了,想想自己的损失也"不大";但是在第二种情况下,人们就感觉非常舍不得,宁愿冒着寒风和交通不便,也要坚持去听音乐会。关于这个问题,我想你马上可以发现这里面是心理账户在作怪。单位发下来的票是"意外的收获",不需要自己掏腰包,这样浪费了也不会太心疼。可是自己辛辛苦苦排队花钱去买的票,是付出了一笔不小的"成本"。心理账户已经解释了为什么人们在自己买票和单位发票两种情况下会做出不同的决策。我们现在要分析的是,为什么大家花了钱买票以后,就有更大的动力去听音乐会。

这种现象在行为决策理论中被称为沉没成本谬论(Sunk Cost Fallacy)或沉没成本效应:人们在决定是否去做一件事情的时候,不仅是看这件事情对自己有没有好处,而且也看过去是不是已经在这件事情上面有过投入。我们把这些已经发生、不可回收的支出如时间、金钱、精力等称为沉没成本(Sunk Cost)。

从理性的角度来说,沉没成本是不应该影响决策的。是否去听音乐会,应该站在现在的角度去判断听音乐会的好处与不好处(或所需付出的成本,比如说忍受狂风暴雨)。做成本收益分析的时候,如果一个人是绝对理性的话,沉没成本是不应该算在内的,过去的不能挽回,就应该让它过去,在决策时应将其忽略。不管是去还是不去,钱都已经花了,它是个确定的常数,不应该影响我们其后的决策。我们仅仅需要考虑听音乐会这件事情本身所带来的收益和从现在起去听音乐会所要花费的成本,如时间、精力等。

我们不能被"沉没成本"控制。既然都已经是过去的、不可以更改的事情,我们就可以把它们暂时搁在一边。就像你已经浪费了很多时间、不可以挽回的时候,不应该再为自己曾经虚度的时光而悔恨,因为在你叹息的那一刻,又有光阴在你的叹息声中溜走了。

我们设想自己从零开始,现在只做对自己最有利的事情。

9.3.5 证实偏差

我们来看这样一个例子。

文茜是一所重点大学的研究生,经过几轮的面试,她击败了几十位强有力的竞争对手,满怀着胜利的喜悦来到一家大型企业,准备大展身手。可是四个月的工作经历不仅使她希望破灭,而且跌入了失望的深渊。不堪情绪的压力,她来到了心理咨询室。坐下之后,她就开始控诉自己的顶头上司,宣称上司故意冷落她,甚至给她小鞋穿。她提出的第一个证据就是上司对她很冷淡,但是对其他的员工都比较和蔼,比如早上见面,上司会向其他人热情打招呼,可是就是不理自己。咨询师张宇反问文茜:"你主动向他打招呼了吗?"文茜摇摇头。张宇告诉她,上司没有向下属问好的义务,下属倒是应该主动向上司问好。于是文茜又说了一大堆"证据"。

其实,文茜是陷入了自己制造的一个陷阱——用心理学的术语说,就是"证实偏差"。正如很多新人一样,带着对上司的敬畏,她进入了公司。这种敬畏使文茜对上司有一种莫名的敌意,把自己的上司妖魔化成一个"小气"、"冷漠"的人。人们已有的观念或期望会影响他的判断和行为。他们总是有选择地去解释并记忆某些能够证实自己已有观点的信息,这就是"证实偏差"。

一旦形成一个信念较强的设想,人们往往有一种寻求支持该设想的证据的倾向,过分关注支持该设想的新信息而忽视否定该设想的新信息。这种证实而不是证伪的倾向被称为"证实偏差(Confirmation Bias)"。

下面这个例子能够直观地说明证实偏差的存在。如果我们给出一个假设:"所有的天鹅都是白色的",你将如何去求证这个假设?通常的逻辑是,我们会不由自主地倾向于特别关注白天鹅、找寻白天鹅,找一只、两只……一百只,甚至更多。然而,我们可能没有意识到,无论找到多少只白天鹅,都证明不了"所有的天鹅都是白色的"。正确的思路应该是尝试去寻找一只黑天鹅,当然也可以是别的颜色——假如可能存在的话,去否定这个假设,这就是"证伪",而证伪的心理过程往往被我们忽略。

9.3.6 赋予效应

我们先想象一下这样的情景:

某天老师拿了一批印有校名和校徽、售价为4元的马克杯来到教室,问同学是否愿意花4元来买这个杯子。同学们对这种马克杯没多大兴趣,买的人寥寥无几。

接着老师又来到第二个教室,与上次不同的是,这次他一进门就先送给每个同学这样一个杯子。但过了不久,老师又回来了,此时老师愿意花6元把刚才发下去的杯子买回来,学生们可以选择卖还是不卖,但是不存在讨价还价的余地。如果你是第二个教室的学生,你会卖出这个杯子么?

没想到,这次愿意卖的人也很少。理论上说,同样的一批马克杯,在第一个教室,学生们不愿意以4元买下杯子,说明他们对杯子的价值评价要低于4元,即在需要卖出的时候,他们可以以任何高于4元的价格卖掉;但是为什么一到要卖出,在第二个教室价格增加到 6 元时又没人肯卖呢？这就是损失规避心理的一种行为表现：赋予效应（Endowment Effect）。

赋予效应，是指人们对于同样一件东西，往往在得到时觉得不怎么值钱，而一旦拥有后再要放弃时就会感到这件东西的重要性，索取的价格要高于不拥有时购买它所愿意支付的价格。赋予效应可能会导致两种现象：

（1）当决策是在两种方案中做出选择，维持现状或者接受一个新的方案（新方案在某些方面有利而在另一些方面不利），许多决策者偏爱维持现状，因为放弃一项资产的痛苦程度往往大于得到一项资产的喜悦程度。

（2）如果让人们对某种经济利益进行定价，则其得到这种经济利益所愿支付的最大值，远远小于其放弃这种经济利益所愿意接受的最小补偿值。

接下来，我们看一下著名的"死亡概率的消除与接受评价"实验。

假如现在你立即死亡的概率是千分之一，请回答以下两个问题：

第一个问题：你为了消除这个概率愿意付出多少钱？

第二个问题：你要得到多少钱才愿意接受这个死亡概率降临在你的身上？

测试者对于第一个问题的典型回答是："我最多会出 200 美元；"对于第二个问题的典型回答是："为这种额外的风险我至少要拿到 50 000 美元。"

根据赋予效应的现象可知，同样的一件物品，如果是我们本来就拥有的，那么卖价就会较高；如果我们本来就没有的，那我们愿意支付的价钱就会较低，这就能很好地解释上述实验的结果。然而，从新古典经济学的观点（如科斯定理）来说，财富的变动方向并不影响财富本身的价值，财产权利的初始安排与经济效益无关。这与实验的结果不符，显然也是个体偏好方面的一个悖论。

9.3.7 模糊厌恶

"模糊"指信息能得知却不被得知的状态。模糊厌恶（Ambiguity Aversion）是指人们在熟悉的事情和不熟悉的事情之间更喜欢熟悉的那个，而回避选择不熟悉的事情。人们厌恶主观的或模糊的不确定性，甚至讨厌客观的不确定性，当这种模糊性是一种未来巨大损失的可能性时，人们对于这种模糊性的厌恶和回避心理就更加强烈了。例如，项目评价中人们经常忽略市场竞争加剧对产品销售量的影响。

我们来看一下埃尔斯伯格经典的摸球实验。

假定有坛子 1 和坛子 2，坛子 2 中有 100 个球，其中红球 50 个，蓝球 50 个。坛子 1 也有 100 个球，红球和蓝球比例不确定。要求测试者选择下面两个赌局之一：

A：从坛子 1 中抽取 1 球，若为红色，支付 100 元；若为蓝色，支付 0 元

B：从坛子 2 中抽取 1 球，若为红色，支付 100 元；若为蓝色，支付 0 元

接着请求测试者在下面赌局之间选择：

C：从坛子 1 中抽取 1 球，若为蓝色，支付 100 元；若为红色，支付 0 元

D：从坛子 2 中抽取 1 球，若为蓝色，支付 100 元；若为红色，支付 0 元

实验结果表明，B 比 A 受欢迎，D 比 C 受欢迎。这与期望效用理论不一致。选择 B 意味着坛子 1 中少于 50% 的主观概率是红球，选择 D 则相反。这说明了人们厌恶模糊性，

即不喜欢赌局概率分布不确定，人们在冒险时喜欢拿已知的几率（风险性）而非未知的几率（不确定性）做依据。

现实世界中，厌恶模糊性与自己对分布的评估能力有关，通过向测试者出示更有专业知识的备选方案，来突出其没有能力的感觉，能加强其对该方案厌恶模糊性的程度。另外，在人们感到特别有能力评价某个备选方案时，就会出现厌恶模糊性的反面，即偏好熟悉的情形。

9.3.8 自利性归因

人们以偏颇的态度来解释事件的原因，尤其对于集体的成功，常倾向于认为自己有更大的功劳；而对于集体的失败，则倾向于认为自己承担很小的责任。类似地，人们对自己的成功往往做个人归因，对失败做情境归因；而对别人的成功倾向于做情境归因，对失败做个人归因。这种"自利性归因（Self-serving Attribution）"也很容易导致偏见和对对方的刻板印象，心理学上常称其为"自利性偏差"或"自我服务偏向"。

下面这个例子可以让你更好地理解自利性归因：

每个家庭都有家务活，而夫妻俩谁承担的家务活更多呢？实验中请丈夫和妻子分别写出自己认为自己承担了多少家务活。最后将丈夫和妻子写下的百分比相加时，通常都会发现二者之和远远大于100%。

在这个实验中，丈夫和妻子都存在自利性偏差或自我服务偏向，即都认为自己所做的家务活比较多，而实际情况是两人估计的都比现实要高。

另外，人们通常倾向于把成功归因于自己的努力而否定自己对失败负有责任。我们经常将我们在考试中得到的好成绩归因于自己的努力、技巧或智力，而将不及格归因于考试太难、我们准备的东西恰好没考、运气不好，或老师讲课比较糟糕。我们若取得比赛的胜利，那是因为我们对这项运动有特长、有天赋；若输掉比赛，则是运气差或环境中其他客观的东西在作怪。这种把成功归因于自己而否定自己对失败负有责任的想法也源于自利性归因。

9.3.9 过度自信

心理学家通过实证研究发现，人们常常对自己的判断比事实证明的更自信，高估自己的判断能力，高估自身拥有的信息质量，高估自己成功的机会，把成功归功于自己的能力，而低估运气和机会在其中的作用，这种认知偏差称为"过度自信（Over-confidence）"。

请读者来回答这样一个问题：你认为自己的驾驶技术如何？是高于、等于还是低于平均水平呢？

开车显然是一项有风险的活动，驾驶技术在其中起着重要的作用。对这一问题给出的回答会很轻易地揭示人们在与其他人进行比较时是否对自己有个切合实际的认识。如果人不是过度自信的话，回答高于、等于及低于平均水平的人应该是各占三分之一，然而大部分接受测试的人都自认为驾驶技术在平均水平之上。一项研究报告显示，在抽样出来的被测试者中，有82%认为自己的驾驶技术高于平均水平。

过度自信实际上是一个普遍存在的现象，即使是经验丰富的专业人员，比如律师、经理人、经济观察家等,都或多或少地受到这个心理现象的影响。调查发现,68%的民事诉讼律师都认为自己代理的一方会赢得诉讼,但是我们都明白,事实上一定有50%的律师会在诉讼中输掉。

对能力过于自信的态度导致了对未来的乐观估计。不现实的乐观是一种判断偏差,它使人们相信自己的未来要比别人的未来更好、更有希望。与现实相比,学生们都认为自己更可能以优异的成绩毕业,找到好的工作,获得高的薪水,喜欢第一份工作,在报纸上被人赞扬和生出天资聪颖的小孩。他们还认为与同伴、同学相比,自己更不可能出现酗酒、被解雇、离婚、抑郁和身体健康问题,其他年龄组的群体也出现了类似的模式。

心理学家布勒、格里芬和罗斯也做过一个关于过度自信的实验:

他们让心理系的学生尽可能准确地估计完成一篇论文需要多少时间,包括:(1)平均时间;(2)如果一切进展顺利的话完成论文需要的时间;(3)如果遇到了一切可能发生的困难,完成论文需要的时间。

这些学生估计,一般情况下,完成一篇论文平均需要33.9天;如果一切顺利,完成论文需要27.4天;如果进展不畅,完成论文需要48.6天。那结果究竟如何呢?事实上这些学生完成他们的论文竟花了55.5天。与学生们的估计相比,他们看起来都过于自信了。

从总体上来说,过度自信可能带来一些好处,例如,自信能增加个体的经济生存能力,自信的人可能比那些总是理性的人更加容易成功。但过度自信具有一些不利的影响,会使人们高估成功的机会,敢于做一些不应该做的事情。

9.4 公司资本投资决策中的非理性行为

在资本投资决策中,决策者也同样受到认知偏差和心理因素的影响而容易出现一些非理性行为,进而做出错误的决策。

本节按照公司资本投资决策的逻辑步骤将这些非理性行为分成三类:现金流估测中的非理性行为、项目折现率确定过程中的非理性行为、决策指标选择过程中的非理性行为。下面回顾这些非理性行为并介绍每一种非理性行为的产生原因[1],防范方法将在9.5节中介绍。

9.4.1 项目现金流估测中的非理性行为

1. 计算项目 NPV 时将利息作为增量现金流

根据现代财务决策理论,从公司的角度计算项目的净现值时,估测现金流量必须遵循的一个原则是:利息支付和融资现金流不属于增量现金流。然而,现实中估测增量现金流时,人们往往将利息支付考虑进来。违背了理性人的行为假设,使现金流的估计值偏小,低估了项目的内在价值。因此,"计算项目 NPV 时将利息作为增量现金流"是一种非理性行为。

---

[1] 考虑到内容的连贯性,本书直接介绍产生每一种非理性行为的原因,略去了这些原因的探求与检验等研究过程。若读者想了解,请见参考文献[27]。

这一非理性行为，不是由于人们缺少财务知识或不懂财务原则，而是人们依靠启发性思维出现的"代表性偏差"并建立了错误决策框架所导致的。他们依赖于直觉进行判断，认为正是因为投资该项目，需要借款才产生利息支出；如果不投资该项目，不需要为此项目融资借款，也就没必要发生这项现金流出。基于这样的思想，人们将利息支出视为增量现金流量。

2. 没有考虑营运成本

本书2.5.2节分析说明了"在现金流估计中，没有考虑营运资本"是一种非理性行为。

产生这一非理性行为不是因为决策者缺乏会计知识和实际经验，也不是因为估计现金流时疏忽大意，而是因为框架效应引起的。人们在估测项目现金流时构建了错误的框架，将整个企业和项目看成一体，而不是将"项目"和"企业"看成"项目—公司"系统中两个不同的主体。

3. 没有考虑机会成本

本书2.5.3节分析说明了"在估计现金流量时，没有考虑机会成本"是一种非理性行为。

"易得性偏差"是"没有考虑机会成本"这一非理性行为的主要原因。人们往往倾向于"看不到就想不到"，只考虑项目实施时发生的现金支出和流入，而忘记考虑项目不实施时的收入。

4. 忽略竞争对现金流的具体影响

本书2.5.4节分析说明了"忽略竞争对现金流的具体影响"是一种非理性行为。

根据调查，产生这一非理性行为的原因是受"厌恶模糊"和"有效性幻觉"的影响。

（1）受模糊厌恶的影响。由于行业发展的信息相对来说比较好估计，但竞争对手的增加以及增加后造成的结果比较难估计，即使能够估计，其结果也是相当模糊的，因而不愿意用模糊的数据作为决策依据。

（2）受有效性幻觉的影响。很多决策者认为自己企业和行业发展之间的关系相对比较明晰，比如自己企业的销售收入可能与行业是同比增长；而竞争对手与自己企业之间的具体关系描述比较复杂。因此，在决策权重方面倾向于前者，认为自己的发展更依赖于行业的发展。

5. 高估收入、低估成本

本书2.5.5节分析说明了"高估收入、低估成本"是管理者在资本投资决策过程中的一种非理性行为。

在不确定的条件下，决策者受"过度自信"、"证实偏差"或"易得性偏差"中任何一个行为特征的影响，都可能导致其"高估收入"或"低估成本"。

（1）受过度自信的影响。企业高层管理者容易过度自信，高估了自己企业在营销方面的能力，或者高估了自己在开发产品和制造产品方面的能力，高估了人们对自己产品优点的关注和喜好程度，或者高估了自己在成本控制、采购、谈判等方面的能力。

（2）受证实偏差的影响。管理者有了投资意向，在论证时往往会无意识地特别关注支持这个项目的信息，而忽略不支持这个项目的信息，因此估计出的收入当然就比较高，估计出的支出当然就比较低。

(3) 受易得性偏差的影响。人们常常是看不到就想不到，在估计时只涉及自己能想到的支出和风险，而没有考虑自己不熟悉、不了解或不知道的支出和风险。

6. 沉没成本效应

现实中确实存在沉没成本效应。当人们在做是否接受一个项目的决策时，表现出的行为与理论所指引的完全不同，导致人们的决策严重地受到沉没成本的影响。沉没成本效应使决策者不断地对失败的项目进行投资，在"投入陷阱"中越陷越深，造成了极为严重的决策失误。因此，"在资本投资决策过程中，考虑沉没成本并受沉没成本影响"是一种非理性行为。

根据调查，"框架效应"、"损失厌恶"、"赋予效应"、"锚定效应"、"证实偏差"是产生沉没成本效应的原因。

(1) 受"框架效应"和"损失厌恶"的影响。决策者认为在该项目中已经投入了大量的资金，如果终止就意味着投进去的资金将100%地损失掉；如果坚持，只要有一线希望，也就不能说是"100%损失"，即高层领导不愿意接受"100%损失"。

(2) 受"赋予效应"的影响。决策者认为项目从策划到实施，已经投入了大量的精力和时间，管理者对该项目产生了难以割舍的感情，对项目更加看重，不愿意半途而废。

(3) 受"锚定效应"的影响。决策者认为，前期已经投入了大量的资金（比如说5 000万元），因此，后面的追加资金（比如说500万元）虽然单独看是一个比较大的数目，但和前面的比较起来，决策者感觉并不是很大一笔资金，因此，就比较容易倾向于继续追加投资。

(4) 受"证实偏差"的影响。当时的决策者不愿看到"当时投资这个项目是个失败"的结论，因此，特别关注那些支持或有利于"继续该项目"的证据或信息，而忽略那些否定或不支持"继续该项目"的证据或信息，这样致使他高估该项目成功的可能性，使他有信心坚持继续投资。

9.4.2 项目折现率确定过程中的非理性行为

1. 根据项目的全部确定项目的折现率

折现率即投资者要求的收益率，也就是资本的机会成本。本书3.3.1节提到，决策分析者往往根据自己对项目全部风险的感知来确定要求的风险报酬率。人们犯这个错误不是因为时间限制、物力限制，而是由于缺乏有关"风险识别、各类风险与报酬之间的关系"等方面的知识，在启发式思维中受"代表性偏差"和"易得性偏差"的影响。

(1) 受代表性偏差的影响。一项资产的全部风险由系统风险和非系统风险构成，其中非系统风险往往所占的比重较大，即收益的变动性主要是由非系统风险引起的。在代表性启发思维作用下，决策者认为非系统风险大的公司，其总风险就大。

(2) 受易得性偏差的影响。非系统风险（如石油公司"打出无油枯井"）仅仅影响自己公司，是公司的特别风险，因此容易被人感知（能预感到其存在）。而系统风险是通过资产的 β 系数进行度量，因此不能仅仅依靠资产本身孤立地理解，它的大小还取决于其他资产，即相对于投资组合的相对风险的度量。因此，系统风险不能像总风险或非系统风险一样容易被人感知。由于系统风险不容易被人感知，因此估计系统风险是一件具有挑战性的任务，易得性启发思维导致人们关注非系统风险而忽略系统风险。

2. 一个折现率通用

根据现代财务理论，管理者应该以一个反映项目系统风险的折现率来贴现项目预期的现金流。但现实中，许多公司往往先估计投资者对其证券所要求的报酬率，然后利用公司资本成本来贴现所有新项目的现金流，不论项目多么安全，或多么冒险。显然，这是一种错误的做法，与理性人的"精于计算的，其认知也完全准确，不会发生任何偏差"的假设相悖，因此是一种非理性行为。

导致"一个折现率通用"这一非理性行为出现的原因是：人们"模糊厌恶"，喜欢确定和简便的办法。决策者认为，计算资本成本的方法和模型比较多，不同金融服务公司提供的参数也略有差别，由此计算或调整出来的结果可能不止一个，那到底选哪一个？因此，不如用一个确定的数，尽管这个确定的数可能很不对。

3. 认为项目的资本成本取决于融资而不是投资项目

本书3.3.3节举例说明了"根据融资确定资本成本"是非理性行为。决策者犯这个错误主要是由于对资本成本的概念不清楚，在依赖启发式思维过程中受"代表性偏差"和"易得性偏差"的影响，在构建框架时没有想到机会成本，也没有考虑到可能的投资收益。

9.4.3 决策指标选择过程中的非理性行为

1. 使用普通回收期

回收期就是指项目预期现金流总额等于初始投资额的期限。但在计算时分两种情况：一种是直接将各个时期的预期现金流相加后减去初始投资额，得到的回收期称为普通回收期（静态回收期），即：使 $NCF_0 = \sum_{t=1}^{n} NCF_t$ 的 n 值为普通回收期；另一种是将各个时期的预期现金流贴现，将这些现值相加再减去初始投资额，即：使 $NCF_0 = \sum_{t=1}^{DPP} \frac{NCF_t}{(1+r)^t}$ 的回收期称为贴现回收期（也称为动态回收期），如图9-4所示，某项目的贴现回收期3.07年（3+74/1 068=3.07），但普通回收期仅为2年，高估了初始投资回收的速度。

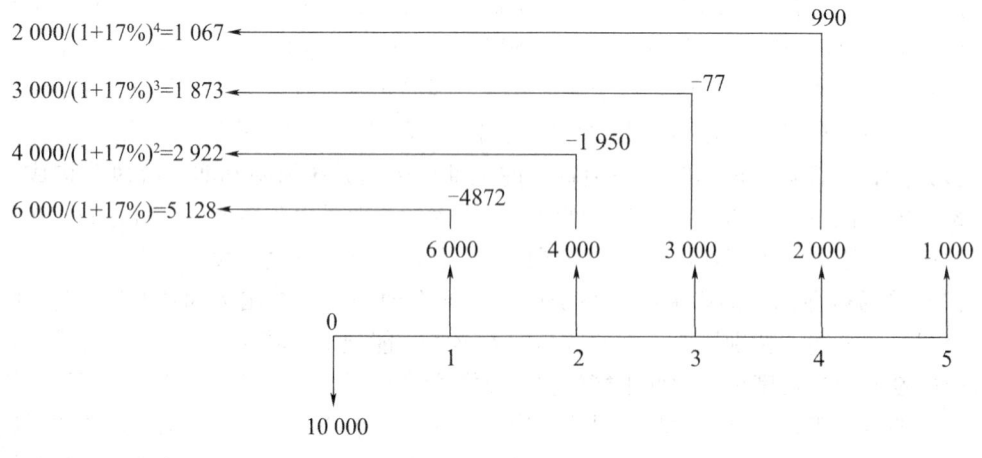

图9-4 某项目贴现回收期的计算图

由此可见，普通回收期和贴现回收期之间的差就是投资的机会成本。普通回收期没有考虑资金的时间价值，仅仅收回了初始投资额的本金，而没有收回投资额的机会成本。显然，这个指标是不科学的，也正是由于上述原因，普通回收期一直受到学术界的批评，理论上是不允许用这种评价方法的。

普通回收期是不科学的指标，由于没有考虑资本的机会成本，导致估计有偏差，高估了回收的时间，因此，"使用静态回收期"不符合"理性行为"假设，是非理性行为。但一个调查的结果显示，超过50%的首席财务主管使用静态回收期指标[①]；另一项调查也表明：57%的CFO在使用静态回收期，这说明，相对于动态回收期，很多人更愿意使用静态回收期[②]。

投资者在决策指标选择过程中之所以"使用静态回收期"，并不是因为管理者不知道动态回收期，也不是由于动态回收期的计算复杂等，而是因为决策者受到以下因素的影响：

(1) 受"框架效应"和"损失厌恶"的影响。项目的盈亏对决策者非常重要。如果一个项目本金没有收回来，那就亏了，这是不能容忍的；如果本金收回了，收益没有预期的高，也不太要紧，毕竟这个项目还是在盈利。因此，要保证每一个项目都不亏本或有收益，就要利用静态回收期。

(2) 受"心理账户"的影响。用静态回收期进行决策可以保证本金的收回，而没有考虑资本的机会成本。这说明在项目决策分析者的心目中，对投资本金和资本机会成本的要求是不同的，本金一定要全部收回，而对投入资本的机会成本的收回相对没那么强烈。

总的来说，使用普通回收期这一指标是因为决策者在心理上将"投入的本金"和"潜在的收益"放在不同的资金账户中，设置参照点时没有考虑潜在的收益。因此，对于本金，人们会厌恶损失；相对于本金，潜在的收益对人们的伤害较小。因此，虽然静态回收期没有考虑资本的机会成本，但大家很容易接受，使人们在决策过程中发生偏差，使用了错误的决策指标。

2. 使用基于利润的指标

现实中，很多管理者不喜欢用NPV等理论地位较高的指标，而喜欢用基于利润的指标，尽管利润指标存在下列不足：(1) 利润这个指标没有考虑时间价值；(2) 不同会计政策下的利润是不一样的；(3) 利润指标计算中没有扣除权益资本的成本。

正是由于利润指标计算粗糙，所以利润的增长未必意味着公司价值的增长。因此，管理者"使用基于利润的指标"，往往导致采纳次优的或损害公司价值的方案。比如，选择了短期内利润相对较高但NPV很小的项目；有的管理者甚至喜欢用"利润率"或"利润增加额"等指标进行决策，运用这些指标的管理者很可能会投资于利润率仅为1%的项目——侵蚀公司的价值的项目。由此可见，"使用基于利润的指标"属于非理性行为。

决策者不采用NPV而采用以利润为基础的指标的原因主要有：

---

① Graham John R, Campbell Harvey. The Theory and Practice of Corporate Finance: Evidence from the Field [J]. Journal of Financial Economics, 2001 (60): 187-243.

② Shefrin H. M., Statman M. Behavioral Capital Asset Pricing Theory [J]. The Journal of Financial and Quantitative Analysis. 1994 (29): 323-349.

（1）在所有的决策指标中，NPV 最不直观，不直观的指标往往不受人欢迎；而基于利润的指标容易理解、直观，大家喜欢简单直观的概念，尽管很粗糙。

（2）股东对公司有关盈利的会计指标很是看重，结果导致有的经理更关注项目的基于利润的指标，而不是基于现金流的指标。

9.5 公司资本投资决策中非理性行为的防范方法

根据 9.4 节的学习可知，决策者所出现的非理性行为往往是无意识的，但这些无意识的非理性行为会对公司价值造成不利影响，应当加以防范。本节借鉴行为金融的前沿知识，介绍防范 9.4 节所提出的非理性行为的具体方法。

9.5.1 现金流估测中非理性行为的防范方法

9.5.1.1 构建判断增量现金流的思考框架

在估测增量现金流时，确立正确的和明晰的决策框架——"项目—公司"系统与"公司—外部投资者"系统。

（1）在"项目—公司"系统里，项目和公司是完全分离的两个主体。

在计算项目基准价值过程中估测现金流时，仅仅需要估测"项目"和"公司"之间的现金往来，因此，不能将项目看成是企业内部的一部分，更不能将公司和项目看成一体，而要将"项目"和"公司"看成"项目—公司"系统中两个不同的独立主体。这样，就不会将利息考虑进来，因为利息不是"项目"和"公司"之间的现金往来；也不会忽略营运资本的增加所发生的现金流增量，因为这是"公司"与"项目"之间的现金流量。详细的举例说明请见本书 2.2.5 节的例 2-1。

（2）在"项目—公司"系统里，构建"投资该项目"和"不投资该项目"两种情形。

这在本书 2.1.2 节的"增量现金流"中已进行过详细说明。即将两种情形中共同的现金流略去，只考虑两个情形中的差异现金流——"投资"比"不投资"多发生的，以及"不投资"比"投资"多得到的。因此，估测现金流时，不但要考虑如果投资该项目，公司需要付出多少、能得到多少；还要考虑如果不投资该项目，能得到的现金流——机会成本。这样做，就不会忘记机会成本，也不会考虑沉没成本。

综上所述，在计算项目基准价值过程中估测现金流时，只考虑增量现金流。即：①仅仅考虑"项目—公司"系统内部的现金流，不是这个系统内的现金流暂时不考虑，可能在决策中的其他步骤考虑；②考虑"项目"和"公司"两个独立主体之间的现金流；③考虑"投资该项目"和"不投资该项目"两种情形的差异现金流。

9.5.1.2 分析竞争优势与现金流之间的关系

现实中人们往往由于"模糊厌恶"，忽略了竞争与现金流之间的联系。因此，可利用问答题和经济租金来源分析框架图来分析竞争优势和现金流之间的关系。

（1）在现金流预测中，不能静态地考虑本项目，而要动态地考虑问题，考虑竞争对手的反应。对未来项目的决策，决不能仅凭眼前有利可图的产品价格，无视竞争者的进入或扩张对未来价格的打压影响。即使估计不准，但总比不考虑所造成的误差要小些。

要做到动态地考虑问题，至少要回答如下的问题。

- 在目前的情况下，从事这个项目，收益是多少？
- 这样的收益水平是否足以吸引竞争对手加入？
- 如果竞争对手增多，价格、销量、成本将会发生什么变化？发生变化要经过多长时间？
- 在情况变化时，收益又是多少？
- 收益降至什么程度，又可能发生什么变化？是否会导致竞争对手的退出、技术的进步？
- 自己公司是否比其他竞争者拥有某种特别优势或领先地位？
- 这种优势能持续多久？
- 竞争对手将会如何反击？他们的反应是否会耗去项目的盈利能力？
- ……

(2) 引入经济租金来源分析框架图。将竞争优势↔现金流↔经济租金↔净现值等概念联系起来，如图9-5所示。过去习惯正向考察，事实上，还要反向思考一番：如果净现值大于0，经济租金持续大于0，那是自己什么样的竞争优势带来的？为什么资产在自己手中会比在竞争对手那里更有价值？如果一种资产对别人比对自己更有价值，那么就应该从别人那里赢得更高的收入。如果这样思考，就不会低估成本或高估收入。

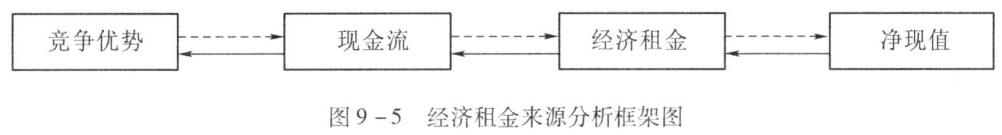

图9-5　经济租金来源分析框架图

注："-→"表示存在的经济关系；"←"表示反向思考的路线。

经济租金（Economic Rent）指收益中超出资本机会成本的部分，投资项目的NPV也就是各年经济租金的贴现值之和。当一个行业最终进入长期竞争均衡时，行业内的所有资产期望上都将实现资本的机会成本，即经济租金等于0。如果资产的收益超出机会成本，行业内投资就会增加，竞争加剧，将导致收益的下降；如果资产的收益低于机会成本，那么行业内投资将会减少。

由此可见，经济租金可能是短暂的（如在行业尚未达到长期均衡的情形），也可能是永恒的（如果厂商拥有某种程度的垄断地位或市场优势）。因此，对于一个NPV＞0的项目，不能停留于表面价值的计算，也许这只是预测现金流时错误估计的产物。仔细审查现金流估测中关键变量的取值，努力验明经济租金的来源，只有当肯定自己公司拥有某种特别优势，新项目的正NPV才是确实可信的。如果竞争优势并不存在，而经济租金大于零，那可能是"过度自信"、"过度乐观"等行为偏差产生的假象。

9.5.1.3　理解过度自信及其影响

高估收入或低估成本的最主要原因就是管理者过度自信。虽然过度自信的程度很难精确测量,但行为决策研究已经发现影响过度自信程度的因素和条件,如了解的样本规模、对背景资料的忽视程度、决策任务的难度、拥有的专业知识和经验的多少等都可能影响管理者。了解和掌握这些知识,有助于校准自己的判断水平,有效地减少过度自信对公司价值的负面影响。

1. "过度自信":一个中性词

本书所谈到的"过度自信"是行为决策、行为经济学、行为金融学、行为公司金融领域中的专业名词,是"over-confidence"一词的中文翻译,反映人们在不确定条件下进行决策时的一种行为特征——高估自己的判断能力,高估自身拥有的信息质量,即人们常常对自己的判断比事实证明的更自信。

根据中文的习惯用法,"过度"一定是超过"适度",暗指一种不好的评价,因此,很多人看到"过度自信"时,往往以为它是个贬义词。事实上,在行为学研究领域中,"过度自信"是一个中性词,它描述了人们的一种认知偏差——一种对自己判断水平的认知偏差,这种认知偏差可能产生好的结果,也可能产生不好的结果。

2. 了解"过度自信"的普遍性

行为决策研究表明:就大部分人而言,过度自信是常见的。在观察物理学家、临床心理学家、律师、谈判人员、工程师、企业家、证券分析家、驾驶员的判断中,发现都存在过度自信现象。

3. 公司高层管理者过度自信对公司价值的不利影响

公司高层管理者过度自信容易造成公司价值的减少,如图9-6所示。

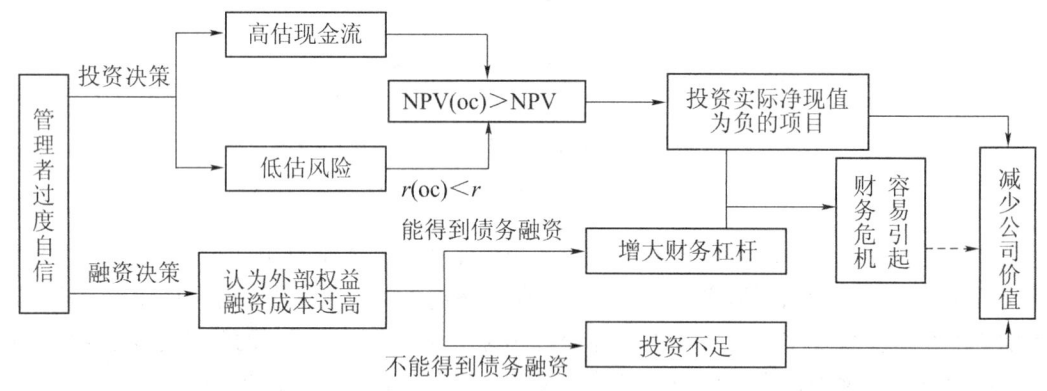

图9-6 在投融资决策中管理者过度自信对公司的不利影响

(1) 高层管理者的过度自信容易使他们忽视进一步广泛地搜集资料,往往对决策问题不再进行客观冷静的分析与比较衡量。

(2) 在投资决策中,过度自信的管理者往往高估项目的现金流,或低估投资的风险而采用比较低的折现率(r(oc)),因此在过度自信情况下估计出来的净现值(NPV(oc))大于实际净现值(NPV),其结果可能是投资实际净现值为负的项目,并且采取消极的风险管理措施,这些都会削弱公司价值。

(3) 在融资决策中,过度自信的管理者比外部投资者对自己公司的投资项目更乐观,更容易认为股票市场低估了公司内在价值,因此不愿意通过外部权益融资支持投资。这样,在得不到足够的债务融资时会使资金受限而使投资不足;在能得到债务资金时便更可能采用比较激进的融资政策,即以债务融资支持投资,增大财务杠杆,这将增加公司财务危机的可能性。

4. 企业高层管理者过度自信的有利方面

现实中,人们往往只关注过度自信的不利之处。但 Gervais,Heaton 和 Terrance (2002) 等人通过理论模型对比分析理性管理者和过度自信管理者所做的决策,得到了令人惊异的结论:管理者的过度自信更有利于增加企业的价值,股东实际上更喜欢较低能力的过度自信的管理者而不是能力更强的理性管理者。这主要表现在以下几个方面:

(1) 风险规避的理性管理者倾向于投资风险较小的项目,除非激励合适,他们会放弃风险较大但可能增加企业价值的项目。Treynor 和 Black (1973) 的研究解释了其中的原因可能是:如果公司从事一个新的风险事业,股东们可能并不是那么在意,因为他们可以使这个新风险与保留在他们其他资产的风险相互平衡。尽管管理者没有持股股份,如果企业因为新的投资失败而恶化,他们比那些同时持有其他公司股票的股东所受的伤害更严重。因此,管理者一般更加厌恶风险。

而过度自信的管理者因低估项目中潜在的风险,便会选择风险较大但实际上可以增加企业价值的项目,因此适度的过度自信的管理者所做的决定能比理性的管理者所做的决定更好地体现股东利益。即:适度的过度自信使得管理者低估投资风险,恰好在一定程度上抵消了个人风险规避的不利影响,促使管理者与股东的目标更加一致,减少了代理风险。

(2) 过度自信会使管理者高估项目的成功机会,能够迅速地做出决策。这样,在现代激烈竞争的市场条件下,过度自信的管理者能够及时地将产品或服务投入市场,抢占有利商机,增加企业价值。而风险规避的理性管理者关注到潜在的风险,因此往往推迟时间做决定从而行使实物期权。

(3) 过度自信具有自我激励性,过度自信的管理者会过高估计自身努力的价值,这可以激发他们比理性的管理者更努力地工作,这便使他们更加快乐、更加乐观,从而更具有竞争力和更受各方合作者的欢迎。因此,过度自信的管理者也更有利于提高公司的价值。

5. 过度自信的利弊与过度自信程度之间的关系

过度自信可以产生积极的作用,也可以产生消极作用,最终结果取决于过度自信的程度。管理者适度的过度自信可以增加企业价值,极端过度自信则会损害企业价值。因此针对过度自信,抑弊扬利的关键在于把握过度自信的程度,避免极端的过度自信。

9.5.2 项目折现率确定过程中非理性行为的防范方法

9.5.2.1 区别系统风险与非系统风险

在确定项目折现率的过程中,正确认识系统风险和非系统风险是十分关键的。我们可以采用以下四种方式识别风险。

(1) 采用列表方式从多个视角比较系统风险和非系统风险的不同之处,如表 9-1 所示。

(2) 利用警示语提醒决策者。如:①折现率仅仅与系统风险有关。②如果风险源在本公司外部,且对整个系统都有影响的风险才是系统风险,即通过充分投资组合不能分散

表 9-1 系统风险与非系统风险的比较

	系统风险	非系统风险
影响范围	影响整个市场的所有资产	不是影响所有资产，大多数情况下仅仅影响本项目的资产
是否可分散	不可以	通过充分投资组合，可以完全分散
风险源	一定在公司外部	可能在公司外部，更多的是在公司内部；风险源在公司内部的一定是非系统风险
对价值影响的调整方式	通过折现率进行调整	通过现金流进行调整
与折现率关系	决定折现率的大小	与折现率大小无关
感知难易	不容易感知	容易感知
在总风险中所占比重	一般比较少	往往很大

的风险；如果风险源在本公司内部，那么该风险一定是非系统风险，即通过充分投资组合可以分散的风险。③若项目的经营状况与经济的运行状况高度相关，并且投资后业务的经营杠杆比较大，那么系统风险就比较大，因此应该要求更高的风险报酬率，应该用比较高的折现率。④不能通过提高折现率来抵消现金流量估测中的过度乐观。⑤项目的资本成本取决于项目本身的系统风险，而不是取决于融资方式，也不是取决于投资该项目的公司的风险。

(3) 设计一系列检测性问题，如：①你认为投资这个项目面临的比较大的风险是什么？（列出可能存在的风险）②每一种风险的风险源是什么？在自己公司内部还是外部？（如果是内部，一定是非系统风险）③如果风险源在外部，是否影响整个市场？

(4) 列举简单示例，如：开发金矿，需要大量的投资，如果不成功，损失非常惨重；如果成功，那利润也相当丰厚，这说明投资金矿收益的标准差很大。但投资金矿的系统风险相对较低，即投资金矿的总风险很大，但系统风险却较小。因此，在计算 NPV 时，应该使用比较低的折现率。

9.5.2.2 明晰风险调整的概念框架

投资项目的风险大小影响项目价值的评估，在其他因素都不变的情况下，风险越大，其价值也就越小，但"风险—价值"之间的反向关系需要借助计算价值的中间变量——现金流或折现率得以体现。不同种类的风险应通过不同的中间变量进行调整，即处理系统风险和非系统风险的方式不同，如图 9-7 所示。

(1) 非系统风险只能通过现金流而不能通过折现率进行调整。因为折现率是项目的资本成本，而资本成本是资本的机会成本，即与项目（系统）风险相同的证券的期望收益率，而证券的期望收益率仅仅与系统风险有关。因此，折现率仅仅与系统风险的大小有关，而与非系统风险大小无关。非系统风险不能通过折现率调整，只能通过现金流调整来体现其对价值的影响。

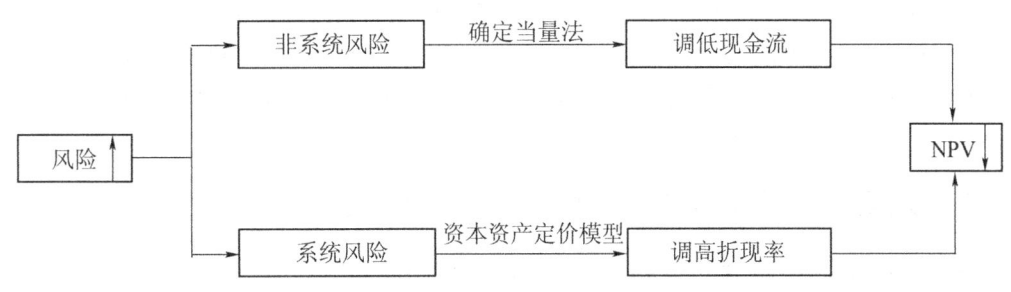

图9-7 项目的风险调整框架

（2）系统风险通过折现率调整。由于系统风险不容易被感知，因此难以通过现金流进行调整；但通过模型及金融服务机构提供的市场数据，可以估计出系统风险及调整的折现率。

9.5.2.3 正确理解资本成本概念及估计方法

在理解资本成本的概念时，必须明确资本投资决策中的资本成本实质是资本的机会成本，而机会成本是不投资该项目而投资于其他系统风险相同的项目所得到的最大收益，此时，资本成本就取决于项目的系统风险的大小，这样将引导人们去仔细考察项目的各个方面，同时引导人们寻找其他的投资机会。

如果误认为资本成本是资本的融资成本，那必然受"框架效应"影响，误认为资本成本取决于融资，引导人们去关注企业的融资。这样，在"易得性偏差"的影响下，决策者只关注"看得见"的投资项目和融资方案，而没有将投资机会和融资效应考虑进决策框架，如图9-8所示，其结果是：既错误地评价了项目的价值，也少计算了不该忽略的融资效应。

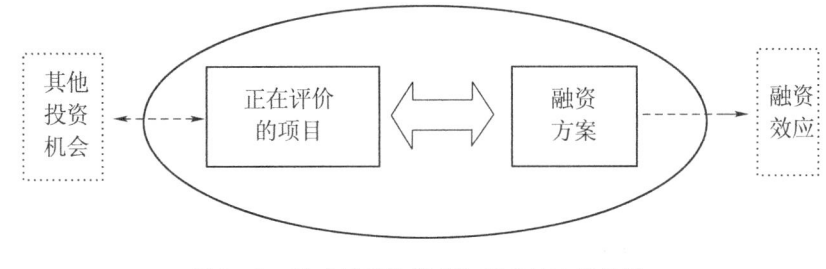

图9-8 受"易得性偏差"影响的决策框架

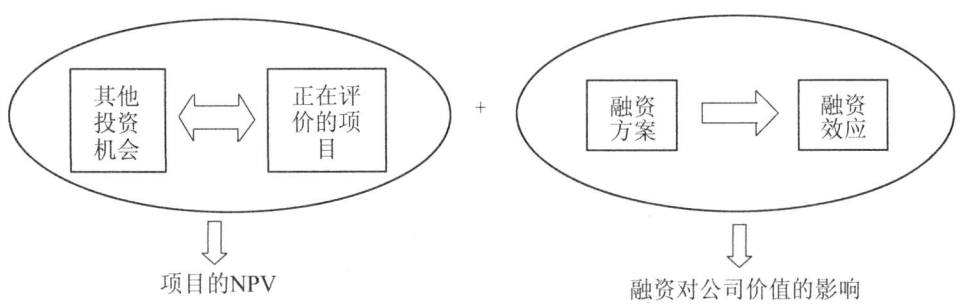

图9-9 考虑了投资机会和融资效应的决策框架

针对上面错误,构建明确的决策框架,如图 9-9 所示。表面看是一个决策问题,但事实上包含两个决策:一个是项目评价决策,用反映项目系统风险的资本机会成本作为折现率计算出项目的 NPV;另一个是"融资效应"评价,若全部采用借款,融资成本比较低;但由于公司负债率上升可能产生财务困境成本(表现为没有借款能力而丧失今后更好的投资机会,或高财务杠杆导致的破产成本),这将给公司价值带来负面影响。

9.5.3 决策指标选择过程中非理性行为的防范方法

本节分别描述减少决策指标选择过程中的"使用静态回收期"和"使用基于利润的指标"这两个非理性行为的方法。

9.5.3.1 减少"使用静态回收期"的方法

决策者在决策指标选择过程中之所以"使用静态回收期",并不是因为管理者不知道动态回收期,也不是由于动态回收期的计算复杂等,而是因为投资者在决策时将本金和资本成本放在不同的心理账户,所以构建决策框架时没有考虑资本成本,再加之"损失厌恶"、"模糊厌恶"等心理因素的影响,选择了错误的决策指标。由此可见,减少这一非理性行为的关键是矫正资本成本的心理账户归属。可以从以下几个方面进行:

(1) 了解资本成本与方案选择之间的关系

资本成本是资本的机会成本,如果不进行该项目投资,将可能获得的一种收益;如果进行该项目投资,那就意味着一定失去这样的收益,因此,机会成本应该在该项目中得到补偿。如果机会成本不能得到完全补偿,就应该拒绝该项目而选择其他的投资机会,即选择的方案必须保证资本成本的及时完全补偿,否则为次优方案。

(2) 从"利润"和"价值"的区别,理解本金和资本成本的一致性

在会计核算体系中计算利润时,并没有扣减权益资本成本。因此,保本点(即利润为零)的状态肯定不能补偿资本成本,这意味着该项目给股东带来的回报为零或者小于零。

20 世纪 90 年代后期在国外逐渐得到广泛应用的经济附加值(Economic Value Added, EVA)指标,可以有效衡量经营活动是创造价值还是减少价值,其定义式为:EVA = 税后经营利润 - 资本成本总额 = 经营利润 × (1 - 税率) - 资本占用 × 资本成本。如果经济附加值大于零,说明经营活动创造价值;如果经济附加值小于零,说明经营活动减少公司价值。

由此可见:①保本点的状态一定是损害公司价值的状态;②保利点的状态也可能是损害公司价值的状态,因为保利点仅仅保证了目标利润的完成,并没有显示出为创造这样的利润而付出的资本成本;③如果目标利润小于资本占用与资本成本的乘积,则 EVA < 0,即公司价值减少。表明资本的使用效率太低,创造的利润不足以弥补资本的机会成本,即相对于占有的资金来说贡献太少,这实际上是在浪费资源,损害公司价值。

"收回本金但没有收回机会成本的项目"属于上一自然段描述的①和③两种情况,EVA 一定小于 0,一定在减少公司价值,根据资本投资决策的目标——公司价值最大化的原则,应该拒绝该项目。

综上所述,从增加公司价值的视角看,资本的机会成本和投入资本(本金)一样,

都应该得到补偿。

9.5.3.2 减少"使用基于利润的指标"的方法

在决策指标选择过程中,人们不采用 NPV 而采用以利润为基础的指标,一个原因是 NPV 不直观,而另一个原因是为了迎合股东。

(1) 通过检测题将 NPV 与熟悉的指标联系起来,从多个视角增加对 NPV 的理解。

对 NPV 的介绍不能仅仅停留在抽象的定义以及繁杂的计算公式中,而要充分考虑到人的认知特点,通过一系列检测题将 NPV 与管理者熟悉的指标联系起来。这样可以帮助管理者从多个熟悉的视角增加对 NPV 的理解,只有理解才觉得简单,管理者才会使用它。检测题如下:

- 将 NPV 与"利润"联系起来。例如:"NPV 小于 0 的项目一定亏损?""NPV 等于 0 的项目是盈亏平衡项目?"
- 将 NPV 与"要求的报酬率"联系起来。例如:"NPV 等于 0 的项目是没有达到回报要求的项目?""NPV 等于 0 的项目是仅仅收回成本的项目?"
- 将 NPV 与资本投资决策目标联系起来。例如:"NPV 等于 0 的项目是损害公司价值的项目?""NPV 大于 0 的项目是增加公司价值的项目?""'NPV 等于 100 万元'表明项目创造的现金流除了将投入资本连本带利收回后,又额外带来 100 万元的增值?"

(2) 向股东传递信息,正确引导股东。

股东不如内部管理者了解投资项目,因此受"代表性偏差"的影响而特别关注利润指标。可见,股东"使用基于利润的指标"的原因是信息不对称。因此,解决的办法是及时准确地向证券市场公布信息,若由于某些商业秘密不宜公布或解释,可以通过其他方式,如管理者增加持股等,向股东传递积极的信息。

9.6 拓展阅读 1:行为决策及其理论发展阶段[①]

自从卡尼曼以"把来自心理学研究领域的综合洞察力应用在经济学当中,尤其是在不确定情况下的行为判断和决策方面做出了突出贡献"而获得 2002 年度诺贝尔经济学奖后,出现了不少有关行为决策理论在经济、金融领域应用而产生的"行为经济学"、"行为金融学"的介绍性文章,但关于"行为决策"本身的概念和研究发展的介绍却较少,并且不同文献提到"行为决策"一词时,内涵和外延经常是不同的,容易使人混淆。因此,本节在对大量零散的文献资料进行梳理分析的基础上,首先以理性决策为参照,对"行为决策"的概念、理论及其研究范式进行比较分析,然后将行为决策的理论研究划分为三个阶段,并对每一阶段的研究重点进行介绍,阐明"行为决策"已经不仅仅是"研究决策者的直觉判断过程或决策思维过程",而是在归纳直觉判断过程所产生的行为特征的基础上,进一步研究含有行为变量的决策模型以替代传统的理性决策模型。这对人们利

---

① 邵希娟,杨建梅. 行为决策及其理论研究的发展过程 [J]. 科技管理研究,2006 (5).

用行为决策的理论和方法解决实际问题具有现实意义,并为本书的研究定位提供了理论依据。

9.6.1 行为决策与理性决策的比较

9.6.1.1 从决策方式视角进行比较

所谓决策,就是为了解决某种问题而从多种替代方案中选择一种行动方案的过程。人们在做决策时,有时会有意识地通过逻辑推理预测不同方案的可能后果,然后按照某种准则做出抉择;但有时也会凭直觉进行抉择。这样从思维角度可以将决策分为两大类:理性决策和行为决策。李怀祖主编的《决策理论导引》中说:以左半脑逻辑思维为主的决策过程相应于理性决策,而以右半脑直觉思维为主的决策过程相应于行为决策。由此可见,这里"行为决策"一词是指和"以逻辑思维为主的决策过程"相对应的一种决策思维过程,是一种实际存在的决策方式。

"决策分析"是20世纪50年代诞生于西方的核心的决策理论,它推崇并帮助人们进行理性决策,而东方传统的佛学则崇尚直觉思维,鼓励人们靠意念来进行行为决策。在实际管理中,这两种极端的情况都很少,绝大多数是靠这两种方式相互交替、共同作用来完成决策的,不过根据问题性质和环境确定性程度的不同,这两种决策方式发挥作用的程度有所不同。比如发生在操作层面并有现成或常规解决方案的决策问题,往往以理性决策为主;而企事业单位的高层管理者面对新颖的、结构不清且涉及面广的复杂问题,则多以依赖直觉判断的行为决策为主。

9.6.1.2 从决策理论视角进行比较

从现代决策理论的发展过程和研究范式来看,决策理论分为两大种:一种是理性决策(理论),另一种是行为决策(理论)。2002年以前占主导地位的是以期望效用理论为基础的理性决策理论,随着对理性决策悖论的研究和行为经济学的兴起,行为决策理论越来越受到人们的重视。

1. 理性决策理论及其研究范式

理性决策理论的基本前提是:决策者是完全理性的——能够获得准确有用的信息并拥有无限的、可用于加工生成数据的资源,完全能够推导出对自己最优的选择。该理论的目的是为决策者提供一套规则,以便在综合其偏好和对不确定前景信念的基础上,选择出满意的方案。理性决策理论的研究有三个特点:①以决策者的现状为分析基础,在此基础上清晰地显示决策者的推理过程并力求使全过程符合一致性原则;②对后果进行预测,并在预测的基础上按决策准则做出评价和抉择;③符合概率论的各种定律,运用严格的逻辑演绎和数学定量分析方法。

由此可见,理性决策理论是探讨"应该怎样做"的范式研究理论,它提供解决问题的程式化步骤。研究中主要采用以演绎法为特征的理论分析,其研究范式是从抽象的、简单的假设和公理出发,针对问题采用公理化逻辑推理方法,演绎出数学模型和结论。该理论的基础是数理统计和运筹学。另外,该理论把主要注意力放在决策问题的描述和具体的决策分析方法上,对决策者本身的认知局限性、经历以及情绪等心理因素对决策的影响讨论较少。

2. 行为决策理论及其研究范式

"当理性决策研究方兴未艾之际，一些学者却从心理学角度加以审视，考察这些理论在行为中的真实性，人们的实际决策行为是否和冯诺曼·摩根斯坦及萨维奇的理论相符？如果不符，又有哪些原因？这就引发了行为决策理论的研究"①。行为决策理论的研究有三个特点：①出发点是决策者的行为，以实际调查为依据，对在不同环境中观察到的行为进行比较，然后归纳出结论；②研究集中在决策者的认知和主观心理过程，如人们在做决策时的动机、态度和期望等，而不是这些行为所完成的实际业绩，即关注决策行为背后的心理解释，而不是对决策正误的评价；③从认知心理学的角度，研究决策者在判断和选择中信息的处理机制及其所受的内外部环境的影响，进而提炼出理性决策理论所没有考虑到的行为变量，修正和完善理性决策模型。

由此可见，行为决策是探讨"人们实际中是怎样决策"以及"为什么会这样决策"的描述性和解释性研究相结合的理论。研究中主要采用实证研究方法，其研究范式是先提出有关人们决策行为特征的假设，然后从实验、统计调查、访谈等方法中得到的现实资料来证实或证伪所提出的假设，从而得出结论。该理论的基础是心理学，特别是认知心理学和社会心理学。行为决策与理性决策的比较如图9-10所示。

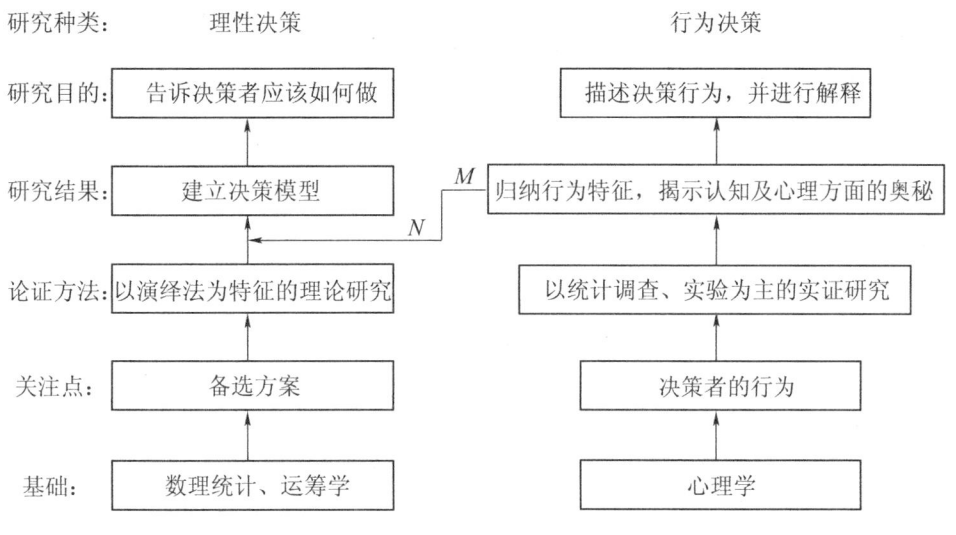

图9-10 行为决策与理性决策的比较

综上所述，理性决策理论假设人们是完全理性的，告诉人们应该采用怎样的逻辑步骤或模型去决策；而行为决策是通过实证的方法研究人们的实际决策过程，描述决策者真实的决策行为，从中归纳出行为特征并从认知和心理方面进行解释，提炼行为变量并改进理性决策模型。从决策理论发展过程看，先有理性决策，然后出现行为决策；但从研究内容的逻辑关系看，以描述性研究为主要特征的行为决策应该是规范性研究的先行阶段。

---

① 李怀祖. 决策理论导引 [M]. 北京：机械工业出版社，1993.

9.6.2 行为决策理论的发展阶段

从研究内容来看,行为决策理论的发展可以分为三个阶段。

1. 判断和选择的信息处理过程的研究阶段

1953年提出的阿莱斯悖论、1961年提出的埃尔斯伯格悖论等理性决策悖论引起了研究者开始探索人们实际的"决策过程",促成这方面研究成果的主要是认知心理学的发展。过去心理学家曾认为"大脑"是一个"刺激—反馈"的机器,从20世纪60年代开始,旧的比喻被渐渐遗弃,而将大脑比喻成一个"信息处理器"的理论渐渐主导了认知心理学,同时这个比喻又引出了诸如"问题解决"、"决策过程"等新的研究课题。

在这一阶段,"行为决策"的研究对象一般分为"判断"和"选择"两大类。其中,"判断"在研究中的含义是:人们在估计某一事物发生概率的时候,整个决策过程是如何进行的。"选择"在研究中的含义是:人们在面对多个可选事物的情况下,是如何做挑选的。研究的框架基于认知心理学,认为人的判断和选择过程实际是信息处理过程,该过程有四个环节:信息获取、信息处理、信息输出和信息反馈。研究内容是:通过大量的实证研究,探索和描述人们在"判断"和"选择"中是如何具体进行每一个环节的。

行为决策的实质性研究源于心理学家。后来,部分心理学家、生理学家和医学家等继续从人脑处理信息的角度进行深入研究;而部分心理学家则和经济学家、管理学家在经济理论和管理实践中进行应用研究,其成果不仅有效地解释了许多令人迷惑的经济现象,提供了令人欣喜的管理策略,而且极大地推动了行为决策本身理论的发展,逐渐形成管理领域中的行为决策理论。本节以下部分沿着管理领域中的行为决策理论的发展进行阐述。

2. 与理性决策模型对照研究阶段

从20世纪70年代中期开始,学者们将第一阶段的研究成果和理性决策模型进行对照研究后发现:

(1) 人的认知并不符合理性模式,在有限认知能力的限制下,面对不确定、不完全、复杂的信息,人的认知与理性模式相比常常产生系统性的偏差。

(2) 在现实生活中,决策不仅以现状为基础,而且也会考虑到现状产生的过程,即历史会以一种非完全理性的方式影响未来的决策。

(3) 人们在运用各种经验去判断未来事件出现的概率时,往往会系统性地破坏概率论的各种定则。决策者本人对各种因素重要性的权衡,对随机性的判断受环境、个人知识结构、情绪的强烈影响。

这一阶段主要采用实验、观察、访谈等实证研究方法。研究内容主要是:揭示人们决策过程中的"判断"与"选择"行为与理性决策模型前提的不一致之处,解释其背后的原因,指出传统理论的不足。研究和应用领域也扩大到微观经济决策、宏观经济决策和管理决策领域,特别是对金融证券投资的研究取得了突破性进展,从而产生了行为经济学及其分支——行为金融学。

第二阶段影响最大的学者是特沃斯基和卡尼曼,他们把认知心理学的研究成果运用到经济决策中,发现人们的"三类认知偏向",并根据不确定条件下人们的真实决策行为,提出了"前景理论",奠定了"行为经济学"理论的基础。另外,经济学教授泰勒、舍夫林、奚恺元等人也提出"心理账户"、"行为生命周期假说"、"衡量能力假说"等理论,增强了对决策者行为的解释力和预测力。

3. 行为变量嵌入理性决策模型阶段

卡尼曼获得 2002 年度诺贝尔经济学奖，这标志着行为决策的研究成果得到理论界的认可。此时行为决策的研究重点也不再是对传统理论的挑战，而是概括行为特征，提炼行为变量，然后将其运用到理性决策的分析框架方面。改善和替代后的决策模型不仅考虑客观的备选方案以及环境对它们的影响，而且包含了决策者认知局限性、主观心理因素以及环境对决策者的心理影响等因素，这就得到了普适性更强的模型，传统的理性决策模型成为这个模型的特例。

以描述性研究为主要内容的行为决策应该是规范性研究的先行阶段，因此行为决策的描述性研究不仅仅是为了解释决策行为，更重要的是为决策者提供更实用的决策指导和决策工具。因此，与传统的理性决策在建模、应用领域的融合是行为决策逐步走向成熟的一个标志。

这一阶段的研究内容是：首先，识别具体领域的传统决策模型及其假设；第二步，揭示理论和实际不一致现象，而这种不一致现象是由于人的认知能力、心理因素所导致的；第三步，归纳行为特征，增加行为变量或用考虑行为因素后的变量替代原模型中的变量，得到新的决策模型；第四步，检验新模型，寻找该模型的新推论，并论证其正确与否。

总之，行为决策理论研究的目的不再是证明或指责"理性决策"的不足，而是开始将人们在直觉决策中的行为特征融入理性决策模型之中，为决策者提供更有预测力的决策工具，为解释人们决策行为、解决实际问题提供了更加行之有效的理论依据和方法。

9.7 拓展阅读 2：管理者非理性行为导致的行为成本分析

随着行为公司金融的蓬勃兴起，人们开始关注传统的公司财务决策理论中曾被忽略掉的一部分重要内容：在不确定的决策条件下，管理者由于认知偏差和心理因素的影响容易产生非理性行为，对公司价值造成不利影响。Shefrin（2001）在其论文《行为公司金融（Behavioral Corporate Finance）》中，首次提出"行为成本（Behavioral Costs）"概念来衡量非理性行为对公司价值的影响。为了更好地减少行为成本，就必须深入了解其内涵和性质。因此，本节首先分析行为成本的含义，然后将其与代理成本、机会成本进行比较，更深入地了解管理者的非理性行为对公司价值的影响。

9.7.1 行为成本的含义

行为决策研究表明：在决策时，虽然每个人都希望尽量做到不犯错误，但由于认知资源的有限性以及现实决策环境的不完备性，使得决策者在判断和选择时会出现系统性偏差，再加之心理因素的影响，使人们不可能做到完全理性。很多实例也证明，企业管理者的非理性行为常常主宰财务决策并影响公司的价值，Shefrin（2001）关注和研究这种现象，并因此定义："行为成本是指与管理者由于认知上的缺陷以及心理因素影响所犯错误相联系的成本或价值的损失。"例如，企业高层管理者往往表现出"过度自信"——过于相信自己的判断能力，高估自己成功的概率。"过度自信"的管理者对自己公司的投资项目更乐观，低估投资项目收益的波动性，常常选择风险高的项目或净现值实际上为负的项目。研究表明,"过度自信"的管理者更倾向于采用比较激进的融资政策,以债务融资支持投资,并且消极对待风险管理措施。① 由于"过度自信",投资项目的实际收益往往达不到预期值;再加之激进融资政策带来的高财务杠杆,会增加公司的财务危机;如果没有强有力的风险管理措施,可能会给公司带来严重的损失。因此,公司高层管理者的"过度自信"极有可能使他在投融资决策中选择错误方案,从而给公司造成损失,即"行为成本"。

再如第 2 章中讨论过的,现代财务理论反复强调:只有增量现金流才与投资决策有关,"沉没成本"不是增量现金流,因此投资决策时不应该考虑沉没成本。但在实际中,当人们在决定是否接受一个项目时,表现出的行为往往与理论所指引的完全不一致,人们的决策严重地受到沉没成本的影响。为什么会出现这种非理性行为?这是人们受"框架效应"、"损失厌恶"、"锚定效应"、"证实偏差"等心理因素的影响而产生的认知偏差,其结果往往是不仅没有收回沉没成本,反而导致更大的浪费,即"行为成本"。

在不确定的决策条件下,由于认知上的错误(如过高估计自己、高估现金流、低估风险)或心理上的因素(如"损失厌恶"等),人们往往会不自觉地、无意识地表现出一些违背理性决策理论的行为,而这些行为容易使人们在决策时选择次优或错误的方案,从而带来不必要的支出或收入的减少,这种不必要的支出或收入的减少就是所谓的行为成本。

行为成本与生产成本不同,生产成本一定为直接支出,完全可以通过会计系统计算出来;而行为成本不一定表现为直接的支出,也可能表现为一种收入的减少——即由于决策失误,没有达到本应得到的收入,这部分不能通过会计系统显示出来。虽然目前还没有统一的会计系统帮助人们准确地计量行为成本,但它绝非虚拟成本,而是实实在在地影响着公司价值,因此,在决策和分析过程中,不能忽略行为成本。

9.7.2 行为成本与代理成本的比较

1976 年 10 月,詹森(Michael C. Jensen)教授与梅克林(William H. Meckling)教授发表了他们共同研究的有关代理理论的学术论文《厂商理论:管理行为、代理成本与所有权结构》。他们认为,只要管理者持有的公司普通股份不足 100%,那么投资者即股东与管理者之间的代理冲突就不可避免②。其结果表现在以下三个方面:一方面,管理者在做决策时极有可能追求自身利益最大化而不是股东财富最大化,这必将侵蚀公司的价值;第二方面,为了促使管理者更好地为股东工作,势必会增加有关费用以监督管理者的行为,如审计费用、与外部董事制度相联系的费用等;第三方面,由于监管严格而导致现金流量增加的机会丧失。这些由于代理问题而对公司价值造成的不利影响,便构成了所谓的代理成本。比较行为成本和代理成本,可以发现它们有以下的异同点:

1. 行为成本和代理成本的相同之处

(1) 两者都是新的管理理论在财务领域应用后产生理论突破的标志。传统的财务理

---

① Roll R.. A possible explanation of small firm effect [J]. The Journal of Finance, 1981 (36): 879~888.

② 汪平. 财务理论 [M]. 北京:机械工业出版社, 2003.

论是建立在一系列理想化假设的基础上，如管理者与投资者之间不存在利益冲突、决策者完全理性、资本市场完全有效等，其目的是对各种财务现象及其相互关系进行本质性的分析。正因为如此，才使财务理论具有了明晰的概念及框架，具备了深远的理论价值和拓展研究的前景；但严格的假设也使得它们同现实的理财活动之间产生了巨大的差异。20 世纪 80 年代后，随着代理理论、行为决策理论、行为金融学理论等新理论的纳入，以上不切实际的假设依次被否定，后续研究者在新的基础上展开研究，得出了更符合现实、更具有应用价值的理论，其中代理成本、行为成本就是这些新理论中的核心概念。

（2）作用相同——引导人们关注造成企业价值减少的原因。在成本核算和成本分析中，人们处理和看到的是当期不同活动中发生的成本（如直接材料、直接人工、制造费用、销售费用、管理费用等）的构成、金额或所占比例；而行为成本和代理成本是根据成本产生的原因来定义的成本，这样更有利于成本的控制。

（3）两者针对的都是企业高层管理者的决策行为。管理的核心是决策，企业高层管理者的错误决策对企业价值影响的力度最强、时间最长，此时这两个概念的提出有利于提高企业高层管理者的自知和自律，从而从源头上抓住影响公司价值和控制成本的关键。

（4）这两个成本比会计核算中的成本概念更广泛。会计核算中的成本必须以实际发生的经济资源消耗为依据，即只能是实际支出的增加；而行为成本和代理成本的表现形式可能是货币支出，即显性成本，也可能是选择了次优方案造成的收入减少，即隐性成本。

2. 行为成本和代理成本的不同之处

（1）产生的原因不同：代理成本是由于管理者与投资者（股东）之间利益不一致而产生的；而行为成本是由于管理者的认知偏差和心理因素造成的非理性行为产生的。

（2）发生时管理者的感知是不一样的：代理成本是指管理者为了自身利益最大化而选择了对股东不利的方案所造成的公司价值的减少，或股东为了监督管理者而发生的费用，即代理成本是有意识行为的结果，因此代理成本发生时，高层管理者自己是能感受到的；而在行为成本发生时，管理者并没有意识到自己的认知偏差和心理因素在作怪，误入"行为陷阱"却全然不知。很多没有任何私心、全心全意为股东服务的高层管理者（同时也是大股东）常常产生行为成本而自己并不知道，即行为成本比代理成本更隐蔽、发生时更不容易控制。

（3）控制方式不同：代理成本可以通过合理的监管和适当的激励措施得到有效控制，比如预算制度、雇佣制度、激励机制等；但行为成本由于管理者并没有意识到自己的非理性行为，他们认为自己已经在做"正确"的事情，因此，不能通过监管和激励等外部措施完全解决，只有管理者通过学习行为决策理论并了解人们在决策时的行为特征及其作用，才能及时发现行为陷阱，有效控制行为成本。

9.7.3 行为成本与机会成本的比较

机会成本的基本思想来源于 19 世纪的西方经济学，经过一百多年的发展和完善，机会成本的思想已成为现代经济学在阐述资源配置时的指导思想。在与经济学一脉相承的公司理财学中，把已放弃的次优方案可能取得的利益看做是被选取最优方案的机会成本，资源投资于某方案的机会成本就是：如果不将资源投资于该方案，那么投资到其他方案中所能获得的最大收益。可见，机会成本并不是真实的货币支出，而是在决策时对放弃效益的评价，也是一种隐性成本。

机会成本和行为成本虽然都不是会计核算中的成本概念，但它们绝非是虚拟的成本，而是实实在在地影响公司价值的重要因素，同时在决策中起着不可忽视的关键作用，其原因是：（1）机会成本概念使决策者不仅要考虑备选方案，而且要关注和分析其他的投资机会，决策时不仅仅是在"投资该方案"和"不投资该方案"之间进行比较，也不只是在"投资该方案后产生的收益"和"投入成本"之间进行比较，而是在"投资该方案的收益"和"投资其他方案的收益"之间进行比较，只有收益大于机会成本的方案才是增加价值的方案。即机会成本的概念引导决策者将投资决策系统扩大——主动地、有意识地寻找备选方案以外的投资机会，增加决策系统的要素，这样不仅有利于发现更好的投资方案，而且有利于更准确地评价备选方案的价值，例如：在计算投资项目的净现值时，用资本的机会成本作为确定折现率的依据比用资本的融资成本更科学和准确。（2）传统的决策理论假设决策者是完全理性的，因此决策理论中只关注决策方案、相关的环境分析和决策方法（包括决策步骤、决策指标、决策准则等），现实中决策者也只关注对上述要素的分析，而忽略了对自己行为的分析和反思。行为成本概念正是弥补了传统财务决策理论中的这一缺陷，不仅使投资者关注和分析投资方案，而且将决策者本人作为决策系统的一个要素，在决策时关注和分析自己可能发生的非理性行为。即行为成本和机会成本具有同样的功效——将更多关键性的因素纳入传统的决策系统，使决策者关注那些往往被忽视但却严重影响公司价值的因素，这有利于决策者开阔眼界和思维，提高决策质量。

通过将行为成本与代理成本、机会成本进行比较可以看出：三类成本有可能部分或全部表现为隐性成本，因此均不能完全通过目前的会计核算系统进行计量，但它们都会通过财务决策严重地影响公司的价值，它们是实实在在的成本。这三个概念是经济理论精髓和新的管理理论在财务决策领域的体现，引导人们关注那些往往被忽视但却严重影响公司价值的深层次的关键性问题——行为问题、代理问题和丧失机会的问题。它们作为成本概念的提出，使决策者关注那些常常被忽视但却严重影响公司价值的因素。明晰和理解这些概念，可以使企业管理者更加全面准确地把握决策系统中的要素及其特征，了解从源头控制这些显性成本和隐性成本的手段，提高决策质量，增加公司价值。

思考题

1. 在不确定的情况下进行判断时，人们经常会出现哪些认知偏差？
2. 前景理论的主要思想是什么？
3. 什么是非理性行为？试列举一些非理性行为。
4. 在公司资本投资决策中，管理者经常会出现哪些具体的非理性行为？你认为产生这些非理性行为的原因可能是什么？如何防范？

第10章 案例及其分析要点

10.1 案例材料

10.1.1 案例1：HMA公司资本结构决策[①]

10.1.1.1 基本材料

HMA公司刚刚完成一个大型项目的可行性分析论证，论证的结果表明该项目能够增加公司价值，因此公司决定投资该项目。项目所需资金约为20 000万元，由于投资数额较大，公司打算以这个项目为主体成立一家独资子公司。王伟作为该项目前期分析论证的主要负责人，被任命为子公司的总经理，全权负责子公司未来的经营管理。

对于子公司所需的20 000万元资金，HMA公司提出了三种融资方案供王伟选择，具体情况如表10-1所示。这里说明一下，公司愿意为其子公司提供贷款担保，因此子公司可以获得银行借款。

表10-1 子公司三种融资方案　　　　　　　　　　　　单位：万元

方案	A	B	C
负债率	0%	50%	75%
负债	0	10 000	15 000
权益	20 000	10 000	5 000
净经营资产	20 000	20 000	20 000

于是王伟找来刚刚组建的管理团队，共同商议一下应该选择哪个方案。

经过短暂思考，总经理助理首先发言："权益资本报酬率（ROE）表示股东每投资一块钱能够赚回多少钱，该指标反映出整个公司的获利能力。因此，我认为应该选择ROE最高的方案。但是现在计算ROE的话，还需要知道子公司净经营资产利润率（税前经营利润/净经营资产）这一指标值，也就是投入到经营活动中的资本报酬率（税前）。"

生产主管："根据项目论证时的结论，净经营资产利润率的期望值为15%，如果运气好的话，也许能够高达25%，如果运气不好的话，最差也可能是5%。"

[①] 案例来源：根据广东一家企业的真实情况编写。
案例用途：用于理解融资效应和掌握资本结构理论。

总经理:"我们不妨先看看净经营资产利润率为15%的时候,各个方案下的ROE是多大。"

已知借款利率为10%,税率为25%,各方案的ROE很快被计算出来,如表10-2所示。

表10-2　净经营资产利润率为15%时各方案的具体情况　　　单位:万元

方案	A	B	C
息税前利润（经营利润）	3 000	3 000	3 000
借款利息（$i=10\%$）	0	1 000	1 500
税前利润	3 000	2 000	1 500
所得税（税率25%）	750	500	375
税后利润	2 250	1 500	1 125
权益资本报酬率（ROE）	11.25%	15%	22.5%

总经理助理:"从ROE的计算结果上看,C方案的ROE最大,达到了22.5%,是A方案的两倍,因此,我认为应该选C方案。"

财务主管:"虽然C方案的ROE最高,但是支付的利息也是最高的。每年1 500万元的高额利息对我们公司来说可是个不小的负担,我建议还是选A方案吧,没有支付高额利息的压力。"

销售主管也补充道:"而且C方案需要支付的借款利息和所得税一共是1 875万元,而A方案这两项合起来才750万元,选A方案的话我们手头就比较宽裕,可以稍微放宽赊销政策,提高销售收入。"

总经理助理:"但是对比三个方案,A方案没有任何的节税,而C方案的节税效应十分明显。A方案缴纳的税收比C方案多出了375万元。"

生产主管:"刚才我粗略估算了一下,如果我们的净经营资产利润率能达到25%,那么三个方案的ROE都将有所提高,而且C方案的ROE依然是最大的,其次是B方案,最小的是A方案。"

财务经理:"这是财务杠杆的锦上添花作用,但财务杠杆也可能雪上加霜,比如当净经营资产利润率为5%时,情况就完全不一样了,C方案的ROE变成了负值,B方案ROE为0,而A方案ROE还有3.75%。这样看来A方案相对安全一些,即便是净经营资产利润率最不好的时候,ROE还能有3.75%,还是选A方案吧。"

人事经理:"看来A、C方案各有利弊,A方案虽然能带来较多的税后利润,但是缴税最多且ROE最低;C方案虽然ROE最高,缴税也少,但是有风险,一旦净经营资产利润率低至5%,ROE将变成负值,而且每年偿还利息的压力也比较大。我看还是选B方案吧,这样更加稳妥一点,而且净经营资产利润率低至5%时,ROE为0,公司虽然不赚但也没有亏损,刚好实现盈亏平衡。"

总经理:"如果选B方案,很可能什么时候都得不到好评价。当净经营资产利润率为15%的时候,C方案的ROE比B方案大,肯定会有人抱怨我们为什么不采用C方案;当净经营资产利润率为5%的时候,A方案的ROE比B方案大,又会有人责备我们为什么不采用 A 方案。"

会议陷入了沉默……

根据上述案例内容，请回答：

（1）生产经营的水平一样（净经营资产利润率均为 15%），为什么 C 方案比 A 方案的获利能力强？造成这种结果的本质原因是什么？

（2）什么是税盾效应？C 方案的节税额到底是多少？如何计算？节税的关键是什么？"多负债可以少缴税"这句话准确吗？

（3）什么是财务杠杆？为什么会有杠杆效应？产生财务杠杆的本质原因是什么？财务杠杆的大小取决于哪些因素？

（4）在什么情况下应该采用高的财务杠杆，在什么情况下应该采用低的财务杠杆？

（5）人事经理提到的盈亏平衡对公司价值和股东财富有什么影响？有人说："一个企业的盈亏平衡状态，一定是在损害公司价值和股东财富的状态。"你怎么看？

（6）C 方案到底是好方案还是差方案，取决于什么？融资决策和投资决策，哪个是先导性决策，哪个是从属性决策？企业的财务决策中仅仅需要财务知识和财务资料就足够了吗？

（7）当净经营资产利润率为 15% 时，为什么 A 方案的获利能力小，但是自由现金流却大？根据"现金为王"的原则，是否应该选择 A 方案？

（8）结合本案例，请你总结一下，债务融资对企业来说到底有哪些好处和不好之处？这与西方资本结构中的哪些理论（见案例相关知识）相对应呢？

10.1.1.2 相关知识——资本结构理论简介

1. MM 理论

MM 理论是由莫迪利安尼（Modigliani）和米勒（Miller）于 1958 年在其论文《资本成本、公司财务和投资理论》[①] 中提出的。该理论具有以下基本假设：

（1）公司的经营风险可以用息税前盈余（EBIT）的标准离差率来进行计量，有相同经营风险的公司被划入同类风险级别。

（2）现在和将来的投资者对公司 EBIT 的估计完全相同，即投资者对未来收益和收益的风险估计是完全相同的。这实际上是假设信息是对称的，即公司的经理和一般投资者获取的信息完全相同。

（3）股票和债券在完善的市场进行交易，这就是说：① 没有交易成本和发行费用；② 很容易得到所有有关公司的信息；③ 没有公司税和个人税；④ 没有关于财务危机或破产清算成本；⑤ 管理层和股东之间没有利益冲突。

（4）公司和个人的负债均无风险，即负债利率属于无风险利率。此外，无论个人或机构借款多少，这一条件均假定不变，投资者（包括个人和机构投资者）可以像公司一样以相同的利率借款。

---

① Franco Modigliani, Merton Miller. The Cost of Capital, Corporation Financial and the Theory of Investments [J]. American Economic Review, 1985, 48: 261-297.

(5) 公司的现金流量是一种永续年金，即公司的 EBIT 处于零增长状态。

基于上述假设，莫迪利安尼（Modigliani）和米勒（Miller）认为：① 在不考虑公司所得税，且企业经营风险相同而只有资本结构不同时，公司的资本结构与公司的市场价值无关；② 股东的期望收益率随财务杠杆的提高而上升。MM 理论假设的重点在于个人能够以与公司同样便宜的条件借款。如果个人仅能以较高的利率借贷，公司就能轻易地通过借款增加公司的价值。

1963 年莫迪利安尼（Modigliani）和米勒（Miller）合作发表了另一篇论文《公司所得税与资本成本：一项修正》①，该文取消了公司无所得税的假设，认为若考虑公司所得税的因素，公司的价值会随财务杠杆系数的提高而增加，从而得出公司资本结构与公司价值相关的结论。

2. 权衡理论

权衡理论承认利息费用冲减应税收入、引起税收减免的作用，同时也清楚地知道公司财务杠杆直接影响公司的或有破产成本。

(1) 利息费用引起的税收减免。

由于利息费用可以冲减应税收入，因此，使用债务融资会使公司证券的市场价值有所提高。

利息税盾是有市场价值的，它会增加公司所有证券的市场价值。因此，财务杠杆的确会增加公司的价值，并且影响公司的加权资本成本。

是否可以无限制地提高财务杠杆比率来增加公司价值和降低资本成本呢？答案是不可以的，因为存在破产成本。

(2) 公司的破产风险。

随着公司债务的增加，公司无法偿付的可能性也在增加，最大的代价就是公司破产。此时，公司资产被清算，并且常常以低于其市场价值的价格出售。股东和债权人都要因此而遭受损失。此外，其他问题也会接踵而至。例如，破产清算时，必须雇佣律师和会计师，而且公司经理还要费时地为一系列的法律程序准备详细的报告。

较轻的财务困难同样有成本。由于公司的财务状况恶化，债主们会施加一些严厉的措施来限制公司的投资、融资和经营活动；公司借贷会更加困难；有利可图的投资项目也可能要放弃，甚至可能停发红利。这种财务危机带来的成本有时超过了税盾带来的好处。此时公司会转向其他的融资渠道，主要是股权融资。

3. 自由现金流理论

自由现金流是指在满足公司所有净现值为正的项目（按相关资本成本贴现）的融资需求后所剩余的现金。

自由现金流理论认为，大量的自由现金流会导致公司管理层进行不明智行动，从而做出违背股东利益最大化目标的决策，换句话说，就是公司管理层更愿意持有并控制公司的自由现金流，而不愿意以现金红利的方式将它们"吐"出去。因此，自由现金流学派提出了债务融资"控制理论"。即公司应尽可能增加债务资本，提高公司的财务杠杆，这

---

① Franco Modigliani, Merton Miller. Corporate Income Taxes and the Cost of Capital: A Correction [J]. American Economic Review, 1963, 53: 433 – 443.

样,股东可以通过债权人还本付息的要求来减少公司管理层所控制的自由现金流数额,并利用债权人的限制条款监控公司管理层的行为,从而可以更有效地对公司管理层进行控制。例如,公司发行新的债券,并用这笔债券所得资金来回购一部分公司股票,这样公司管理层就不得不为此支付更多的本息,自然减少了经理们控制的自由现金流。

这种利用财务杠杆来监控公司管理层行为的观点可以看做是"威胁论"。根据这种理论,公司管理层在财务拮据和破产威胁下工作时,他们的工作效率将会提高,同时会减少自由现金流的代理成本,并在市场上以普通股股东获得更多收益的方式表现出来。

自由现金流理论并没有在理论上确定多大的财务杠杆比例是合适的,它只是探讨了董事会和股东通过增发债务来增加对公司管理层控制的问题。

4. 不对称信息理论

当资本结构理论的研究进入到权衡理论时,MM 理论中的许多假设都被松动了,但有一个假设却始终没有被触及,这就是充分信息的假设。根据这一假设,公司管理人员和投资者对公司未来信息的掌握程度是一致的,由此做出自己的决策,有效的资本市场正是依据这一假设来评价公司价值的。但在实际工作中,这一假设显然是不完全正确的,因为双方同时获得充分的信息几乎是不可能的。比较接近现实的假设是公司管理人员比投资者能更多更快地了解公司内部的信息,显然,这是一个典型的不对称信息的环境。

罗斯(Ross)是最早系统地将不对称信息理论引入资本结构分析的。他完全保留了 MM 定理中的基本假设,仅仅放松了关于充分信息的假定。罗斯假定公司管理者对公司的未来收益和投资风险有内部信息,而投资者没有这些内部信息。这样,投资者只能通过管理者输送出来的信息来评价公司价值。公司选择的资本结构就是把内部信息传递给市场的一个信号。罗斯认为,当公司发展前景比较好的时候,一般都选择负债方式筹集资金,以便在财务杠杆的作用下,大幅度地增加每股盈余,提高公司市场价值。反之,当公司前景黯淡或者投资项目的风险较大时,则选择发行股票筹集资金。因此,罗斯认为,资本结构中负债比率的上升是一个积极信号,它表明对公司未来收益有较高的预期,有利于公司价值的提高。

5. 信号理论

信号理论与信息不对称理论是密切相关的。只有在信息不对称的情况下,公司才有发出信号的必要,投资者也才有根据信号判断公司质量的要求,信息不对称现象越严重,信号发挥的作用就越大;随着信息不对称现象的消失,信号也会逐渐地被正式的信息所替代。

就公司的高层管理人员而言,同样也存在着对高财务风险的厌恶心理。高层管理人员为了稳定自己的工作环境,在激烈的市场竞争中,不会盲目地采用高负债率政策,除非有极安全的、较高的预期报酬。正因为如此,在投资学中,发行债务融资被认为是一个利好消息——在外部的投资者眼里,只有当管理当局确知未来的超高收益,企业才会发行债券融资。这与信息的不对称也有关系。实证研究证实,公司改变负债率会影响到公司的股价。具体而言,提高负债率的信息会使股票的价格上扬,而降低负债率的信息会使股票价格下跌。根据一些学者的分析,公司宣布重大的负债率的变动,实际上是传递给投资者一定的信号:增加负债率代表公司预期未来的高现金流量与高企业价值 降低负债率则代表公司预期未来的低现金流量与低企业价值。

10.1.2 案例2：百事可乐公司资本成本的估测[①]

10.1.2.1 基本材料

公司在实际投资、融资与经营决策过程中真的使用资本成本这一概念并认真计算资本成本吗？确实有些公司并不这样做，但也有很多公司接受并应用资本成本的概念。百事可乐公司就属于后者。

百事可乐公司财务主管 Bob Dettmer 始终坚信公司主要部门的战略计划应按其对公司价值的贡献来评价。如果一项投资或经营计划预期的报酬率不能超过公司的资本成本，即不能增加公司价值，那么就不应采纳。因此，估算公司的资本成本成为战略计划评估过程的关键环节。百事可乐公司管理当局认为，用合适的资本成本贴现投资项目的未来现金流，可以确定该投资项目的净现值。如果该项目的风险与百事可乐公司的总体风险大致相当，那么公司的资本成本就是评估该投资项目时合适的折现率。然而，百事可乐公司所属的各经营部门具有不同的投资机会及不同的风险水平。用公司的资本成本来评估每个部门的项目很可能会导致抛弃低风险部门好的投资项目而接受高风险部门差的投资计划的情形。为避免出现这种情形，百事可乐公司对所属的快餐、饮料、餐馆三个经营部门分别计算部门的资本成本，以便更好地反映各部门的风险，同时也有助于公司更好地评估投资机会。

下面是百事可乐公司的管理人员计算其加权平均资本成本的过程和方法。

百事可乐公司对下属的每个主要部门分别评估其加权平均资本成本（k_o），这些部门包括饮料、快餐和餐馆。每个部门的加权平均资本成本计算出来后，再计算百事可乐公司的加权平均资本成本，它等于各部门加权平均资本成本的加权平均值。具体过程如下：

（1）估算每个部门的股权资本成本和债务资本成本；
（2）确定每个部门的目标资本结构；
（3）用目标资本结构对债务、股权等单项资本成本进行加权平均，从而确定每个部门的加权平均资本成本；
（4）利用各部门的资本成本计算整个公司的加权平均资本成本。

10.1.2.2 计算单项资本成本

百事可乐公司在计算资本成本时把资本分为两类：普通股和债务。

1. 计算普通股资本成本

百事可乐公司采用资本资产定价模型（CAPM）来计算公司的普通股资本成本（k_{cs}）。

$$k_{cs} = R_s = R_f + \beta \times (\overline{R_M} - R_f)$$

运用 CAPM 模型估算部门的股权资本成本时需要确定：①无风险报酬率 R_f；②市场期望报酬率 $\overline{R_M}$；③该部门的 β 值。

（1）估算无风险报酬率 R_f。

[①]案例来源：根据公开资料整理自编案例。基本素材源于 keown（1997）。
案例用途：用于理解各类资本成本的内涵与作用，掌握估测资本成本的相关知识。

百事可乐公司采用 30 年期国债的到期收益率 7.28% 作为无风险报酬率,因为国债基本上没有违约风险,并且国债的到期收益率中已经包含了投资者对通货膨胀的预期。

(2) 估算市场期望报酬率 $\overline{R_M}$。

市场期望报酬率理论上等于完全消除了非系统风险的股票投资组合的期望报酬率。芝加哥一家咨询公司为百事可乐公司提供的市场期望报酬率的季度估计值为 11.48%。

(3) 估算部门的 β 值。

百事可乐公司所属的三个经营部门都没有在股票市场上交易,因此,它们的 β 值均不能直接计算。为此,百事可乐公司采用两种方法来估算部门的 β 值:①同业公司 β 值类比法,即通过一个或若干个经营业务与百事可乐公司所属业务部门相同的上市公司来估计该部门的 β 值;②会计 β 值法,即利用每个经营部门的会计数据来估计该部门的 β 值。百事可乐公司用这两种方法所求得的 β 值的平均值来计算所属部门的股权资本成本。

①同业公司的 β 值。

a. 选择一组分别与百事可乐三个部门业务相同的上市公司,如表 10 – 3 所示。

b. 确定每组上市公司 β 值。

c. 调整 β 值以反映不同的资本结构。因为即使公司的经营风险相近,但财务风险因资本结构的差异而不同。公司在其融资组合中使用的债务越多,公司股票的系统风险会越大,其 β 值也就越高。所以,为使业务相同的上市公司的 β 值与百事可乐公司的各部门具有可比性,每个业务相同的上市公司的 β 值必须进行调整,以便消除由于财务风险的不同而造成的差异。调整结果见表 10 – 4。该表列出了业务同类的上市公司的 β 值及其 β 值的平均值。

表 10 – 3 与百事可乐公司下属部门业务同类的上市公司

餐馆业	快餐业	饮料业
鲍勃埃文斯集团(Bob Evans)	波登公司(Borden)	可口可乐企业(Coca – Cola)
卡尔卡切尔公司(Carl Karcher)	康宝浓汤(Campbell's Soup)	安海斯布希公司(Anheuser Busch)
冰雪皇后(Dairy Queen)	CPC 国际(CPC International)	AW 公司(A&W Brands)
简森 – 巴顿餐馆(JB's Restaurants)	通用磨坊(General Mills)	可口可乐企业(Coca – Cola)
露比自助餐厅(Luby's Cafeterias)	嘉宝集团(Gerber)	
麦当劳(Mc Donald's)	亨氏公司(Heinz)	
国家比萨(National Pizza)	好时公司(Hershey)	
皮卡迪利(Piccadilly)	家乐氏公司(Kellogg)	
瑞恩家庭餐馆(Ryan's Family)	桂格燕麦(Quaker Oats)	
维克普集团(Vicorp)	普瑞纳公司(Ralston Purina)	
温迪集团(Wendy's)	莎莉集团(Sara Lee)	

②会计 β 值。

单独用股票确定 β 值是不完全科学的。因此，为增加对第一种方法估算的可信度，百事可乐公司管理层还使用会计 β 值法来估算每个业务部门的系统风险。会计 β 值根据每个部门的财务报表中摘出的会计数据来测算公司相对于整体市场的风险。表 10-4 中列出了表示各业务部门的会计 β 值。

百事可乐公司最后将上述两种方法所得到的 β 值进行算术平均，得到了每个业务部门最终的 β 值。这些平均值列在表 10-4 的最后一行。

表 10-4 两种方法所获得的 β 值及 β 的平均值

餐馆业	β	快餐业	β	饮料业	β
• 同业类比法					
鲍勃埃文斯集团（Bob Evans）	1.08	波登公司（Borden）	1.00	可口可乐企业（Coca-Cola）	1.14
卡尔卡切尔公司（Carl Karcher）	0.71	康宝浓汤（Campbell's Soup）	1.06	安海斯布希公司（Anheuser Busch）	1.05
冰雪皇后（Dairy Queen）	1.11	CPC 国际（CPC International）	1.04	AW 公司（A&W Brands）	1.69
简森-巴顿餐馆（JB's Restaurants）	0.54	通用磨坊（General Mills）	1.08	可口可乐企业（Coca-Cola）	0.56
露比自助餐厅（Luby's Cafeterias）	1.10	嘉宝集团（Gerber）	1.36		
麦当劳（Mc Donald's）	0.97	亨氏公司（Heinz）	0.98		
国家比萨（National Pizza）	0.97	好时公司（Hershey）	1.08		
皮卡迪利（Piccadilly）	0.76	家乐氏公司（Kellogg）	1.09		
瑞恩家庭餐馆（Ryan's Family）	1.40	桂格燕麦（Quaker Oats）	0.86		
维克普集团（Vicorp）	1.29	普瑞纳公司（Ralston Purina）	0.74		
温迪集团（Wendy's）	1.26	莎莉集团（Sara Lee）	1.04		
平均值	1.01		1.03		1.11
• 会计 β 值法	1.34		1.00		1.04
• 两种方法平均	1.17		1.02		1.07

根据以上数据，每个部门的普通股资本成本 k_{cs} 计算如表 10-5 所示。

表 10-5　每个部门的普通股资本成本计算

部　门	R_f	+	β	×	($\overline{R_M} - R_f$)	=	k_{cs}
餐馆	7.28%	+	1.17	×	(11.48% − 7.28%)	=	12.20%
快餐	7.28%	+	1.02	×	(11.48% − 7.28%)	=	11.56%
饮料	7.28%	+	1.07	×	(11.48% − 7.28%)	=	11.77%

2. 估算债务资本成本

债务资本成本为 $k_d = i \times (1 - T_c)$。其中，i 为借款利率；T_c 为公司所得税税率。

每个部门的债务资本成本由于产业性质和该部门的目标资本结构的差异而有所不同。高风险的公司比低风险的公司支付更高的债务利息。也就是说，风险越大，投资者在无风险报酬上附加的要求报酬率越大，称为风险溢价。

每个业务部门的风险溢价补偿估算出来后，加到 30 年期国债的收益率上即可得到债务资本的税前成本，再调整为税后成本，此处所用的税率为 38%，计算结果如下：

餐馆部门的债务资本成本为：

$$k_d = (7.28\% + 1.65\%) \times (1 - 38\%) = 5.54\%$$

快餐部门的债务资本成本为：

$$k_d = (7.28\% + 1.15\%) \times (1 - 38\%) = 5.23\%$$

饮料部门的债务资本成本为：

$$k_d = (7.28\% + 1.23\%) \times (1 - 38\%) = 5.28\%$$

10.1.2.3　目标资本结构

确定每个业务部门的目标资本结构是为了对债务和股权资本成本进行加权，从而确定部门的加权平均资本成本。

百事可乐公司把每个部门的目标债务与总资产比率确定为：餐馆部，30%；快餐部，20%；饮料部，26%。

10.1.2.4　百事可乐公司的加权平均资本成本

根据到目前为止的所有信息，按照资本加权成本计算公式，可以计算出百事可乐公司每个部门的加权平均资本成本，如表 10-6 所示。

表 10-6　每个部门的加权平均资本成本

部　门	加权平均资本成本
餐馆部	12.20% ×70%　+ 5.54% ×30%　=10.20%
快餐部	11.56% ×80%　+ 5.23% ×20%　=10.29%
饮料部	11.77% ×74%　+ 5.28% ×26%　=10.08%

百事可乐公司接着用这些部门的加权平均资本成本计算整个公司的加权平均资本成本。百事可乐公司的加权平均资本成本为各部门资本加权成本的加权平均，权重等于每个部门的价值在百事可乐公司总价值中所占的百分比。如果百事可乐公司每个部门的价值百分比分别为：餐馆部，25%；快餐部，30%；饮料部，45%，至此，百事可乐公司的加权平均资本成本计算如下：

百事可乐公司加权平均资本成本
$$= 25\% \times 10.20\% + 30\% \times 10.29\% + 45\% \times 10.08\%$$
$$= 10.173\%$$

请回答以下问题：

(1) 在利用"同业公司的 β 值"过程中，调整后得到的 β 是同业公司的"经营 β"、"权益 β"还是"股票 β"？

(2) 你认为他们计算出来的每个部门的加权平均资本成本是否反映了相应部门的风险？是否可以用它来帮助公司更好地评估该部门的投资机会？

(3) 请判断并分析百事可乐管理人员估测公司资本成本的步骤与方法中哪些是可取的，哪些是不正确的？若不正确，请找出来并修正。

10.1.3 案例3：好顶塑料集团公司[①]

好顶塑料集团公司的投资委员会正在讨论 8 个资本预算计划。出席会议的有公司创始人兼董事长 H 先生，财务主管 S 先生，研究发展部负责人 C 先生。在过去 5 年内，这个委员会每月召开一次会议讨论项目投资并做出决策。

好顶塑料集团公司是 20 年前由 H 先生创建，主要为汽车制造商生产塑料配件和模具。为了避免汽车工业的周期性给公司带来的不利影响，近 10 年好顶塑料集团公司一直努力开拓多元化经营业务。目前，多元化经营已使公司拥有 1 000 种以上的产品，包括厨房设备、家用相机和专业照相设备，这也使得公司销售额增加了 800%。3 年前，公司又进行扩建，使公司生产能力提高了 49%。生产能力的增加更加激励好顶塑料集团公司开拓新的销路。到目前为止，尽管好顶塑料集团公司的非汽车产品业务发展很快，规模也很大，但它只占好顶塑料集团公司总业务额的 32%。因此，好顶塑料集团公司决定继续寻找新的非汽车业务。由于这方面的努力和内部研发的结果，公司目前拥有 4 组互斥的投资项目。

在过去的 10 年里，好顶塑料集团公司的资本预算已有一套成熟的方法和规则，公司将新项目分为三种类型：盈利项目、研究开发项目和安全项目。公司对盈利项目和研究开发项目采用净现值方法来评价，并且假设资本的机会成本为 10%；安全类项目则用主观方法评价。根据净现值决策标准，研究开发项目也必须获得满意的收益，但好顶塑料集团公司对这类项目有资金限制，通常每年只有 750 000 美元。安全类项目之所以采用主观方法来评价，是因为这类项目的收益很难用货币形式来表现，因此不宜采用净现值法评估。

[①] 案例来源：根据 keown（1997）提供的案例改编。

案例用途：用于资本投资决策指标的计算、运用，了解不同情况下多个项目的择优决策。

好顶塑料集团公司对这类项目也有预算约束,并且由一个包括公司管理人员和工人代表的委员会讨论决定。1 月份的这次投资委员会上所讨论的 8 个项目都是盈利项目。

第一组互斥项目包括 A、B 两个项目,都涉及使用好顶塑料集团公司现有精密设备。项目 A 是为一家大型折扣连锁店生产热水瓶的真空容器。这种容器要用 5 种不同规格和颜色的零部件来生产,项目期限预计为 3 年,预期收益包括最低回报加上一定比例的销售额提成。项目 B 是为一家全国性的照相器材批发商制造中低档照相器材。好顶塑料集团公司目前有闲置的厂房和生产能力,却很有限。因此,选择两个项目中的任何一个都将占用公司现有全部闲置的精密设备,而购买新机器既昂贵又会将项目推迟大约两年时间。A、B 两个项目的现金流如表 10 - 7 所示。

表 10 - 7 项目 A 和 B 的现金流　　　　　单位:美元

年 份	项目 A	项目 B
0	-75 000	-75 000
1	10 000	43 000
2	30 000	43 000
3	100 000	43 000

第二组互斥项目为公司引进计算机开票及存货控制系统。项目 C 采用 Advanced 计算机公司提供的开票系统。如果采用这个系统,则目前由好顶塑料集团公司会计部承担的记账和开票工作将由 Advanced 计算机公司负责,该系统将提高公司记账和开票方面的工作效率并节省记账费用。此外,该系统还能使公司更有效地对拖欠货款的顾客进行信用分析,以便及时回收应收账款。项目 D 则是采用 International 计算机公司提供的系统,该系统除了具有与 Advanced 公司提供的系统相似的开票功能外,还有存货控制功能。存货控制功能可以减少公司库存材料用完而延误生产的事件,这种事件在过去 3 年已司空见惯。项目 C、D 的现金流如表 10 - 8 所示。

表 10 - 8 项目 C 和 D 的现金流　　　　　单位:美元

年 份	项目 C	项目 D
0	-8 000	-20 000
1	11 000	25 000

第三组互斥项目涉及公司新近开发并已申请专利的硬塑料模具生产工艺。公司既可以自己制造并销售这种生产工艺设备(项目 F),也可以将专利卖给 Polyplastics 公司——全球最大的塑料制品制造商(项目 E)。目前,该生产工艺还没有测试完。不论好顶塑料集团公司是准备自己生产或者是出售这项技术,都必须进行测试和改进,并需要在今年内完成测试工作。项目 E 和 F 的现金流见表 10 - 9。

表 10-9　项目 E 和 F 的现金流　　　　　　　　　　　　单位：美元

年　份	项目 E	项目 F
0	-30 000	-271 500
1	210 000	100 000
2		100 000
3		100 000
4		100 000
5		100 000
6		100 000
7		100 000
8		100 000
9		100 000
10		100 000

最后一组互斥项目是关于某生产机器更换方案的比较。项目 G 建议购买中等价格但效率相当高的设备，这种设备预计使用寿命为 5 年；项目 H 建议购买同样价格但效率较低的设备，预计使用寿命 10 年。项目 G 和项目 H 的现金流如表 10-10 所示。

表 10-10　项目 G 和 H 的现金流　　　　　　　　　　　单位：美元

年　份	项目 G	项目 H
0	-500 000	-500 000
1	225 000	150 000
2	225 000	150 000
3	225 000	150 000
4	225 000	150 000
5	225 000	150 000
6		150 000
7		150 000
8		150 000
9		150 000
10		150 000

会议一开始，争论的焦点就集中在评价这些项目的使用方法上。董事长 H 先生认为，由于这些项目是互斥的，也许通常的净现值方法并不适用。他认为在评价这些项目时，也许应该更关心相对的获利能力或是其他一些效益指标。S 先生和 C 先生表示同意 H 先生的观点，S 先生建议用获利指数法，但 C 先生则倾向于用内部报酬率法。S 先生认为，采用获利指数法可以得出效益与费用的比例，直接反映了相对的获利能力，因此，只需将这些项目按获利指数大小进行排序，从中选择获利指数最大的项目。C 先生则认为，内部报酬率本身更能直观地衡量项目的获利能力，并且也许更容易解释和理解。针对评价方法的分歧，H 先生建议同时计算获利指数、内部报酬率以及净现值三种指标，因为他们会产生同样的排序结果。

请回答以下问题：

(1) H 先生认为 NPV，PI 和 IRR 三种方法和准则会产生相同的排列顺序，这是否正确？在什么情形下 NPV，IP 和 IRR 三种方法会产生不同的排序结果？为什么会有这种差异？

(2) 项目 A 和 B 的 NPV，PI 和 IRR 各是多少？是什么原因导致了不同的排序结果？应选择项目 A 还是项目 B？如果好顶塑料集团公司以往的项目所获得报酬率通常约为 12%，按内部报酬率准则排序并选择 B 项目是否合理？（提示：考虑内部报酬率法中隐含的再投资收益率假设。）

(3) 项目 C 和 D 的 NPV，PI 和 IRR 各是多少？应选择 C 还是 D？如果资金不受限制，选择项目 C 后所剩余的 12 000 美元要产生怎样的报酬率水平才能与选择 D 无差异？

(4) 项目 E 和 F 的 NPV，PI 和 IRR 各是多少？它们的使用寿命不同，是否可比？为什么？应选择哪一个项目？（假设这些项目没有资金限制。）

(5) 项目 G 和 H 的 NPV，PI 和 IRR 各是多少？它们的使用寿命不同，是否可比？为什么？应选择哪一个项目？（假设这些项目没有资金限制。）

10.1.4 案例4：SLG 公司环保材料技术项目投资决策①

SLG 食品饮料股份有限公司是华南地区的一家上市公司，该公司的经营范围包括研究、开发、生产食品、饮料系列产品、销售自产产品。公司的主要产品为豆奶粉系列产品及乳品系列产品，所属的行业为食品制造业。

SLG 公司从某科研机构了解到一项生产淀粉基全降解环保材料的新技术，这种材料经过进一步加工可用于食品包装，替代不可降解的塑料包装。考虑到：①该生产所需原材料主要是玉米，这可以充分利用公司现有资源——该公司在农产品原材料供应方面有很好的渠道来源；②避免现有产品包装材料供应方面的风险；③这几年本公司股价明显被高估。因此，这时如果发行股票融资不仅可以筹集到大量资金，而且可以增加现有股东的财富。SLG 公司的管理者有意通过证券市场进行股权融资，然后购买这一技术，成立一家全资子公司进行大批量生产，一方面为自己公司的现有产品供应包装材料，另一方面出售给其他需要包装材料的公司。

SLG 公司的投资委员会针对是否投资该项目召开讨论会议。出席会议的有公司创始人兼董事长张伟先生，财务主管李峰先生，项目负责人王强先生及管理、销售、生产各部门经理。

王强首先对该项目的情况做了简要的介绍，他说："如果投资这一项目，需要购买三条生产线，每条生产线 100 万元，办公用固定资产 31 万元，紫外灯、金属检测仪、仓库控温控湿设备、防虫鼠设备等 4 万元；购买这项生产淀粉基全降解环保材料的新技术需要 250 万元；项目的筹建期为 3 个月，如果在当年 10 月开始筹备投入该项目，明年年初将可以投产运营；考虑到这项新技术会吸引大量竞争对手抢占市场份额以及新技术的被替代性，估计项目运营期为 5 年，5 年后公司将结束对项目的经营。"

市场调查员补充道："经调查，预计筹建期间的人工费大约为 16.9 万元，企业登记、

---

①案例来源：根据实际素材整理自编案例。案例用途：用于理解公司资本投资决策过程，掌握决策变量的估计、决策指标的计算、融资效应的计算等内容。

公证的费用1.4万元,人员培训费0.5万元,广告费15万元,筹建期间发生的办公费、交际应酬费为10万元,印花税0.2万元;其他与筹建期间有关的费用为1万元,期初营运资金投入150万元。"

财务总监李峰补充道:"根据会计准则,除购置和建造固定资产以外,以上所说的筹建期发生的费用(包括人员工资、办公费、培训费、差旅费、印刷费、注册登记费以及不计入固定资产成本的借款费用),在实际发生时直接计入当期管理费用。"

王强又说:"另外,参考同行业企业,我们可以设定生产线的使用寿命为10年,期末无残值,按直线折旧法进行摊销;管理用固定资产(注:是指办公用固定资产、紫外灯、金属检测仪、仓库控温控湿设备、防虫鼠设备等,下同)使用寿命为5年,按直线法折旧,期末无残值;无形资产按10年摊销。5年后结束该项目时,预计转让生产线收入200万元,转让无形资产收入150万元。具体生产成本这块,请生产部李经理介绍一下。"

生产部李经理:"根据市场调查,生产出来的淀粉基全降解环保材料价格为1.1万元/吨,预计未来5年的销售量为2 600吨、3 700吨、4 000吨、4 300吨、4 435吨;平均每吨淀粉基全降解环保材料的原材料成本为0.732万元。直接人工费与销售收入基本符合:$y = 0.0063x + 6.7513$,其中y为直接人工费,x为销售收入。预计第1~5年的城建税和教育附加税依次为12.1万元、17.58万元、19.44万元、21.3万元、22.15万元;生产期间,水电费为每月14万元,间接人工费用每月4.25万元,管理人员工资及福利费为每月4.45万元,销售提成为销售收入的8%,销售人员工资及福利费每月2.95万元,支付第三方物流费每吨0.009 16万元;此外,生产设备维修费第1年是2.7万元,第2~5年均为3万元,生产期间项目所需的营运资本占销售收入的比重为24.27%。"

管理部经理也提到:"我们预计,购买办公用品从第1年到第5年支出分别为3万元、2.5万元、2.5万元、3万元、1.5万元;办公经费第1年为23万元,以后4年每年10万元;所需顾问费用第1年为9万元,以后4年每年5万元。"

销售部经理:"预计广告费第1年为100万元,第2~4年每年80万元,第5年60万元;其他费用:第1年8万元,第2年10万元,第3年7万元,第4年和第5年均为5万元。"

这时,财务总监李峰谈到:"公司可以通过增发股票来为本项目融资,预计承销费为募集资金总额的3%,保荐费约为50万元,审计费约为63.21万元,律师费约为30万元。公司管理层认为公司股价目前被大大高估,预计股票发行时,该股价也应该是其内在价值的1.25倍。如果不投资这个项目,该项目所占用的公司的厂房仓库及办公室在项目筹建期和运营期均可用于出租。筹建期间损失的租金收入大约是16.5万元;预计在5年的运营期里,厂房、仓库租金收入约为每月3.67万元,办公室租金收入约为每月1.83万元。"

王强:"以上就是对项目的介绍。关于是否投资这个项目,我认为先估测利润表,然后据此计算出每年的现金流;接着找几家参照公司的股票贝塔类比,计算出资本成本,计算出项目的NPV;然后通过调整净现值法(APV法)或加权平均资本成本法(WPV法),将融资决策可能产生的价值增量引入决策中。"

李峰摇摇头,说:"我对您的方法持保留意见,资本投资决策依据的是增量现金流,而不是利润指标。而且估计出两大报表再推算出现金流,还不如直接估测现金流便捷。我建议采用直接法,由可能发生的经济活动估测现金流,并采用约当系数法调整现金流。"

李峰接着说:"我认为不能直接采用参照公司的股票贝塔,因为现实的市场并非有效,经常会有大量的噪声交易者,根据行为的资本资产定价模型(BAPM)思想,利用剔除噪声后的权益贝塔并卸载财务杠杆得到各个参照公司的资产贝塔,这样估测出来的资本成本更准确。"

张伟说:"你说得似乎很有道理,那就由你负责查找这些信息。"

李峰递给董事长一份资料(见本案例后附):"其实,这些信息我们已经查找并做了基本的计算。此外,还要把市场非理性行为产生的融资效应对投资决策的影响考虑在内。在市场不完善且并非有效的情况下,WPV 不再适用,应当采用 APV 法计算融资效应。"

董事长张伟点点头,做出了决定:"这样吧,王强你回去整理一下今天大家提的意见,做一份具体的投资评估方案,我们 3 天后再定夺。"

附:李峰递给董事长的资料

(1)根据对该项目的非系统风险的分析,约当系数见附表 10-1 所示。

附表 10-1 项目每年的约当系数表

	第 0 年	第 1 年	第 2 年	第 3 年	第 4 年	第 5 年
约当系数	1.0	1.0	0.85	0.8	0.8	0.7

(2)根据项目性质,选取塑料制造业的芜湖海螺型材科技股份有限公司(股票代码:000619)、山东胜利股份有限公司(000407)、珠海中富实业股份有限公司(000659)、武汉塑料工业集团股份有限公司(000665)、安徽国风塑业股份有限公司(000859)和佛山塑料集团股份有限公司(000973)作为参照公司,这些参照公司的"权益贝塔"依次为 0.531 5、0.678 7、0.651 6、0.711 0、0.699 7 和 0.617 8,金融负债和所有者权益的比值依次为 0.065 0、0.954 0、0.849 0、1.519 5、0.680 7 和 1.372 2,由此可得他们的"资产贝塔"分别为 0.499 1、0.347 3、0.352 4、0.282 2、0.416 3 和 0.260 4。

(3)因为该项目的计算期是 5 年,故选取我国同期 5 年期国债的到期收益率 5.74%作为无风险报酬率。经查阅并计算得知,我国市场平均报酬率为 15.86%,则市场风险溢价为 10.12%。

企业财务决策的目标应该是公司价值最大化,SLG 公司需要对该项目进行决策分析,了解投资该项目到底能为公司增加多少价值。

请回答以下问题:

①项目每年能给公司带来多少现金流?该项目的资本成本是多少?项目的净现值是多少?

②管理层认为产品销售价格、销售量、原材料成本、购买生产线成本的变化很可能会对项目的净现值产生重大影响。请你分析一下。

③目前,SLG 公司的股票价格为 15 元/股,公司管理者认为股票价值被高估,股票的内在价值大概为股价的 80%,因此将通过增发股票为本项目融资。发行股票会增加以下支出:承销费为募集金额总额的 3%,保荐费约为 50 万元;审计费约为 63.21 万元;律

师费约为 30 万元。这是否会影响公司的价值？

④这个项目到底能给公司新增多大的价值？

10.1.5 案例 5：DH 公司 MES 项目投资决策

10.1.5.1 DH—MES 项目的背景

DH 公司是一家跨国企业在中国的分公司，于 1990 年在广州开始投产运营，主营产品为营养保健品。由于 DH 公司现有的管理信息系统——ERP 系统（Enterprise Resource Planning，企业资源计划）不能为车间的生产管理提供支持，近几年来，随着公司业务量的剧增以及市场竞争的加剧，这一问题显得尤为突出，严重制约着公司的快速发展，必须尽快解决。因此，DH 公司考虑建设实施 MES（Manufacturing Execution System，生产执行系统）。

10.1.5.2 MES 的功能

MES 的主要功能是支持车间的生产管理，包括按公司经营目标进行生产资源管理、生产计划管理、生产运营管理以及生产统计管理等，并将生产信息及时反馈给 ERP 系统，实现企业管理与生产控制之间的信息交流，有效提高企业的管理效率。MES 的功能如图 10-1 所示。

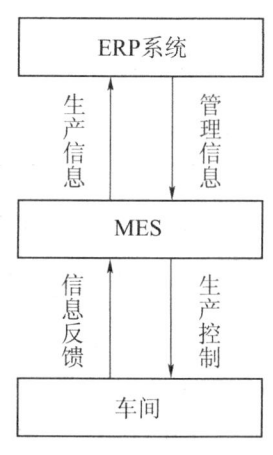

图 10-1 MES 的功能

10.1.5.3 实施计划

DH 公司共有 7 个生产车间，其中：车间 1 至车间 3 生产保健食品，称为保健食品区域；车间 4 至车间 7 生产营养食品，称为营养食品区域。DH 公司计划对这两大生产区域实施 MES 信息系统。DH—MES 项目的实施计划如图 10-2 所示。

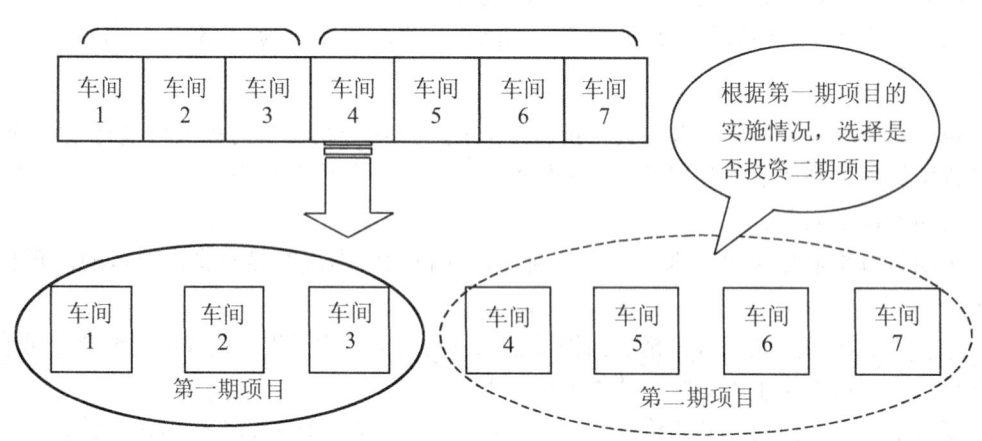

图 10-2 DH—MES 项目的实施计划

为了保证实施过程的顺利和控制投资的风险，DH 公司考虑先对保健食品区域的 3 个车间进行 MES 系统安装实施，如果两年内（2012 年至 2013 年）这 3 个车间运行良好，则在 2014 年初开始投资第二期，即再对营养产品区域的 4 个大型车间全面实施 MES 系统，而如果通过第一期项目的试点运营，发现企业产能明显降低，意味着公司现阶段还不适合实施 MES 系统，则终止投资。

10.1.5.4 投资计划

根据拟定的实施计划，DH - MES 项目的投资时点如图 10 - 3 所示。

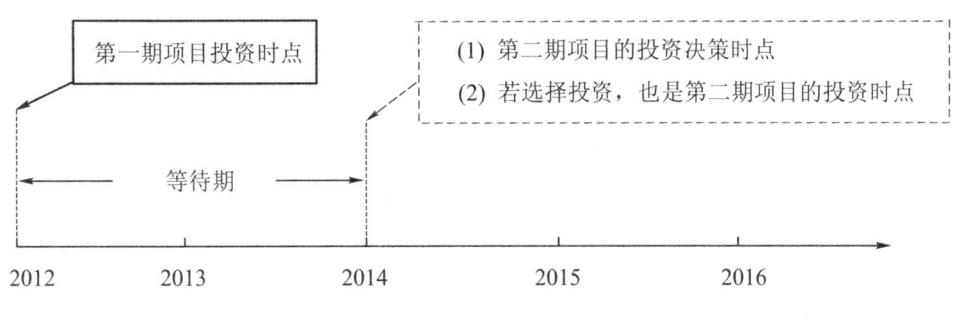

图 10 - 3 DH - MES 项目的投资时点

DH - MES 项目的初始投资包括软硬件投资支出与 DH 公司付给实施公司的工程费用两部分。

（1）软硬件的投资支出。第一期项目的软硬件投入清单详见附表 10 - 2 和附表 10 - 3，第二期项目的软硬件投入清单详见附表 10 - 5 和附表 10 - 6。

（2）DH 公司付给实施公司的工程费用。具体包括基本建设材料费用和劳务费用。第一、二期项目的基本建设材料费用清单详见附表 10 - 4 与附表 10 - 7。劳务费用指支付给实施公司的系统开发费用、管理费和利润，系统开发费用为基本建设材料费总额的 10%，管理费为基本建设材料费总额的 6%，利润为基本建设材料费总额的 8%。

经估算，第一期项目的初始投资总额为 3 926 171.9 元，其中，软件投资为 2 582 224.40 元，硬件投资为 933 800.00 元，工程费用为 410 147.50 元。第二期项目的初始投资总额为 3 962 429.40 元，其中，软件投资为 3 034 952.60 元，硬件投资为 813 000.00 元，工程费用为 114 476.80 元。

10.1.5.5 收入预测

第一期项目为 DH 公司带来的收入来源于两个方面：

（1）实现生产数据管理电子化。通过在线采集数据，自动分析数据生成报表，减少了数据记录、录入、统计分析等工作，从而节省纸张及人工费用。

（2）实现生产信息传递电子化。通过提高信息传递的效率，支持制订合理的生产计划并及时反馈设备故障等信息，减少了停机时间，提高了生产效率，从而节省人工成本。

如果实施第二期项目，随着 MES 运营成熟，能显著提高 DH 公司的管理效率。因此，第二期项目还有第三个方面的收入来源：提高了管理效率（减少管理人员做出决策的时间并提高决策质量)。DH-MES 项目收入的估算公式详见表 10-11。

表 10-11 DH-MES 项目收入的来源与计算公式

来源	说明	计算公式
电子化生产数据管理	表格电子化,节省纸张及复印费用	减少的纸张与复印费 =减少的纸质表格数×单位纸张与复印费用
	节省记录工时、节省数据整理工时、节省信息传递工时、节省追溯事件工时等	减少的人工费用 1 =节省的人工工时 1×一般员工工时费
电子化生产信息传递	减少停机时间,降低了人工成本	减少的人工费用 2 =节省的人工工时 2×一般员工工时费 (节省的人工工时 2=减少的停机时间÷停机表记录的总时间×总工时)
管理效率提高(第二期项目)	减少管理人员决策时间,降低了管理人员的人工成本	减少的管理费用 =减少的决策时间×管理人员工时费

注:2012 年初,每张表格的纸张及复印费用为 0.09 元;DH 公司一般员工工时费为 20 元/时,管理人员工时费为 50 元/时。

通过计算预测出第一期、第二期项目年收入分别为 949 687.85 元与 1 136 900 元,估算过程详见附表 10-8 与附表 10-9。

10.1.5.6 支出预测

MES 安装实施后,每年 DH 公司需支付维修升级费用(硬件的维修费用和软件的升级费用)和保险费用。

(1)根据对其他公司的调查,DH 公司预测了 MES 系统的维修升级费(硬件的维修费用和软件的升级费用),在运行的前 5 年里,维修升级费率为初始投资的 2%,后 5 年为初始投资的 5%。

(2)DH 公司将对项目投保,在第一期项目以及第二期项目实施的头 5 年支付保险费。实施后的第 1 年支付的保险额为初始投资的 0.102%,此后每年都支付考虑通货膨胀之后与前一年等值的保险额。经过对过去十年的我国物价的稳定情况和国家统计局关于物价通货膨胀率的换算,DH 公司将通货膨胀率定为 5%。

要求:

(1)估测第一期项目的增量现金流(第一期项目以及第二期项目(假设投资)的寿命期均为 10 年。按照现行会计制度和公司政策,固定资产和无形资产采用直线法计提折旧,无残值,硬件设备的折旧年限为 5 年,各种软件折旧年限为 3 年。所得税税率为 25%。假设项目的初始投资均在年初一次性投入,运营期间各年的增量现金流均在年末流入或流出)。

(2) 估测项目的资本成本。
(3) 估测第一期项目的静态净现值（不考虑实物期权的价值）。
(4) 评估第一期项目的扩展净现值（考虑实物期权的净现值）。
①此项目是否蕴含实物期权？
②如果蕴含实物期权，那么是什么类型的实物期权？
③如果蕴含实物期权，那么其价值是多少？
④如果蕴含实物期权，第一期项目的扩展净现值是多少？
(5) 对第一期项目进行多因素敏感性分析。

附表 10-2　第一期项目的软件投入清单

项目	软件名称	单价（元）	数量（件）	金额（元）
1	运行时间模块（Runtime）	33 700.80	2	67 401.60
2	开发模块（Developer）	46 611.60	1	46 611.60
3	客户机程序运行时间模块（Client Runtime）	23 641.10	2	47 282.20
4	双网关用户的网站空间服务器启动套件（WebSpace Server Enabler including 2 Web Users）	12 957.00	1	12 957.00
5	容纳 20 个附加用户的网站空间服务器（WebSpace 20 Additional Users）	95 004.00	2	190 008.00
6	15 000 点历史数据标准服务器（Historian Standard Server 15000 Points）	241 962.00	7	1 693 734.00
7	10 个用户权限的历史数据客户端连接套件（Historian Client Connection Pack 10 Users）	17 178.00	2	34 356.00
8	20 000 点历史数据冗余选项收集器标准服务器（Collector Redundancy Option for Historian-Standard Server 20000 Points）	48 400.80	2	96 801.60
9	生产管理服务器（Production Management Server）	100 753.80	1	100 753.80
10	生产效率服务器（Production Efficiency Server）	78 510.60	1	78 510.60
11	生产管理应用客户端 1 套（Production Management Application Clients 1 Pack）	10 180.80	5	50 904.00

续上表

项目	软件名称	单价（元）	数量（件）	金额（元）
12	效率管理应用客户端1套（Efficiency Management Application Clients 1 Pack）	10 180.80	5	50 904.00
13	2005 标准版 SQL 服务器（SQL Server 2005 Standard Edition）	49 000.00	2	98 000.00
14	2005 版 Visual studio. net 作图软件（Visual studio. net 2005）	14 000.00	1	14 000.00
合计				2 582 224.40

附表 10-3 第一期项目的硬件投入清单

项目	硬件	单价（元）	数量（件）	金额（元）
服务器	实时历史数据服务器	42 000.00	2	84 000.00
	历史数据中心服务器	42 000.00	1	42 000.00
	MES 核心应用服务器	280 000.00	1	280 000.00
	WEB 发布服务器	42 000.00	1	42 000.00
扫描设备	Symbol 扫描枪	2 100.00	10	21 000.00
操作计算机	现场扫描操作	5 600.00	11	61 600.00
接口工控机	数据接口机	8 400.00	5	42 000.00
通讯卡件	现场 PLC 通讯卡件	17 920.00	10	179 200.00
生产网络	网络布线及相关组件	14 000.00	10	140 000.00
看板	LCD 看板	10 500.00	4	42 000.00
合计				933 800.00

附表 10-4　第一期项目工程费用明细表

项目	分项	单位	数量	材料单价（元）	材料合价（元）	安装单价（元）	安装合价（元）	合计（元）
基本建设材料费用	基建	项	1.00	1 500.00	1 500.00	8 000.00	80 000.00	81 500.00
	防静电地面	米	20.00	300.00	6 000.00	400.00	8 000.00	14 000.00
	照明系统	盏	3.00	500.00	1 500.00	1 000.00	3 000.00	4 500.00
	接地系统	项	3.00	8 000.00	24 000.00	5 000.00	15 000.00	39 000.00
	后备电源	项	3.00	500.00	1 500.00	30 000.00	90 000.00	91 500.00
	配电系统	项	1.00	2 000.00	2 000.00	20 000.00	20 000.00	22 000.00
	Symbol 扫描枪支架制作	个	12.00	200.00	2 400.00	300.00	3 600.00	6 000.00
	数据接口机现场施工调试	个	8.00	2 000.00	16 000.00	1 000.00	8 000.00	24 000.00
	现场 PLC 通讯卡件	个	10.00	1 200.00	12 000.00	700.00	7 000.00	19 000.00
	网络布线及相关组件	项	8.00	200.00	1 600.00	300.00	2 400.00	4 000.00
	LCD 看板安装	件	3.00	3 000.00	9 000.00	400.00	1 200.00	10 200.00
	辅材	—	—	15 064.11	—	—	—	15 064.11
	基本建设材料费用共计							330 764.11
劳务费用	研发费（×10%）							33 076.41
	管理费（×6%）							19 845.85
	利润（×8%）							26 461.13
	劳务费用共计							79 383.39
	工程费用总计							410 147.50

附表 10-5　第二期项目的软件投入清单

项目	软件名称	单价（元）	数量（件）	金额（元）
1	质量管理服务器（Quality Management Server）	85 675.80	1	85 675.80
2	PA 批次分析服务器（PA Batch Analysis Server）	76 969.20	8	615 753.60

续上表

项目	软件名称	单价（元）	数量（件）	金额（元）
3	容纳50个用户的工作流模块 （Workflow 50 Users）	478 794.00	1	478 794.00
4	开放企业模块 （Open Enterprise）	241 920.00	4	967 680.00
5	质量管理应用客户端1套 （Quality Management Application Clients 1 Pack）	10 180.80	4	40 723.20
6	资产管理套件 （Asset Management）	280 000.00	1	280 000.00
7	小型调度服务器 （Scheduler Server Small）	77 545.50	1	77 545.50
8	调度服务客户端（编排+浏览） （Scheduler Server Client（Plan + View））	13 625.50	15	204 382.50
9	调度模块 （Scheduler Plus Module）	17 697.00	1	17 697.00
10	调度材料（物料清单）模块 （Scheduler Material（BOM）Module）	17 697.00	1	17 697.00
11	调度程序适配器 （Scheduler Open Adapter）	13 625.50	8	109 004.00
12	2005标准版1CPU SQL服务器 （SQL Server 2005 Standard Edition 1CPU）	70 000.00	2	140 000.00
合计				3 034 952.60

附表10-6　第二期项目的硬件投入清单

项目	硬件	单价（元）	数量（件）	金额（元）
扫描设备	Symbol扫描枪	2 100.00	30	63 000.00
操作电脑	现场扫描操作	5 600.00	25	140 000.00
网络相关	网络布线及组件	14 000.00	8	112 000.00
看板	LCD看板	10 500.00	16	168 000.00
条码打印机	条码打印机	14 000.00	15	210 000.00
服务器	中间件服务器	60 000.00	1	60 000.00
	SOP、工作流应用服务器	60 000.00	1	60 000.00
合计				813 000.00

附表 10-7　第二期项目工程费用明细表

项目	分项	单位	数量	材料单价（元）	材料合价（元）	安装单价（元）	安装合价（元）	合计（元）
基本建设材料费用	Symbol 扫描枪支架制作（防爆区）	个	1	1 200	1 200	500	500	1 700
	电脑电源线布线（防爆区）	个	1	1 300	1 300	1 200	1 200	2 500
	网络布线及组件 8×100	米	2	350	700	190	380	1 080
	LCD 看板	个	1	3 000	3 000	2 000	2 000	5 000
	条码打印机	个	2	200	400	320	640	1 040
	服务器安装	件	1	10 000	10 000	1 000	1 000	11 000
	现场扫描操作线路	米	100	200	20 000	100	10 000	30 000
	网络敷设	米	100	300	30 000	100	10 000	40 000
	基本材料费用共计（元）							92 320.00
劳务费用	研发费（×10%）（元）							9 232.00
	管理费（×6%）（元）							5 539.20
	利润（×8%）（元）							7 385.60
	劳务费用共计（元）							22 156.80
	工程费用总计（元）							114 476.80

附表 10-8　第一期项目年收入的估算过程　　　　　　　　　单位：元

项目	分项	车间1	车间2	车间3	合计
减少的纸张与复印费	减少的纸质表格数量 a	51 683	4 127	72 460	128 270
	减少的纸张与复印费 $b=0.09a$	4 651.47	371.43	6 521.40	11 544.3
减少的人工费用1	减少的记录工时 a	1 483	3 023	9 377	13 883
	减少的数据整理工时 b	6 625	1 500	1 500	9 625
	减少的信息传递工时 c	90	0	991	1 081
	减少的追溯事件工时 d	120	32	48	200
	减少的人工工时 $e=a+b+c+d$	8 318	4 555	11 916	24 789
	减少的人工费用 $f=20e$	166 360	91 100	238 320	495 780
减少的人工费用2	减少待QA结果及待料时间/小时 a	29	12	15	56
	减少设备故障维修申请时间/小时 b	106	81	114	301
	减少生产前准备时间/小时 c	386	149	251	786
	停机表记录的总时间（h）d	25 002	15 195	18 805	59 002
	总工时 e	544 089	269 380	321 640	1 135 109
	减少的停机时间（h）$f=a+b+c$	521	242	380	1 143
	减少的停机时间占总时间的比例 $g=f/d$	2.08%	1.59%	2.02%	1.94%
	减少的人工工时 $h=e \cdot g$	11 338	4 283	6 497	22 118
	减少的人工费用 $i=20h$	226 758	85 663	129 943	442 364
合计		397 769.62	177 134.27	374 783.96	949 687.85

附表10-9 第二期项目年收入的估算过程　　　　　　　　　　　　　　　　单位：元

项目	分项	车间4	车间5	车间6	车间7	合计
减少的纸张与复印费	减少的纸质表格数量 a	27 063	143 395	284 880	41 890	497 228
	减少的纸张与复印费 $b=0.09a$	2 436	12 906	25 639	3 770	44 751
减少的人工费用1	减少的记录工时 a	2 792	9 053	4 164	3 036	19 045
	减少的数据整理工时 b	3 000	3 500	2 500	2 851	11 851
	减少的信息传递工时 c	210	225	450	360	1 245
	减少的追溯事件工时 d	10	24	24	32	90
	减少的普通人工总工时 $e=a+b+c+d$	6 012	12 802	7 138	6 279	32 231
	减少的人工费用 $f=20e$	120 240	256 040	142 760	125 580	644 620
减少的人工费用2	减少的生产前准备时间/小时 a	148	206	470	445	1 269
	减少的待QA结果及待料时间/小时 b	16	13	16	12	57
	减少的设备故障维修申请时间/小时 c	56	67	75	68	265
	其他/小时 d	36	0	38	0	74
	停机表记录的总时间（h）e	11 889	14 999	46 919	11 619	85 426
	总工时 f	110 223	195 649	84 793	225 518	616 183
	减少的停机时间（h）$g=a+b+c+d$	256	286	599	525	1 665
	减少的停机时间占总时间的比例 $n=g/e$	2.15%	1.91%	1.28%	4.52%	1.95%
	减少的人工工时 $i=f \cdot n$	2 373	3 731	1 083	10 190	17 376
	减少的人工费用 $j=20i$	47 468	74 612	21 651	203 799	347 529
减少的管理费用	减少管理人员决策时间 j	500	500	500	500	2 000
	减少的管理费用 $k=50j$	25 000	25 000	25 000	25 000	100 000
	合计	195 143	368 558	215 050	358 149	1 136 900

10.2 案例分析要点

10.2.1 案例1:"HMA 公司资本结构决策"案例分析要点

1. 从第10章表10-2中可以发现,公司经营水平相同(净经营资产利润率均为15%),仅仅由于融资资金来源不同,就导致 C 方案的 ROE 是 A 方案的两倍。这其中有两个原因:一是利息的节税效应,或者说"税盾效应";二是财务杠杆效应。

2. 由于公司支付的利息是一笔可以抵扣应税额的支出,因此支付借款利息可以降低应税额从而可以少缴税。所得税减少额为:

$$公司所得税率 \times 利息费用 = T_c \times i$$

这种由于支付利息而少交所得税的现象称为利息节税效应。因为利息就像盾牌一样抵挡一部分所得税,所以这种效应又被形象地称作"税盾效应"。显然,如果公司负债但不需要支付利息(如享受优惠政策而无息贷款),那也不能节税,因此,人们通常所说"多负债可以少缴税"的说法事实上是不准确的,确切来说应该是由于负债支付利息导致了所得税的减少。另外,如果不纳税(如亏损状态或享受优惠政策免税)也不能节税。

在 C 方案中,公司为债务支付了 1 500 万元的利息,因此所得税减少额为:

$$T_c \times i = 25\% \times 1\,500 = 375(万元)$$

这正好等于 C 方案与 A 方案的所得税差额 750 - 375 = 375(万元)。

进一步分析可知,C 方案中公司为借款实际付出的代价仅为:

$$1\,500 - 375 = 1\,125(万元)$$

3. 为了更好地看清楚"除了利息节税效应外,还有别的因素对各方案获利能力差异有影响",我们这里假设公司所得税税率为零。在这种情况下,我们分析各个方案在净经营资产利润率依次为 15%、25% 及 5% 情况下的权益资本报酬率(ROE)变化情况。

净经营资产利润率为 15% 且税率为零的情况下各方案的具体情况如表 10-12 所示。

表 10-12 净经营资产利润率为 15% 且税率为零的情况下各方案的具体情况

单位:万元

方案	A	B	C
息税前利润	3 000	3 000	3 000
借款利息	0	1 000	1 500
税前利润	3 000	2 000	1 500
所得税(税率:0%)	0	0	0
税后利润	3 000	2 000	1 500
权益资本报酬率	15%	20%	30%

表 10-12 显示,在剔除了税盾效应的影响之后,C 方案的权益资本报酬率依然为 A

方案的两倍，这表明除了税盾效应外，还有其他因素导致 C 方案的盈利能力较强。同时发现，C 方案的权益资本报酬率是净经营资产利润率的两倍，这意味着：当生产经营人员每用 1 元钱（不管是源于债权人还是股东）获得 15% 的报酬时，每用股东 1 元钱就能获得 30% 的报酬。这是为什么？其实，这是财务杠杆在起作用。

以 C 方案为例进一步分析可知，公司借款利率为 10%，而净经营资产利润率为 15%，这也就意味着公司利用借来的资金，通过生产经营活动不仅弥补了借款所需支付的利息，而且每 1 元钱还多赚了 (15% − 10%)，即 5%，所以一共用债权人的钱赚得的除了给债权人的报酬外，还剩 (15% − 10%) × 150，这些剩余的部分最后都归属于股东，因此股东每 1 元钱除了生产经营活动中获得 15% 外，还多得 [(15% − 10%) × 150]/50。即 C 方案的权益资本报酬率为：

$$ROE = 15\% + \frac{(15\% - 10\%) \times 150}{50} = 30\%$$

即： 权益资本报酬率 = 净经营资产利润率 + $\frac{(净经营资产利润率 - 利率) \times 债务}{权益资本}$

(10 − 1)

式 (10 − 1) 反映出权益资本报酬率由两个部分构成：一部分是权益资本作为公司资金的一部分获得的净经营资产利润率，另一部分是债务资金作为公司资金的一部分获得的经营利润减去支付给债权人的利息后，剩余的部分再均分给权益资本所得到的。

当公司的净经营资产利润率为 25% 时，同理我们也可以计算出各方案的权益资本报酬率，如表 10 − 13 所示。

表 10 − 13　净经营资产利润率为 25% 且税率为零的情况下各方案的具体情况　单位：万元

方案	A	B	C
息税前利润	5 000	5 000	5 000
借款利息	0	1 000	1 500
税前利润	5 000	4 000	3 500
所得税（税率：0%）	0	0	0
税后利润	5 000	4 000	3 500
权益资本报酬率	25%	40%	70%

由表 10 − 13 可见，由于债务利率的固定性，在净经营资产利润率为 25% 时，公司可以利用借款获得的每 1 块钱资金赚到 25% 的税前利润，且仅需要支付给债权人 10% 的利息费用，根据公式 (10 − 1) 可知，这一差值通过高负债率进一步放大，将大大提高 C 方案的权益资本报酬率，具体如下：

$$ROE = 25\% + \frac{(25\% - 10\%) \times 150}{50} = 70\%$$

由此可见，当净经营资产利润率大于利率时，负债比率越大，公式 (10 − 1) 右端后半部分就越大，权益资本报酬率就越大。正如表 10 − 12 和表 10 − 13 所示，A 方案最差，C 方案最好。

也就是说，财务杠杆取决于两个因素：①负债率。负债率越大，财务杠杆就越大；②经营水平。经营水平高（净经营资产利润率大于借款利率），财务杠杆起正作用，而且经营水平越高，财务杠杆越大；反之，财务杠杆起反作用。

当公司的净经营资产利润率为5%时，我们可以计算出各方案的权益资本报酬率，如表10-14所示。

表10-14 净经营资产利润率为5%且税率为零的情况下各方案的具体情况　　单位：万元

方　　案	A	B	C
息税前利润	1 000	1 000	1 000
借款利息	0	1 000	1 500
税前利润	1 000	0	-500
所得税（税率：0%）	0	0	0
税后利润	1 000	0	-500
权益资本报酬率	5%	0	-10%

结果正好与净经营资产利润率为25%时相反，C方案ROE变成最差的，而A方案变成最好的。由公式（10-1）可得C方案的权益资本报酬率为：

$$ROE = 5\% + \frac{(5\% - 10\%) \times 150}{50} = -10\%$$

可见，净经营资产利润率下降到5%时，仍然需要按10%的利率向债权人支付利息，这时债务资本所赚取的经营利润不够支付借款利息，需要用权益资本所赚取的经营利润来弥补，因此，当净经营资产利润率小于借款利率时，负债越多，权益资本报酬率就越低。特别当经营利润小得不足以弥补利息时，公司便亏损了。

结合表10-12、表10-13、表10-14，将各方案的ROE的变化情况在同一坐标图上表示出来，如图10-4所示。

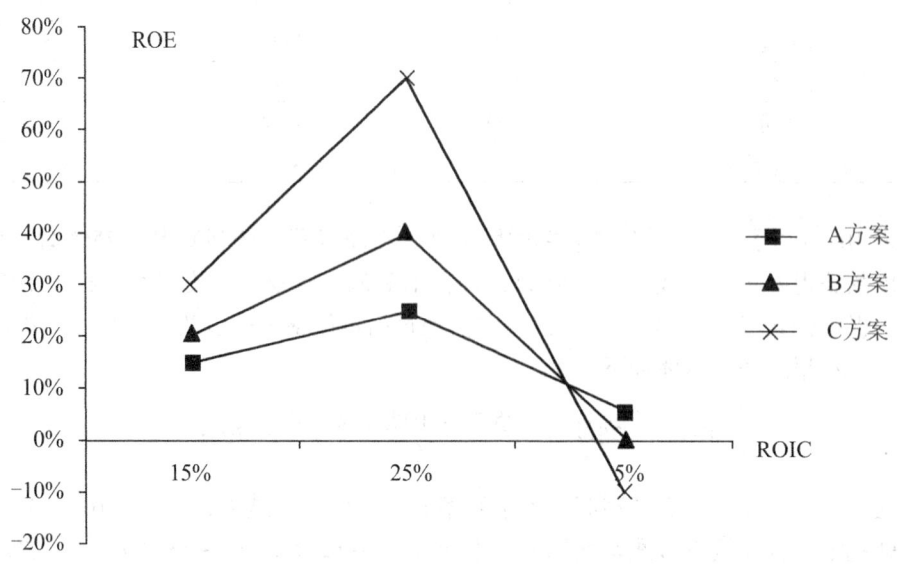

图10-4 在不同净经营资产利润率的情况下各方案ROE变动图

通过图 10-4 可以直观地反映出，公司净经营资产利润率从 15% 变化到 25%，再变化到 5% 的过程中，C 方案 ROE 的波动最大，其次是 B 方案，A 方案 ROE 变化最小，表现得比较平稳。

以净经营资产利润率为 15% 时方案的 ROE 作为基准值，分析当净经营资产利润率变为 25% 及 5% 时，各个方案下 ROE 的变化率，并将变化率记录在表 10-15 中。

表 10-15 各方案 ROE 变化率

ROE 变化率　　　　　方案 净经营资产利润率	A	B	C
15%（基准值）	0%	0%	0%
25%（+66.67%）	+66.67%	+100.00%	+133.33%
5%（-66.67%）	-66.67%	-100.00%	-133.33%

通过表 10-15 可以发现，当净经营资产利润率发生 66.67%（(25%-15%)/15%）的变动时，A 方案 ROE 发生相同比率的变动，而 C 方案的变动率最大，为 +133%，远高于 +66.67%；同样地，当净经营资产利润率发生 -66.67%（(5%-15%)/15%）的变动时，A 方案也发生相同比率的变动，C 方案的变动率最大，为 -133%，远高于 -66.67%。

上述分析中，由于债务融资的利息率是固定的，导致权益资本报酬率的变化率大于净经营资产利润率的变化率的现象，我们称之为财务杠杆（效应）。

4. 根据公式（10-1）可知，当净经营资产利润率大于借款利率时，增加财务杠杆的决策可以有效提高权益资本报酬率，放大管理层业绩；而当净经营资产利润率小于借款利率时，公司如果不缩减负债规模，就会减少权益资本报酬率，侵蚀股东权益，让管理层的成绩大打折扣。

财务杠杆是一把双刃剑，在公司效益好时，它会"锦上添花"，轻松获得杠杆收益；而在公司效益差时，它会"雪上加霜"，充分显示杠杆风险。因此，企业决策者应该根据经营水平，主动调整杠杆大小，获取杠杆收益，规避杠杆风险。

5. 人事经理提到的盈亏平衡状态指的是 B 方案 ROE 为 0 的状态，事实上这是一种损害企业价值和股东财富的状态。ROE 为 0 表示股东为公司投入的资金，经过经营管理人员一年的努力，没有能够为股东带来任何收益。而股东的钱如果存在银行，可以在年末收获到银行的利息；如果投资到别的项目，甚至可能会获得更高的收益。因此一个企业盈亏平衡的状态，一定是在损害公司价值和股东财富的状态。

6. 将"投资"和"融资"看作"一项活动"的话，融资是先于投资的，这是因为对于一个项目而言，只有先通过融资得到资金，才能够进行项目投资。但是从产生的效应来看，投资是先于融资的，这是因为只有当投资以后产生的报酬率高于借款利率，高负债率的融资方案才是一个好方案，否则就是一个差方案，换句话说，负债率的高低要取决于投资产生的效应。

企业的财务决策仅仅依靠财务知识和财务资料是不够的，例如，在进行融资决策、确定财务杠杆时,需要预测公司未来的净经营资产利润率,而生产经营人员在这方面掌握的信息和经验较多,因此需要让生产经营人员来进行预测。

7. 当净经营资产利润率为15%时,A方案的自由现金流比C方案要多1 125万元。因为A方案和C方案在每年的折旧、摊销、营运资本增量以及资本投资需要的现金是相同的,而A方案的税后利润为2 250万元,C方案只有1 125万元(注意:这里的自由现金流是指除去公司必须支付的现金流后剩下的现金流,其值为:税后利润+折旧和摊销−营运资本增量−NPV大于零的资本投资所支出的现金)。

和A方案相比,C方案的获利能力高自由现金流反而少了,似乎很矛盾!其实,这主要是公司的经济账还没有算完,因为还没有考虑应该给股东的回报。到目前为止,我们考虑了生产经营中的成本费用,也考虑了给债权人的利息以及享受了国家安全保卫应该支付的所得税,但还没有考虑为公司提供权益资本的股东应得的那部分报酬。股东和债权人同是出资人,都应该得到回报,而且股东的回报率应该更高,因为他们承担的风险更大。这里我们暂且假设股东投入的资本取得了与债权人同样的收益率10%(事实上股东承担了更多的风险,理应更多),那么对于A方案,剩余现金流为:

$$2\ 250 - 20\ 000 \times 10\% = 250(万元)$$

对于C方案,剩余现金流为:

$$1\ 125 - 5\ 000 \times 10\% = 625(万元)$$

通过比较可以发现,A方案的自由现金流较多的原因在于其还没有给股东分红。而C方案占用股东资金较少,在按同等比率(10%)支付完股东收益后,C方案剩余的现金流反而比A方案还多。虽然,给股东分配的资金不是强制性现金流,即在公司资金紧张或有更好的项目投资时,可以暂时不分配红利,但我们现在是在做决策,要明白A方案比C方案的自由现金流充裕,是基于不分红;如果考虑分红,A方案所剩现金流比C方案还少。

不过,通过这个方案我们确实认识到这样一个事实:负债越多,公司的自由现金流就越少。由此可见:①越容易出现财务困境;②公司管理者越不容易做出对自己有好处但对股东没有好处的现金支出,如职位消费、过度投资等。

8. 负债的好处与不利之处。

(1)负债的好处。

①节税效应。见本案例第二题的分析过程。

②杠杆作用。见本案例第三题的分析过程。

③激励作用。负债产生的财务杠杆将对管理层的经营成果进行放大,使得管理层努力工作、积极工作的成果更明显地反映出来,而消极工作的后果也将更容易显露出来。

④控制作用。一方面,负债的增多将减少公司的自由现金流量,进而抑制管理人员的过度投资行为,同时可以避免他们做出对自身有利而对企业价值提升不利的决策,如修建豪华的办公场所、增加商务旅游的机会等;另一方面,债权人为了防止公司破产而无法收回债务资金,也会对公司进行适当的监督,这样就降低了股东的监管成本和风险。

⑤传递乐观信息。负债水平可以传递出有关企业价值的信息。当企业价值被低估时,现有股东因为担心利益流向新股东而偏向采用负债融资。因此,举债被看做是一个积极的

信号。同时，公司采用债务融资，提高负债率，增大财务杠杆，这表明公司对未来的经营前景比较乐观，不会出现净经营资产利润率低于债务利率的情况。

（2）负债的不利之处。

负债的不利之处就是可能使企业陷入财务困境，增加企业破产的可能性。

负债给企业增加了压力，因为本金和利息的支付是企业必须承担的合同义务。如果企业无法偿还，则会面临财务困境，而财务困境会增加企业的费用，减少企业所创造的现金流量。

财务困境成本可以分为显性成本和隐性成本。显性成本是企业依法破产时所支付的费用，企业破产后，其资产所有权将让渡给债权人，在此过程中所发生的诉讼费、管理费、律师费和顾问费等都属于显性成本。

显性成本是显而易见的，但是在宣布破产之前企业可能已经承担了巨大的间接财务困境成本。例如，由于企业负债过多，不得不放弃有价值的投资机会，减少研发费用；消费者可能因此会对企业的生产能力和服务质量提出质疑，最终放弃使用该企业的产品或服务；供应商可能会拒绝向企业提供商业信用；企业可能会流失大量优秀的员工。所有这些隐性成本都不表现为企业直接的现金支出，但给企业带来的负面影响是巨大的。并且随着企业负债额的增加，这种影响会越来越显著。

10.2.2 案例2："百事可乐公司资本成本的估测"案例分析要点

1. 因为分析中认为同业公司的经营风险与所分析部门的经营风险相同，所以，应该用同业公司的经营 β 作为所分析部门的经营 β，代入 CAPM 直接得出所分析部门的资本成本，所以，只需调整出同业公司的"经营 β"即可。但按照案例中的介绍可知，他们调整后得到的 β 是用于计算股东要求的报酬率，那应该是先卸载财务杠杆调整出同业公司的"经营 β"，然后用其平均值作为该部门的"经营 β"，最后再加载部门的财务杠杆得到"权益 β"，这样做实在是没有必要，也很麻烦。

2. 加权平均资本成本是融资的资本成本。仅仅在市场完善而且有效的情况下，每个部门的加权平均资本成本才反映了相应部门的风险。现实世界并不完善，所以这样得到的资本成本并不能帮助公司更好地评估该部门的投资机会。

3. 略

10.2.3 案例3："好顶塑料集团公司"案例分析要点

表10-16至表10-19是计算出的各个项目的指标，以供分析时使用。

表10-16 项目A和项目B的决策指标计算值

指标	项目A	项目B
NPV（美元）	34 015.78	31 934.64
PI	1.45	1.43
IRR	27%	33%
MIRR	25%	24%

表 10-17　项目 C 和项目 D 的决策指标计算值

指　　标	项目 C	项目 D
NPV（美元）	2 000.00	2 727.27
PI	1.25	1.14
IRR	37%	25%
MIRR	38%	25%

表 10-18　项目 E 和项目 F 的决策指标计算值

指　　标	项目 E	项目 F
NPV（美元）	160 909.09	342 956.71
PI	6.36	2.26
IRR	600.00%	35%
MIRR	600.00%	19%
等效年金	177 000.00	55 814.63

表 10-19　项目 G 和项目 H 的决策指标计算值

指　　标	项目 G	项目 H
NPV（美元）	352 927.02	421 685.07
PI	1.71	1.84
IRR	35%	27%
MIRR	22%	17%
等效年金	93 101.26	68 627.30

也许你已经注意到了，在有些项目组中，某些指标及其值并没有用上，如项目 E 和 F 与项目 G 和 H 的 PI、IRR 和 MIRR。因此，在实际分析时，应首先根据情况决定该用哪些指标，然后再计算分析，以避免不必要的工作。

10.2.4　案例4："SLG 公司环保材料技术项目投资决策"案例分析要点

1. 估测净现金流和调整现金流

（1）利用直接法估测项目现金流。项目第 0 年和第 1 年的净现金流如表 10-20 和表 10-21 所示，同理可得第 2～5 年的净现金流。

表 10-20　第 0 年净现金流量　　　　　　　　　　　　　　　单位：万元

相关经济活动	对企业经营利润的影响	对现金流的影响
购买生产线	—	-300
购买办公用固定资产等	—	-35
购买新技术	—	-250
人工费	-16.9	-16.9
企业登记费	-1.4	-1.4
人员培训费	-0.5	-0.5
广告费	-15	-15
办公费、交际应酬费	-10	-10
印花税	-0.2	-0.2
其他相关筹建费	-1	-1
营运资金投入		-150
厂房等租金	-16.5	-16.5
经营利润增量	-61.5	
所得税增量	—	15.375
净现金流增量	—	-781.125

表 10-21　第 1 年净现金流量　　　　　　　　　　　　　　　单位：万元

相关经济活动	对企业经营利润的影响	对现金流的影响
厂房/仓库/办公室租金	-66	-66
销售收入	2 860	2 860
原材料成本	-1 903.2	-1 903.2
直接人工费	-24.77	-24.77
城建税等	-12.1	-12.1
水电费	-168	-168
间接人工费	-51	-51
管理人员工资及福利费	-53.4	-53.4
销售人员工资及福利费	-35.4	-35.4
销售提成	-228.8	-228.8

续上表

相关经济活动	对企业经营利润的影响	对现金流的影响
第三方物流费	-23.82	-23.82
营运资本增加	—	-544.12
营运资本回收	—	—
生产设备维修费	-2.7	-2.7
办公用品支出	-3	-3
办公经费支出	-23	-23
顾问费用支出	-9	-9
广告费支出	-100	-100
其他销售费用支出	-8	-8
固定资产折旧	-30	—
无形资产摊销	-25	—
办公用固定资产折旧	-7	—
转让生产线	—	—
转让无形资产	—	—
经营利润增量	85.81	—
所得税增量	—	-21.4525
净现金流增量	—	-417.7625

项目各年的净现金流,如表 10-22 第 2 行所示。在此基础上,调整现金流,如表 10-22 第 4 行所示。

表 10-22 项目各年的净现金流　　　　　　　　　　　单位:万元

	第0年	第1年	第2年	第3年	第4年	第5年
各年净现金流量	-781.125	-417.7625	72.71	346.5125	405.629	2 007.15
约当系数	1	1	0.85	0.8	0.8	0.7
调整的现金流	-781.125	-417.7625	61.8035	277.21	324.5032	1 405.005

(2) 估测项目的资本成本,确定项目的折现率。

按照财务总监所提供的资料,可比公司的"资产贝塔"分别为 0.499 1、0.347 3、0.352 4、0.282 2、0.416 3 和 0.260 4,那么项目贝塔为:

$$\text{项目}\beta = \frac{1}{6} \times (0.499\,1 + 0.347\,3 + 0.352\,4 + 0.282\,2 + 0.416\,3 + 0.260\,4)$$
$$= 0.359\,6$$

无风险报酬率为5.74%，市场平均报酬率为15.86%，市场风险溢价为10.12%，项目的资本成本（R）：

$$R = 5.75\% + 0.3596 \times (15.86\% - 5.74\%) = 9.38\%$$

（3）计算项目净现值。

项目的折现率为9.38%，利用 EXCEL，得到项目的净现值为224.54万元。

2. 敏感性分析

请读者完成表10-23和表10-24：

（1）单因素敏感性分析。

分别销售价格 p、销售量 Q、原材料成本 b、购买生产线成本 F 这四个因素的变化对基准 NPV 的影响。

表10-23　单因素敏感性分析　　　　　　　　　　　　单位：万元

项目	基准 NPV（万元）		∣ΔNPV∣
	0	5%	
销售价格 p			
销量 Q			
原材料成本 b			
购买生产线成本 F			

（2）多因素敏感性分析。

为了进一步分析各因素同时变化对基准 NPV 的影响，取最敏感的三个因素（单价、原材料成本和销量）进行多因素敏感性分析，根据项目实际情况，预测销售价格未来的变化在 -3%～2% 内，销量在 -5%～4% 内变化，原材料成本的变化范围为 -2%～4%。结果如表10-24所示。

表10-24　投资项目 NPV 的多因素敏感性分析表　　　　　　单位：万元

NPV　Q　　b　p	-5%			0			+4%		
	+4%	0	-2%	+4%	0	-2%	+4%	0	-2%
+2%									
0									
-3%									

3. 计算融资效应

融资额为1 163.06万元，它等于第0年与第1年的现金流出的现值之和：

$$781.125 + 417.7625/(1 + 9.38\%) = 1\,163.06（万元）$$

SLG 公司将通过增发股票为该项目融资，融资效应包括发行成本的融资效应和股票错误定价产生的融资效应。

（1）发行成本效应。SLG公司将通过增发1 163.06万元的股票来为本项目融资，将付出的发行成本包括：承销费34.89万元（募集金额总额的3%），保荐费约为50万元；审计费约为63.21万元；律师费约为30万元，合计约为178.1万元，即发行成本的融资效应 = -178.1万元。

（2）股票错误定价产生的融资效应。SLG公司的股票价格为15元/股，公司管理者认为股票价值被高估，股票的内在价值大概为股价的80%。

$$股票错误定价产生的融资效应 = (15 - 15 \times 0.8) \times \frac{1\,163.06}{15} = 232.612(万元)$$

$$总的融资效应 = 232.612 - 178.1 = 54.512(万元)$$

4. 计算调整净现值（APV）

$$APV = 项目NPV + 发行成本的融资效应 + 股票错误定价产生的融资效应$$
$$= 224.54 - 178.1 + 232.612 = 279.052(万元)$$

可知，这个项目能给公司新增价值279.052万元。

10.2.5 案例5："DH公司MES项目投资决策"案例分析要点

10.2.5.1 第1题：估测第一期项目的增量现金流

第一期项目第0年以及投入运营的前3年的增量现金流估算过程如表10-25至表10-28所示。

表10-25　第一期项目2012年初（第0年）的增量现金流估算　　　　单位：元

有关的经济活动	对经营利润的影响	对现金流的影响
第一期投资额	—	-3 926 171.90
税前利润增量	—	—
所得税增量	—	—
税后现金流增量	—	-3 926 171.90

表10-26　第一期项目2013年（第1年）的增量现金流估算　　　　单位：元

有关的经济活动	对经营利润的影响	对现金流的影响
年节省成本额	949 687.85	949 687.85
保险费	-4 004.70	-4 004.70
维修费	-78 523.44	-78 523.44
软硬件折旧费	-1 047 501.47	—
税前利润增量	-180 341.75	—
所得税增量	—	45 085.44
税后现金流增量	—	912 245.16

表10-27 第一期项目2014年（第2年）的增量现金流估算　　　　单位：元

有关的经济活动	对经营利润的影响	对现金流的影响
年节省成本额	949 687.85	949 687.85
保险费	-4 204.93	-4 204.93
维修费	-78 523.44	-78 523.44
软硬件折旧费	-1 047 501.47	—
税前利润增量	-180 541.98	—
所得税增量	—	45 135.50
税后现金流增量	—	912 094.98

表10-28 第一期项目2015年（第3年）的增量现金流估算　　　　单位：元

有关的经济活动	对经营利润的影响	对现金流的影响
年节省成本额	949 687.85	949 687.85
保险费	-4 415.18	-4 415.18
维修费	-78 523.44	-78 523.44
软硬件折旧费	-1 047 501.47	—
税前利润增量	-180 752.23	—
所得税增量	—	45 188.06
税后现金流增量	—	911 937.30

对表10-25至表10-28中数据的说明：

（1）第一期项目的初始投资为3 926 171.90元。其中，软件投资为2 582 224.40元，硬件投资为933 800.00元，工程费用为410 147.50元。因此，第0年的现金流出为3 926 171.90元。

（2）根据案例介绍中的附表10-7可以得到年节省成本额为949 687.85元。

（3）根据DH公司关于这个项目的投保计划，公司将对第一期项目实施的头5年支付保险费。实施后的第1年支付的保险额为初始投资的0.102%，此后4年（第2年至第5年）支付考虑通货膨胀之后与前1年等值的保险额，通货膨胀率为5%。因此，计算得到第一期项目实施的第1年支付的保险费为3 926 171.90 × 0.102% = 4 004.70（元），第2年支付的保险费为4 004.70 × （1 + 5%） = 4 204.94（元），同理，计算得到第3年至第5年每年应该支付的保险费。

（4）根据前5年维修升级费率为初始投资的2%，后5年为5%。因此，表10-25至表10-28中的维修升级费 = 3 926 171.90 × 2% = 78 523.44（元）。

（5）折旧是非付现成本，对增量现金流没有直接影响。但折旧影响利润，进而通过所得税对现金流产生影响，即折旧具有抵税效应。按照现行会计制度和公司政策，固定资产和无形资产采用直线法计提折旧，无残值，硬件设备的折旧年限为5年，各种软件折旧年限为3年。因此，

$$\text{第一期项目前3年（第1年至第3年）每年的折旧} = 2\,582\,224.40/3 + 933\,800.00/5 = 1\,047\,501.47(\text{元})$$

$$\frac{第4年与第5年}{每年的折旧} = 933\,800.00/5 = 186\,760(元)$$

同理,可以计算得到第一期项目寿命期(十年)内每年的增量现金流,将其汇总在表 10-29 中。

表 10-29 第一期项目各年增量现金流汇总表

年 份	各年增量现金流(元)	年 份	各年增量现金流(元)
2012 年初	-3 926 171.90	2017 年末	565 034.44
2012 年末	912 245.16	2018 年末	565 034.44
2013 年末	912 094.98	2019 年末	565 034.44
2014 年末	911 937.30	2020 年末	565 034.44
2015 年末	603 206.36	2021 年末	565 034.44
2016 年末	603 032.51		

10.2.5.2 第 2 题:估测项目的资本成本

在利用资本资产定价模型(CAPM)估测项目的资本成本时,最关键的是确定项目系统风险(β)的大小,根据本书 4.3.4 节基于市场信息估测项目贝塔的逻辑步骤,估测 DH-MES 工程项目贝塔,最终得出该项目的资本成本,具体操作如下:

1. 求参照公司的权益 β

(1)构建动量组合。从金融数据库查阅 2009—2011 年,沪深 A 股市场活跃天数高于整个交易市场的实际交易天数一半的股票日换手率,然后统计超过日平均换手率的股票,并按日换手率的高低排序。最后将排名前 100 的股票入选动量组合。部分股票的换手率及日平均换手率详见附表 10-10 和附表 10-11。

(2)计算每一期的动量指数。从金融数据库查阅入选股票每日的收盘价和成交量,并计算入选股票收盘价与成交量之积的和。2009 年入选股票每日的收盘价和成交量详见附表 10-12。

当计算每一期的动量指数时,如果采用月数据,将只有 36 个观测值,样本容量不大,因此选择周作为计算周期,回归分析中用到的股票价格和股票市场指数按周计量。第 i 只股票第 t 周的流通总市值为 $P_{it} \times M_{it} = \dfrac{\sum_{n=1}^{5}(P_{itn} \times M_{itn})}{5}$,代入公式(10-2)计算出每期的动量指数,部分计算明细见附表 10-13。

$$\text{MDVI}_t = \frac{\sum(P_{it} \times M_{it})}{\sum(P_{io} \times M_{io})} \times I \qquad (10-2)$$

其中:MDVI_t 表示第 t 期的动量指数;P_{it} 表示第 i 只股票第 t 期的股价;M_{it} 表示第 i 只股票第 t 期的流通股数,而非交易股数;I 表示调整因子。

(3)计算动量指数的变化率,如公式(10-3)所示。计算明细详见附表 10-13。

$$R_t(\text{MDVI}) = \frac{\text{MDVI}_t - \text{MDVI}_{t-1}}{\text{MDVI}_{t-1}} \qquad (10-3)$$

2. 确定参照公司的项目 β

（1）选择参照公司股票。选择参照公司的标准是其主营业务与项目相似。本项目虽是信息系统，但其系统风险依附于公司的主营业务，因此对于此项目来说，选择参照公司主要考察的是 DH 公司的主营业务。通过查看 DH 公司的报表及附注，其营业收入 80% 来自营养保健品，因此选取交大昂立（600530）、汤臣倍健（300146）、健康元（600380）、康恩贝（600572）和莱茵生物（002166）5 家主营业务相似的公司作为参照公司。

（2）计算 5 家参照公司的权益贝塔（β）。通过金融数据库查阅每只股票的周收益率 $R_t(X_i)$，见附表 10-14。分别将第 i 只股票的收益率 $R_t(X_i)$ 与动量指数变化率 $R_t(\mathrm{MDVI})$ 如式（10-4）做回归分析，其中是 ε_t 残差项。

$$R_t(X_i) = \beta \times R_t(\mathrm{MDVI}) + \varepsilon_t \qquad (10-4)$$

以交大昂立（600530）为例，经 Excel 按式（10-4）回归得到其权益贝塔（β）为 0.712，回归结果如图 10-5 所示。同理，可以得到汤臣倍健（300146）、健康元（600380）、康恩贝（600572）和莱茵生物（002166）4 家公司的权益贝塔分别为 1.221、1.009、0.981、1.201。

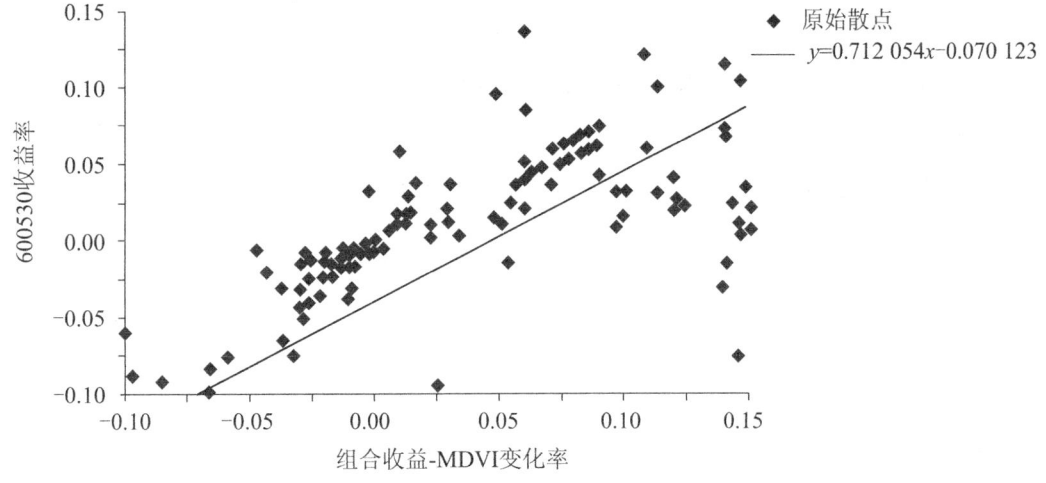

图 10-5　通过回归求交大昂立（600530）的权益贝塔

（3）调整参照公司的资产负债表。

调整交大昂立（600530）、汤臣倍健（300146）、健康元（600380）、康恩贝（600572）和莱茵生物（002166）5 家公司 2011 年末的合并资产负债表，分离经营负债和金融负债，并计算出金融负债和所有者权益的比值 D/E（产权比率）分别为 0.1580、0.1763、0.1668、0.2033 和 0.2717。5 家公司调整前后的负债权益结构以及计算的结果见附表 10-15 至附表 10-19。

（4）计算参照公司的经营 β。

根据权益贝塔和经营贝塔之间关系的公式：

$$\beta_{\text{经营}} = \frac{\beta_{\text{权益}}}{[1 + (1-T)D/E]}$$

以交大昂立公司为例,得到:

$$\beta_{经营} = \frac{1}{1 + (1 - 25\%) \times 0.1580} \times 0.712 = 0.6366$$

即交大昂立公司的经营 β 是 0.6366（其中,我国企业所得税税率 T 为 25%）。

同理,得到其他 4 家参照公司的经营 β 依次为 1.0784、0.8968、0.8512 和 0.9977,然后对 5 家参照公司的经营 β 进行算术平均,得到值为 0.8921,即 $\beta_{项目}$ 为 0.8921。

3. 计算项目的资本成本

把 $\beta_{项目}$ 代入公式

$$R_{项目} = R_f + \beta_{项目} \times (\overline{R_M} - R_f)$$

计算项目的资本成本。其中,R_f 表示无风险报酬率,本书以一年期记账式国债的到期收益率作为无风险报酬率的代表,由于我国一年期的记账式国债从 1994 年开始发行,因此通过计算我国 1994—2011 年的数据得到我国无风险报酬率为 3.69%,具体确定方法见 4.2.2 节。

$\overline{R_M}$ 表示市场组合的报酬率,本书将上证综指的报酬率作为我国市场组合报酬率的替代,通过查询 1991—2011 年上证综指的报酬率,考虑到市场指数是日报酬率,因此将日报酬率年化并剔除异常年份数据后得到我国市场组合报酬率为 13.76%,通过减去无风险报酬率得到我国市场风险溢价为 10.07%,具体确定方法见 4.4.2 节。

将以上数值代入公式得到该项目的资本成本：3.69% + 0.8921 × 10.07% = 12.67%。

10.2.5.3 第 3 题：估测第一期项目的静态净现值（不考虑实物期权的价值）

根据第一题估测得到的各年增量现金流（如图 10-6 所示）,利用 "Microsoft Excel" 软件中的 "财务函数" 功能,以 12.67% 作为折现率进行计算,得到第一期项目的静态净现值为 49 423.86 元。

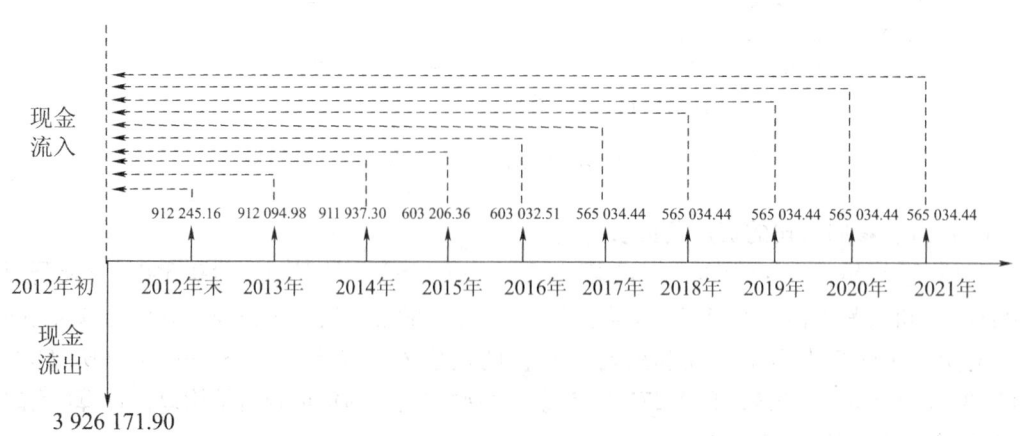

图 10-6 第一期项目各年的增量现金流

10.2.5.4 第 4 题：评估第一期项目的扩展净现值（考虑实物期权的净现值）

(1) 由于 DH 公司投资第一期项目,获得了扩张（投资第二期项目）的选择权。即在 2012 年初投资第一期项目，如果在未来的两年里运营顺利，则 2014 年初选择投资第二期项目，否则，终止投资。由此可见，第一期项目蕴含实物期权。

（2）第一期项目蕴含扩张期权。

（3）评估该扩张期权的价值。

①估算扩张期权标的项目的价值。

第一期项目蕴含的扩张期权的标的项目是第二期项目，即该扩张期权的价值由第二期项目的价值决定（第二期项目的价值越高，则投资第一期项目获得的扩张选择权的价值就越高）。与估测第一期项目增量现金流的方法相同，估测得到第二期项目寿命期（10年）内每年的增量现金流，如图 10 - 7 所示。

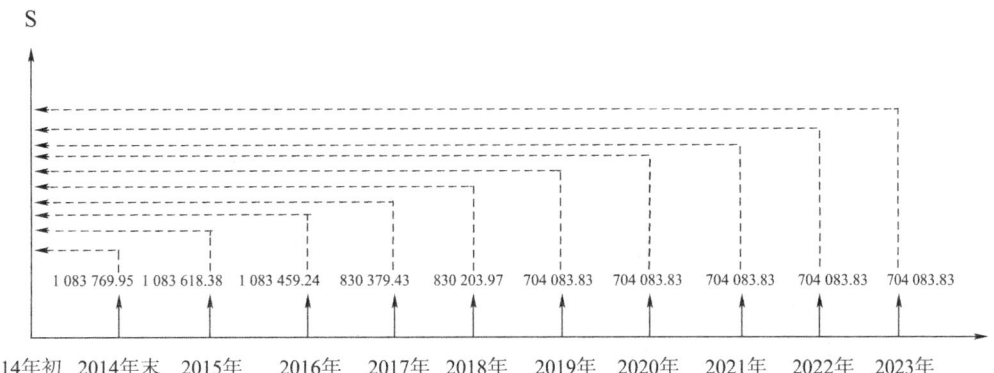

图 10 - 7　第二期项目各年的增量现金流

利用"Microsoft Excel"软件中的"财务函数"功能，以 12.67% 作为折现率进行计算，得到第二期项目的价值为 4 920 494.13 元。需特别注意的是，这里计算的标的项目的价值是第二期项目各年的增量现金流折现到 2014 年初（第二期项目的投资时点）的总和，没有再减去初始投资。

②评估标的项目价值的不确定性。

评估第二期项目价值时有部分数据是基于当前的市场数据确定的，由于市场价格总是处于波动状态，因此，单位纸张和复印费、一般员工工时费和管理人员工时费是影响第二期项目价值（不考虑初始投资）的不确定因素。通过单因素敏感性分析获知一般员工工时费和管理人员工时费是影响第二期项目价值的敏感性因素，详见表 10 - 30。

表 10 - 30　第二期项目的单因素敏感性分析　　　　　　　　　　单位：元

不确定因素＼变动幅度＼第二期项目价值	0%	+5%	价值的变化值	敏感性系数
单位纸张和复印费	4 920 494.13	4 929 721.53	9 227.4	0.04
一般员工工时费	4 920 494.13	5 125 071.74	204 577.61	0.83
管理人员工时费	4 920 494.13	4 941 113.77	20 619.64	0.08

经过市场调研和对近几年劳动力市场工资水平的分析，认为未来两年（2012年初至2014年初）一般员工工时费的变化范围为 [-2%, +6%]，管理人员工时费的变化范围为 [-1%, 8%]。然后计算得到第二期项目在期权到期日（2014年初）最好情况下（一般员工工时费增加6%并且管理人员工时费增加8%）的价值为5 198 978.68元，最差情况下（一般员工工时费降低2%并且管理人员工时费降低1%）的价值为4 834 539.16元。根据期权到期日有95.45%的可能性标的项目价值的对数在 $[\mu - 1.96\sigma, \mu + 1.96\sigma]$ 区间内，由此便推出度量标的项目（第二期项目）价值不确定性的方差 $\sigma = 2\%$。

③采用期权定价的布拉克-舒尔茨公式（简称B-S公式），计算该扩张期权的价值。

a. 首先计算 d_1 与 d_2。

$$d_1 = \frac{\ln[P/PV(EX)]}{\sigma\sqrt{t}} + \frac{\sigma\sqrt{t}}{2}; \quad d_2 = d_1 - \sigma\sqrt{t}$$

其中，$P = 4\,920\,494.13 / (1 + 12.67\%)^2 = 3\,876\,074.62$（使用项目的折现率12.67%、将第二期项目的价值折现到2012年初）；$PV(EX) = 3\,962\,429.40 / (1 + 3.69\%)^2 = 3\,685\,426.79$（使用无风险报酬率3.69%、将第二期项目的初始投资折现到2012年初）；$\sigma = 2\%$，与 σ 对应的时间段 $t = 1$。

带入公式计算得到 $d_1 = 2.65$，$d_2 = 2.63$。

b. 计算 $N(d_1)$ 与 $N(d_2)$。

使用EXCEL中的NORMSDIST函数计算：

$$N(2.65) = 0.995\,99 \quad N(2.63) = 0.995\,74$$

c. 带入B-S公式计算出扩张期权的现值。

$$N(d_1) \times P - N(d_2) \times PV(EX) = 190\,782.11(元)$$

（4）第一期项目的扩展净现值。

$$第一期项目的扩展净现值 = 静态净现值 + 扩张期权的价值$$
$$= 49\,423.86 + 190\,782.11$$
$$= 240\,205.97(元)$$

10.2.5.5 第5题：对第一期项目进行敏感性分析

1. 单因素敏感性分析

考虑到软件价格、硬件价格、工程费用、一般员工工时费以及单位纸张和复印费的实际发生值与目前决策分析的预测值可能会不一致，这将对项目的决策指标——扩展净现值（NPV_e）产生影响，因此，将这5个因素作为单因素敏感性分析的不确定因素。

设定这5个不确定性因素（软件价格、硬件价格、工程费用、一般员工工时费、单位纸张和复印费）增加5%，构建单因素敏感性分析表，如表10-31所示。

表 10-31　第一期项目单因素敏感性分析表　　　　　　　　　　单位：元

NPV$_e$　变动幅度 不确定因素	0%	+5%	NPV 变化值	敏感性系数
软件价格	240 205.97	94 390.30	-145 815.67	-12.141
硬件价格	240 205.97	187 475.20	-52 730.77	-4.390
工程费用	240 205.97	217 045.35	-23 160.62	-1.928
一般员工工时	240 205.97	433 647.77	193 441.80	16.106
单位纸张和复印费	240 205.97	242 586.36	2 380.39	0.198

根据表 10-31 可以得出：一般员工工时费对决策指标 NPV$_e$ 的敏感性系数绝对值最大，是最敏感的因素，其余因素按敏感性大小依次是软件价格、硬件价格、工程费用及单位纸张和复印费。

由于单位纸张和复印费对 NPV$_e$ 的敏感性系数绝对值小于 1，而其他四项的敏感性系数绝对值均大于 1 且最小为 1.928，因此，一般员工工时费、软件价格、硬件价格及工程费用是敏感性因素。

2. 多因素敏感性分析

通过单因素敏感性分析，已经确定一般员工工时费、软件价格、硬件价格及工程费用四个因素为敏感性因素，现在要考察它们的变化范围。

（1）目前中国的劳动力市场呈现出刚性增长的态势，特别对于一线工人的工资水平上涨的幅度更大，但也不排除某些岗位工资下调的可能。经过市场调研和对近几年劳动力市场工资水平的分析，确定一般员工工时费的变动范围为 -2% 到 +6%。

（2）由于电子市场更新换代速度较快，市场供求变动较大，软件价格的变动幅度较大。经过市场调研发现，如果不追求新型产品，则 DH-MES 项目所需要的软件的变动幅度基本向着利好方向，其下降的可能性较上升的可能性更大，最终确定变动幅度为 -6%～+5%。

（3）根据市场调研，硬件设备价格变化预计不会太大，变动幅度为 -3%～+4%。

（4）通过对项目管理层访谈了解到，工程费用虽然受到 MES 系统的供求变动影响，但变动不大、趋于平稳，经过市场调研，确定其变动幅度在 -2%～+2% 之间。

接下来，构建多因素敏感性分析表（如表 10-32），分析各个敏感性因素同时发生极端变动时，项目扩展净现值（NPV$_e$）的结果，了解项目可能出现的最好和最差情况。

由表 10-32 可以看出：

（1）在最可能的情况下（各敏感性因素的实际值与预测值保持一致），第一期项目的 NPV$_e$ 为 240 205.97 元；

（2）在最好的情况下（软件价格、硬件价格、工程费用分别减少 6%、3%、2%，一般员工工时费上涨 6%），该项目的 NPV$_e$ 为 688 217.65 元；

（3）在最差的情况下（软件价格、硬件价格、工程费用分别上涨 5%、4%、2%，一般员工工时费减少 2%），该项目的 NPV$_e$ 为 -34 435.29 元；

（4）敏感性分析的整体情况显示，NPV$_e$>0 的情况占全部分析结果的 96.30%。由此可见，该项目在绝大多数情况下是创造价值的，但当软件价格、硬件价格及一般员工工时费均最差时，项目的净现值就为负数，如果这种情况发生的概率不大，项目的风险就比较小。

表 10-32 第一期项目的多因素敏感性分析

单位：元

工程费用	一般员工小时费	NPV_e \ 软件价格 硬件价格	-6%			0			5%		
			-3%	0	4%	-3%	0	4%	-3%	0	4%
-2%	-2%		378 710.77	347 072.31	304 887.70	203 731.96	172 093.50	129 908.89	57 916.29	26 277.83	-15 906.79
	0		456 087.49	424 449.03	382 264.42	281 108.68	249 470.22	207 285.61	135 293.01	103 654.55	61 469.93
	6%		688 217.65	656 579.19	614 394.58	513 238.84	481 600.38	439 415.77	367 423.17	335 784.71	293 600.09
0	-2%		369 446.52	337 808.06	295 623.45	194 467.71	162 829.25	120 644.64	48 652.04	17 013.58	-25 171.04
	0		446 823.24	415 184.78	373 000.17	271 844.43	240 205.97	198 021.36	126 028.76	94 390.30	52 205.68
	6%		678 953.40	647 314.94	605 130.33	503 974.59	472 336.13	430 151.52	358 158.92	326 520.46	284 335.84
2%	-2%		360 182.27	328 543.81	286 359.20	185 203.46	153 565.00	111 380.39	39 387.79	7 749.33	-34 435.29
	0		437 558.99	405 920.53	363 735.92	262 580.18	230 941.72	188 757.11	116 764.51	85 126.05	42 941.43
	6%		669 689.15	638 050.69	595 866.08	494 710.34	463 071.88	420 887.27	348 894.67	317 256.21	275 071.59

附表 10-10 股票换手率

股票代码	日 期	换手率	股票代码	日 期	换手率
000760	2009-06-12	45.39	000836	2009-05-06	26.50
600584	2009-09-18	36.92	600222	2009-05-21	26.48
000701	2009-09-18	36.02	600599	2009-08-26	26.43
000701	2009-09-23	35.71	000078	2009-09-14	26.16
000536	2009-04-09	34.90	600630	2009-11-06	26.07
600201	2009-04-28	34.37	600599	2009-09-09	25.99
000638	2009-06-05	34.05	000997	2009-09-18	25.98
000639	2009-08-24	33.10	000522	2009-11-03	25.76
000835	2009-11-18	31.75	000701	2009-09-24	25.73
600247	2009-11-27	31.70	600885	2009-03-30	25.51
000739	2009-06-19	31.38	000593	2009-11-24	25.40
600873	2009-05-08	31.02	600687	2009-07-08	25.31
000701	2009-09-21	31.00	000078	2009-11-04	25.30
000851	2009-10-29	30.71	000522	2009-11-04	25.25
600247	2009-11-26	30.66	600572	2009-08-28	25.10
600599	2009-09-18	30.55	600103	2009-12-02	25.07
000545	2009-11-06	30.49	000078	2009-11-03	25.05
600247	2009-10-26	30.07	000593	2009-11-23	24.98
600222	2009-10-30	30.02	000957	2009-12-03	24.98
000594	2009-11-06	29.89	000078	2009-09-09	24.88
600238	2009-05-07	29.09	600599	2009-08-17	24.72
000078	2009-09-08	29.01	000593	2009-11-19	24.71
000078	2009-10-27	28.80	600233	2009-09-17	24.70
600201	2009-04-27	28.29	600856	2009-07-01	24.60
000973	2009-10-22	28.24	000957	2009-12-04	24.51
000005	2009-11-27	28.23	000593	2009-11-20	24.35
600288	2009-12-03	28.06	000739	2009-04-29	24.30
000701	2009-10-27	28.04	000522	2009-11-05	24.25
600351	2009-11-12	27.75	000522	2009-11-18	24.18
600652	2009-05-21	27.51	000836	2009-04-16	24.16
000802	2009-08-27	27.47	600237	2009-10-13	24.12
600885	2009-03-27	27.22	600077	2009-02-24	24.10
000835	2009-11-19	27.17	002175	2009-12-16	24.08
000545	2009-08-24	27.04	600630	2009-11-10	24.04
600311	2009-03-06	27.01	600668	2009-06-19	24.02
600222	2009-11-03	26.91	000760	2009-06-26	24.01

注：由于数据量较大，本表只提供部分数据。

附表 10-11　日平均换手率

日　期	平均换手率	日　期	平均换手率	日　期	平均换手率
2009-01-05	1.34	2009-03-05	3.06	2009-04-29	2.25
2009-01-06	1.90	2009-03-06	2.21	2009-04-30	2.42
2009-01-07	1.87	2009-03-09	2.25	2009-05-04	2.65
2009-01-08	1.62	2009-03-10	1.59	2009-05-05	2.91
2009-01-09	1.63	2009-03-11	1.96	2009-05-06	2.99
2009-01-12	1.93	2009-03-12	1.74	2009-05-07	3.33
2009-01-13	1.60	2009-03-13	1.66	2009-05-08	3.14
2009-01-14	1.74	2009-03-16	1.44	2009-05-11	3.06
2009-01-15	2.30	2009-03-17	2.36	2009-05-12	2.07
2009-01-16	2.38	2009-03-18	2.78	2009-05-13	2.46
2009-01-19	1.81	2009-03-19	2.68	2009-05-14	2.34
2009-01-20	1.43	2009-03-20	2.73	2009-05-15	2.43
2009-01-21	1.67	2009-03-23	2.90	2009-05-18	2.28
2009-01-22	1.77	2009-03-24	2.93	2009-05-19	2.79
2009-01-23	1.66	2009-03-25	2.66	2009-05-20	2.72
2009-02-02	1.55	2009-03-26	2.53	2009-05-21	2.65
2009-02-03	2.30	2009-03-27	2.98	2009-05-22	1.98
2009-02-04	2.54	2009-03-30	2.55	2009-05-25	2.15
2009-02-05	2.83	2009-03-31	2.58	2009-05-26	2.39
2009-02-06	2.93	2009-04-01	3.22	2009-05-27	1.92
2009-02-09	3.43	2009-04-02	3.19	2009-06-01	2.29
2009-02-10	3.17	2009-04-03	2.99	2009-06-02	2.58
2009-02-11	3.61	2009-04-07	2.35	2009-06-03	2.57
2009-02-12	3.10	2009-04-08	2.76	2009-06-04	2.66
2009-02-13	3.46	2009-04-09	2.29	2009-06-05	2.52
2009-02-16	3.53	2009-04-10	3.15	2009-06-08	2.29
2009-02-17	3.27	2009-04-13	3.33	2009-06-09	2.33
2009-02-18	2.61	2009-04-14	3.26	2009-06-10	2.43
2009-02-19	2.15	2009-04-15	3.55	2009-06-11	2.38
2009-02-20	2.26	2009-04-16	3.66	2009-06-12	2.31
2009-02-23	2.82	2009-04-17	3.22	2009-06-15	1.73
2009-02-24	3.26	2009-04-20	3.05	2009-06-16	1.78
2009-02-25	2.70	2009-04-21	3.23	2009-06-17	1.98
2009-02-26	2.71	2009-04-22	3.51	2009-06-18	2.35
2009-02-27	2.20	2009-04-23	2.36	2009-06-19	2.57
2009-03-02	1.70	2009-04-24	2.26	2009-06-22	2.27
2009-03-03	1.96	2009-04-27	2.21	2009-06-23	2.02
2009-03-04	2.69	2009-04-28	1.94	2009-06-24	2.05

注：由于数据量较大，本表只提供部分数据。

附表10-12 每日股票收盘价和成交量

股票代码	日期	收盘价	成交量	股价×成交量
600584	2009-09-18	6.51	275 146 391	1 791 203 005
600383	2009-08-06	17.74	206 019 469	3 654 785 380
000078	2009-09-08	10.88	189 283 632	2 059 405 916
000078	2009-10-27	15.85	187 908 026	2 978 342 212
600311	2009-03-06	9.70	179 781 765	1 743 883 121
000078	2009-09-14	13.47	170 680 040	2 299 060 139
000594	2009-11-06	6.25	167 713 879	1 048 211 744
600383	2009-07-30	17.46	165 183 659	2 884 106 686
000078	2009-11-04	21.41	165 069 254	3 534 132 728
000078	2009-11-03	20.56	163 478 742	3 361 122 936
000078	2009-09-09	11.77	162 341 753	1 910 762 433
600584	2009-09-21	6.17	155 514 706	959 525 736
000078	2009-10-29	16.90	155 060 093	2 620 515 572
600383	2009-07-23	19.51	154 984 601	3 023 749 566
000078	2009-10-30	18.50	151 818 368	2 808 639 808
600584	2009-11-05	6.74	151 694 679	1 022 422 136
600383	2009-11-26	16.10	149 798 223	2 411 751 390
000078	2009-09-11	12.40	145 863 081	1 808 702 204
600383	2009-08-12	16.67	144 156 568	2 403 089 989
600383	2009-11-24	16.10	142 567 434	2 295 335 687
000078	2009-11-10	21.15	142 438 768	3 012 579 943
000078	2009-09-15	14.35	142 247 830	2 041 256 361
600383	2009-08-13	17.40	139 540 643	2 428 007 188
600652	2009-05-21	7.08	139 306 500	986 290 020
600383	2009-12-08	16.36	137 492 415	2 249 375 909
000078	2009-10-26	14.51	136 965 743	1 987 372 931
600311	2009-03-09	10.21	136 656 632	1 395 264 213
000078	2009-06-22	9.33	136 482 078	1 273 377 788
600584	2009-06-09	5.26	136 112 914	715 953 927.6
600383	2009-12-15	14.74	135 248 824	1 993 567 666
600383	2009-12-07	16.58	134 437 816	2 228 978 989
600158	2009-03-19	10.68	132 983 473	1 420 263 492
000735	2009-11-06	5.68	132 937 033	755 082 347.4
000078	2009-09-16	14.54	132 094 941	1 920 660 442
600383	2009-07-31	17.68	131 254 379	2 320 577 421
600383	2009-10-19	16.19	130 930 618	2 119 766 705
600383	2009-06-11	13.43	130 763 801	1 756 157 847
600383	2009-08-03	17.17	129 906 644	2 230 497 077

注：由于数据量较大，本表只提供部分数据。

附表10-13 动量指数及其变化率

日 期	每日交易量乘收盘价之和	$MDVI_t$ (X_t/X_0)	MDVI 变化率（取对数）
2009-01-05	4 629 327 295	1.00	—
2009-01-06	6 713 425 806	1.45	0.37
2009-01-07	7 103 279 523	1.53	0.06
2009-01-08	6 262 229 876	1.35	-0.13
2009-01-09	6 134 611 998	1.33	-0.02
2009-01-12	7 156 348 453	1.55	0.15
2009-01-13	5 891 603 406	1.27	-0.19
2009-01-14	6 979 976 931	1.51	0.17
2009-01-15	8 800 837 506	1.90	0.23
2009-01-16	8 681 025 300	1.88	-0.01
2009-01-19	6 720 607 075	1.45	-0.26
2009-01-20	5 145 200 237	1.11	-0.27
2009-01-21	5 952 616 920	1.29	0.15
2009-01-22	6 125 310 119	1.32	0.03
2009-01-23	6 095 432 704	1.32	0.00
2009-02-02	7 607 078 080	1.64	0.22
2009-02-03	11 070 854 152	2.39	0.38
2009-02-04	12 106 956 381	2.62	0.09
2009-02-05	13 334 194 381	2.88	0.10
2009-02-06	14 200 982 632	3.07	0.06
2009-02-09	16 390 393 317	3.54	0.14
2009-02-10	15 908 116 500	3.44	-0.03
2009-02-11	17 135 291 301	3.70	0.07
2009-02-12	14 465 677 059	3.12	-0.17
2009-02-13	16 647 187 538	3.60	0.14
2009-02-16	17 706 879 864	3.82	0.06
2009-02-17	17 386 597 290	3.76	-0.02
2009-02-18	14 065 947 241	3.04	-0.21
2009-02-19	12 321 620 167	2.66	-0.13
2009-02-20	12 497 343 062	2.70	0.01
2009-02-23	15 016 926 246	3.24	0.18
2009-02-24	16 343 042 270	3.53	0.08
2009-02-25	14 237 127 202	3.08	-0.14
2009-02-26	12 918 399 015	2.79	-0.10
2009-02-27	9 462 773 735	2.04	-0.31
2009-03-02	7 279 507 406	1.57	-0.26
2009-03-03	8 240 751 576	1.78	0.12
2009-03-04	12 008 367 337	2.59	0.38

注：由于数据量较大，本表只提供部分数据。

附表 10-14 5 只股票周收益率

日 期	周收益率 (600530)	周收益率 (300146)	周收益率 (600380)	周收益率 (600572)	周收益率 (002166)
2009-01-05	0.0307	0.0406	0.012	0.0251	0.0368
2009-01-06	0.0211	0.024	0.0126	0.0137	0.0414
2009-01-07	0.0481	0.0029	0.0015	0.0019	0.0511
2009-01-08	-0.0082	0.0015	-0.0524	-0.0356	-0.0108
2009-01-09	0.0231	0.0263	0.0108	0.0359	0.0191
2009-01-12	0.0016	0.0171	0.0213	0.0125	-0.008
2009-01-13	-0.0226	-0.028	0.0156	-0.0333	-0.0378
2009-01-14	0.0479	0.023	0.085	0.0482	0.0421
2009-01-15	-0.011	0.0408	0	0.0122	0.0108
2009-01-16	0.008	-0.0014	-0.0338	0.0158	0.1013
2009-01-19	0.0126	-0.0095	0.0084	-0.0128	-0.0339
2009-01-20	0.0062	-0.0096	0.0049	0.0019	-0.0175
2009-01-21	-0.0419	0	-0.0193	-0.0018	-0.0153
2009-01-22	0	0.0041	0.0077	0.0009	0.013
2009-01-23	0.0194	-0.0165	0.0126	-0.0277	-0.0128
2009-02-02	0.0317	0.0503	0.029	0.0418	0.0285
2009-02-03	0.0169	0.0426	0.008	0.0283	0.0504
2009-02-04	0.0318	0.0306	0.01	0.0106	0.0384
2009-02-05	-0.0029	-0.0285	-0.0039	-0.0193	-0.0139
2009-02-06	0.0368	0.0637	0.0198	0.043	0.0515
2009-02-09	0	0.0144	0.011	0.0258	0.0535
2009-02-10	0.034	0.0862	0.0404	0.0795	0.0613
2009-02-11	-0.0151	0.0087	-0.0265	-0.0047	-0.0259
2009-02-12	-0.0125	-0.0409	-0.0057	0	-0.0061
2009-02-13	0.0268	0.027	0.0369	0.0125	0.0473
2009-02-16	0.0261	0.0044	-0.0037	0.0115	0.0275
2009-02-17	-0.0495	0.024	0.0037	-0.003	0.0918
2009-02-18	-0.031	-0.0372	-0.0442	-0.0862	-0.0841
2009-02-19	0.0567	0.0133	0.0064	0.0025	-0.0172
2009-02-20	0.1004	0.0327	0.0268	0.0416	0.0117
2009-02-23	0.0225	0.00137	0.0168	0.048	0.0269
2009-02-24	-0.0147	-0.0573	-0.0489	-0.0259	-0.0655
2009-02-25	-0.0285	-0.0276	-0.0219	0.0345	-0.01
2009-02-26	-0.069	-0.0455	-0.0624	-0.0522	-0.083
2009-02-27	-0.0439	-0.0452	-0.0056	-0.0895	-0.0706
2009-03-02	0.0215	0.0187	-0.0063	0.0096	0.019
2009-03-03	0.0084	-0.0024	0.0255	0.0035	0.0513
2009-03-04	0.071	0.0589	0.0394	0.0632	0.0998

注：由于数据量较大，本表只提供部分数据。

附表 10-15　2011 年末交大昂立公司负债和所有者权益　　　　单位：元

负债和所有者权益（调整前）		金融负债和所有者权益（调整后）	
流动负债	金　　额	金融负债	金　　额
短期借款	108 000 000.00	短期借款	108 000 000.00
应付账款	28 871 520.97	长期借款	105 870 000.00
预收款项	4 999 484.42	金融负债合计	213 870 000.00
应付职工薪酬	333 166.52	所有者权益	
应交税费	-493 598.28	实收资本（或股本）	312 000 000.00
应付股利	138 916.27	资本公积	935 831 620.82
其他应付款	101 168 408.12	盈余公积	54 705 829.80
流动负债合计	243 017 898.02	未分配利润	2 122 000.40
非流动负债		少数股东权益	49 215 905.74
长期借款	105 870 000.00	所有者权益合计	1 353 875 356.76
应付债券	0.00		
递延所得税负债	71 885 615.92		
非流动负债合计	177 755 615.92		
负债合计	420 773 513.94		
所有者权益			
实收资本（或股本）	312 000 000.00		
资本公积	935 831 620.82	$D/E = 0.157\,968\,752$	
盈余公积	54 705 829.80		
未分配利润	2 122 000.40		
少数股东权益	49 215 905.74		
所有者权益合计	1 353 875 356.76		
负债和所有者权益合计	1 774 648 870.70		

附表 10-16　2011 年末汤臣倍健公司负债和所有者权益　　　　　单位：元

负债和所有者权益（调整前）		金融负债和所有者权益（调整后）	
流动负债	金　额	金融负债	金　额
短期借款	106 231 955.59	短期借款	106 231 955.59
交易性金融负债	0.00	应付利息	657 131.45
应付账款	64 458 617.29	长期借款	10 000 000.00
预收款项	3 790 180.71	金融负债合计	116 889 087.04
应付职工薪酬	13 475 024.66	所有者权益	
应交税费	-25 608 555.75	实收资本（或股本）	220 420 000.00
应付利息	657 131.45	资本公积	336 620 337.28
其他应付款	3 538 155.81	盈余公积	51 148 658.68
一年内到期的非流动负债	0.00	未分配利润	46 918 680.00
其他流动负债	0.00	少数股东权益	7 950 872.13
流动负债合计	166 542 509.76	所有者权益合计	663 058 548.09
非流动负债			
长期借款	10 000 000.00		
递延所得税负债	0.00		
其他非流动负债	8 548 006.27		
非流动负债合计	18 548 006.27		
负债合计	185 090 516.03		
所有者权益			$D/E = 0.176 287 731$
实收资本（或股本）	220 420 000.00		
资本公积	336 620 337.28		
盈余公积	51 148 658.68		
未分配利润	46 918 680.00		
少数股东权益	7 950 872.13		
所有者权益合计	663 058 548.09		
负债和所有者权益合计	848 149 064.12		

附表 10-17　2011 年末健康元公司负债和所有者权益　　　单位：元

负债和所有者权益（调整前）	金　额	金融负债和所有者权益（调整后）	金　额
流动负债		金融负债	
短期借款	426 022 864.18	短期借款	426 022 864.18
交易性金融负债	0.00	一年内到期的非流动负债	229 257 020.00
应付账款	296 621 527.97	长期借款	46 918 680.00
预收款项	42 355 263.33	金融负债合计	702 198 564.18
应付职工薪酬	48 850 711.36	所有者权益	
应交税费	138 663 708.98	实收资本（或股本）	1 317 448 800.00
应付利息	0.00	资本公积	1 052 256 011.82
应付股利	2 531 984.46	盈余公积	270 812 644.66
其他应付款	507 299 025.79	未分配利润	54 680 000.00
一年内到期的非流动负债	229 257 020.00	少数股东权益	1 557 469 820.05
其他流动负债	0.00	外币报表折算价差	-42 206 445.58
流动负债合计	1 691 602 106.07	所有者权益合计	4 210 460 830.95
非流动负债			
长期借款	46 918 680.00		
应付债券	0.00		
递延所得税负债	2 426 432.37		
其他非流动负债	0.00		
非流动负债合计	49 345 112.37		
负债合计	1 740 947 218.44		
所有者权益			
实收资本（或股本）	1 317 448 800.00		
资本公积	1 052 256 011.82		$D/E = 0.166\,774\,753$
盈余公积	270 812 644.66		
未分配利润	54 680 000.00		
少数股东权益	1 557 469 820.05		
外币报表折算价差	-42 206 445.58		
所有者权益合计	4 210 460 830.95		
负债和所有者权益合计	5 951 408 049.39		

附表10-18 2011年末康恩贝公司负债和所有者权益　　　　单位：元

负债和所有者权益（调整前）		金融负债和所有者权益（调整后）	
流动负债	金　额	金融负债	金　额
短期借款	339 000 000.00	短期借款	339 000 000.00
交易性金融负债	0.00	长期借款	35 000 000.00
应付账款	139 727 305.81	金融负债合计	374 000 000.00
预收款项	16 611 122.35	所有者权益	
应付职工薪酬	13 990 186.29	实收资本（或股本）	351 800 000.00
应交税费	36 908 202.90	资本公积	702 901 443.82
应付利息	0.00	盈余公积	97 523 334.95
应付股利	5 158 251.04	减：库存股	500 644 354.95
其他应付款	196 592 080.66	未分配利润	3 406 118.82
其他流动负债	1 277 000.00	少数股东权益	183 540 096.05
流动负债合计	749 264 149.05	所有者权益合计	1 839 815 348.59
非流动负债			
长期借款	35 000 000.00		
长期应付款	643 474.43		
专项应付款	2 800 000.00		
递延所得税负债	5 510 369.17		
其他非流动负债	20 316 194.46		
非流动负债合计	64 270 038.06		
负债合计	813 534 187.11		
所有者权益			
实收资本（或股本）	351 800 000.00		
资本公积	702 901 443.82	$D/E = 0.203\ 281\ 27$	
盈余公积	97 523 334.95		
减：库存股	500 644 354.95		
未分配利润	3 406 118.82		
少数股东权益	183 540 096.05		
所有者权益合计	1 839 815 348.59		
负债和所有者权益合计	2 653 349 535.70		

附表10-19　2011年末莱茵生物公司负债和所有者权益　　　　单位：元

负债和所有者权益（调整前）	金额	金融负债和所有者权益（调整后）	金额
流动负债		金融负债	
短期借款	9 200 000.00	短期借款	9 200 000.00
交易性金融负债	0.00	一年内到期的非流动负债	1 033 724.00
应付票据	400 000.00	长期借款	50 000 000.00
应付账款	18 376 389.97	金融负债合计	60 233 724.00
预收款项	989 930.13	所有者权益	
应付职工薪酬	176 101.64	实收资本（或股本）	129 533 760.00
应交税费	-10 487 158.33	资本公积	83 217 530.86
应付利息	0.00	盈余公积	8 573 342.24
应付股利	0.00	未分配利润	150 000.00
其他应付款	55 749 880.19	少数股东权益	240 791.46
一年内到期的非流动负债	1 033 724.00	外币报表折算价差	-6 630.00
其他流动负债	0.00	所有者权益合计	221 708 794.56
流动负债合计	75 438 867.60		
非流动负债			
长期借款	50 000 000.00		
其他非流动负债	11 521 120.00		
非流动负债合计	61 521 120.00		
负债合计	136 959 987.60		
所有者权益			$D/E = 0.271679453$
实收资本（或股本）	129 533 760.00		
资本公积	83 217 530.86		
盈余公积	8 573 342.24		
未分配利润	150 000.00		
少数股东权益	240 791.46		
外币报表折算价差	-6 630.00		
所有者权益合计	221 708 794.56		
负债和所有者权益合计	358 668 782.16		

附件1 投资项目可行性分析与决策程序图

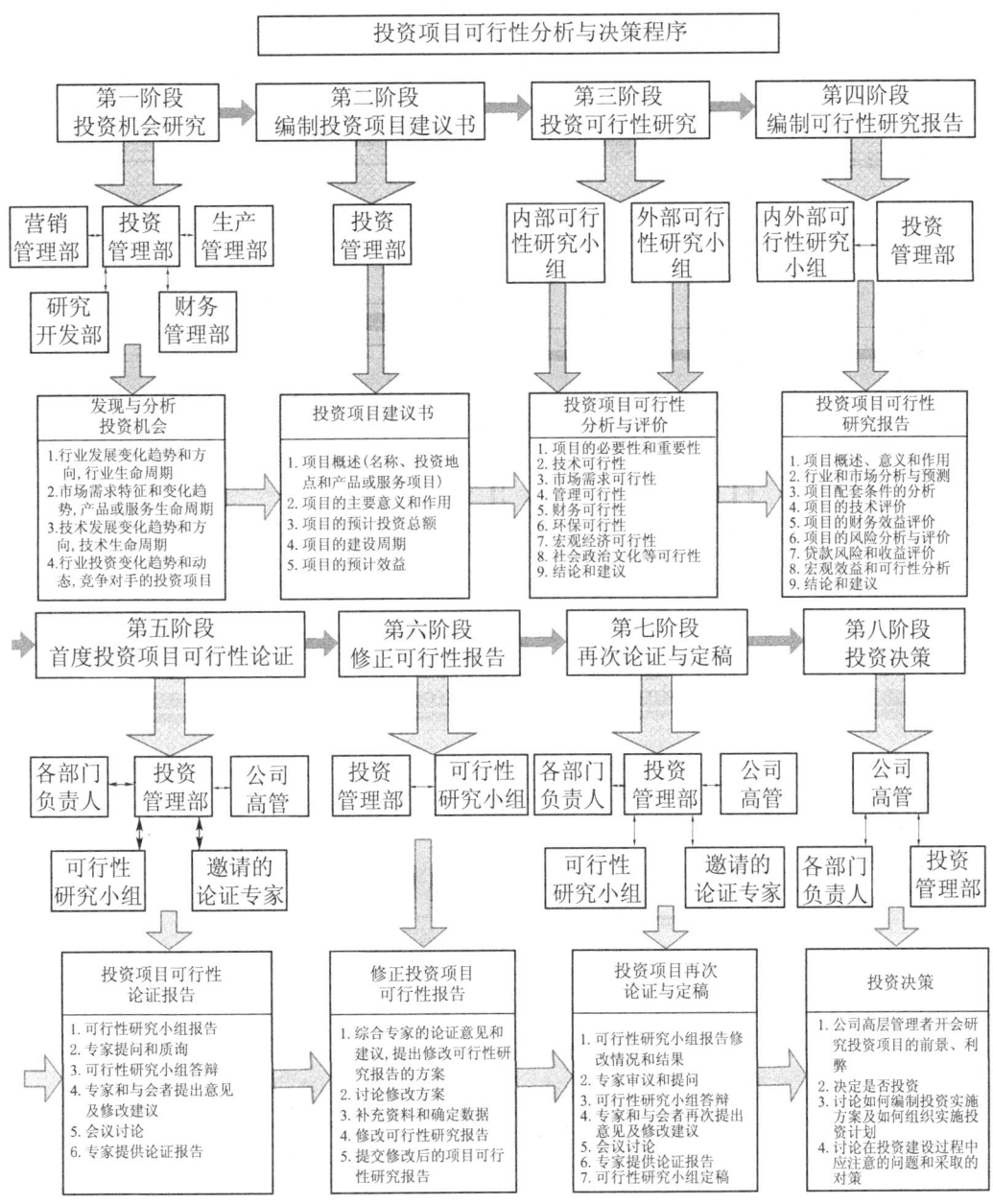

资料来源:吴世农,吴育辉.财务分析与决策[M].北京:北京大学出版社,2009:170-171.

附件2 公司资本投资决策的环节及其主要内容

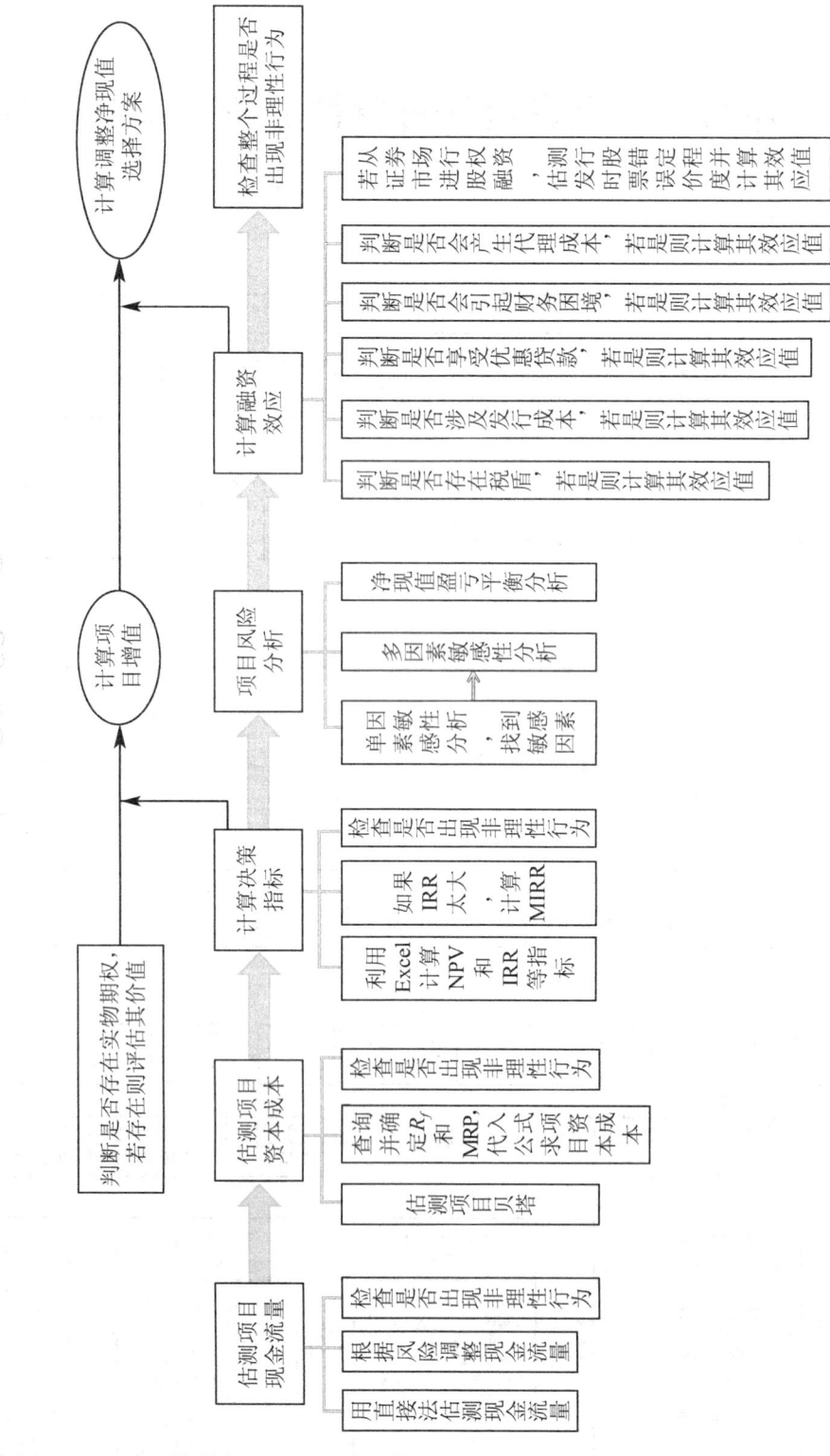

附件3 资金时间价值计算中的常用表

附表1 复利终值系数（FVIF）表

n	r									
	1%	2%	3%	4%	5%	6%	7%	8%	9%	10%
1	1.0100	1.0200	1.0300	1.0400	1.0500	1.0600	1.0700	1.0800	1.0900	1.1000
2	1.0201	1.0404	1.0609	1.0816	1.1025	1.1236	1.1449	1.1664	1.1881	1.2100
3	1.0303	1.0612	1.0927	1.1249	1.1576	1.1910	1.2250	1.2597	1.2950	1.3310
4	1.0406	1.0824	1.1255	1.1699	1.2155	1.2625	1.3108	1.3605	1.4116	1.4641
5	1.0510	1.1041	1.1593	1.2167	1.2763	1.3382	1.4026	1.4693	1.5386	1.6105
6	1.0615	1.1262	1.1941	1.2653	1.3401	1.4185	1.5007	1.5869	1.6771	1.7716
7	1.0721	1.1487	1.2299	1.3159	1.4071	1.5036	1.6058	1.7138	1.8280	1.9487
8	1.0829	1.1717	1.2668	1.3686	1.4775	1.5938	1.7182	1.8509	1.9926	2.1436
9	1.0937	1.1951	1.3048	1.4233	1.5513	1.6895	1.8385	1.9990	2.1719	2.3579
10	1.1046	1.2190	1.3439	1.4802	1.6289	1.7908	1.9672	2.1589	2.3674	2.5937
11	1.1157	1.2434	1.3842	1.5395	1.7103	1.8983	2.1049	2.3316	2.5804	2.8531
12	1.1268	1.2682	1.4258	1.6010	1.7959	2.0122	2.2522	2.5182	2.8127	3.1384
13	1.1381	1.2936	1.4685	1.6651	1.8856	2.1329	2.4098	2.7196	3.0658	3.4523
14	1.1495	1.3195	1.5126	1.7317	1.9799	2.2609	2.5785	2.9372	3.3417	3.7975
15	1.1610	1.3459	1.5580	1.8009	2.0789	2.3966	2.7590	3.1722	3.6425	4.1772
16	1.1726	1.3728	1.6047	1.8730	2.1829	2.5404	2.9522	3.4259	3.9703	4.5950
17	1.1843	1.4002	1.6528	1.9479	2.2920	2.6928	3.1588	3.7000	4.3276	5.0545
18	1.1961	1.4282	1.7024	2.0258	2.4066	2.8543	3.3799	3.9960	4.7171	5.5599
19	1.2081	1.4568	1.7535	2.1068	2.5270	3.0256	3.6165	4.3157	5.1417	6.1159
20	1.2202	1.4859	1.8061	2.1911	2.6533	3.2071	3.8697	4.6610	5.6044	6.7275
21	1.2324	1.5157	1.8603	2.2788	2.7860	3.3996	4.1406	5.0338	6.1088	7.4002
22	1.2447	1.5460	1.9161	2.3699	2.9253	3.6035	4.4304	5.4365	6.6586	8.1403
23	1.2572	1.5769	1.9736	2.4647	3.0715	3.8197	4.7405	5.8715	7.2579	8.9543
24	1.2697	1.6084	2.0328	2.5633	3.2251	4.0489	5.0724	6.3412	7.9111	9.8497
25	1.2824	1.6406	2.0938	2.6658	3.3864	4.2919	5.4274	6.8485	8.6231	10.835
30	1.3478	1.8114	2.4273	3.2434	4.3219	5.7435	7.6123	10.063	13.268	17.449
40	1.4889	2.2080	3.2620	4.8010	7.0400	10.286	14.974	21.725	31.409	45.259
50	1.6446	2.6916	4.3839	7.1067	11.467	18.420	29.457	46.902	74.358	117.39
60	1.8167	3.2810	5.8916	10.520	18.679	32.988	57.946	101.26	176.03	304.48

附表2 复利终值系数（FVIF）表（续）

n	r									
	12%	14%	15%	16%	18%	20%	24%	28%	32%	36%
1	1.1200	1.1400	1.1500	1.1600	1.1800	1.2000	1.2400	1.2800	1.3200	1.3600
2	1.2544	1.2996	1.3225	1.3456	1.3924	1.4400	1.5376	1.6384	1.7424	1.8496
3	1.4049	1.4815	1.5209	1.5609	1.6430	1.7280	1.9066	2.0972	2.3000	2.5155
4	1.5735	1.6890	1.7490	1.8106	1.9388	2.0736	2.3642	2.6844	3.0360	3.4210
5	1.7623	1.9254	2.0114	2.1003	2.2878	2.4883	2.9316	3.4360	4.0075	4.6526
6	1.9738	2.1950	2.3131	2.4364	2.6996	2.9860	3.6352	4.3980	5.2899	6.3275
7	2.2107	2.5023	2.6600	2.8262	3.1855	3.5832	4.5077	5.6295	6.9826	8.6054
8	2.4760	2.8526	3.0590	3.2784	3.7589	4.2998	5.5895	7.2058	9.2170	11.703
9	2.7731	3.2519	3.5179	3.8030	4.4355	5.1598	6.9310	9.2234	12.166	15.917
10	3.1058	3.7072	4.0456	4.4114	5.2338	6.1917	8.5944	11.806	16.060	21.647
11	3.4785	4.2262	4.6524	5.1173	6.1759	7.4301	10.657	15.112	21.199	29.439
12	3.8960	4.8179	5.3503	5.9360	7.2876	8.9161	13.215	19.343	27.983	40.037
13	4.3635	5.4924	6.1528	6.8858	8.5994	10.699	16.386	24.759	36.937	54.451
14	4.8871	6.2613	7.0757	7.9875	10.147	12.839	20.319	31.691	48.757	74.053
15	5.4736	7.1379	8.1371	9.2655	11.974	15.407	25.196	40.565	64.359	100.71
16	6.1304	8.1372	9.3576	10.748	14.129	18.488	31.243	51.923	84.954	136.97
17	6.8660	9.2765	10.761	12.468	16.672	22.186	38.741	66.461	112.14	186.28
18	7.6900	10.575	12.375	14.463	19.673	26.623	48.039	85.071	148.02	253.34
19	8.6128	12.056	14.232	16.777	23.214	31.948	59.568	108.89	195.39	344.54
20	9.6463	13.743	16.367	19.461	27.393	38.338	73.864	139.38	257.92	468.57
21	10.804	15.668	18.822	22.574	32.324	46.005	91.592	178.41	340.45	637.26
22	12.100	17.861	21.645	26.186	38.142	55.206	113.57	228.36	449.39	866.67
23	13.552	20.362	24.891	30.376	45.008	66.247	140.83	292.30	593.20	1178.7
24	15.179	23.212	28.625	35.236	53.109	79.497	174.63	374.14	783.02	1603.0
25	17.000	26.462	32.919	40.874	62.669	95.396	216.54	478.90	1033.6	2180.1
30	29.960	50.950	66.212	85.850	143.37	237.38	634.82	1645.5	4142.1	10143
40	93.051	188.88	267.86	378.72	750.38	1469.8	5455.9	19427	66521	*
50	289.00	700.23	1083.7	1670.7	3927.4	9100.4	46890	*	*	*
60	897.60	2595.9	4384.0	7370.2	20555	56348	*	*	*	*

附表3 复利现值系数（PVIF）表

n	r									
	1%	2%	3%	4%	5%	6%	7%	8%	9%	10%
1	0.9901	0.9804	0.9709	0.9615	0.9524	0.9434	0.9346	0.9259	0.9174	0.9091
2	0.9803	0.9612	0.9426	0.9246	0.9070	0.8900	0.8734	0.8573	0.8417	0.8264
3	0.9706	0.9423	0.9151	0.8890	0.8638	0.8396	0.8163	0.7938	0.7722	0.7513
4	0.9610	0.9238	0.8885	0.8548	0.8227	0.7921	0.7629	0.7350	0.7084	0.6830
5	0.9515	0.9057	0.8626	0.8219	0.7835	0.7473	0.7130	0.6806	0.6499	0.6209
6	0.9420	0.8880	0.8375	0.7903	0.7462	0.7050	0.6663	0.6302	0.5963	0.5645
7	0.9327	0.8706	0.8131	0.7599	0.7107	0.6651	0.6227	0.5835	0.5470	0.5132
8	0.9235	0.8535	0.7894	0.7307	0.6768	0.6274	0.5820	0.5403	0.5019	0.4665
9	0.9143	0.8368	0.7664	0.7026	0.6446	0.5919	0.5439	0.5002	0.4604	0.4241
10	0.9053	0.8203	0.7441	0.6756	0.6139	0.5584	0.5083	0.4632	0.4224	0.3855
11	0.8963	0.8043	0.7224	0.6496	0.5847	0.5268	0.4751	0.4289	0.3875	0.3505
12	0.8874	0.7885	0.7014	0.6246	0.5568	0.4970	0.4440	0.3971	0.3555	0.3186
13	0.8787	0.7730	0.6810	0.6006	0.5303	0.4688	0.4150	0.3677	0.3262	0.2897
14	0.8700	0.7579	0.6611	0.5775	0.5051	0.4423	0.3878	0.3405	0.2992	0.2633
15	0.8613	0.7430	0.6419	0.5553	0.4810	0.4173	0.3624	0.3152	0.2745	0.2394
16	0.8528	0.7284	0.6232	0.5339	0.4581	0.3936	0.3387	0.2919	0.2519	0.2176
17	0.8444	0.7142	0.6050	0.5134	0.4363	0.3714	0.3166	0.2703	0.2311	0.1978
18	0.8360	0.7002	0.5874	0.4936	0.4155	0.3503	0.2959	0.2502	0.2120	0.1799
19	0.8277	0.6864	0.5703	0.4746	0.3957	0.3305	0.2765	0.2317	0.1945	0.1635
20	0.8195	0.6730	0.5537	0.4564	0.3769	0.3118	0.2584	0.2145	0.1784	0.1486
21	0.8114	0.6598	0.5375	0.4388	0.3589	0.2942	0.2415	0.1987	0.1637	0.1351
22	0.8034	0.6468	0.5219	0.4220	0.3418	0.2775	0.2257	0.1839	0.1502	0.1228
23	0.7954	0.6342	0.5067	0.4057	0.3256	0.2618	0.2109	0.1703	0.1378	0.1117
24	0.7876	0.6217	0.4919	0.3901	0.3101	0.2470	0.1971	0.1577	0.1264	0.1015
25	0.7798	0.6095	0.4776	0.3751	0.2953	0.2330	0.1842	0.1460	0.1160	0.0923
30	0.7419	0.5521	0.4120	0.3083	0.2314	0.1741	0.1314	0.0994	0.0754	0.0573
40	0.6717	0.4529	0.3066	0.2083	0.1420	0.0972	0.0668	0.0460	0.0318	0.0221
50	0.6080	0.3715	0.2281	0.1407	0.0872	0.0543	0.0339	0.0213	0.0134	0.0085
60	0.5504	0.3048	0.1697	0.0951	0.0535	0.0303	0.0173	0.0099	0.0057	0.0033

附表4 复利现值系数（PVIF）表（续）

n	r									
	12%	14%	15%	16%	18%	20%	24%	28%	32%	36%
1	0.8929	0.8772	0.8696	0.8621	0.8475	0.8333	0.8065	0.7813	0.7576	0.7353
2	0.7972	0.7695	0.7561	0.7432	0.7182	0.6944	0.6504	0.6104	0.5739	0.5407
3	0.7118	0.6750	0.6575	0.6407	0.6086	0.5787	0.5245	0.4768	0.4348	0.3975
4	0.6355	0.5921	0.5718	0.5523	0.5158	0.4823	0.4230	0.3725	0.3294	0.2923
5	0.5674	0.5194	0.4972	0.4761	0.4371	0.4019	0.3411	0.2910	0.2495	0.2149
6	0.5066	0.4556	0.4323	0.4104	0.3704	0.3349	0.2751	0.2274	0.1890	0.1580
7	0.4523	0.3996	0.3759	0.3538	0.3139	0.2791	0.2218	0.1776	0.1432	0.1162
8	0.4039	0.3506	0.3269	0.3050	0.2660	0.2326	0.1789	0.1388	0.1085	0.0854
9	0.3606	0.3075	0.2843	0.2630	0.2255	0.1938	0.1443	0.1084	0.0822	0.0628
10	0.3220	0.2697	0.2472	0.2267	0.1911	0.1615	0.1164	0.0847	0.0623	0.0462
11	0.2875	0.2366	0.2149	0.1954	0.1619	0.1346	0.0938	0.0662	0.0472	0.0340
12	0.2567	0.2076	0.1869	0.1685	0.1372	0.1122	0.0757	0.0517	0.0357	0.0250
13	0.2292	0.1821	0.1625	0.1452	0.1163	0.0935	0.0610	0.0404	0.0271	0.0184
14	0.2046	0.1597	0.1413	0.1252	0.0985	0.0779	0.0492	0.0316	0.0205	0.0135
15	0.1827	0.1401	0.1229	0.1079	0.0835	0.0649	0.0397	0.0247	0.0155	0.0099
16	0.1631	0.1229	0.1069	0.0930	0.0708	0.0541	0.0320	0.0193	0.0118	0.0073
17	0.1456	0.1078	0.0929	0.0802	0.0600	0.0451	0.0258	0.0150	0.0089	0.0054
18	0.1300	0.0946	0.0808	0.0691	0.0508	0.0376	0.0208	0.0118	0.0068	0.0039
19	0.1161	0.0829	0.0703	0.0596	0.0431	0.0313	0.0168	0.0092	0.0051	0.0029
20	0.1037	0.0728	0.0611	0.0514	0.0365	0.0261	0.0135	0.0072	0.0039	0.0021
21	0.0926	0.0638	0.0531	0.0443	0.0309	0.0217	0.0109	0.0056	0.0029	0.0016
22	0.0826	0.0560	0.0462	0.0382	0.0262	0.0181	0.0088	0.0044	0.0022	0.0012
23	0.0738	0.0491	0.0402	0.0329	0.0222	0.0151	0.0071	0.0034	0.0017	0.0008
24	0.0659	0.0431	0.0349	0.0284	0.0188	0.0126	0.0057	0.0027	0.0013	0.0006
25	0.0588	0.0378	0.0304	0.0245	0.0160	0.0105	0.0046	0.0021	0.0010	0.0005
30	0.0334	0.0196	0.0151	0.0116	0.0070	0.0042	0.0016	0.0006	0.0002	0.0001
40	0.0107	0.0053	0.0037	0.0026	0.0013	0.0007	0.0002	0.0001	0.0000	0.0000
50	0.0035	0.0014	0.0009	0.0006	0.0003	0.0001	0.0000	0.0000	0.0000	0.0000
60	0.0011	0.0004	0.0002	0.0001	0.0000	0.0000	0.0000	0.0000	0.0000	0.0000

附表5 年金终值系数（FVIFA）表

n	r									
	1%	2%	3%	4%	5%	6%	7%	8%	9%	10%
1	1.0000	1.0000	1.0000	1.0000	1.0000	1.0000	1.0000	1.0000	1.0000	1.0000
2	2.0100	2.0200	2.0300	2.0400	2.0500	2.0600	2.0700	2.0800	2.0900	2.1000
3	3.0301	3.0604	3.0909	3.1216	3.1525	3.1836	3.2149	3.2464	3.2781	3.3100
4	4.0604	4.1216	4.1836	4.2465	4.3101	4.3746	4.4399	4.5061	4.5731	4.6410
5	5.1010	5.2040	5.3091	5.4163	5.5256	5.6371	5.7507	5.8666	5.9847	6.1051
6	6.1520	6.3081	6.4684	6.6330	6.8019	6.9753	7.1533	7.3359	7.5233	7.7156
7	7.2135	7.4343	7.6625	7.8983	8.1420	8.3938	8.6540	8.9228	9.2004	9.4872
8	8.2857	8.5830	8.8923	9.2142	9.5491	9.8975	10.260	10.637	11.028	11.436
9	9.3685	9.7546	10.159	10.583	11.027	11.491	11.978	12.488	13.021	13.579
10	10.462	10.950	11.464	12.006	12.578	13.181	13.816	14.487	15.193	15.937
11	11.567	12.169	12.808	13.486	14.207	14.972	15.784	16.645	17.560	18.531
12	12.683	13.412	14.192	15.026	15.917	16.870	17.888	18.977	20.141	21.384
13	13.809	14.680	15.618	16.627	17.713	18.882	20.141	21.495	22.953	24.523
14	14.947	15.974	17.086	18.292	19.599	21.015	22.550	24.215	26.019	27.975
15	16.097	17.293	18.599	20.024	21.579	23.276	25.129	27.152	29.361	31.772
16	17.258	18.639	20.157	21.825	23.657	25.673	27.888	30.324	33.003	35.950
17	18.430	20.012	21.762	23.698	25.840	28.213	30.840	33.750	36.974	40.545
18	19.615	21.412	23.414	25.645	28.132	30.906	33.999	37.450	41.301	45.599
19	20.811	22.841	25.117	27.671	30.539	33.760	37.379	41.446	46.018	51.159
20	22.019	24.297	26.870	29.778	33.066	36.786	40.995	45.762	51.160	57.275
21	23.239	25.783	28.676	31.969	35.719	39.993	44.865	50.423	56.765	64.002
22	24.472	27.299	30.537	34.248	38.505	43.392	49.006	55.457	62.873	71.403
23	25.716	28.845	32.453	36.618	41.430	46.996	53.436	60.893	69.532	79.543
24	26.973	30.422	34.426	39.083	44.502	50.816	58.177	66.765	76.790	88.497
25	28.243	32.030	36.459	41.646	47.727	54.865	63.249	73.106	84.701	98.347
30	34.785	40.568	47.575	56.085	66.439	79.058	94.461	113.28	136.31	164.49
40	48.886	60.402	75.401	95.026	120.80	154.76	199.64	259.06	337.88	442.59
50	64.463	84.579	112.80	152.67	209.35	290.34	406.53	573.77	815.08	1163.9
60	81.670	114.05	163.05	237.99	353.58	533.13	813.52	1253.2	1944.8	3034.8

附表6 年金终值系数（FVIFA）表（续）

n	r									
	12%	14%	15%	16%	18%	20%	24%	28%	32%	36%
1	1.0000	1.0000	1.0000	1.0000	1.0000	1.0000	1.0000	1.0000	1.0000	1.0000
2	2.1200	2.1400	2.1500	2.1600	2.1800	2.2000	2.2400	2.2800	2.3200	2.3600
3	3.3744	3.4396	3.4725	3.5056	3.5724	3.6400	3.7776	3.9184	4.0624	4.2096
4	4.7793	4.9211	4.9934	5.0665	5.2154	5.3680	5.6842	6.0156	6.3624	6.7251
5	6.3528	6.6101	6.7424	6.8771	7.1542	7.4416	8.0484	8.6999	9.3983	10.146
6	8.1152	8.5355	8.7537	8.9775	9.4420	9.9299	10.980	12.136	13.406	14.799
7	10.089	10.730	11.067	11.414	12.142	12.916	14.615	16.534	18.696	21.126
8	12.300	13.233	13.727	14.240	15.327	16.499	19.123	22.163	25.678	29.732
9	14.776	16.085	16.786	17.519	19.086	20.799	24.712	29.369	34.895	41.435
10	17.549	19.337	20.304	21.321	23.521	25.959	31.643	38.593	47.062	57.352
11	20.655	23.045	24.349	25.733	28.755	32.150	40.238	50.398	63.122	78.998
12	24.133	27.271	29.002	30.850	34.931	39.581	50.895	65.510	84.320	108.44
13	28.029	32.089	34.352	36.786	42.219	48.497	64.110	84.853	112.30	148.47
14	32.393	37.581	40.505	43.672	50.818	59.196	80.496	109.61	149.24	202.93
15	37.280	43.842	47.580	51.660	60.965	72.035	100.82	141.30	198.00	276.98
16	42.753	50.980	55.717	60.925	72.939	87.442	126.01	181.87	262.36	377.69
17	48.884	59.118	65.075	71.673	87.068	105.93	157.25	233.79	347.31	514.66
18	55.750	68.394	75.836	84.141	103.740	128.12	195.99	300.25	459.45	700.94
19	63.440	78.969	88.212	98.603	123.41	154.74	244.03	385.32	607.47	954.28
20	72.052	91.025	102.44	115.38	146.63	186.69	303.60	494.21	802.86	1298.8
21	81.699	104.77	118.81	134.84	174.02	225.03	377.46	633.59	1060.8	1767.4
22	92.503	120.44	137.63	157.41	206.34	271.03	469.06	812.00	1401.2	2404.7
23	104.60	138.30	159.28	183.60	244.49	326.24	582.63	1040.4	1850.6	3271.3
24	118.16	158.66	184.17	213.98	289.49	392.48	723.46	1332.7	2443.8	4450.0
25	133.33	181.87	212.79	249.21	342.60	471.98	898.09	1706.8	3226.8	6053.0
30	241.33	356.79	434.75	530.31	790.95	1181.9	2640.9	5873.2	12941	28172
40	767.09	1342.0	1779.1	2360.8	4163.2	7343.9	22729	69377	*	*
50	2400.0	4994.5	7217.7	10436	21813	45497	*	*	*	*
60	7471.6	18535	29220	46058	*	*	*	*	*	*

附表7 年金现值系数（PVIFA）表

n	r									
	1%	2%	3%	4%	5%	6%	7%	8%	9%	10%
1	0.9901	0.9804	0.9709	0.9615	0.9524	0.9434	0.9346	0.9259	0.9174	0.9091
2	1.9704	1.9416	1.9135	1.8861	1.8594	1.8334	1.8080	1.7833	1.7591	1.7355
3	2.9410	2.8839	2.8286	2.7751	2.7232	2.6730	2.6243	2.5771	2.5313	2.4869
4	3.9020	3.8077	3.7171	3.6299	3.5460	3.4651	3.3872	3.3121	3.2397	3.1699
5	4.8534	4.7135	4.5797	4.4518	4.3295	4.2124	4.1002	3.9927	3.8897	3.7908
6	5.7955	5.6014	5.4172	5.2421	5.0757	4.9173	4.7665	4.6229	4.4859	4.3553
7	6.7282	6.4720	6.2303	6.0021	5.7864	5.5824	5.3893	5.2064	5.0330	4.8684
8	7.6517	7.3255	7.0197	6.7327	6.4632	6.2098	5.9713	5.7466	5.5348	5.3349
9	8.5660	8.1622	7.7861	7.4353	7.1078	6.8017	6.5152	6.2469	5.9952	5.7590
10	9.4713	8.9826	8.5302	8.1109	7.7217	7.3601	7.0236	6.7101	6.4177	6.1446
11	10.368	9.7868	9.2526	8.7605	8.3064	7.8869	7.4987	7.1390	6.8052	6.4951
12	11.255	10.575	9.9540	9.3851	8.8633	8.3838	7.9427	7.5361	7.1607	6.8137
13	12.134	11.348	10.635	9.9856	9.3936	8.8527	8.3577	7.9038	7.4869	7.1034
14	13.004	12.106	11.296	10.563	9.8986	9.2950	8.7455	8.2442	7.7862	7.3667
15	13.865	12.849	11.938	11.118	10.380	9.7122	9.1079	8.5595	8.0607	7.6061
16	14.718	13.578	12.561	11.652	10.838	10.106	9.4466	8.8514	8.3126	7.8237
17	15.562	14.292	13.166	12.166	11.274	10.477	9.7632	9.1216	8.5436	8.0216
18	16.398	14.992	13.754	12.659	11.690	10.828	10.059	9.3719	8.7556	8.2014
19	17.226	15.678	14.324	13.134	12.085	11.158	10.336	9.6036	8.9501	8.3649
20	18.046	16.351	14.877	13.590	12.462	11.470	10.594	9.8181	9.1285	8.5136
21	18.857	17.011	15.415	14.029	12.821	11.764	10.836	10.017	9.2922	8.6487
22	19.660	17.658	15.937	14.451	13.163	12.042	11.061	10.201	9.4424	8.7715
23	20.456	18.292	16.444	14.857	13.489	12.303	11.272	10.371	9.5802	8.8832
24	21.243	18.914	16.936	15.247	13.799	12.550	11.469	10.529	9.7066	8.9847
25	22.023	19.523	17.413	15.622	14.094	12.783	11.654	10.675	9.8226	9.0770
30	25.808	22.396	19.600	17.292	15.372	13.765	12.409	11.258	10.274	9.4269
40	32.835	27.355	23.115	19.793	17.159	15.046	13.332	11.925	10.757	9.7791
50	39.196	31.424	25.730	21.482	18.256	15.762	13.801	12.233	10.962	9.9148
60	44.955	34.761	27.676	22.623	18.929	16.161	14.039	12.377	11.048	9.9672

附表 8 年金现值系数（PVIFA）表（续）

n	r									
	12%	14%	15%	16%	18%	20%	24%	28%	32%	36%
1	0.8929	0.8772	0.8696	0.8621	0.8475	0.8333	0.8065	0.7813	0.7576	0.7353
2	1.6901	1.6467	1.6257	1.6052	1.5656	1.5278	1.4568	1.3916	1.3315	1.2760
3	2.4018	2.3216	2.2832	2.2459	2.1743	2.1065	1.9813	1.8684	1.7663	1.6735
4	3.0373	2.9137	2.8550	2.7982	2.6901	2.5887	2.4043	2.2410	2.0957	1.9658
5	3.6048	3.4331	3.3522	3.2743	3.1272	2.9906	2.7454	2.5320	2.3452	2.1807
6	4.1114	3.8887	3.7845	3.6847	3.4976	3.3255	3.0205	2.7594	2.5342	2.3388
7	4.5638	4.2883	4.1604	4.0386	3.8115	3.6046	3.2423	2.9370	2.6775	2.4550
8	4.9676	4.6389	4.4873	4.3436	4.0776	3.8372	3.4212	3.0758	2.7860	2.5404
9	5.3282	4.9464	4.7716	4.6065	4.3030	4.0310	3.5655	3.1842	2.8681	2.6033
10	5.6502	5.2161	5.0188	4.8332	4.4941	4.1925	3.6819	3.2689	2.9304	2.6495
11	5.9377	5.4527	5.2337	5.0286	4.6560	4.3271	3.7757	3.3351	2.9776	2.6834
12	6.1944	5.6603	5.4206	5.1971	4.7932	4.4392	3.8514	3.3868	3.0133	2.7084
13	6.4235	5.8424	5.5831	5.3423	4.9095	4.5327	3.9124	3.4272	3.0404	2.7268
14	6.6282	6.0021	5.7245	5.4675	5.0081	4.6106	3.9616	3.4587	3.0609	2.7403
15	6.8109	6.1422	5.8474	5.5755	5.0916	4.6755	4.0013	3.4834	3.0764	2.7502
16	6.9740	6.2651	5.9542	5.6685	5.1624	4.7296	4.0333	3.5026	3.0882	2.7575
17	7.1196	6.3729	6.0472	5.7487	5.2223	4.7746	4.0591	3.5177	3.0971	2.7629
18	7.2497	6.4674	6.1280	5.8178	5.2732	4.8122	4.0799	3.5294	3.1039	2.7668
19	7.3658	6.5504	6.1982	5.8775	5.3162	4.8435	4.0967	3.5386	3.1090	2.7697
20	7.4694	6.6231	6.2593	5.9288	5.3527	4.8696	4.1103	3.5458	3.1129	2.7718
21	7.5620	6.6870	6.3125	5.9731	5.3837	4.8913	4.1212	3.5514	3.1158	2.7734
22	7.6446	6.7429	6.3587	6.0113	5.4099	4.9094	4.1300	3.5558	3.1180	2.7746
23	7.7184	6.7921	6.3988	6.0442	5.4321	4.9245	4.1371	3.5592	3.1197	2.7754
24	7.7843	6.8351	6.4338	6.0726	5.4509	4.9371	4.1428	3.5619	3.1210	2.7760
25	7.8431	6.8729	6.4641	6.0971	5.4669	4.9476	4.1474	3.5640	3.1220	2.7765
30	8.0552	7.0027	6.5660	6.1772	5.5168	4.9789	4.1601	3.5693	3.1242	2.7775
40	8.2438	7.1050	6.6418	6.2335	5.5482	4.9966	4.1659	3.5712	3.1250	2.7778
50	8.3045	7.1327	6.6605	6.2463	5.5541	4.9995	4.1666	3.5714	3.1250	2.7778
60	8.3240	7.1401	6.6651	6.2492	5.5553	4.9999	4.1667	3.5714	3.1250	2.7778

参 考 文 献

[1] (美) 爱默瑞, 芬尼特. 公司财务管理 [M]. 荆新, 等译. 北京: 中国人民大学出版社, 1999.
[2] (美) 蒂莫西 R. 梅斯, 托德 M. 肖申克. 财务分析——以 EXCEL 为分析工具 [M]. 5 版. 赵银德, 张华, 李靠队, 译. 北京: 机械工业出版社, 2011.
[3] (美) 格莱葛 W. 霍顿. 财务管理——以 EXCEL 为分析工具 [M]. 3 版. 谢岚, 林雪华, 何雪艳, 译. 北京: 机械工业出版社, 2010.
[4] (美) 理查德 A. 布雷利, 斯图尔特 C. 迈尔斯. 资本投资与估值 [M]. 赵英军, 译. 北京: 中国人民大学出版社, 2010.
[5] (美) 理查德 A. 布雷利, 斯图尔特 C. 迈尔斯, 弗兰克林·艾伦. 公司财务原理 [M]. 8 版. 方曙红, 等译. 北京: 机械工业出版社, 2007.
[6] (德) 乔齐姆·高德伯格, 鲁狄格·冯·尼采. 行为金融 [M]. 赵英军, 译. 北京: 中国人民大学出版社, 2004.
[7] (美) Keown A. J., Scott D. F., Martin J. D.. 现代财务管理基础 [M]. 7 版. 朱武祥, 译. 北京: 清华大学出版社, 1997.
[8] (美) 安德瑞·史莱佛. 并非有效的市场——行为金融导论 [M]. 赵英军, 译. 北京: 中国人民大学出版社, 2003.
[9] (美) 斯科特·普劳斯. 判断与决策 [M]. 施俊琦, 王星, 译. 北京: 人民邮电出版社, 2004.
[10] (英) 蒂姆·奥吉尔, 约翰·拉格曼, 露辛达·斯派赛. 资本成本 [M]. 宋云玲, 纪新伟, 杨丽君, 译. 北京: 经济管理出版社, 2005.
[11] 成其谦. 投资项目评价 [M]. 北京: 中国人民大学出版社, 2005.
[12] 崔毅, 邵希娟, 等. 企业风险与微观经济杠杆 [M]. 广州: 华南理工大学出版社, 2006.
[13] 崔毅, 邵希娟. 现代财务管理 [M]. 广州: 华南理工大学出版社, 2002.
[14] 范小云. 繁荣的背后——金融系统性风险的本质、测度与管理 [M]. 北京: 中国金融出版社, 2006.
[15] 荆新, 王化成, 刘俊彦. 财务管理学 [M]. 北京: 中国人民大学出版社, 2009.
[16] 李怀祖. 决策理论导引 [M]. 北京: 机械工业出版社, 1993.
[17] 刘晓红, 徐玖平. 项目风险管理 [M]. 北京: 经济管理出版社, 2008.
[18] 马忠. 公司财务管理: 理论与案例 [M]. 北京: 机械工业出版社, 2011.
[19] (美) 尼尔·塞茨, 米奇·埃利森. 资本预算与长期融资决策 [M]. 3 版. 刘力, 等译. 北京: 北京大学出版社, 2007.
[20] 齐寅峰, 李胜楠, 黄福广, 李莉, 古志辉, 何青, 李翔, 王曼舒. 我国企业投资决策方法选择的调查研究 [J]. 管理学报, 2005 (2): 153-158.
[21] 饶育蕾, 刘达锋. 行为金融学 [M]. 上海: 上海财经出版社, 2003.
[22] 饶育蕾, 盛虎. 行为金融学 [M]. 北京: 机械工业出版社, 2010.
[23] 邵希娟, 崔毅. 对资本成本的再认识 [J]. 当代财经, 2000 (11): 76-78.
[24] 邵希娟, 杜丽萍. 关于投资回收期的探讨 [J]. 财会月刊 (理财版), 2007 (1): 19-20.
[25] 邵希娟, 冯俊英. 系统弹性分析法及其在项目投资决策中的应用 [J]. 会计之友, 2007 (2): 45-46.
[26] 邵希娟, 黎嘉平. 决策中的非理性行为 [J]. 企业管理, 2005 (12): 30-32.
[27] 邵希娟, 孟慧. 公司资本投资决策中管理者非理性行为及其原因研究 [J]. 经济与管理研究, 2011 (8): 82-91.
[28] 邵希娟, 田洪红. 股票错误定价对公司资本投资决策的影响 [J]. 财会月刊, 2008 (12): 13-14.

[29] 邵希娟，吴黎明．项目投资决策确定贴现率时易犯的错误及防范措施［J］．财会月刊（综合），2008（10）：39-40．

[30] 邵希娟，杨建梅．公司理财中行为成本的产生与避免［J］．工业技术经济，2005（10）：148-150．

[31] 邵希娟，杨建梅．行为决策及其理论研究的发展过程［J］．科技管理研究，2006（5）：203-205．

[32] 邵希娟，杨建梅．基于行为的公司资本投资决策方法研究［M］．北京：科学出版社，2009．

[33] 邵希娟，杨建梅．行为成本与代理成本和机会成本的比较［J］．会计之友，2006（3）：62-63．

[34] 邵希娟．资本预算决策中估测现金流的一种方法：直接法［J］．统计与决策，2006（4）：124-126．

[35] 邵希娟．沉没成本为什么会影响投资决策［J］．经营与管理，2005（8）：41-42．

[36] （美）斯蒂芬 A．罗斯，伦道夫 W．韦斯特菲尔德，布拉德福德 D．乔丹．公司理财精要［M］．9版．方红星，徐国强，赵银德，译．北京：机械工业出版社，2011．

[37] 斯蒂芬 A．罗斯，伦道夫 W．韦斯特菲尔德，杰弗利 F．杰富．公司理财［M］．8版．吴世农，沈艺峰，王志强，等译．北京：机械工业出版社，2009．

[38] （美）斯蒂芬 A．罗斯，伦道夫 W．韦斯特菲尔德．公司理财基础［M］．方红星，译．大连：东北财经大学出版社，2002．

[39] （美）斯蒂芬 A．罗斯，伦道夫 W．韦斯特菲尔德，布拉德福德 D·乔丹．公司理财精要［M］．4版．张建平，译．北京：人民邮电出版社，2009．

[40] 汪丁丁．行为经济学讲义——演化论的视角［M］．上海：上海人民出版社，2011．

[41] 汪平．财务理论［M］．北京：经济管理出版社，2003．

[42] 汪平．财务理论（修订版）［M］．北京：经济管理出版社，2008．

[43] 王红岩，王立国，宋维佳．投资项目评估［M］．北京：高等教育出版社，2010．

[44] 王敬，张莹．行为资产定价模型的适用性研究［J］．价值工程，2006（1）：119-121．

[45] 卫东．行为资产定价模型与实证检验［J］．生产力研究，2003（5）：82-85．

[46] 吴世农，吴育辉．CEO财务分析与决策［M］．北京：北京大学出版社，2009．

[47] 奚恺元．别做正常的傻瓜［M］．北京：机械工业出版社，2004．

[48] 项保华，李绪红．管理决策行为——偏好构建与判断选择过程［M］．上海：复旦大学出版社，2005．

[49] 姚益龙，高筠燕，邓湘益，等．现代公司理财［M］．北京：机械工业出版社，2010．

[50] 周战强．行为金融：理论与应用［M］．北京：清华大学出版社，2004．

[51] Arkes H. R. The psychology of waste [J]. Journal of Behavioral Decision Making, 1996 (9): 213-224.

[52] B. Espen Eckbo. Handbook in Corporate Finance: Empirical Corporate Finance [M]. Elseviver Science, 2007.

[53] Baker M., Stein J. C., Wurgler J.. When does the market matter? Stock prices and the investment of equity-dependent Firm [J]. The Quarterly Journal of Economics, 2003, 118 (3): 969-1005.

[54] Baker M., Wurgler J. Market Timing and Capital Structure [J]. The Journal of Finance, 2002 (57): 1-32.

[55] Black, Fischer. Noise [J]. The Journal of Finance, 1986, 41 (3): 529-543.

[56] Bondt D., Werner F. M. A portrait of the individual investor [J]. European Economic Review, 1998, 42 (3-5): 831-844.

[57] Bondt D., Werner F. M., Thaler R. H. Does the Stock Market Overreact? [J]. The Journal of Finance, 1985, 40 (3): 793-805.

[58] Bondt D., Werner F. M., Thaler R. H. Further Evidence on Investor Overreaction and Stock Market Seasonality [J]. The Journal of Finance, 1987, 42 (3): 557-581.

[59] Brandt L., Li H. Bank discrimination in transition economics: ideology, information, or incentives [J]. Journal of Comparative Economics, 2003, 31: 387-413.

[60] Brown G. W. Volatility, Sentiment and Noise Traders [J]. Financial Analyst Journal, 1999, 2: 82 –90.

[61] Clark P. K. A Subordinated Stochastic Process Model with Finite Variance for Speculative Prices [J]. Econometrica, 1973, 41 (1): 135 –155.

[62] Elroy D., Paul M., Mike S. Triumph of the Optimists: 101 Years of Global Investment Returns [M], New Jersey: Princeton University Press, 2002.

[63] Epps T. W. The stochastic dependence of security price changes and transaction volume: implications for the mixture – of – distribtions hypothesis [J]. Econometrica, 1976, 44 (2): 305 –321.

[64] Fama E. F. The Behavior of Stock Market Prices [J]. The Journal of Business, 1965, 38 (1): 34 –105.

[65] Friedman M. The case for flexible exchange rates. In Essays in Positive Economics [M]. Chicago: University of Chicago Press, 1953: 157 –203.

[66] Graham John R, Campbell Harvey. The Theory and Practice of corporate finance: Evidence from the field [J]. Journal of Financial Economics, 2001, 60 (2 –3): 187 –243.

[67] Hirshleifer D. Investor Psychology and Asset Pricing [J]. The Journal of Finance, 2001, 56 (4): 1533 –1597.

[68] Hsee C. K. The Evaluability Hypothesis: An Explanation for Preference Reversals between Joint and Separate Evaluations of Alternatives [J]. Organizational Behavior and Human Decision Processes, 1996, 67 (3): 247 –257.

[69] Kahneman D., Riepe M. W. Aspects of Investor Psychology: Beliefs, preferences, and biases investment advisors should know about [J]. The Journal of Portfolio Management, 1998, 24 (4): 52 –65.

[70] Kahneman D., Slovic P., Tversky A. Judgment under University: Heuristics and Biases [M]. Cambridge: Cambridge University Press, 1982.

[71] Kahneman D., Tversky A. Choice, values, and frames [J]. American Psychologist, 1984, 39 (4): 341 –350.

[72] Kahneman D., Tversky A. Judgment and Decision Making: An interdisciplinary reader [M]. New York: Cambridge University Press, 1986.

[73] Kahneman D., Tversky A. Prospect Theory: An Analysis of Decision under Risk [J]. Econometrica, 1979, 47 (2): 263 –291.

[74] Karpoff J. M. A theory of trading volume [J]. The Journal of Finance, 1986, XLI (5): 1069 –1089.

[75] Kyle A. S. Continuous Auctions and Insider Trading [J]. Econometric, 1985, 53 (6): 1315 –1335.

[76] Long J. B. D, Shleifer A., Summers L. H., Waldman. Noise Trader Risk in Financial Markets [J]. Journal of Political Economy, 1990, 98: 703 –738.

[77] Odean T. Volume, Volatility, Price, and Profit When all Traders Are above Average [J]. The Journal of Finance, 1998, LIII (6): 1887 –1934.

[78] Pablo F. Market Risk Premium used in 2010 by Professors: a survey with 1500 answers. 2010: http://ssrn.com/abstract = 1606563.

[79] Ramiah V., Davidson S. Information – Adjusted Noise Model: Evidence of inefficiency on the Australian Stock Market [C]. Journal of Behavioral Finance. 2007, 8 (4): 209 –224.

[80] Ramiah V. B., Davidson S. Behavioral Aspects of Finance: BAPM v/s CAPM and Noise Trader Risk [C]. Working papers of RMIT University, 2002.

[81] Roll R. A possible explanation of small firm effect [J]. The Journal of Finance, 1981 (36): 879 –888.

[82] Sharpe W. F. Capital asset prices: a theory of market equilibrium under conditions of risk [J]. The

Journal of Finance, 1964, 19 (9): 425-442.

[83] Shefrin H. M. Behavioral Corporate Finance - Decisions that Create Value [M]. International Edition. McGraw-Hill Education, 2007.

[84] Shefrin H. M. Behavioral Corporate Finance [J]. Journal of Applied Corporate Finance. 2001, 14 (3): 113-124.

[85] Shefrin H. M. Inferior Forecasters, Cycles, and the Efficient-Markets Hypothesis: A Comment [J]. The Journal of Political Economy, 1984, 92 (1): 156-161.

[86] Shefrin H. M., Statman M. Behavioral Capital Asset Pricing Theory [J]. The Journal of Financial and Quantitative Analysis, 1994, 29 (3): 323-349.

[87] Shefrin H. M., Statman M. Behavioral Portfolio Theory [J]. Journal of Financial and Quantitative Analysis, 2000, 35 (2): 127-151.

[88] Shefrin H. M., Statman M. The Disposition to Sell Winners Too Early and Ride Losers Too Long: Theory and Evidence [J]. The Journal of Finance, 1985, 40 (3): 777-790.

[89] Shefrin H. M., Thaler R. H. The Behavioral Life-cycle Hypothesis [J]. Economic Inquiry, 1988, 26 (4): 609-643.

[90] Shefrin, Hersh. Behavioral Corporate Finance [M]. McGraw-Hill College, 2005.

[91] Shleifer A. Inefficient Markets: An Introduction to Behavioral Finance [M]. New York: Oxford University Press, 2000.

[92] Shleifer A., Vishny R. W. Stock Market Driven Acquisitions [J]. Journal of Financial Economics, 2003, 70 (3): 295-311.

[93] Stein J. C. Efficient capital markets, inefficient firms: a model of myopic corporate behavior [J]. The Quarterly Journal of Economics, 1989, 104 (4): 655-669.

[94] Stein J. C. Rational Capital Budgeting in an Irrational World [J]. The Journal of Business, 1996, 69 (4): 429-455.

[95] Tversky A., Kahneman D. Judgment under Uncertainty: Heuristics and Biases [J]. Science, 1974, 185 (4157): 1124-1131.

[96] Tversky A., Kahneman D. Rational Choice and the Framing of Decisions [J]. The Journal of Business, 1986, 59 (4): 251-278.

[97] Tversky A., Kahneman D. The framing of decisions and the psychology of choice [J]. Science, 1981, 211 (4481): 453-458.